König/Maßbaum/Sureth

Besteuerung und Rechtsformwahl

Online-Version inklusive!

Stellen Sie dieses Buch jetzt in Ihre „digitale Bibliothek" in der NWB Datenbank und nutzen Sie Ihre Vorteile:

- Ob am Arbeitsplatz, zu Hause oder unterwegs: Die Online-Version dieses Buches können Sie jederzeit und überall da nutzen, wo Sie Zugang zu einem mit dem Internet verbundenen PC haben.
- Die praktischen Recherchefunktionen der NWB Datenbank erleichtern Ihnen die gezielte Suche nach bestimmten Inhalten und Fragestellungen.
- Die Anlage Ihrer persönlichen „digitalen Bibliothek" und deren Nutzung in der NWB Datenbank online ist kostenlos. Sie müssen dazu nicht Abonnent der Datenbank sein.

Ihr Freischaltcode: [redacted]

König/Sureth,Besteuerung und Rechtsformwahl

So einfach geht's:

1. Rufen Sie im Internet die Seite **www.nwb.de/go/online-buch** auf.
2. Geben Sie Ihren Freischaltcode ein und folgen Sie dem Anmeldedialog.
3. Fertig!

Die NWB Datenbank – alle digitalen Inhalte aus unserem Verlagsprogramm in einem System.

www.nwb.de

NWB Studium Betriebswirtschaft

Besteuerung und Rechtsformwahl

Personen-, Kapitalgesellschaften und Mischformen im Vergleich

- Steuerbelastungsrechnungen
- Aufgaben
- Lösungen

Von

Professor Dr. Rolf König
Steuerberaterin Dr. Alexandra Maßbaum
Professor Dr. Caren Sureth

6., vollständig überarbeitete Auflage

nwb STUDIUM

Kein Produkt ist so gut, dass es nicht noch verbessert werden könnte. Ihre Meinung ist uns wichtig! Was gefällt Ihnen gut? Was können wir in Ihren Augen noch verbessern? Bitte verwenden Sie für Ihr Feedback einfach unser Online-Formular auf:

www.nwb.de/go/feedback_bwl

Als kleines Dankeschön verlosen wir unter allen Teilnehmern einmal pro Quartal ein Buchgeschenk.

ISBN 978-3-482-**69472**-1 (online)
ISBN 978-3-482-**53466**-9 (print)

6., vollständig überarbeitete Auflage 2013

Satz: Griebsch & Rochol Druck GmbH & Co. KG, Hamm
Druck: Stückle Druck und Verlag, Ettenheim

VORWORT

Vorwort zur sechsten Auflage

Der Reformeifer des Gesetzgebers ruht nicht. Um mit diesem Buch auch weiterhin ein aktuelles Werk anbieten zu können, sind wir der Anfrage des NWB Verlages nach einer Neuauflage gerne nachgekommen. Wir haben die Gesetzgebungsverfahren bis März 2013 sowie die aus den Reformen der letzten Jahre resultierenden Verwaltungsanweisungen, Kommentierungen und die neue Rechtsprechung aufgegriffen und eingearbeitet. Insbesondere haben wir die Änderungen des Einkommensteuertarifs sowohl für 2013 als auch für 2014 eingearbeitet und überall dort, wo es erforderlich war (vor allem in Kapitel 5), stets beide Varianten dargestellt.

Bei der Überarbeitung haben wir tatkräftige Unterstützung durch unsere Mitarbeiterinnen und Mitarbeiter erfahren. Besonderen Dank schulden wir dabei vor allem Anja-Maria Schreiber, Annika Hegemann, Pia Vollert und Sabine Cziborra.

Wir danken außerdem Gereon Bade, Sabrina Böhmel, Tobias Bornemann, Thomas Hoppe, Niklas Ottovordemgentschenfelde, Torben Schwar, Karl Schwenke, Sarah Walker, Melanie Wiengarten für die Unterstützung, hilfreiche Bemerkungen, Anregungen und Korrekturen.

Bielefeld und Paderborn, im März 2013

Rolf König
Alexandra Maßbaum
Caren Sureth

Auszug aus dem Vorwort zur ersten Auflage

Dieses Buch gibt einen Überblick über die steuerlichen Konsequenzen, die aus der Wahl einer bestimmten Rechtsform, sei es bei der Gründung eines Unternehmens, im laufenden Geschäftsbetrieb oder im Zusammenhang mit einem Rechtsformwechsel, resultieren. Die steuerlichen Konsequenzen können damit wiederum die Entscheidungsfindung beeinflussen.

Der Ausarbeitung liegen Vorlesungen zugrunde, die von dem akademischen Lehrer des erstgenannten Autors, Herrn Prof. Dr. Lutz Haegert, an der Universität Augsburg und der Humboldt Universität zu Berlin, sowie von den beiden Autoren an der Universität Bielefeld gehalten wurden. Insbesondere für den Teil über die Umwandlung verdanken wir der schriftlichen Ausarbeitung von Herrn Dipl. Oec. Ralf Maiterth wertvolle Anregungen. Den wissenschaftlichen Mitarbeitern in Bielefeld, Herrn Dipl. Kfm. Frank Laß, Herrn Dipl. Kfm. Hans-Christian Nehl und Frau Dipl. Ök. Elke Ohrem, danken wir für ihren kritischen Rat. Frau Susanne Westerholz gebührt Dank für ihre tatkräftige Unterstützung bei der Erstellung des Buches. Das Buch richtet sich an alle diejenigen, die sich mit dem Problemkomplex „Steuern und Rechtsformen" auf theoretischer oder praktischer Ebene auseinandersetzen und ihren Wissensstand in diesem Bereich erweitern und auffrischen wollen. Zum Verständnis sind Kenntnisse über die verschiedenen Steuerarten notwendig.

Bielefeld, im Frühjahr 1998

Rolf König
Caren Sureth

INHALTSVERZEICHNIS

ABBILDUNGSVERZEICHNIS

ABKÜRZUNGSVERZEICHNIS

A

a. F.	alte Fassung
AbgSt	Abgeltungssteuer
Abs.	Absatz
Abschn.	Abschnitt
AEUV	Vertrag über die Arbeitsweise der Europäischen Union
AfA	Absetzung für Abnutzung
AG	Aktiengesellschaft
AktG	Aktiengesetz
amtl.	amtlich
Anm.	Anmerkung, Anmerkungen
AO	Abgabenordnung
Art.	Artikel

B

BB	Betriebs-Berater
BeckVerw	Verwaltungsanweisungen in Beck SteuerDirekt und Beck Steuerrecht Plus
BetrVG	Betriebsverfassungsgesetz
BewG	Bewertungsgesetz
BFH	Bundesfinanzhof
BFH/NV	Sammlung amtlich nicht veröffentlichter Entscheidungen des Bundesfinanzhofs
BGB	Bürgerliches Gesetzbuch
BGBl.	Bundesgesetzblatt
BMF	Bundesministerium der Finanzen
BStBl.	Bundessteuerblatt
BT-Drucks.	Bundestagsdrucksachen
Buchst.	Buchstabe/n
BVerfG	Bundesverfassungsgericht
bzw.	beziehungsweise

C

ca.	circa

D

DBA	Doppelbesteuerungsabkommen
DM	Deutsche Mark
Doppelbuchst.	Doppelbuchstabe

E

Einf	Einführung
EStG	Einkommensteuergesetz
EStH	Einkommensteuerhinweise
EStR	Einkommensteuerrichtlinien
et al.	und andere
etc.	et cetera
EU	Europäische Union
EWIV	Europäische Wirtschaftliche Interessenvereinigung
EWR	Europäischer Wirtschaftsraum

F

f.	folgende
ff.	fortfolgende
FG	Finanzgericht
FinMin.	Finanzminister
FR	Finanz-Rundschau

G

GbR	Gesellschaft bürgerlichen Rechts
gem.	gemäß
GenG	Genossenschaftsgesetz
GewSt	Gewerbesteuer
GewStG	Gewerbesteuergesetz
GewStR	Gewerbesteuerrichtlinien
GF	Geschäftsführer
GmbH	Gesellschaft mit beschränkter Haftung
GmbHG	GmbH-Gesetz
grds.	grundsätzlich
GrEStG	Grunderwerbsteuergesetz

H

HGB	Handelsgesetzbuch
Hrsg.	Herausgeber

I

i. d. R	in der Regel
i. S. d.	im Sinne des/r
i. S. v.	im Sinne von
i.V. m.	in Verbindung mit

J

Jg.	Jahrgang

K

Kap.	Kapitel
KapCoRiLiG	Kapitalgesellschaften- und Co-Richtlinie-Gesetz
KapESt	Kapitalertragsteuer
KG	Kommanditgesellschaft
KGaA	Kommanditgesellschaft auf Aktien
KStG	Körperschaftsteuergesetz

M

m. w. N.	mit weiteren Nennungen
max.	maximal
MitbestG	Mitbestimmungsgesetz
Mio.	Millionen
MoMiG	Gesetz zur Modernisierung des GmbH-Rechts und zur Bekämpfung von Missbräuchen
Montan-MitbestimmungsG	Montan-Mitbestimmungsgesetz

N

NJW	Neue Juristische Wochenzeitschrift
Nr.	Nummer
Nrn.	Nummern
NWB	Neue Wirtschafts-Briefe

O

o. ä.	oder ähnlich
o. g.	oben genannt
o. Jg.	ohne Jahrgang
OFD	Oberfinanzdirektion
OHG	Offene Handelsgesellschaft

P

p. a.	per annum
PartG	Partnerschaftsgesellschaft
PartGG	Partnerschaftsgesellschaftsgesetz
plc	Public limited company
PublG	Publizitätsgesetz

R

Rn.	Randnummer, Randnummern
Rz.	Randziffer, Randziffern

S

s.	siehe
S.	Satz bei Paragraph, sonst Seite, Seiten
SE	Societas Europaea (Europäische Aktiengesellschaft)
SE-VO	SE-Verordnung
SEEG	Gesetz zur Einführung der europäischen Gesellschaft
SEStEG	Gesetz über steuerliche Begleitmaßnahmen zur Einführung der Europäischen Gesellschaft und zur Änderung weiterer steuerrechtlicher Vorschriften
Slg.	Amtliche Sammlung des EuGH
SolZ	Solidaritätszuschlag
SolZG	Solidaritätszuschlaggesetz
SprAuG	Sprecherausschussgesetz
stG	stille Gesellschaft

T

Tz.	Textziffer, Textziffern

U

u. a.	unter anderem
u. ä.	und ähnlich
u. v. a.	und viele andere
UmwG	Umwandlungsgesetz
UmwStE	Umwandlungssteuererlass
UmwStG	Umwandlungssteuergesetz
UStAE	Umsatzsteuer-Anwendungserlass
UStG	Umsatzsteuergesetz

V

vgl.	vergleiche
VVaG	Versicherungsverein auf Gegenseitigkeit

W

WG	Wirtschaftsgüter
WpHG	Wertpapierhandelsgesetz

Z

z. B.	zum Beispiel

1. Einleitung

Die Wahl der Rechtsform ist eine langfristige, wenngleich nicht irreversible Entscheidung. Bei der Gründung muss eine Entscheidung über die Rechtsform, in der die Unternehmung betrieben werden soll, getroffen werden. Auch in der Folge ist immer dann, wenn sich wesentliche Daten innerhalb oder außerhalb der Unternehmung ändern, über die Rechtsform nachzudenken. Interne Änderungen liegen beispielsweise vor, wenn sich die Zusammensetzung der Gesellschafter ändert, externe, wenn sich die Steuergesetze ändern. Ein nachträglicher Wechsel der Rechtsform (Umwandlung) ist jederzeit möglich, sie ist aber mit Aufwendungen und unter Umständen auch mit Steuerzahlungen verbunden. Grundsätzlich bleibt den Eigentümern einer Unternehmung freigestellt, in welcher Rechtsform sie sich am Wirtschaftsleben beteiligen wollen.

Für privatwirtschaftliche Unternehmungen, auf die sich die nachfolgenden Ausführungen beschränken, kommen als Rechtsformen die einzelkaufmännische Unternehmung, die Personengesellschaft, die Kapitalgesellschaft und Mischformen zwischen Personen- und Kapitalgesellschaft, dabei insbesondere die GmbH & Co. KG, die Betriebsaufspaltung sowie die GmbH & Still, in Betracht.

Die wichtigsten Entscheidungskriterien bei der Rechtsformwahl sind Haftungsverhältnisse, Leitungsbefugnis, Beteiligung an Gewinn, Verlust und Vermögen, Finanzierungsmöglichkeiten, Steuerbelastungen, Mitwirkungsbefugnisse der Arbeitnehmer und persönliche Aspekte, wie beispielsweise die der Erbfolge. Daneben sind auch Publizitätspflichten und rechtsformspezifische Aufwendungen, z. B. Aufwand für Rechnungslegung, Pflichtprüfung und Veröffentlichung des Jahresabschlusses, zu berücksichtigen.

Geht man davon aus, dass die betroffenen Individuen ihren Nutzen aus der Beteiligung an einer Unternehmung maximieren wollen, so müssen die relevanten Entscheidungskriterien unter Berücksichtigung der individuellen Präferenzen entsprechend gewichtet in deren Kalkül eingehen. Eine von vorneherein, das heißt, für alle denkbaren Konstellationen, optimale Rechtsform gibt es nicht.

Vor allem bei mittelständischen Unternehmungen ist es möglich, die rechtsformabhängigen Rahmenbedingungen so zu gestalten, dass auch heterogenen Präferenzen der beteiligten Personen Rechnung getragen werden kann, ohne grundsätzlich Abstand von der Form der Personengesellschaft oder der Kapitalgesellschaft nehmen zu müssen. Da die Steuerbelastung der Rechtsformen sehr unterschiedlich ausfallen kann, erfordert die Entscheidung über eine Rechtsform eine genaue Analyse der steuerlichen Konsequenzen.

Dabei darf nicht vernachlässigt werden, dass die steuerrechtlichen Regelungen, die bei einer derartigen ökonomischen Untersuchung zu berücksichtigen sind, keineswegs sichere Daten für den gesamten Planungshorizont darstellen. Eine Interpretation der Ergebnisse von Steuerbelastungsrechnungen ist i. d. R. nur unter dem Vorbehalt der Unsicherheit möglich. Die Unsicherheit über die zukünftigen steuerlichen aber auch nichtsteuerlichen Rahmenbedingungen lässt es selbst bei individuellen einzelwirtschaftlichen Entscheidungssituationen nicht zu, eine eindeutige Antwort auf die Frage nach der optimalen Rechtsform zu geben.

Die Steuerbelastungen im Zusammenhang mit der Rechtsformwahl können in periodisch wiederkehrende Steuern sowie Einmalsteuern, die bei der Unternehmungsgründung oder beim Rechtsformwechsel anfallen, unterteilt werden. Steuern, die sowohl periodisch wiederkehrend auftreten als auch in Form einer Einmalsteuer bei einer Unternehmensgründung oder bei einem Rechtsformwechsel auftreten, sind typischerweise die Einkommen-, Körperschaft- und die Gewerbesteuer. Die Ermittlung der geeignetsten Rechtsform in Bezug auf periodische Steuerbelastungen erfolgt durch Steuerbelastungsvergleiche zwischen den unterschiedlichen Rechtsformen. Bei der Gründung oder der Umwandlung einer Unternehmung werden sowohl einmalige Belastungen mit Ertragsteuern untersucht, die in Form von Einkommen-, Körperschaft- und Gewerbesteuer auftreten können, als auch Belastungen mit Verkehrssteuern, wie die Umsatz- und die Grunderwerbsteuer.

Es ist an dieser Stelle darauf hinzuweisen, dass grenzüberschreitende Vorgänge im Folgenden außer Acht bleiben. Die Berücksichtigung von solchen und den daraus resultierenden steuerlichen Konsequenzen würde den für dieses Buch abgesteckten Rahmen sprengen.

2. Die Bedeutung der Rechtsform aus einzel- und gesamtwirtschaftlicher Sicht

LERNZIELE

Nach der Bearbeitung des folgenden Kapitels sind Sie in der Lage,

- die Bedeutung der Rechtsformwahl für die Unternehmung zu erkennen,
- das Entscheidungsproblem formal zu skizzieren und Probleme in diesem Zusammenhang zu erkennen,
- die Entscheidungskriterien für die Rechtsformwahl zu bestimmen,
- Kriterien in die Klassen rechtsgestaltende, unternehmensspezifische, wirtschaftliche und steuerliche Kriterien einzuordnen,
- die unterschiedlichen Merkmalsausprägungen der Rechtsformen Einzelunternehmung, Personengesellschaft (GbR, OHG, KG, stG), Kapitalgesellschaft (GmbH, AG, SE, KGaA), Genossenschaft und den Mischformen (GmbH & Co. KG, Betriebsaufspaltung, GmbH & Still) aufzuzeigen,
- die Unterschiede zwischen den Rechtsformen zu bewerten,
- den Begriff der Rechtsformneutralität zu definieren, kritisch zu hinterfragen und die Bedeutung für die Rechtsformwahl zu erkennen.

2.1 Die Rechtsform als Teil der Unternehmungsverfassung

Marktwirtschaftlich orientierte Wirtschaftssysteme zeichnen sich dadurch aus, dass in ihnen die Wirtschaftssubjekte ihre Entscheidungen über Markthandlungen weitgehend autonom, das heißt „ohne staatliche Vorgaben", treffen. Dies gilt auch und in besonderem Maße für unternehmerische Entscheidungen, wobei im Schrifttum durchaus unterschiedliche Vorstellungen über den Ausdruck „unternehmerisch" anzutreffen sind, weil sich dahinter wiederum divergierende Ansichten über den Begriff „Unternehmen" verbergen. Wir folgen hier der Vorstellung Dieter Schneiders und sprechen im Folgenden nicht von Unternehmen, sondern von Unternehmungen als Handlungssystemen, kurz: Unternehmungen. Eine solche Unternehmung zeichnet sich durch folgende Eigenschaften aus:[1]

1. Sie führt als Anbieter in Absatzmärkten und als Nachfrager in Beschaffungsmärkten Marktprozesse durch.
2. Sie übt Marktzufuhrhandlungen aus.
3. Sie berechnet den erzielten Gewinn und verteilt diesen als Einkommen auf die in der Unternehmung gegen Gewinnbeteiligung mitwirkenden Personen und anspruchsberechtigten Institutionen.

1 Vgl. Schneider (1995), S. 99.

Hieraus wird eines unmittelbar deutlich: Von unternehmerischen Entscheidungen, also von Entscheidungen in Unternehmungen, sind i. d. R. mehrere Menschen betroffen, und zwar auch solche, die diese Entscheidungen nicht treffen. Da davon auszugehen ist, dass sich die Interessen der Betroffenen nicht oder zumindest nicht vollständig decken, entstehen Ordnungsprobleme, die durch bestimmte Regeln gelöst werden sollen. Zu diesen Regeln, Schneider spricht hier von Unternehmensregeln,[2] gehört die Unternehmungsverfassung. Es ist das Ziel der Unternehmungsverfassung, institutionelle Rahmenbedingungen zu schaffen, die zum einen den Entscheidungsprozess selbst regeln (wer darf was in welchem Maße) und zum anderen die Konsequenzen dieser Entscheidungen für die davon Betroffenen zumindest zum Teil festlegen.

Die Unternehmungsverfassung ordnet also die rechtlichen Beziehungen zwischen Unternehmung und Umwelt sowie innerhalb der Unternehmung. Der abzudeckende Regelungsbedarf wird wesentlich durch das Verständnis der Institution Unternehmung determiniert. Das Schrifttum nennt drei Grundmodelle der Unternehmungsverfassung:[3]

- das Modell der Eigentümer-Unternehmung,
- das Modell der Management geleiteten Unternehmung und
- das Koalitionsmodell der Unternehmung.

Gerade heutzutage erfolgt bei der Festlegung des Regelungsbedarfs eine zunehmende Orientierung am Koalitionsmodell der Unternehmung,[4] womit weitgehend die Interessen aller von unternehmerischen Entscheidungen betroffenen Menschen Berücksichtigung finden sollen, also nicht nur die der Eigentümer bzw. Anteilseigner und angestellten Manager, sondern auch die der Arbeitnehmer, Gläubiger, Kunden und Lieferanten und des Staates.

Die Unternehmungsverfassung schränkt die Autonomie, unter der unternehmerische Entscheidungen getroffen werden können, ein. Durch das Institut Rechtsform ermöglicht es die Unternehmungsverfassung den hinter der Unternehmung stehenden Personen aber, den Umfang dieser Beschränkungen mit zu gestalten. Anders ausgedrückt: Mit der Wahl einer bestimmten Rechtsform erfolgt die Rechtsgestaltung des Innen- und des Außenverhältnisses gemäß den individuellen Wünschen der Entscheidungsträger in einem abgegrenzten Rahmen.

2.2 Das Entscheidungsproblem „Wahl der Rechtsform"

Im Schrifttum wird die Entscheidung darüber, in welcher Rechtsform eine Unternehmung betrieben werden soll, als konstitutive Entscheidung aufgefasst, da sie nicht unmittelbar den Leistungsprozess betrifft, bezüglich dessen optimaler Gestaltung laufend Entscheidungen zu treffen sind.[5] Vielmehr werden hier die Rahmenbedingungen abgesteckt, unter denen eine Unternehmung tätig ist, wobei aus diesen sowohl rechtliche als auch wirtschaftliche Konsequenzen folgen.

Die Entscheidung für eine bestimmte Rechtsform ist zunächst im Gründungsstadium erforderlich. Sie ist aber nicht irreversibel, das heißt, die Rechtsform kann im Lauf der Existenz einer Un-

2 Vgl. Schneider (1997), S. 59.
3 Vgl. etwa Kistner/Steven (2002), S. 316 ff.
4 Vgl. hierzu auch die Ausführungen von Kübler/Assmann (2006), § 2 Abs. 3 EStG, hier insbes. S. 15 ff.
5 Vgl. hierzu auch Bea/Dichtl/Schweitzer (2009), S. 359 f.

ternehmung gewechselt werden. Die Notwendigkeit für den Wechsel der Rechtsform kann sich bei Änderung der persönlichen, wirtschaftlichen oder rechtlichen Verhältnisse ergeben. Der Vorgang des Rechtsformwechsels wird als Umwandlung bezeichnet. Die Umwandlung ist jedoch sowohl mit formalen als auch materiellen Aufwendungen verbunden. Die Entscheidung für eine Rechtsform hat deshalb grds. langfristige Wirkung. Bei der Wahl einer Rechtsform aus einer Menge von zur Verfügung stehenden Alternativen sind alle Aspekte zu berücksichtigen, bezüglich derer sich rechtsformspezifisch unterschiedliche Konsequenzen ergeben. Es gilt somit nicht ein Kriterium, anhand dessen die Entscheidung für eine bestimmte Rechtsform getroffen werden kann, vielmehr werden mehrere Kriterien zu berücksichtigen sein, die sich aus den rechtsformspezifischen Ausprägungen verschiedener Merkmale, wie z. B. dem Haftungsumfang, ergeben.

Man kann den ablaufenden Entscheidungsprozess wie folgt formal skizzieren: Nehmen wir an, dass n verschiedene Rechtsformen $R_1, \ldots, R_n$ zur Auswahl stehen. Diese Rechtsformen können sich bezüglich der m Merkmale $K_1, \ldots, K_m$ unterscheiden. Mit $K_i\ (R_j)$ sei die Ausprägung des Merkmals K_i bezeichnet, wenn die Rechtsform R_j gewählt wird. Der Entscheidungsträger bewertet die Rechtsform R_j anhand der Ausprägungen der verschiedenen Merkmale:

$$F_j = F\,[K_1\,(R_j), \ldots, K_m\,(R_j)],$$

wobei F die Bewertung der Rechtsform R_j als Funktion der Ausprägungen der Merkmale $K_1, \ldots, K_m$ darstellt. Es wäre jedoch falsch, sich hierunter eine funktionale Beziehung im streng mathematischen Sinne vorzustellen. Der Entscheidungsträger wählt die Rechtsform, für die er die höchste Bewertung erhält, das heißt, er löst das „Optimierungsproblem“

$$max_j\ F_j.$$

Dabei ist zu beachten, dass die individuelle Bewertung auch durch den Zweck der unternehmerischen Tätigkeit geprägt sein kann. Ist z. B. die Tätigkeit und damit der aus ihr resultierende Erfolg mit wenig Unsicherheit behaftet, so wird die Haftung bei der Bewertung von eher untergeordneter Bedeutung sein.

Dass diese formale Darstellung letztlich hinter den Ansprüchen zurückbleibt, die man gewöhnlich an ein mathematisches Modell stellt, hat mehrere Gründe. So lassen sich die Ausprägungen einiger Merkmale nicht quantitativ messen. Betrachtet man etwa das Merkmal „Haftungsumfang“, so könnte man dessen Ausprägungen mit „unbeschränkt“ und „beschränkt“ bezeichnen. Diese Ausprägungen unterliegen per se keiner Ordnung im Sinne von besser oder schlechter. Betrachten wir ein weiteres Merkmal „Fremdfinanzierungsmöglichkeiten“. Hier ergibt sich zusätzlich zur fehlenden Quantifizierbarkeit das Problem, dass die Ausprägungen des Merkmals in einer bestimmten Art und Weise von den Ausprägungen des Merkmals „Haftungsumfang“ abhängen, wobei sich diese Abhängigkeitsbeziehung selbst wiederum einer quantitativen Abbildung weitgehend entzieht. Sind mehrere Personen an der Entscheidungsfindung beteiligt, wird die Situation ungleich komplexer. Hier kann nicht einfach eine wie auch immer gewichtete Summe der Einzelbewertungen zur Entscheidung herangezogen werden. Vielmehr müssen die Ausprägungen der einzelnen Merkmale gemeinsam bewertet werden, weil unter Umständen eine Rechtsform bei einem bestimmten Merkmal für verschiedene Personen, die an der Unternehmung beteiligt sind, unterschiedliche Ausprägungen zulässt. Wenn etwa zwei Personen eine Unternehmung betreiben wollen, so ist eine Rechtsform, die bezüglich eines Merkmals „Geschäftsführungsbefugnis“ bestimmte Personen von derselben ausschließt, in Hinblick auf dieses

Merkmal grds. dann positiv zu bewerten, wenn die davon betroffene Person sowieso keine intensivere Mitarbeit in der Unternehmung anstrebt. Hat man Einigkeit über die Bewertung der Ausprägungen der einzelnen Merkmale erzielt, so können sich natürlich noch unterschiedliche Vorstellungen über die Gewichtung der einzelnen Merkmale gegenüberstehen.

Die Wahl der Rechtsform stellt sich somit als vielschichtiges Entscheidungsproblem dar. Nur wenn alle Entscheidungsträger eine stark ausgeprägte Präferenz für ein und dasselbe Merkmal haben, z. B. für das Merkmal „Höhe der Steuerbelastung", dürfte sich die Entscheidungsfindung als relativ unproblematisch erweisen.

2.3 Die Entscheidungskriterien

Wie oben schon gesagt, müssen bei der Wahl der Rechtsform alle Merkmale berücksichtigt werden, bezüglich derer rechtsformspezifisch unterschiedliche Ausprägungen auftreten können. Im Folgenden werden die zu berücksichtigenden Merkmale aufgelistet, wobei sie nach ihrem Wesen klassifiziert werden sollen. Unter rechtsgestaltenden Kriterien verstehen wir hier solche, die die Regelungen bezüglich der direkten Rechtsbeziehungen im Außen- oder im Innenverhältnis betreffen, das heißt, unmittelbar betroffen sind hier auch stets die Kapitalgeber. Unternehmungsspezifische Kriterien sind dagegen solche, die für die Unternehmung als solche bestimmte rechtsformabhängige Verpflichtungen im Außen- oder Innenverhältnis beinhalten, ohne dass die Kapitalgeber unmittelbar betroffen sind. Als wirtschaftliche Kriterien sollen solche aufgefasst werden, die direkt die Zahlungsströme der Unternehmung betreffen. Und schließlich sollen noch steuerliche Kriterien einbezogen werden. Demgemäß betrachten wir:

- rechtsgestaltende Kriterien:
  - im Außenverhältnis:
    - die Haftung der Kapitalgeber gegenüber den Gläubigern,
    - die Befugnis der Vertretung der Unternehmung gegenüber Dritten,
  - im Innenverhältnis:
    - die Befugnis zur Führung der Geschäfte,
    - die Verteilung des Gewinns und des Verlusts,
- unternehmensspezifische Kriterien:
    - die Publizitätspflicht,
    - Art und Umfang der Mitbestimmung,
- wirtschaftliche Kriterien:
    - die Aufwendungen der Rechtsform,
    - die Finanzierungsmöglichkeiten,
- steuerliche Kriterien:
    - die Steuerbelastung.

Im Folgenden soll der Inhalt der einzelnen Kriterien näher erläutert werden. Nicht einbezogen werden dagegen Planungen zur Unternehmernachfolge, die aber in Einzelfällen eine wichtige Rolle spielen können.

2.3.1 Die Haftung

Zwischen einer Unternehmung und außenstehenden Dritten können schuldrechtliche Beziehungen bestehen. Ebenso sind solche Beziehungen auch zwischen einer Unternehmung und den hinter ihr stehenden Kapitalgebern möglich. Damit stellt sich die Frage, in welchem Umfang die Kapitalgeber für die Verbindlichkeiten der Unternehmung einstehen müssen. Dabei ist zunächst zu klären, in welchem Maße die Haftung von der Höhe des gegebenen Eigenkapitals abhängt. Haftet der Kapitalgeber mit seinem gesamten Vermögen, also nicht nur in Höhe seiner Kapitaleinlage, so spricht man von unbeschränkter Haftung. Ist dagegen die Haftung auf die Kapitaleinlage begrenzt, so spricht man von beschränkter Haftung. Bei mehreren Kapitalgebern ist zu fragen, ob die Haftung für einige Kapitalgeber vertraglich eingeschränkt oder hierarchisch ausgestaltet werden kann.

2.3.2 Die Vertretungsbefugnis

Hier ist zu regeln, wer die Unternehmung nach außen gegenüber Dritten vertritt, wer also z. B. Verträge mit Kunden, Lieferanten oder Fremdkapitalgebern abschließen darf. Hierfür kommen die Kapitalgeber oder in Einschränkung einige davon oder von den Kapitalgebern beauftragte Personen in Frage. Die Vertretungsbefugnis kann grds. in Zusammenhang mit dem Ausmaß der Haftung angesehen werden. Auch hier ist aber zu fragen, inwieweit allgemeine gesetzliche Regelungen durch vertragliche Vereinbarungen modifiziert werden können. Dies kann insbesondere die Frage nach Einzel- oder Gesamtvertretungsmacht oder den möglichen Ausschluss einzelner Kapitalgeber von der Vertretung betreffen.

2.3.3 Die Geschäftsführungsbefugnis

Die Geschäftsführungsbefugnis betrifft das Innenverhältnis. Sie umfasst grds. die Entscheidungsgewalt über alle Maßnahmen in der Unternehmung, wie z. B. Produktions-, Absatz-, Finanzierungs- und Personalentscheidungen, sofern es sich nicht um so genannte Grundlagengeschäfte handelt, die eine Änderung der gesellschaftsvertraglichen Verhältnisse zur Folge hätten. Zum Teil sind derartige Entscheidungen mit Folgehandlungen verbunden, die das Außenverhältnis betreffen.

Auch hier kann, in Abhängigkeit vom Ausmaß der Haftung, die Geschäftsführung bei allen oder bei einigen Kapitalgebern oder bei von diesen beauftragten Personen liegen. Hinsichtlich möglicher vertraglicher Modifikationen allgemeiner Regelungen gilt das Gleiche wie bei der Vertretungsbefugnis.

2.3.4 Die Gewinn- und Verlustbeteiligung

Hier ist zu regeln, wie die an der Unternehmung beteiligten Kapitalgeber am Gewinn partizipieren bzw. wie ein Verlust auf sie zu verteilen ist. In diesem Zusammenhang ist auch zu klären, ob und in welchem Maße die Kapitalgeber berechtigt sind, schon vor Ablauf eines Geschäftsjahres und damit vor Feststellung, ob überhaupt ein verteilungsfähiger Gewinn erwirtschaftet wurde, Entnahmen aus dem Gesellschaftsvermögen vorzunehmen. Ebenso ist zu fragen, inwieweit die allgemeinen gesetzlichen Regelungen verbindlich sind oder vertraglich nach den Präferenzen der Kapitalgeber festgelegt werden können.

2.3.5 Die Publizitätspflicht

Wir hatten schon zu Beginn dieses Kapitels bemerkt, dass die unterschiedlichsten Personenkreise und Institutionen von unternehmerischen Entscheidungen betroffen sein können, so z. B. Gläubiger, Eigenkapitalgeber, Arbeitnehmer oder der Staat. Diese werden deshalb ein Interesse daran haben, Informationen über die wirtschaftliche Lage und alle für diese relevanten Tatbestände zu erlangen. Es sind daher Regelungen zu treffen, ob, in welchem Ausmaß und in welcher Form eine Unternehmung Informationen an Interessierte weiterzugeben hat. Wir werden sehen, dass der Gesetzgeber den Umfang der Publizitätspflicht nicht nur von der Rechtsform, sondern auch noch von einem weiteren Charakteristikum, der Unternehmensgröße, abhängig macht.

2.3.6 Art und Umfang der Mitbestimmung

Es sind Regelungen darüber zu treffen, ob und in welchem Maße die in der Unternehmung tätigen Mitarbeiter auf die unternehmerischen Entscheidungsprozesse Einfluss nehmen können. Dies kann auf direktem Wege dadurch geschehen, dass die Arbeitnehmer in einigen der Organe, die diese Entscheidungsprozesse tragen, vertreten sind (eigentliche Mitbestimmung). Indirekt kann die Möglichkeit zur Einflussnahme vorliegen, wenn sich die Mitbestimmungsrechte der Arbeitnehmer auf der betrieblichen Ebene auf unternehmerische Entscheidungen auswirken (Betriebsverfassung). Auch bezüglich der Mitbestimmung kommt der Unternehmensgröße eine wesentliche Bedeutung zu.

2.3.7 Die Aufwendungen der Rechtsform

Aufgrund der unterschiedlichen Vorschriften für die verschiedenen Rechtsformen bezüglich der einzelnen Merkmale, aber auch wegen der grundsätzlichen strukturellen Unterschiede der Rechtsformen, verursacht die Wahl einer bestimmten Form Aufwendungen in unterschiedlicher Höhe. Hierbei ist zwischen einmaligen und laufenden Aufwendungen zu unterscheiden, wobei den laufenden insofern eine größere Bedeutung zukommt, als diese als Kostenfaktor in den Folgejahren stets die Höhe des erwirtschafteten Gewinns beeinflussen.

2.3.8 Die Finanzierungsmöglichkeiten

Bei der Wahl der Rechtsform ist zu berücksichtigen, ob und in welchem Maße die Beschaffung von Kapital in seinen verschiedenen Ausprägungen (Eigen- vs. Fremdfinanzierung, Innen- vs. Außenfinanzierung) durch die Entscheidung für eine bestimmte Rechtsform beeinflusst wird. Dabei kann bei einzelnen Rechtsformen eine Mindestausstattung mit Eigenkapital vorgeschrieben werden. Diese Mindestausstattung und die Eigenkapitalbeschaffungsmöglichkeiten sowie der Umfang der Haftung können die Möglichkeiten der Beschaffung von Fremdkapital beeinflussen.

2.3.9 Die Steuerbelastung

Der Zusammenhang zwischen Rechtsform und Steuerbelastung ist komplexer Natur. Zum einen schreiben die Steuergesetze in Abhängigkeit von der Rechtsform eine unterschiedliche Ermittlung der steuerlichen Bemessungsgrundlagen vor. Zum anderen wird auf den so ermittelten steuerlichen Erfolg einer Unternehmung ein rechtsformabhängiger Tarif angewendet. Darüber hinaus ist zu beachten, dass der wirtschaftliche Erfolg in seiner Höhe möglicherweise von der Rechtsform abhängt und somit ein weiterer Einfluss auf die Steuerbelastung entstehen kann. Formal bedeutet dies, dass sich die Steuerbelastung S als eine rechtsformabhängige Tarifbelastung T ergibt, wobei diese auf eine rechtsformabhängige Bemessungsgrundlage B anzuwenden ist, die mit dem wirtschaftlichen Erfolg E der Unternehmung in Zusammenhang steht, wobei dieser wiederum möglicherweise von der Rechtsform beeinflusst wird, das heißt, es ist

$$S(R) = T\,[R, B(R, E(R))],$$

wobei R die zugrunde liegende Rechtsform angibt. Ist der wirtschaftliche Erfolg E von R unabhängig, so vereinfacht sich dieser Ausdruck zu

$$S(R) = T\,[R, B(R, E)].$$

Nur in diesem Fall ist es zulässig, die Steuerbelastung unterschiedlicher Rechtsformen ausschließlich auf der Basis der relevanten steuerrechtlichen Vorschriften miteinander zu vergleichen.

Auch hier muss gesagt werden, dass diese Art der Darstellung kein Versuch sein soll, die Ermittlung der Steuerbelastung in streng mathematischem Sinne zu formalisieren, sondern vielmehr als Unterstützung dienen soll, den komplexen Zusammenhang zwischen Rechtsform und Steuerbelastung transparent zu machen. So ist insbesondere zu beachten, dass bei verschiedenen Rechtsformen die Steuerbelastung zusätzlich von der Gewinnverwendung abhängt, was in der obigen formalen Darstellung nicht zum Ausdruck kommt.

2.4 Die Rechtsformalternativen

Für privatwirtschaftliche Unternehmungen stehen grds. die folgenden Rechtsformen zur Wahl:

- Einzelunternehmungen,
- Personengesellschaften:
  - Gesellschaft des bürgerlichen Rechts (GbR),
  - Offene Handelsgesellschaft (OHG),

- Partnerschaftsgesellschaft (PartG),
- Kommanditgesellschaft (KG),
- Stille Gesellschaft (stG),

► Kapitalgesellschaften:
- Gesellschaft mit beschränkter Haftung (GmbH),
- Aktiengesellschaft (AG),
- Europäische Aktiengesellschaft (SE),
- Kommanditgesellschaft auf Aktien (KGaA),

► Genossenschaften,

► Versicherungsvereine auf Gegenseitigkeit (VVaG).

Auf Sonderformen (Europäische Wirtschaftliche Interessenvereinigung (EWIV), Reederei, Stiftungen etc.) soll im Folgenden nicht eingegangen werden. Neben den oben aufgezählten reinen Rechtsformen haben sich in der Praxis so genannte Mischformen herausgebildet, die insbesondere aus steuerlicher Sicht interessant sein können. Die wesentlichen Mischformen sind:

► Mischformen:
- GmbH & Co. KG,
- Doppelgesellschaft (Betriebsaufspaltung),
- GmbH & Still.

Andere mögliche Mischformen (z. B. AG & Co. KG) spielen dagegen keine bedeutende Rolle.

Die Wahlfreiheit zwischen den einzelnen Rechtsformen ist in einigen Fällen eingeschränkt. Bei Hypothekenbanken, Kapitalanlagegesellschaften, Schiffspfandbriefbanken, bestimmten Versicherungen und Wohnungsunternehmen hat die Rechtsformwahl in den durch spezielle Gesetze geregelten Grenzen zu erfolgen. So dürfen etwa Kapitalanlagegesellschaften nur in der Form der GmbH oder der AG geführt werden. Auf der anderen Seite stehen bestimmte Rechtsformen nicht allen Unternehmungen zur Wahl. So kann die Form des VVaG nur von Versicherungsgesellschaften gewählt werden, die Genossenschaft kommt als Rechtsform nur für solche Unternehmungen in Betracht, die die Voraussetzungen des § 1 GenG erfüllen. Daneben knüpft das Recht an einzelne Rechtsformen Mindestanforderungen, etwa an die Mindesthöhe des Eigenkapitals (GmbH: 25.000 €[6], AG: 50.000 €) oder an die Mindestzahl der Mitglieder (Genossenschaften: 3).

Für die weiteren Ausführungen sollen Einzelunternehmungen und Personengesellschaften unter dem Begriff „Personenunternehmungen" subsumiert werden. Hierdurch soll die i. d. R. bei diesen Rechtsformen anzutreffende enge Beziehung zwischen den (wirtschaftlichen) Eigentümern (Eigenkapitalgeber) und den in der Unternehmung maßgeblichen Entscheidungsträgern („Manager"), meist ausgeprägt durch Personenidentität, ausgedrückt werden.

6 Durch das Gesetz zur Modernisierung des GmbH-Rechts und zur Bekämpfung von Missbräuchen (MoMiG) sind einige Sonderregelungen eingeführt worden. Vgl. Abschnitt 2.5.3.1.

2.5 Rechtsformen und Entscheidungskriterien

Im Folgenden sollen die Unterschiede in den Merkmalsausprägungen bezüglich der oben angeführten Entscheidungskriterien für die einzelnen Rechtsformen aufgezeigt werden, wobei eine Beschränkung auf die wesentlichen Aspekte erfolgt. Bezüglich einer detaillierten Darstellung der gesellschaftsrechtlichen Grundlagen sei auf die am Ende dieses Kapitels aufgeführte Literatur, insbesondere auf Kübler/Assmann (2006), verwiesen. Auf eine Kurzdarstellung der steuerrechtlichen Konsequenzen wird hier selbstverständlich verzichtet, da diese ausführlich in den folgenden Kapiteln aufgezeigt werden.

2.5.1 Die Einzelunternehmung

Bei der Einzelunternehmung liegen Entscheidungskompetenz und Verantwortung allein in der Hand des Inhabers. Die Rechtsgrundlagen bilden die allgemeinen Bestimmungen des HGB (§§ 1-104) sowie einzelne Bestimmungen des BGB. Die Gründung erfolgt formlos, die Firma der Unternehmung muss die Bezeichnung „eingetragener Kaufmann", „eingetragene Kauffrau" oder eine geeignete Abkürzung enthalten (§ 19 Abs. 1 Nr. 1 HGB). Gilt der Unternehmer als Kaufmann i. S. v. § 1 Abs. 1 HGB, so hat eine Eintragung der Firma in das Handelsregister zu erfolgen (§ 29 HGB). Der Unternehmer haftet für die Schulden der Unternehmung allein und uneingeschränkt, das heißt mit dem gesamten Geschäfts- und Privatvermögen. Er kann unter seiner Firma klagen und verklagt werden.

Dem Einzelunternehmer allein obliegt die Vertretungs- und Geschäftsführungsbefugnis, er kann diese jedoch teilweise delegieren. Eine solche Delegierung kann in unterschiedlich starker Ausprägung erfolgen. Wird Prokura erteilt, so sind die damit verbundenen Vollmachten sehr weitgehend, sie beziehen sich auch auf Geschäfts- und Rechtshandlungen, die über den üblichen Rahmen des Handelsgewerbes hinausgehen. Für die Veräußerung und Belastung von Grundstücken muss die Befugnis besonders erteilt werden. Ausgeschlossen sind die Anmeldung von Handelsregistereintragungen, die Zeichnung von Bilanzen und Steuererklärungen, die Erteilung von Prokura und die Anmeldung der Insolvenz. Die Prokura kann als Einzel- oder Gesamtprokura erteilt werden, sie ist in jedem Fall vom Inhaber des Handelsgeschäfts in das Handelsregister einzutragen. Die Erteilung einer Handlungsvollmacht beschränkt sich dagegen i. d. R. auf solche Rechtsgeschäfte, die das betriebene Handelsgewerbe gewöhnlich mit sich bringt. Die Vollmacht kann weiter auf eine bestimmte Art von Rechtsgeschäften oder auf bestimmte Einzelgeschäfte eingeschränkt werden. Eine Eintragung der Handlungsvollmacht ins Handelsregister erfolgt nicht.

Der Gewinn einer Einzelunternehmung steht dem Unternehmer allein zu. Verluste hat er allein zu tragen. Eine Publizitätspflicht besteht nicht. Die Mitbestimmung ist ausgeschlossen, es finden lediglich die Vorschriften des Betriebsverfassungsgesetzes 1972 (BetrVG 1972) und des Gesetzes über Sprecherausschüsse der leitenden Angestellten von 1988 (SprAuG) Anwendung, sofern die notwendigen Kriterien erfüllt sind (mindestens fünf ständig beschäftigte Arbeitnehmer bzw. mindestens zehn leitende Angestellte).

Bei der Einzelunternehmung fallen im Allgemeinen nur einmalige Aufwendungen an, etwa dann, wenn eine Eintragung ins Handelsregister notwendig ist oder wenn notarielle Beglaubigungen und Beurkundungen vorzunehmen sind (z. B. bei Gesellschaftsverträgen oder Grundstückskäufen).

Der Einzelunternehmer kann seiner Unternehmung jederzeit Eigenkapital in beliebiger Höhe zuführen. Es besteht keine Pflicht zu einer Mindestausstattung. Nach oben ist die Eigenkapitalzufuhr wirtschaftlich durch das Privatvermögen des Unternehmers begrenzt. Sind diese Möglichkeiten ausgeschöpft, kann die Eigenkapitalbasis durch Aufnahme eines stillen Gesellschafters erweitert werden (vgl. Abschnitt 2.5.2.4). Im Wege der Selbstfinanzierung ist eine Erweiterung durch die Nichtentnahme von Gewinnen, die in der Unternehmung erzielt worden sind, möglich. Das vorhandene Eigenkapital kann jederzeit durch den Unternehmer entnommen werden. Durch die unbeschränkte Haftung besteht für die Gläubiger der Unternehmung faktisch kein Unterschied zwischen dem Eigenkapital dieser Unternehmung und dem Privatvermögen des Unternehmers. Insofern sind auch die Möglichkeiten zur Aufnahme von Fremdkapital durch die Höhe des Privatvermögens begrenzt, da dieses zur Absicherung der Kredite herangezogen wird.

2.5.2 Personengesellschaften

2.5.2.1 Die Gesellschaft des bürgerlichen Rechts (GbR)

Die Gesellschaft des bürgerlichen Rechts, auch als BGB-Gesellschaft bezeichnet, ist eine Personenvereinigung, deren Gesellschafter sich gegenseitig verpflichten, die Erreichung eines gemeinsamen Zweckes zu fördern (§ 705 BGB). Die Rechtsgrundlagen finden sich in den Bestimmungen des BGB (§§ 705-740). Die Gründung erfolgt formlos. Im Gesellschaftsvertrag muss der gemeinsame Zweck festgelegt und die Pflicht zur gemeinsamen Förderung begründet werden. Der Gesellschaftsvertrag kann dabei formfrei abgeschlossen werden. Der gemeinsame Zweck darf aber nicht auf den Betrieb eines Handelsgewerbes unter gemeinschaftlicher Firma ausgerichtet sein, da ein solcher als Personenvereinigung nur in Form einer OHG oder KG möglich ist. Die GbR ist zur Führung einer im Handelsregister eingetragenen Firma nicht berechtigt, sie kann aber eine so genannte Geschäftsbezeichnung führen, die den Gegenstand der Gesellschaft wiedergibt.

Die Haftung für die Verbindlichkeiten der GbR ist im BGB nicht erschöpfend geregelt. Im Allgemeinen wird eine unbeschränkte gesamtschuldnerische Haftung der Gesellschafter angenommen. Durch geeignete Einschränkungen der Vertretungsmacht der handelnden Gesellschafter kann die Haftung auf das Gesellschaftsvermögen beschränkt werden. Voraussetzung hierfür sind entsprechende Erklärungen gegenüber den Vertragspartnern. Dies wird von der Rechtsprechung und in der Literatur mittlerweile abgelehnt. Demnach ist eine Haftungsbeschränkung nur noch möglich, wenn Gesellschaft und Vertragspartner dies ausdrücklich oder konkludent vereinbaren. Eine einseitige Erklärung reicht nicht aus. Bei einer Beschränkung der Vertretungsmacht ist § 179 BGB anzuwenden.[7]

Grds. steht die Führung der Geschäfte der GbR den Gesellschaftern gemeinschaftlich zu, das heißt, dass für jedes Geschäft die Zustimmung aller Gesellschafter erforderlich ist. Per Gesell-

7 § 128 HGB ist analog anzuwenden.

schaftsvertrag kann die Geschäftsführung einem Gesellschafter oder mehreren Gesellschaftern übertragen werden. Auch kann im Vertrag vereinbart werden, dass Entscheidungen durch die geschäftsführenden Gesellschafter mit Mehrheit der Stimmen getroffen werden können.[8] Soweit ein Gesellschafter nach dem Gesellschaftsvertrag zur Geschäftsführung befugt ist, hat er im Zweifel auch die Berechtigung, die Gesellschaft im Rechtsverkehr zu vertreten. Die Vertretungsbefugnis kann durch Erteilung von Vollmachten auch auf andere Personen übertragen werden.

Grds. werden Gewinn und Verlust nach Köpfen auf die Gesellschafter verteilt. Durch gesellschaftsvertragliche Vereinbarungen sind Abweichungen hiervon möglich. Die Gesellschafter können daher die Verteilung des Gewinns und Verlusts erst nach der Auflösung der Gesellschaft verlangen. Hat die Gesellschaft jedoch längere Zeit Bestand, so erfolgt die Gewinnverteilung im Zweifel am Ende eines jeden Geschäftsjahres.

Für die GbR besteht keine Verpflichtung zur Publizität. Es fallen keine rechtsformbezogenen Aufwendungen an. Die Finanzierung der GbR erfolgt vornehmlich durch die Einlagen der Gesellschafter und durch die in der Gesellschaft erzielten Gewinne.

2.5.2.2 Die offene Handelsgesellschaft (OHG)

Die offene Handelsgesellschaft ist eine Gesellschaft, deren Zweck auf den Betrieb eines Handelsgewerbes unter gemeinschaftlicher Firma gerichtet ist. Die Rechtsgrundlagen finden sich in den §§ 105-160 HGB, die durch die allgemeinen Vorschriften der §§ 705-740 BGB ergänzt werden.[9] Zur Gründung einer OHG bedarf es mindestens zweier Gründer, die Gesellschafterstellung ist an die Person des Gesellschafters gebunden und kann nicht übertragen werden.[10] Die Gründung erfolgt formfrei, es muss aber ein Gesellschaftsvertrag abgeschlossen werden, der die Rechtsverhältnisse der Gesellschafter untereinander regelt. Es muss eine Eintragung ins Handelsregister erfolgen. Die Firma muss die Bezeichnung „offene Handelsgesellschaft" oder eine geeignete Abkürzung dieser Bezeichnung enthalten (§ 19 Abs. 1 Nr. 2 HGB).

Per Definition ist bei keinem der Gesellschafter die Haftung gegenüber den Gesellschaftsgläubigern beschränkt. Die Haftung der Gesellschafter ist also unbeschränkt, solidarisch, unmittelbar und unbeschränkbar. Dies ist aber nicht Folge aus dem Gesellschaftsverhältnis, sondern wegen § 105 Abs. 1 HGB Voraussetzung hierfür. Bei Ausscheiden eines Gesellschafters besteht die Haftung für diesen noch fünf Jahre für die Verbindlichkeiten, die zum Zeitpunkt des Ausscheidens bestehen. Ein neu eintretender Gesellschafter haftet auch für die vor seinem Eintritt begründeten Verbindlichkeiten.[11]

Grds. besitzen alle Gesellschafter der OHG die Einzelvertretungsbefugnis. Im Gesellschaftsvertrag kann eine Gesamtvertretungsbefugnis aller oder mehrerer Gesellschafter bestimmt werden, eine solche ist ins Handelsregister einzutragen. Einzelne Gesellschafter können von der Vertretung ausgeschlossen werden, auch dies muss ins Handelsregister eingetragen werden.

---

8 Die GbR ist mittlerweile rechtsfähig. Vgl. BGH, 29. 1. 2001, II ZR 331/00.

9 Vgl. § 105 Abs. 3 HGB.

10 Diese Regelung ist dispositiv und wird in der Praxis oft anders gehandhabt.

11 In der Praxis erfolgt regelmäßig eine Freistellung von den Altverbindlichkeiten im Innenverhältnis. Dies ist wegen § 130 Abs. 2 HGB möglich.

Im Prinzip sind alle Gesellschafter zur Geschäftsführung berechtigt und verpflichtet, dabei besteht Einzelgeschäftsführungsbefugnis. Im Gesellschaftsvertrag kann die Geschäftsführung einem oder mehreren Gesellschaftern übertragen werden, die übrigen Gesellschafter sind dann von der Geschäftsführung ausgeschlossen, sie besitzen aber bestimmte Kontrollrechte. Der Umfang der Geschäftsführungsbefugnis erstreckt sich auf die gewöhnlichen Geschäfte, für darüber hinausgehende Handlungen ist ein Beschluss aller Gesellschafter erforderlich. Sowohl Vertretungs- als auch Geschäftsführungsbefugnis können durch Vollmacht auf andere übertragen werden.

Bezüglich der Gewinn- und Verlustbeteiligung sieht die gesetzliche Regelung zunächst eine 4 %-ige Verzinsung des Kapitalanteils vor. Der verbleibende Gewinn ist, ebenso wie ein auftretender Verlust, nach Köpfen zu verteilen. Jeder Gesellschafter ist berechtigt, im Laufe eines Geschäftsjahres bis zu 4 % seines für das letzte Geschäftsjahr festgestellten Kapitalanteils zu entnehmen. Diese Regelungen sind dispositiver Natur, sie können durch den Gesellschaftsvertrag modifiziert werden. Für die OHG besteht keine Pflicht zur Publizität, es sei denn, es handelt sich um ein Großunternehmen nach dem Publizitätsgesetz. Ein solches liegt vor, wenn zwei der drei folgenden Kriterien erfüllt sind (§ 1 Abs. 1 PublG):

- Die Bilanzsumme einer auf den Abschlussstichtag aufgestellten Jahresbilanz übersteigt 65 Millionen €.
- Die Umsatzerlöse der Unternehmung in den zwölf Monaten vor dem Abschlussstichtag übersteigen 130 Millionen €.
- Die Unternehmung hat in den zwölf Monaten vor dem Abschlussstichtag durchschnittlich mehr als fünftausend Arbeitnehmer beschäftigt.

Für die Mitbestimmung in der OHG gilt das Gleiche wie für die Einzelunternehmung. Ebenso verhält es sich mit den rechtsformspezifischen Aufwendungen. Die Beschaffung von Eigenkapital von außen erfolgt im Wesentlichen durch die Erhöhung der Kapitaleinlagen der Gesellschafter. Daneben kann die Eigenkapitalbasis durch die Aufnahme eines stillen Gesellschafters erweitert werden. Grds. besteht auch die Möglichkeit zur Aufnahme neuer Gesellschafter, wegen der engen Verbundenheit der Gesellschafter untereinander kommt dem jedoch nur untergeordnete Bedeutung zu. Zusätzlich steht den Gesellschaftern die Möglichkeit zur Verfügung, die Eigenkapitalbasis im Rahmen der Innenfinanzierung durch die Nichtentnahme der in der Unternehmung erwirtschafteten Gewinne zu stärken. Die Grenzen der Fremdkapitalbeschaffung sind durch die Höhe des gesamten, als Haftungsmasse dienenden Vermögens der Gesellschafter abgesteckt.

2.5.2.3 Partnerschaftsgesellschaft (PartG)

Für Freiberufler kommt i. d. R. die OHG nicht in Betracht, weil kein Handelsgewerbe vorhanden ist. Mit der Einführung des Partnerschaftsgesellschaftsgesetzes (PartGG) wird diesem Personenkreis die Möglichkeit gegeben, die gemeinschaftliche Berufsausübung in der Rechtsform der Partnerschaftsgesellschaft vorzunehmen. Sie ist eine Personengesellschaft, die enge Bezüge zur OHG aufweist. Häufig sind Partnerschaftsgesellschaften unter Ärzten und Rechtsanwälten zu finden.

Diese Rechtsform ist als Personengesellschaft konzipiert und soll Angehörigen freier Berufe eine Form des Zusammenschlusses anbieten, durch den die Verfolgung eines gemeinsamen, nicht gewerblichen Zwecks erleichtert wird. Die Partnerschaftsgesellschaft beruht auf den Grundlagen der Gesellschaft bürgerlichen Rechts (§ 1 Abs. 4 PartGG). Die Partnerschaftsgesellschaft kann unter ihrem Namen Rechte erwerben, Verbindlichkeiten eingehen, klagen und verklagt werden. Bei der Erbringung ihrer beruflichen Leistung handeln die Partner grds. eigenverantwortlich und unabhängig. Jeder Partner ist allein zur Führung der gewöhnlichen Geschäfte berechtigt. Somit ist grds. auch jeder Partner berechtigt, die PartG allein zu vertreten. In der Vertretung hat die PartG große Ähnlichkeit mit einer OHG.

Für die Verbindlichkeiten der PartG haften neben dem Vermögen der PartG grds. sämtliche Partner mit ihrem Privatvermögen als Gesamtschuldner. Diese weitgehende Haftung der einzelnen Partner kann aber beschränkt werden. Zur Gründung der Gesellschaft ist kein Stammkapital erforderlich, Bedingung ist nur ein schriftlicher Vertrag und die Eintragung über das Amtsgericht ins Partnerschaftsregister.

2.5.2.4 Die Kommanditgesellschaft (KG)

Ebenso wie die OHG ist die Kommanditgesellschaft eine Gesellschaft, deren Zweck auf den Betrieb eines Handelsgewerbes unter gemeinschaftlicher Firma gerichtet ist. Rechtsgrundlagen sind die §§ 161-177a HGB sowie die §§ 105-160 HGB und §§ 705-740 BGB. Es gibt zwei Arten von Gesellschaftern, die Komplementäre und die Kommanditisten, von jeder Art muss mindestens ein Gesellschafter vorhanden sein. Wegen der engen Wesensverwandtheit mit der OHG finden die entsprechenden Vorschriften für die OHG auch für die KG weitgehend Anwendung. Die Firma muss die Bezeichnung „Kommanditgesellschaft“ oder eine geeignete Abkürzung dieser Bezeichnung enthalten (§ 19 Abs. 1 Nr. 3 HGB).

Der wesentliche Unterschied zur OHG liegt im Umfang der Haftung begründet. Per definitionem (§ 161 HGB) muss bei einem Teil der Gesellschafter die Haftung gegenüber den Gläubigern der Unternehmung auf den Betrag einer bestimmten Vermögenseinlage beschränkt sein (Kommanditisten), während bei dem anderen Teil die Haftung unbeschränkt ist (Komplementäre). Die Haftung der Komplementäre entspricht somit der von Gesellschaftern einer OHG, während das Vermögen des Kommanditisten, soweit es über seine Einlage hinausgeht, nicht als Haftungsmasse zur Verfügung steht. Die Kommanditisten sind von der Vertretung und der Gesellschaftsführung ausgeschlossen, sie können aber zu Prokuristen oder Handlungsbevollmächtigten bestellt werden. Die Kommanditisten können der Geschäftsführung der Komplementäre nicht widersprechen, soweit es sich um den gewöhnlichen Betrieb des Handelsgewerbes handelt. Bei ungewöhnlichen Geschäften besitzen die Kommanditisten ein Widerspruchsrecht.

Bezüglich der Gewinn- und Verlustbeteiligung sieht die gesetzliche Regelung zunächst eine 4 %-ige Verzinsung der Kapitalanteile vor. Ein darüber hinausgehender Gewinn ist, ebenso wie ein eventuell anfallender Verlust, „angemessen“ zu verteilen. Hiermit soll dem unterschiedlichen Haftungsumfang Rechnung getragen werden. Die Kommanditisten besitzen kein Entnahmerecht, sie haben lediglich einen Anspruch auf die Auszahlung des auf ihn entfallenden Gewinns. Eine Modifizierung dieser gesetzlichen Regelungen durch Gesellschaftsvertrag ist möglich und aufgrund der unpräzisen Formulierung einer „angemessenen“ Verteilung auch ratsam.

Wie die OHG besteht auch für die KG keine Pflicht zur Publizität, sofern es sich nicht um ein Großunternehmen i. S. d. PublG handelt. Die Kommanditisten können eine Abschrift des Jahresabschlusses verlangen und Einsicht in die Geschäftsbücher nehmen. Hinsichtlich des Umfangs der Mitbestimmung gilt das Gleiche wie bei der Einzelunternehmung. Entsprechendes ist zu den rechtsformspezifischen Aufwendungen zu sagen.

Neben der Erhöhung von Einlagen und der Einbehaltung von erzielten Gewinnen besitzt die KG die Möglichkeit, Eigenkapital über die Aufnahme neuer Kommanditisten zu beschaffen, weil deren Haftung auf die Einlage beschränkt ist und ihre Bindung zu der Unternehmung wegen der fehlenden Leitungsbefugnis i. d. R. schwächer ist als die der Komplementäre. Das Potenzial zur Beschaffung von Fremdkapital ist bestimmt durch die Höhe des Vermögens, das als Haftungsmasse dienen kann.

2.5.2.5 Die stille Gesellschaft (stG)

Eine stille Gesellschaft entsteht, wenn sich der stille Gesellschafter an dem Handelsgewerbe, das ein anderer betreibt, mit einer Vermögenseinlage beteiligt, wobei die Einlage so zu leisten ist, dass sie in das Vermögen des Inhabers des Handelsgeschäfts übergeht. Das Gesetz grenzt den Kreis derjenigen, die als stille Gesellschafter auftreten können, nicht ein. Stiller Gesellschafter kann also eine natürliche oder juristische Person, eine OHG, KG oder GbR, aber auch ein Verein oder eine Erbengemeinschaft sein. Demgegenüber muss der tätige Gesellschafter Inhaber eines Handelsgeschäfts sein. Somit kann der tätige Gesellschafter der stG eine natürliche oder juristische Person, eine OHG oder etwa eine KG sein. Die Rechtsgrundlagen für die stG finden sich in den §§ 230-236 HGB.

Die stG ist eine reine Innengesellschaft. Ihre Gründung erfolgt formfrei durch mindestens zwei Gründer, errichtet wird sie durch Vertrag. Die stG besteht ausschließlich aus schuldrechtlichen Beziehungen zwischen den Beteiligten. Da die Gesellschaft nicht nach außen wirkt, kann sie keine gemeinschaftliche Firma besitzen.

Wegen des reinen Innenverhältnisses ergeben Fragen nach der Haftung oder der Vertretung einer stG keinen Sinn. Für die Schulden des Handelsgewerbes haftet allein der Inhaber. Zur Haftungsmasse gehört damit auch die Einlage des stillen Gesellschafters. Soweit diese noch nicht voll geleistet worden ist, können die Gläubiger des Handelsgewerbes die Forderung gegenüber dem Stillen geltend machen. Die Geschäftsführung der stG obliegt allein dem tätigen Gesellschafter, eine Mitwirkung des stillen Gesellschafters ist typischerweise nicht vorgesehen. Grds. ist der Stille am Gewinn und Verlust der Unternehmung „angemessen" zu beteiligen. Im Allgemeinen regelt die Höhe der Beteiligung der Gesellschaftsvertrag. Eine Verlustbeteiligung kann, im Gegensatz zu einer Gewinnbeteiligung, ausgeschlossen werden. Der stille Gesellschafter hat kein Recht auf eine Entnahme. Vorschriften zur Publizität oder zur Mitbestimmung kommen bei der stG nicht zur Anwendung.

Rechtsformspezifische Aufwendungen sind bei der stG nur im Zusammenhang mit einer eventuellen Beglaubigung des Gesellschaftsvertrags denkbar.

Die stille Gesellschaft besitzt kein eigenes Vermögen, insofern brauchen die Finanzierungsmöglichkeiten einer stG nicht diskutiert zu werden.

2.5.3 Kapitalgesellschaften

2.5.3.1 Die Gesellschaft mit beschränkter Haftung (GmbH)

Gesellschaften mit beschränkter Haftung können von einer oder mehreren Personen zu jedem gesetzlich zulässigen Zweck errichtet werden. Unabhängig von dem verfolgten Zweck gilt eine GmbH stets als Handelsgesellschaft i. S. d. HGB. Rechtsgrundlage für die GmbH ist das GmbH-Gesetz. Dessen Modernisierung und Reformierung ist zum 1. 11. 2008 in Kraft getreten. Das Gesetz zur Modernisierung des GmbH-Rechts und zur Bekämpfung von Missbräuchen (MoMiG) zielte auf eine geschlossene Novellierung des geltenden GmbH-Rechts ab. Die Schwerpunkte der Reform waren eine Erhöhung der Attraktivität der GmbH als Rechtsform, eine Flexibilisierung und Deregulierung bei Unternehmungsgründungen sowie eine Bekämpfung der Missbrauchsgefahr der GmbH.

Die GmbH ist eine juristische Person, die ins Handelsregister eingetragen werden muss. Das Stammkapital muss mindestens 25.000 € betragen. Es ist durch Stammeinlagen zu erbringen, wobei nach altem GmbH-Recht eine Stammeinlage mindestens 100 €, nach neuem GmbH-Recht nur noch mindestens 1 € betragen muss. Die nach neuem Recht geschaffene „Einstiegsvariante der GmbH", die so genannte haftungsbeschränkte Unternehmergesellschaft (§ 5a GmbHG), ist eine GmbH, die ohne ein bestimmtes Mindestkapital gegründet werden kann, dafür ihre Gewinne aber nicht voll ausschütten darf. Auf diese Weise kann das Mindeststammkapital der GmbH über die Zeit angespart werden. Die Anteile an einer GmbH sind nach neuem Recht flexibler teilbar und übertragbar, wobei die Anteile generell nicht an der Börse gehandelt, sondern nur durch in notarieller Form abgeschlossene Verträge übertragen werden können. Die Firma der GmbH muss die Bezeichnung „Gesellschaft mit beschränkter Haftung" oder eine geeignete Abkürzung dieser Bezeichnung enthalten. Die Unternehmergesellschaft muss die Bezeichnung „Unternehmergesellschaft (haftungsbeschränkt)" oder „UG (haftungsbeschränkt)" führen.

Die Gründung der GmbH erfordert mindestens einen Gesellschafter und den Abschluss eines Gesellschaftsvertrages, welcher notariell zu beurkunden ist. Im Zuge der GmbH-Reform stehen für unkomplizierte Standardgründungen Musterprotokolle zur Verfügung, die zwar auch notariell beurkundet werden müssen, die aber vor allem für die haftungsbeschränkte Unternehmergesellschaft Einsparpotenziale bietet. § 3 GmbHG schreibt für den Gesellschaftsvertrag einen bestimmten Mindestinhalt vor, darüber hinaus kann dieser weitgehend dispositiv gestaltet werden. Änderungen des Gesellschaftsvertrags sind nur mit Dreiviertelmehrheit und notarieller Beurkundung möglich.

Für die Verbindlichkeiten der Gesellschaft haftet gegenüber den Gläubigern ausschließlich das Gesellschaftsvermögen, für die Gesellschafter ist die Haftung (und damit das Kapitalverlustrisiko) grds. auf die von ihnen geleistete Einlage beschränkt. Im Gesellschaftsvertrag kann jedoch eine Nachschusspflicht vorgesehen sein. Ist diese nicht von vornherein vorgesehen, so kann sie nachträglich durch Satzungsänderung nur mit der Zustimmung aller Gesellschafter eingeführt werden.

Die Gesellschafterversammlung setzt einen oder mehrere Geschäftsführer ein, denen sowohl die Vertretung als auch die Geschäftsführung obliegt. Dabei ist die Bestellung der Geschäftsführer jederzeit widerruflich. Als Geschäftsführer können Gesellschafter oder fremde Dritte bestellt werden. I. d. R. besteht Gesamtvertretung und -geschäftsführung. Die Vertretungsbefugnis ist zwar grds. beschränkbar, eine Beschränkung hat jedoch gegenüber Dritten keine rechtliche Wirkung (§ 37 GmbHG). Die Vertretungsmacht eines Geschäftsführers ist begrenzt, wenn er selbst Gesellschafter der GmbH ist und als solcher mit der Gesellschaft Rechtsgeschäfte eingeht (Verbot des Selbstkontrahierens). Die Geschäftsführer können jedoch von diesem Verbot gemäß § 181 BGB befreit werden.[12] Die Geschäftsführer unterliegen dem Wettbewerbsverbot. Der Gewinn und Verlust einer GmbH wird grds. nach den Geschäftsanteilen verteilt. Durch den Gesellschaftsvertrag kann diese gesetzliche Regelung modifiziert werden. Das Gleiche gilt für die Verteilung des Vermögens der Gesellschaft im Liquidationsfall.

Die GmbH ist zur Publizierung ihres Jahresabschlusses, bestehend aus Bilanz, Gewinn- und Verlustrechnung, Anhang und Lagebericht, verpflichtet, das heißt, dieser ist im elektronischen Bundesanzeiger zu veröffentlichen (§ 325 HGB). Für eine GmbH kommen die Vorschriften des Publizitätsgesetzes zur Anwendung, sofern die dort angegebenen Größenkriterien erfüllt sind.[13]

Der Umfang der Mitbestimmung in einer GmbH hängt von der Anzahl der Beschäftigten und dem Wirtschaftszweig, in dem die Unternehmung tätig ist, ab. Gehört die GmbH zur Montanindustrie und beschäftigt sie i. d. R. mehr als 1.000 Arbeitnehmer, so finden die Vorschriften des Montan-Mitbestimmungsgesetzes Anwendung. Beschäftigt eine GmbH i. d. R. mehr als 2.000 Arbeitnehmer und fällt sie nicht unter das Montan-Mitbestimmungsgesetz, so gelten die Vorschriften des Mitbestimmungsgesetzes (MitbestG). Die Bestimmungen des Betriebsverfassungsgesetzes 1952, soweit sie nicht aufgehoben wurden, betreffen GmbHs mit mehr als 500 Arbeitnehmern. Für diese GmbHs gilt zudem das Drittelbeteiligungsgesetz, nach dem ein Drittel des Aufsichtsrats mit Arbeitnehmervertretern zu besetzen ist. Jede andere GmbH ist von der Mitbestimmung ausgeschlossen, hier sind lediglich die Vorschriften des BetrVG und des SprAuG zu beachten, sofern die Anwendungsvoraussetzungen erfüllt sind.

Neben einmaligen Aufwendungen (z. B. für die Eintragung ins Handelsregister oder für die Beglaubigung oder Beurkundung von Gesellschaftsverträgen) fallen bei der GmbH auch laufende Aufwendungen an. Dies gilt etwa für Pflichtprüfungen, wenn es sich um eine mittelgroße oder große GmbH i. S. d. § 267 HGB handelt. Ferner sind die Veröffentlichung des Jahresabschlusses sowie die Durchführung der Gesellschafterversammlungen und der Aufsichtsratssitzungen (sofern ein solcher existiert) mit Aufwendungen verbunden.

Eine Beschaffung von Eigenkapital von außen erfolgt bei der GmbH durch eine effektive Erhöhung des Stammkapitals. Dabei werden durch alte oder neue Gesellschafter zusätzliche Einlagen erbracht. Den alten Gesellschaftern ist bei einer solchen Erhöhung des Stammkapitals ein Bezugsrecht einzuräumen, das nur in Einzelfällen ausgeschlossen werden kann. Im Rahmen der Innenfinanzierung kann die Eigenkapitalbasis der GmbH durch die Einbehaltung von Gewinnen erhöht werden. Die Gesellschafter beschließen nach Feststellung des Jahresabschlusses über die Verwendung des festgestellten Gewinns.

Das Vermögen der GmbH stellt die Haftungsmasse für die Fremdkapitalbeschaffung dar. Es wäre jedoch falsch, der GmbH aufgrund der auf das Gesellschaftsvermögen beschränkten Haftung generell eine geringere Kreditwürdigkeit zuzusprechen, da die Darlehensvergabe, ins-

12 In der Praxis erfolgt dies auch im Regelfall.

13 Für kleine und mittelgroße GmbHs gibt es hinsichtlich der Offenlegung Erleichterungen. Neu sind Erleichterungen für sog. Kleinstkapitalgesellschaften (Gesetz zu Erleichterungen für Kleinstkapitalgesellschaften bei der Rechnungslegung, MicroBilG).

besondere bei kleinen und mittleren GmbHs, häufig von der Besicherung durch das Privatvermögen der Gesellschafter abhängig gemacht wird.

Durch das MoMiG sollen insbesondere auch die aus der Praxis bekannten Missbrauchsfälle bekämpft werden. Die Rechtsverfolgung von GmbH-Gesellschaftern wird beispielsweise beschleunigt, indem bei der Handelsregistereintragung eine inländische Geschäftsanschrift angegeben werden muss. Darüber hinaus soll die GmbH als Rechtsform weiter an Attraktivität gewinnen. Die Maßnahmen dazu sind u. a. die Möglichkeit, den Verwaltungssitz ins Ausland zu legen, so dass deutsche Konzerne etwa ihre Auslandstöchter in der Rechtsform der bekannten GmbH führen können. Des Weiteren dient die Deregulierung des Eigenkapitalersatzrechts, die die Frage nach der Klassifizierung von Gesellschafter-Krediten einheitlich regelt, diesem Ziel.

2.5.3.2 Die Aktiengesellschaft (AG)

Die Aktiengesellschaft ist laut gesetzlicher Definition eine Gesellschaft mit eigener Rechtspersönlichkeit, deren Grundkapital in Aktien zerlegt ist. Sie gilt stets als Handelsgesellschaft i. S. d. HGB. Rechtsgrundlage ist das Aktiengesetz (AktG).

Wie die GmbH ist die AG eine juristische Person, die ins Handelsregister eingetragen werden muss. Eine AG kann laut § 2 AktG von mindestens einer Person gegründet werden. Das Grundkapital muss mindestens 50.000 € betragen. Der Mindestnennbetrag einer Aktie beträgt 1 €. I. d. R. wird die Aktie als reines Inhaberpapier ausgegeben, sie kann aber auch enger an die Person des Aktionärs gebunden werden (Namensaktien). Darüber hinaus können Aktien ausgegeben werden, die mit bestimmten Vorrechten und Einschränkungen ausgestattet sind (z. B. stimmrechtslose Vorzugsaktien).

Die Firma der AG muss die Bezeichnung „Aktiengesellschaft" oder eine geeignete Abkürzung dieser Bezeichnung enthalten.

Bei der Gründung einer AG muss eine Satzung durch notarielle Beurkundung festgestellt werden, diese muss mindestens die in § 23 Abs. 3 und 4 AktG aufgezählten Angaben enthalten. Darüber hinaus sind bei der Beurkundung selbst die in § 23 Abs. 2 AktG aufgelisteten Daten festzustellen. Für die Verbindlichkeiten der AG haftet das Gesellschaftsvermögen, die Gesellschafter haften der Gesellschaft gegenüber nur mit ihrer Einlage. Im Gegensatz zur GmbH kann für die Gesellschafter der AG (den Aktionären) auch keine Nachschusspflicht vorgesehen werden. Die AG wird nach außen durch den Vorstand vertreten, der gleichzeitig die Geschäfte führt. Der Vorstand kann aus einer oder mehreren Personen bestehen. Im letzteren Falle besteht Gesamtgeschäftsführungs- und Gesamtvertretungsbefugnis, sofern die Satzung nichts Abweichendes bestimmt. Der Vorstand wird vom Aufsichtsrat bestellt (für maximal fünf Jahre) und abberufen. Der Aufsichtsrat vertritt die AG gegenüber dem Vorstand, er ist ein Überwachungsorgan, das den Jahresabschluss und den Gewinnverwendungsbeschluss prüft und den Jahresabschluss feststellt. Die Vertreter der Aktionäre im Aufsichtsrat werden von der Hauptversammlung gewählt (für maximal vier Jahre) und abberufen. Darüber hinaus fasst die Hauptversammlung Beschlüsse über Satzungsänderungen, Kapitalerhöhungen und -herabsetzungen, Gewinnverwendung sowie über Fusionen und die Auflösung der Gesellschaft.

Von dem festgestellten Jahresüberschuss sind zunächst 5 % in die gesetzliche Rücklage einzustellen, bis diese 10 % des Grundkapitals erreicht. Von dem verbleibenden Gewinn können

Vorstand und Aufsichtsrat bis zur Hälfte in die anderen Gewinnrücklagen einstellen, sofern Vorstand und Aufsichtsrat den Jahresabschluss feststellen. Über die Verwendung des Restgewinns entscheidet die Hauptversammlung auf Vorschlag des Vorstandes. In der Satzung können diese Regelungen in einem bestimmten Maße modifiziert werden. Ist der auszuschüttende Betrag festgelegt, so erfolgt die Verteilung i. d. R. im Verhältnis der Aktiennennbeträge. Auch hierzu kann die Satzung abweichende Bestimmungen enthalten.

Die Aktiengesellschaft unterliegt einer weitgehenden Publizitätspflicht. Sie hat wie die GmbH den Jahresabschluss beim elektronischen Bundesanzeiger einzureichen. Darüber hinaus hat sie in dem Falle, dass die Aktien zum Handel an einer inländischen Börse zugelassen sind, nach dem Wertpapierhandelsgesetz (WpHG) jedwede Tatsache aus ihrem Tätigkeitsbereich zu veröffentlichen, die geeignet ist, den Börsenpreis der Aktien erheblich zu beeinflussen.[14]

Der Umfang der Mitbestimmung in der AG entspricht überwiegend dem in der GmbH. Sofern eine AG dem MitbestG bzw. dem Montan-MitbestimmungsG unterliegt, muss als Vertreter der Arbeitnehmer ein Arbeitsdirektor als gleichberechtigtes Mitglied des Vorstands bestellt werden. Sofern es sich bei der Gesellschaft nicht um eine Familiengesellschaft mit weniger als 500 Arbeitnehmern handelt, ist ein Drittel des Aufsichtsrats mit Arbeitnehmervertretern zu besetzen (Drittelbeteiligungsgesetz). Bei Aktiengesellschaften mit mehr als 2.000 Arbeitnehmern erhöht sich dieser Anteil auf die Hälfte.

An zusätzlichen einmaligen Aufwendungen fallen bei der AG die Kosten für den Druck und die Ausgabe der Aktien, die Gründungsprüfung sowie für die Erstellung eines Prospekts an. Laufende Aufwendungen entstehen durch die Pflichtprüfung, die Veröffentlichung des Jahresabschlusses und die Aufsichtsratssitzungen und Hauptversammlungen.

Die Zuführung von Eigenkapital von außen erfolgt bei der AG i. d. R. durch eine effektive Kapitalerhöhung. Diese kann in Form der ordentlichen Kapitalerhöhung, der bedingten Kapitalerhöhung oder des genehmigten Kapitals erfolgen. Wir konzentrieren uns hier auf die wichtigste Form, die ordentliche Kapitalerhöhung. Dabei werden neue Aktien gegen Einlagen ausgegeben. Die Ausgabe der neuen Aktien kann zum Nennwert oder zu einem Betrag über dem Nennwert (Überpari-Emission) erfolgen. Bei der Überpari-Emission wird der über dem Nennwert liegende Betrag als Agio oder Aufgeld bezeichnet. Der Teil des Ausgabebetrages, der dem Nennwert entspricht, erhöht entsprechend das Grundkapital der AG. Das Aufgeld muss in die Kapitalrücklage eingestellt werden, die Verwendungsmöglichkeiten für die in die Kapitalrücklage eingestellten Beträge sind gesetzlich eingeschränkt. Grds. ist bei der Emission neuer Aktien den Altaktionären ein Bezugsrecht einzuräumen, das nur in bestimmten Einzelfällen ausgeschlossen werden kann. Im Rahmen der Selbstfinanzierung kann das Eigenkapital durch die Einbehaltung von Gewinnen erhöht werden, diese thesaurierten Gewinne sind in die anderen Gewinnrücklagen einzustellen. Kapital- und/oder Gewinnrücklagen können im Zuge der nominellen Kapitalerhöhung in Grundkapital umgewandelt werden. Insbesondere die größeren börsennotierten Aktiengesellschaften haben im Vergleich zu anderen Unternehmungen insofern weitergehende Fremdfinanzierungsmöglichkeiten, als ihnen spezielle Instrumente der langfristigen Fremdfinanzierung, z. B. Obligationen, Gewinnschuldverschreibungen und Wandelschuldverschreibungen, offen stehen.

14 Neu sind Erleichterungen für sog. Kleinstkapitalgesellschaften (Gesetz zur Erleichterung für Kleinstkapitalgesellschaften bei der Rechnungslegung, MicroBilG).

2.5.3.3 Die Europäische Aktiengesellschaft (SE)

Die Europäische Aktiengesellschaft, auch Societas Europaea (SE) genannt, ist eine Rechtsform für Aktiengesellschaften in der Europäischen Union. Die Schaffung dieser Rechtsform beruhte auf vielfältigen Anstößen, deren erste Anregungen aus mehreren europäischen Ländern und bereits in der ersten Hälfte des 20. Jahrhunderts, das heißt lange vor der Entstehung der Europäischen Gemeinschaft, vorgetragen wurden. Die Implementierung der SE in deutsches Recht ist aber erst seit Dezember 2004 durch das Gesetz zur Einführung der ersten Europäischen Gesellschaftsform vollzogen worden. Ein Ziel hinter dieser neuen europäischen Rechtsform ist es, eine gesellschaftliche Organisationsform zu schaffen, die allein europäischem Recht unterworfen und somit unabhängig vom Recht der Mitgliedsstaaten ist. Die Europäische Gesellschaft ist eine in wesentlichen Aspekten einheitliche Rechtsform für Kapitalgesellschaften, die europaweit tätigen Unternehmungen aus der EU grenzüberschreitende Betätigungen erleichtern und vor allem auch bürokratischen Aufwand bei Gründung von ausländischen Tochtergesellschaften umgehen soll.

Für die Regelungen der Europäischen Aktiengesellschaft gibt es zwei Rechtsgrundlagen: Zum einen die Verordnung (EG) Nr. 2157/2001 des Rates vom 8. 10. 2001 über das Statut der Europäischen Gesellschaft (SE) (nachfolgend kurz SE-VO genannt), zum anderen die Richtlinie (2001/86/EG) des Rates vom 8. 10. 2001 zur Ergänzung des Status der Europäischen Gesellschaft hinsichtlich der Arbeitnehmer. Letztere wurde durch das Gesetz zur Einführung der europäischen Gesellschaft (SEEG) vom 22. 12. 2004 in deutsches Recht umgewandelt. Eine SE wird, abgesehen von den spezifischen Bestimmungen, grds. wie eine normale Aktiengesellschaft behandelt, die nach dem Recht desjenigen Landes, in dem der Sitz der SE liegt, gegründet wurde (Art. 10 SE-VO).

Gemäß Art. 9 SE-VO bildet die Verordnung einen Rahmen, der durch die bestehenden und etablierten Aktienrechte der Mitgliedsstaaten ergänzt wird. Diese Ergänzung resultiert in einer Vielzahl unterschiedlicher Rechtsformen, so dass es nicht eine Art der SE gibt, sondern gleich mehrere Typen. So sind beispielsweise die Vorschriften für die Aufstellung und Prüfung des Jahresabschlusses des nationalen Rechts des Sitzstaates maßgebend (Art. 61 SE-VO). Hat die SE ihren Sitz in Deutschland (Art. 7, 12 SE-VO), gelten die §§ 242 ff., 264 ff. HGB und für die Prüfung die §§ 316 ff. HGB.

Die Europäische Gesellschaft ist eine Gesellschaft mit eigener Rechtspersönlichkeit, deren Kapital in Aktien zerlegt ist. Jeder Aktionär haftet somit maximal bis zur Höhe des gezeichneten Kapitals (Art. 1 SE-VO). Das gezeichnete Kapital muss mindestens 120.000 € betragen (Art. 3 SE-VO). Die Aufbringung des Kapitals wird durch das jeweilige nationale Recht für Aktiengesellschaften (Art. 5 SE-VO) geregelt. Es gibt vier Wege, eine SE gemäß Art. 2 und 15 ff. SE-VO zu gründen. Eine Europäische Aktiengesellschaft muss dabei jeweils den Zusatz SE in ihrem Namen führen (Art. 11 SE-VO):

1. Fusion (Verschmelzung) von mindestens zwei Aktiengesellschaften,
2. Bildung einer SE-Holdinggesellschaft, an der die Mehrheit der Gesellschafter von mindestens zwei Aktiengesellschaften oder GmbHs beteiligt sind,
3. Gründung einer SE-Tochtergesellschaft durch mindestens zwei Gesellschaften bzw. durch eine SE-Muttergesellschaft,
4. Umwandlung einer bereits bestehenden Aktiengesellschaft, die eine Tochtergesellschaft in einem anderen Sitzstaat seit mindestens zwei Jahren hat.

Bei der Gründung muss jeweils ein europäischer Bezug aufgewiesen werden, wobei die beteiligten Gesellschaften nicht dem Recht desselben Mitgliedsstaates unterliegen dürfen. Außerdem kann der Sitz der SE auch in ein anderes Mitgliedsland verlegt werden (Art. 8 SE-VO). Der Aufbau der SE kann nach zwei Systemen geschehen (Art. 38 SE-VO). Das dualistische System entspricht dem deutschen Modell und hat mit der Hauptversammlung, dem Aufsichts- und Leitungsorgan insgesamt drei Organe (Art. 39-42 SE-VO). Das monoistische System entspricht eher britischen und französischen Gewohnheiten. Hier gibt es nur eine Hauptversammlung und ein Verwaltungsorgan, dessen Mitglieder Geschäftsführungsbefugnis oder Kontrollaufgaben haben (Art. 43-45 SE-VO). Auch die Arbeitnehmer haben in der Organisation eine entscheidende Rolle, da eine Verhandlungslösung für die Mitbestimmung der Arbeitnehmer eine notwendige Bedingung für die Eintragung der SE ist (Art. 12 SE-VO).

Frühestens zwei Jahre nach der Eintragung kann die SE in eine Aktiengesellschaft umgewandelt werden, die dann nur dem Recht ihres jeweiligen Sitzstaates unterliegt (Art. 66 SE-VO). Z. B. kann eine deutsche AG mit der britischen Tochter zu einer SE nach englischem Recht verschmelzen. Nach zwei Jahren kann dann eine Rechtsumwandlung in eine public limited company (plc) vorgenommen werden. Dies hat zur Folge, dass eine Mitbestimmung der Arbeitnehmer ausgeschlossen werden kann.

2.5.3.4 Die Kommanditgesellschaft auf Aktien (KGaA)

Die KGaA ist eine Gesellschaft, bei der mindestens ein Gesellschafter unbeschränkt haftet und die übrigen Gesellschafter an dem in Aktien zerlegten Grundkapital beteiligt sind. Rechtsgrundlage sind die §§ 278-290 AktG und §§ 161-177a HGB.

Für die KGaA gelten weitgehend die Vorschriften des Ersten Buchs des AktG für die Aktiengesellschaften. Folgende Besonderheiten sind zu beachten:

Die Firma der KGaA muss die Bezeichnung „Kommanditgesellschaft auf Aktien“ oder eine geeignete Abkürzung dieser Bezeichnung enthalten. Die Komplementäre haften unbeschränkt, die Kommanditaktionäre nur mit ihrer Einlage. Die Vertretung und Geschäftsführung obliegt allein den Komplementären als so genannter geborener Vorstand, ein zusätzlicher Vorstand wird nicht bestellt. Der auf die Kommanditaktionäre entfallende Gewinn wird auf diese im Verhältnis der Aktiennennbeträge verteilt. Der Aufsichtsrat wird von der Hauptversammlung bestellt, er überwacht die Komplementäre.

2.5.4 Die eingetragene Genossenschaft (eG)

Die eingetragene Genossenschaft ist eine Gesellschaft von nicht geschlossener Mitgliederzahl, deren Zweck es ist, den Erwerb oder die Wirtschaft ihrer Mitglieder oder deren soziale oder kulturelle Belange mittels gemeinschaftlichen Geschäftsbetriebes zu fördern. Rechtsgrundlage ist das Genossenschaftsgesetz (GenG).

Die eG ist eine juristische Person. Die Zahl der Genossen muss mindestens drei betragen, das Statut der Genossenschaft bedarf der schriftlichen Form. Die Firma der eG muss die Bezeichnung „eingetragene Genossenschaft" oder die Abkürzung „eG" enthalten. Eine Person tritt der Genossenschaft durch Erwerb eines Geschäftsanteils bei und tritt durch Aufkündigung aus. Es können jederzeit weitere Geschäftsanteile erworben werden. Jeder Genosse hat eine Stimme, unabhängig von der Höhe der Beteiligung.

Für die Verbindlichkeiten der eG haftet den Gläubigern gegenüber nur das Vermögen der Genossenschaft. Im Statut kann eine Pflicht vereinbart werden, Nachschüsse zur Insolvenzmasse zu leisten.

Die Genossenschaft besteht aus den drei Organen Vorstand, Aufsichtsrat und Generalversammlung. Bei weniger als 20 Mitgliedern kann auf einen Aufsichtsrat verzichtet werden. Die Vertretung und die Geschäftsführung erfolgt durch den Vorstand, der aus mindestens zwei Personen bestehen muss (bei weniger als 20 Mitgliedern auch aus einer Person bestehen kann) und vom Aufsichtsrat berufen wird. Der Aufsichtsrat (mindestens drei Mitglieder) wird von der Generalversammlung bestellt. Vorstands- und Aufsichtsratsmitglieder können dabei nur natürliche Personen oder Vertreter von juristischen Personen sein, die Mitglieder der Genossenschaft sind.

Der von der Generalversammlung festgestellte Gewinn wird an die Gesellschafter gemäß ihrem Geschäftsguthaben aufgeteilt. Ist der Geschäftsanteil noch nicht voll eingezahlt, erfolgt eine Zuschreibung des anteiligen Gewinns. Das Statut kann eine Gewinnverteilung ausschließen, der Gewinn wird dann den Rücklagen zugeschrieben.

Die Genossenschaft ist in das Genossenschaftsregister bei dem Amtsgericht einzutragen, in dessen Bezirk die Genossenschaft ihren Sitz hat. Das eingetragene Statut ist von diesem Gericht im Auszug zu veröffentlichen. Der Vorstand hat am Ende des Geschäftsjahres dem Aufsichtsrat und der Generalversammlung den Jahresabschluss vorzulegen. Weitere Vorschriften zur Publizität bestehen nicht.

Für die eG'en sind die Vorschriften des MitbestG anzuwenden, wenn im Regelfall mehr als 2.000 Arbeitnehmer beschäftigt werden. Für eG'en mit mehr als 500 Arbeitnehmern gelten die nicht aufgehobenen Bestimmungen des BetrVG 1952 sowie das Drittelbeteiligungsgesetz. Für die übrigen eG'en ist die Mitbestimmung ausgeschlossen, für sie gelten nur die Vorschriften des BetrVG und des SprAuG.

Zu den einmaligen Aufwendungen kommen bei den eG'en laufende Aufwendungen für die Pflichtprüfungen und die Generalversammlungen hinzu.

Die Eigenkapitalbeschaffung von außen erfolgt bei den eG'en durch die Aufnahme neuer Genossen oder den Erwerb zusätzlicher Geschäftsanteile durch die bestehenden Genossen. Im letzteren Falle ist jedoch zu beachten, dass die Genossen dadurch nicht ihren Einfluss ausweiten können. Im Rahmen der Selbstfinanzierung kann der Gewinn ganz oder teilweise einbehalten werden. Für die Fremdfinanzierung dient das Vermögen der Genossenschaft als Haftungsmasse.

2.5.5 Mischformen

In der betrieblichen Praxis haben sich Mischformen zwischen den Rechtsformen herausgebildet, die in dieser Form vom Gesetzgeber ursprünglich nicht vorgesehen waren; insbesondere sind dies Mischformen zwischen Personenunternehmungen und Kapitalgesellschaften.

Im Folgenden sollen die Besonderheiten der Mischformen GmbH & Co. KG, Betriebsaufspaltung und GmbH & Still dargestellt werden.

2.5.5.1 Die GmbH & Co. KG

Die GmbH & Co. KG ist eine Personengesellschaft. Ihr unbeschränkt haftender Komplementär ist eine GmbH. Typischerweise sind die Kommanditisten der KG gleichzeitig die Gesellschafter der GmbH, man spricht dann von einer GmbH & Co. KG in echter oder typischer Form. Insgesamt bleibt damit im Ergebnis die Haftung der Gesellschafter auf die Kapitaleinlage, aufgesplittet in Kommandit- und GmbH-Einlage, beschränkt, das heißt, bei keinem Gesellschafter steht den Gläubigern das Privatvermögen als Haftungsmasse zur Verfügung.

Die Vertretung und die Geschäftsführung liegen bei der Komplementär-GmbH, wobei beides durch deren Geschäftsführer ausgeübt wird. Durch das Kapitalgesellschaften- und Co-Richtlinie-Gesetz (KapCoRiLiG) werden für die GmbH & Co. KGs die Vorschriften über Rechnungslegung, Prüfung und Offenlegung für Kapitalgesellschaften übernommen.

Bezüglich der anderen Kriterien besteht weitgehend Analogie zur KG.

2.5.5.2 Die Betriebsaufspaltung

Bei der Betriebsaufspaltung, die auch als Doppelgesellschaft bezeichnet wird, erfolgt der Betrieb einer wirtschaftlich einheitlichen Unternehmung durch zwei rechtlich selbstständige Gesellschaften, wobei typischerweise eine Personengesellschaft und eine Kapitalgesellschaft auftreten. I. d. R. ist dabei davon auszugehen, dass die Gesellschafter beider Gesellschaften identisch sind. Die wesentlichen Formen sind die Aufspaltung in

- Besitzpersonengesellschaft und Betriebskapitalgesellschaft,
- Produktionspersonengesellschaft und Vertriebskapitalgesellschaft.

Im Folgenden soll nur die erste Form behandelt werden. Die Besitzpersonengesellschaft hält die Anlagegüter in ihrem Vermögen und verpachtet diese an die Betriebskapitalgesellschaft, wo sie als Produktionsfaktoren eingesetzt werden. Die Betriebsgesellschaft trägt somit den wesentlichen Teil des Geschäftsrisikos, während das Anlagevermögen der Haftungsmasse weitgehend entzogen ist.

Werden die betrieblichen Funktionen aus einer schon bestehenden Personengesellschaft ausgelagert und auf eine neu gegründete Kapitalgesellschaft übertragen, so spricht man von einer echten Betriebsaufspaltung. Erfolgt die Trennung dagegen schon bei der Gründung, liegt eine unechte Betriebsaufspaltung vor.

2.5.5.3 Die GmbH & Still

Bei der GmbH & Still handelt es sich um eine in der Praxis weit verbreitete Form der stillen Gesellschaft, bei welcher der „tätige Gesellschafter" eine GmbH ist.

Durch die Rechtsform der GmbH & Still wird die Haftung auf das Gesellschaftskapital beschränkt, denn hierbei beteiligt sich ein Dritter oder ein Gesellschafter der GmbH durch eine Einlage außerhalb des Stammkapitals an der Gesellschaft. Dabei ist zwischen der typischen GmbH & Still und der atypischen GmbH & Still zu unterscheiden. Diese Unterscheidung ist eine rein steuerliche Differenzierung. Handelsrechtlich hat der Stille in jedem Fall den Status eines Gläubigers.

Bei der typischen GmbH & Still zählt das zur Verfügung gestellte Kapital steuerlich zu den Verbindlichkeiten. Der stille Gesellschafter besitzt den Status eines Gläubigers und erhält einen Gewinnanteil und falls vertraglich vereinbart auch einen Verlustanteil. Anders sieht es bei der atypischen GmbH & Still aus. Der atypische stille Gesellschafter ist sowohl an den Verlusten als auch an den stillen Reserven der Gesellschaft beteiligt und hat daher steuerlich den Status eines Eigenkapitalgebers.

2.6 Kritische Würdigung

Bei genauerem Hinsehen erweisen sich die Unterschiede in den Ausprägungen der einzelnen Merkmale zwischen den verschiedenen Rechtsformen als weniger gravierend, als es auf den ersten Blick scheinen mag.

Bezüglich der Haftung scheint für die Rechtsformen, bei denen diese ganz oder zum Teil beschränkt ist, ein Vorteil zu bestehen. Es darf jedoch nicht übersehen werden, dass die Haftungsbeschränkung von potenziellen Gläubigern häufig durch die Forderung nach Sicherheitsleistungen aus dem Privatvermögen der Gesellschafter umgangen wird. Hinsichtlich der Vertretung und Geschäftsführung sind die gesetzlichen Regelungen weitgehend dispositiver Natur, wodurch individuelle Gestaltungsmöglichkeiten unabhängig von der Rechtsform möglich sind. Gleiches gilt für die Gewinn- und Verlustverteilung.

Die Publizitätspflicht ist bei den Kapitalgesellschaften restriktiver geregelt als bei den Personengesellschaften. Ähnliches lässt sich über den Umfang der Mitbestimmung sagen. In beiden Fällen kann den Personengesellschaften ein Vorteil zugesprochen werden. Das Gleiche gilt für die rechtsformspezifischen Aufwendungen. Den Rechtsformen mit eingeschränktem Haftungsumfang werden i. d. R. bessere Möglichkeiten zur Beschaffung von Eigenkapital unterstellt, weil es diesen hierdurch leichter fällt, neue Gesellschafter zu gewinnen. Die Neigung eines potenziellen Kapitalgebers, ein Beteiligungsverhältnis zu einer Gesellschaft aufzunehmen, dürfte unseres Erachtens jedoch eher vom Ausmaß der Bindung zwischen Gesellschafter und Gesellschaft, insbesondere von den Möglichkeiten und Konsequenzen der Auflösung des Gesellschafterverhältnisses, geprägt sein. Die Möglichkeiten der Fremdfinanzierung dürften aufgrund der Tatsache, dass die Gläubiger i. d. R. Sicherheitsleistungen verlangen, wesentlich durch die Unternehmensgröße determiniert werden.

2.7 Die Bedeutung der Rechtsformneutralität der Besteuerung

Bisher wurde die rechtsformabhängige Steuerbelastung der Unternehmungen als Kriterium zur Entscheidungsfindung nicht betrachtet. In Abhängigkeit von der Rechtsform kommen zum Teil sehr unterschiedliche steuerliche Vorschriften zur Anwendung. Bevor jedoch auf die Details näher eingegangen werden soll, ist an dieser Stelle zunächst zu klären, was sich hinter der im Schrifttum häufig formulierten Forderung nach einer rechtsformneutralen Besteuerung verbirgt. Zur Unterstützung greifen wir hierzu auf die formale Darstellung der Abschnitte 2.2 und 2.3.9 zurück. Wir wollen zunächst Rechtsformneutralität als eine Form von Entscheidungsneutralität definieren.

Von den m Merkmalen $K_1, \ldots, K_{m-1}, K_m$ bezeichne gerade das m-te Merkmal, also K_m, die Steuerbelastung. In einem ersten Versuch formulieren wir Rechtsformneutralität wie folgt:

Variante 1:

Die Besteuerung ist rechtsformneutral, wenn die Rangfolge der Rechtsformalternativen, bestimmt durch die Bewertungen F_j, ohne Berücksichtigung von Steuern die gleiche ist wie mit Berücksichtigung von Steuern.

Diese Formulierung ergibt nur Sinn, wenn die Bewertung der einzelnen Rechtsformen nur aufgrund der Kriterien $K_1, \ldots, K_{m-1}$ erfolgt. Ohne die Berücksichtigung von Steuern gilt somit für die Bewertung F_j der Rechtsform R_j:

$$F_j = F\,[K_1\,(R_j), \ldots, K_{m-1}\,(R_j)],$$

wobei $K_i(R_j)$ wieder die Ausprägung des i-ten Merkmals ist, wenn die Rechtsform R_j gewählt wird.

Werden die Steuern mit berücksichtigt, so ergibt sich die entsprechende Bewertung F_j^s mit

$$F_j^s = F\,[K_1^s\,(R_j), \ldots, K_{m-1}^s\,(R_j)],$$

wobei $K_i^s(R_j)$ jetzt die Ausprägung des i-ten Merkmals ist, wenn die Rechtsform R_j gewählt wird und Steuern mit berücksichtigt werden. Die Rechtsformneutralität wäre dann formal wie folgt zu definieren:

Gilt $F_j > F_k$, so folgt $F_j^s > F_k^s$.

Gilt $F_j = F_k$, so folgt $F_j^s = F_k^s$.

Dabei ist zu beachten, dass diese Beziehungen für alle Rechtsformen R_j, R_k mit $j, k \in \{1, \ldots n\}$ und alle Präferenzfunktionen F erfüllt sein müssen. Es darf nicht übersehen werden, dass für zwei verschiedene Entscheidungsträger die Präferenzfunktionen i. d. R. differieren werden.

Damit kommt in diesem Zusammenhang der Frage eine zentrale Bedeutung zu, ob die Besteuerung einen Einfluss auf die Ausprägungen der einzelnen Merkmale hat oder nicht. Liegt ein solcher Einfluss nicht vor, so ist dies hinreichend für die Rechtsformneutralität der Besteuerung im obigen Sinne. Umgekehrt ist ein solcher Einfluss notwendig, um für ein Steuersystem die Eigenschaft der Rechtsformneutralität im obigen Sinne in Frage stellen zu können.

Ein möglicher Einfluss der Besteuerung auf die Merkmalsausprägungen sollte nicht vorschnell verneint werden. Wenn beispielsweise die Besteuerung eine bestimmte Finanzierungsart bei einer Rechtsform begünstigt, bei der anderen aber nicht, so würden die rechtsformspezifischen

Finanzierungsmöglichkeiten durch die Besteuerung möglicherweise beeinflusst. Unterstellt man aber für einen Moment, dass solche Einflüsse auf die Merkmalsanpassungen nicht existieren, so wäre die Besteuerung rechtsformneutral im obigen Sinne. Hierdurch wird das Manko dieser Formulierung von Rechtsformneutralität deutlich. Sie vernachlässigt den Einfluss der Besteuerung auf den wirtschaftlichen Erfolg. Wenn eine Rechtsform in Hinblick auf die nichtsteuerlichen Kriterien leichte Vorteile gegenüber einer anderen Rechtsform aufweist, der wirtschaftliche Erfolg aber wesentlich stärker belastet wird, so wird der Entscheidungsträger bei entsprechender Gestalt seiner Präferenzfunktion stets die andere Rechtsform vorziehen. Eine Forderung nach Rechtsformneutralität im obigen Sinne erscheint daher wenig zweckmäßig.

In Konsequenz zu dem bisher Gesagten kehren wir zu dem ursprünglichen Entscheidungskalkül zurück. Die Bewertung erfolgt also durch

$$F_j = F\,[K_1\,(R_j),\ \ldots,\ K_{m-1}\,(R_j),\ S(R_j)],$$

wobei

$S(R_j) = K_m\,(R_j)$ gesetzt ist.

Unterstellen wir, dass zwischen den Merkmalsausprägungen für $K_1, \ldots, K_{m-1}$ und der Höhe der Steuerbelastung keine Interdependenzen bestehen, so könnte Rechtsformneutralität wie folgt formuliert werden:

Variante 2:

Die Besteuerung ist rechtsformneutral, wenn die Rangfolge der Rechtsformalternativen, bestimmt durch die Bewertungen F_j, bei einer Steuerbelastung von 0 die gleiche ist wie bei Anwendung der steuerlichen Vorschriften auf den wirtschaftlichen Erfolg.

Wir hätten also gegenüberzustellen die Bewertungen

$$F_j = F\,[K_1\,(R_j),\ \ldots,\ K_{m-1}\,(R_j),\ 0],$$

und

$$F_j^s = F\,[K_1\,(R_j),\ \ldots,\ K_{m-1}\,(R_j),\ S(R_j)].$$

Formal wäre die Rechtsformneutralität wieder wie oben zu definieren:

Gilt $F_j > F_k$, so folgt $F_j^s > F_k^s$.

Gilt $F_j = F_k$, so folgt $F_j^s = F_k^s$.

Diese Beziehung muss wieder für alle Rechtsformen R_j, R_k mit $j, k \in \{1, \ldots n\}$ und alle Präferenzfunktionen F erfüllt sein. Ist die Besteuerung rechtsformunabhängig, das heißt, gilt

$S(R_j) = S(R_k) = S$ für alle $j, k \in \{1, \ldots n\}$,

so ist die Besteuerung rechtsformneutral im obigen Sinne, wenn vorausgesetzt wird, dass die Bewertungsfunktion F in ihren Argumenten $K_1, \ldots, K_{m-1}$ einerseits und S andererseits separierbar ist, wenn etwa gilt:

$$\begin{aligned} F_j^s &= F\,[K_1\,(R_j),\ \ldots,\ K_{m-1}\,(R_j),\ S(R_j)] \\ &= F_1\,[K_1\,(R_j),\ \ldots,\ K_{m-1}\,(R_j)] + F_2[S(R_j)], \end{aligned}$$

mit $F_2(0)=0$.

Aus

$$F_j > F_k$$

folgt dann

$$F_1 [K_1 (R_j), \ldots, K_{m-1} (R_j)] > F_1 [K_1 (R_k), \ldots, K_{m-1} (R_k)]$$

und weiter

$$F_1 [K_1 (R_j), \ldots, K_{m-1} (R_j)] + F_2(S) > F_1 [K_1 (R_k), \ldots, K_{m-1} (R_k)] + F_2(S),$$

also

$$F_1 [K_1 (R_j), \ldots, K_{m-1} (R_j)] + F_2[S(R_j)] > F_1 [K_1 (R_k), \ldots, K_{m-1} (R_k)] + F_2[S(R_k)]$$

und somit

$$F_j^s > F_k^s.$$

Interpretiert man die rechtsformunabhängige Besteuerung als gleichmäßige Besteuerung, so gilt unter den obigen Voraussetzungen:

Eine gleichmäßige Besteuerung ist rechtsformneutral, also entscheidungsneutral im obigen Sinne.

Anstatt Rechtsformneutralität in diesem Sinne als Entscheidungsneutralität zu fordern, könnte man diese aber ebenso als Gleichmäßigkeit der Besteuerung formulieren:

Variante 3:

Die Besteuerung ist rechtsformneutral, wenn der wirtschaftliche Erfolg einer Unternehmung unabhängig von ihrer Rechtsform steuerlich belastet wird.

Tatsächlich folgt vor allem im steuerrechtswissenschaftlichen Schrifttum die Forderung nach rechtsformneutraler Besteuerung diesem Leitbild.

Hierbei sind jedoch zwei Dinge zu beachten: Erstens muss Leistungsfähigkeit anhand ökonomischer und nicht formaljuristisch definierter Größen gemessen werden. Zweitens heißt Steuerbelastung hier effektive Steuerbelastung, determiniert durch das Zusammenwirken von Bemessungsgrundlage und darauf anzuwendendem Tarif.

Um eine rechtsformneutrale Besteuerung im Sinne einer gleichmäßigen Besteuerung als sinnvolle Forderung zu begründen, muss demnach der wirtschaftliche Erfolg einer Unternehmung als Maß für die Leistungsfähigkeit der hinter dieser Unternehmung stehenden natürlichen Personen herangezogen werden. Mit anderen Worten: Die Besteuerung wirkt dann rechtsformneutral, wenn für eine an einer Unternehmung beteiligte natürliche Person die effektive Steuerlast auf den ihr zustehenden Anteil am wirtschaftlichen Erfolg der Unternehmung unabhängig von der gewählten Rechtsform ist.

Zum einen heißt dies nicht, dass die Steuerbelastung am Ende unabhängig von der Rechtsform ist. Sie ist es nicht, wenn der wirtschaftliche Erfolg von der gewählten Rechtsform abhängt.[15] Zum anderen wird deutlich, dass die Forderung nach rechtsformneutraler Besteuerung im Sinne einer gleichmäßigen Besteuerung als Ausfluss der horizontalen Gerechtigkeit anzusehen ist:

15 Vgl. auch Jacobs/Scheffler (1996), S. 295 ff.; ebenso Schreiber (2012), S. 194 ff.; auch Schneeloch (2012), S. 177.

Wird der wirtschaftliche Erfolg als Maß für die steuerliche Leistungsfähigkeit angesehen, so ist die Besteuerung so auszurichten, dass bei gleichem wirtschaftlichen Erfolg auch die Steuerbelastung gleich ist.

Damit gelangt man schließlich zum eigentlichen Kernproblem: Was ist wirtschaftlicher Erfolg? Hat man ein aus ökonomischer Sicht richtiges Maß für wirtschaftlichen Erfolg gefunden und zieht man dieses als Indikator für steuerliche Leistungsfähigkeit heran, so erübrigt sich eine Forderung nach Rechtsformneutralität, da diese durch die Forderung nach horizontaler Gerechtigkeit mit erfasst wird. Kann dagegen ein Maß für wirtschaftlichen Erfolg, das für die Besteuerung praktikabel ist, nicht gefunden werden, so ergibt die Forderung nach rechtsformneutraler Besteuerung keinen Sinn, da diese sich explizit auf den wirtschaftlichen Erfolg bezieht. Akzeptiert man irgendeine Ersatzgröße als Maß für steuerliche Leistungsfähigkeit, die vom tatsächlichen wirtschaftlichen Erfolg mehr oder weniger abweicht, so wird man auch entsprechende Abweichungen von der Rechtsformneutralität im obigen Sinne hinnehmen müssen.

Dies bedeutet nun keineswegs, dass die Besteuerung willkürlich in Abhängigkeit von der Rechtsform erfolgen darf. Zum einen rechtfertigen die Probleme bei der Suche nach einem richtigen Maß für steuerliche Leistungsfähigkeit kein beliebiges Abweichen vom Ideal der Besteuerung nach der Leistungsfähigkeit, hier insbesondere vom Prinzip der horizontalen Gerechtigkeit. Zum anderen, und damit schließt sich der Kreis, dürfen die Entscheidungswirkungen von rechtsformabhängigen Besteuerungsregeln nicht außer Acht gelassen werden. Diese können nämlich rechtsformspezifische Verzerrungen hervorrufen, z. B. in dem aus allokationstheoretischer Sicht besonders wichtigen Bereich der Investitionsentscheidungen. Bei nicht investitionsneutraler Besteuerung kommt es, in Abhängigkeit von der gewählten Rechtsform, zu allokationsschädlichen Wirkungen, die aus gesamtwirtschaftlicher Sicht unbedingt zu vermeiden sind.

AUFGABEN

1. Definieren Sie den Begriff der Unternehmungsverfassung. (Lösungshinweise s. S. 3 f.)
2. Erläutern Sie das Entscheidungsproblem bei der Rechtsformwahl. (Lösungshinweise s. S. 4-6)
3. Welche Entscheidungskriterien für die Rechtsformwahl gibt es? (Lösungshinweise s. S. 6 f.)
4. Erläutern Sie die die Rechtsform gestaltenden Kriterien: Haftung, Vertretungsbefugnis, Geschäftsführungsbefugnis und Gewinn- und Verlustbeteiligung. (Lösungshinweise s. S. 7 f.)
5. In welcher Weise beeinflussen die unternehmensspezifischen Kriterien Publizitätspflicht sowie Art und Umfang der Mitbestimmung die Rechtsformwahl? (Lösungshinweise s. S. 8)
6. Welche wirtschaftlichen Kriterien beeinflussen die Rechtsformwahl? (Lösungshinweise s. S. 6, 8 f.)
7. Erläutern Sie den Zusammenhang zwischen der Rechtsformwahl und der Steuerbelastung. (Lösungshinweise s. S. 9)
8. Stellen Sie die unterschiedlichen Merkmalsausprägungen der verschiedenen Rechtsformen tabellarisch gegenüber. (Lösungshinweise s. S. 11-23)

	Einzelunternehmung	GbR	OHG	KG	stG	GmbH	AG	SE	KGaA	eG
Haftung										
Vertretungsbefugnis										
Geschäftsführungsbefugnis										
Gewinn- und Verlustbeteiligung										
Publizitätspflicht										
Art und Umfang der Mitbestimmung										
Aufwendungen der Rechtsform										
Finanzierungsmöglichkeiten										
Steuerbelastung										

9. Beschreiben Sie die Mischformen GmbH & Co. KG und die Betriebsaufspaltung. (Lösungshinweise s. S. 24)

10. Nehmen Sie kritisch zu der Aussage Stellung: „Zwischen der Personengesellschaft und der Kapitalgesellschaft gibt es nur geringfügige Unterschiede in den Merkmalsausprägungen!" (Lösungshinweise s. S. 25)

11. Definieren Sie den Begriff der Rechtsformneutralität. Welche Probleme treten in diesem Zusammenhang auf? (Lösungshinweise s. S. 25-29)

LITERATURHINWEISE

Bea, Franz Xaver/Dichtl, Erwin/Schweitzer, Marcell: Allgemeine Betriebswirtschaftslehre, 10. Auflage, Band 1, Stuttgart (2009).

Brandt, Sebastian/Webel, Karsten: Die Unternehmergesellschaft (haftungsbeschränkt), in: Steuer und Studium, 31. Jg., S. 251-258, (2011).

Butter-Berking, Evelyn/Kloth, Hans-J.: Die Partnerschaftsgesellschaft, Rechtsform für Freiberufler, 2. Auflage, Hamburg (2004).

Grobshäuser, Uwe/Maier, Walter/Kies, Dieter: Besteuerung der Gesellschaften, 3. Auflage, Band 7, Stuttgart (2011).

Herzig, Norbert: Rechtsformneutralität, Rechtsformwahl und Rechtsformoptimierung nach der Unternehmensteuerrefom 2008, in: Wachter, Thomas (Hrsg.), Vertragsgestaltung im Zivil- und

Steuerrecht, Festschrift für Sebastian Spiegelberger zum 70. Geburtstag, Bonn, S. 210-224, (2009).

Homburg, Stefan: Allgemeine Steuerlehre, 6., stark überarbeitete Auflage, München, S. 261-265, (2010).

Jacobs, Otto H./Scheffler, Wolfram: Steueroptimale Rechtsform, 2. Auflage, München (1996).

Kistner, Klaus-Peter/Steven, Marion: Betriebswirtschaftslehre im Grundstudium, Band 1, 4., aktualisierte Auflage, Heidelberg (2002).

Kübler, Friedrich/Assmann, Heinz-Dieter: Gesellschaftsrecht: Die privatrechtlichen Ordnungsstrukturen und Regelungsprobleme von Verbänden und Unternehmen, 6., neubearbeitete und erweiterte Auflage, Heidelberg (2006).

Maiterth, Ralf/Sureth, Caren: Unternehmensfinanzierung, Unternehmensrechtsform und Besteuerung, in: Betriebswirtschaftliche Forschung und Praxis, 58. Jg., S. 225-245, (2006).

Schneeloch, Dieter: Betriebswirtschaftliche Steuerlehre, Band 1, 6. Auflage, München (2012).

Schneider, Dieter: Betriebswirtschaftslehre, Band 1, Grundlagen, 2., verbesserte und ergänzte Auflage, München (1995).

Schneider, Dieter: Betriebswirtschaftslehre, Band 3, Theorie der Unternehmung, München (1997).

Schneider, Dieter: Steuerlast und Steuerwirkung, München (2002).

Schreiber, Ulrich: Rechtsformabhängige Unternehmensbesteuerung?, Köln (1987).

Schreiber, Ulrich: Besteuerung der Unternehmen, 3. Auflage, Berlin (2012).

Seibert, Ulrich: Die Partnerschaftsgesellschaft als neue Rechtsformalternative für Freie Berufe – Ein Überblick, in: Betriebswirtschaftliche Forschung und Praxis, 47. Jg., S. 473-480, (1995).

Siegel, Theodor: Rechtsformneutralität – ein klares und begründetes Ziel, in: Winkeljohann, Norbert, Bareis, Peter, Volk, Gerrit (Hrsg.), Rechnungslegung, Eigenkapital und Besteuerung – Entwicklungstendenzen, Festschrift für Dieter Schneeloch zum 65. Geburtstag, S. 271-290, (2007).

Sigloch, Jochen: Unternehmenssteuerreform 2001 – Darstellung und ökonomische Analyse, in: Steuer und Wirtschaft, 77. Jg., S. 160-176, (2000).

Sinn, Hans-Werner: Capital Income Taxation and Resource Allocation, Amsterdam et al. (1987).

Wagner, Franz W.: Neutralität und Gleichmäßigkeit als ökonomische und rechtliche Kriterien steuerlicher Normkritik, in: Steuer und Wirtschaft, 69. Jg., S. 2-13, (1992).

Wagner, Franz W.: Besteuerung, in: Bitz, Michael et al. (Hrsg.), Vahlens Kompendium der Betriebswirtschaftslehre, Band 2, 5. Auflage, S. 407-477, (2005).

Wagner, Franz W.: Was bedeutet und wozu dient Rechtsformneutralität der Unternehmensbesteuerung?, in: Steuer und Wirtschaft, 83. Jg., S. 101-114, (2006).

Wagner, Franz W.: Rechtsformneutralität der Unternehmensbesteuerung: ein unklares und zweifelhaftes Ziel, in: Oestreicher, Andreas (Hrsg.), Reform der Unternehmensbesteuerung: Verschiedene Wege diskutieren, S. 137-162, (2007).

3. Die steuerliche Belastung von Personenunternehmungen und Kapitalgesellschaften im Vergleich

LERNZIELE

Nach der Bearbeitung des folgenden Kapitels sind Sie in der Lage,

- Ursachen für die unterschiedlichen steuerlichen Belastungen von Personenunternehmungen und Kapitalgesellschaften zu erkennen,
- die Einkunftsermittlung der Mitunternehmer einer Personengesellschaft zu beschreiben. Die dazugehörigen Begriffe „vorweg entnommene Gewinnanteile", „Sonderbetriebsvermögen", „einheitliche und gesonderte Gewinnfeststellung" und „zweistufiges Verfahren der Gewinnermittlung" zu definieren und die damit einhergehenden Folgen aufzuzeigen,
- die Einkunftsermittlung der Anteilseigner einer Kapitalgesellschaft zu beschreiben,
- die Besteuerung der Gewinne von Kapitalgesellschaften und Personenunternehmungen hinsichtlich ihrer Vorteilhaftigkeit zu beurteilen und Auswirkungen des Solidaritätszuschlages aufzuzeigen,
- die Auswirkungen der Abgeltungssteuer und des Teileinkünfteverfahrens bei Vollausschüttung auf die steuerliche Belastung von Beteiligungen an Kapitalgesellschaften mit der steuerlichen Belastung von Beteiligungen an Personenunternehmungen zu vergleichen,
- die Unterschiede in der Gewerbesteuerermittlung zwischen Personenunternehmungen und Kapitalgesellschaften zu benennen,
- die Verlustverrechnung bei Personenunternehmungen und Kapitalgesellschaften und ihren Gesellschaftern zu beschreiben,
- die steuerlichen Vor- und Nachteile von Personenunternehmungen und Kapitalgesellschaften aufzuzeigen.

3.1 Die Ertragsbesteuerung

Betrachtet man die steuerliche Belastung als Kriterium bei der Wahl der Rechtsform einer Unternehmung, so ist vor allem die laufende Besteuerung des Gewinns und des Gewerbeertrags von Bedeutung.[16]

Im Gegensatz zu einzelkaufmännischen Unternehmungen und Personengesellschaften sind Kapitalgesellschaften aufgrund ihrer eigenen Rechtspersönlichkeit bei den Personensteuern selbständige Steuersubjekte (Trennungsprinzip).[17] Da neben der Kapitalgesellschaft selbst auch jeder Anteilseigner einer Kapitalgesellschaft, sei es als natürliche oder als juristische Person, wiederum Steuersubjekt ist, sind bei der Bewertung der Kapitalgesellschaft als Rechtsform grds.

16 Einen Überblick über die steuerlichen Unterschiede der Rechtsformen liefern u. a. auch Brönner/Bareis/Poll (2007); Jacobs (2009); Schneeloch (2009); Heinhold/Hüsing/Kühnel/Streif (2010); Schreiber (2012).

17 Für eine kritische Betrachtung des Trennungsprinzips in der Gesetzgebung vgl. Böhmer (2012).

mindestens zwei Ebenen der Besteuerung zu beachten. Bei Einzelunternehmungen und Personengesellschaften wird hingegen direkt auf die einzelnen Gesellschafter durchgegriffen (Transparenzprinzip).[18] Hier werden zivilrechtlich wirksam abgeschlossene Verträge zwischen der Gesellschaft und ihren Gesellschaftern – im Gegensatz zu Kapitalgesellschaften und deren Anteilseignern – für steuerliche Zwecke nicht anerkannt. Solche Verträge sind z. B. Arbeits-, Schuld- und andere Leistungsverträge. Trotz der mit der Implementierung des Unternehmensteuerreformgesetzes 2008[19] angestrebten Rechtsformneutralität durch eine Egalisierung von Belastungsdifferenzen bleiben diese systematischen Besteuerungsunterschiede zwischen Kapitalgesellschaften und Personenunternehmungen auch weiterhin bestehen.

Die Unterschiede bei der Besteuerung der Rechtsformen gehen auf verschiedene Ursachen zurück. So kommt es zur Anwendung unterschiedlicher Steuerarten, beispielsweise der Körperschaftsteuer für Kapitalgesellschaften und der Einkommensteuer für Einzelunternehmungen und Personengesellschaften bzw. deren Gesellschafter, sofern es sich bei diesen um natürliche Personen handelt. Durch die unterschiedliche Ermittlung der Bemessungsgrundlagen nach dem Einkommensteuergesetz oder nach dem Körperschaftsteuergesetz kommt es zu weiteren Differenzen, die sich auch auf die Ermittlung des Gewerbeertrags niederschlagen. Des Weiteren kann man im deutschen Steuerrecht unterschiedliche Tarifgestaltungen finden, z. B. in Form des Freibetrags bei der Gewerbesteuer oder durch unterschiedlich hohe Steuersätze bei der Einkommen- und der Körperschaftsteuer.

3.1.1 Die Erfolgs- und Einkunftsermittlung

Bei einzelkaufmännischen Unternehmungen und Personengesellschaften – letztere werden auch als Mitunternehmerschaften[20] bezeichnet – wird die Einkommensteuer auf Ebene der beteiligten natürlichen Personen bzw. die Körperschaftsteuer auf Ebene beteiligter juristischer Personen erhoben, während der Gewerbebetrieb der Gewerbesteuer unterliegt.[21] Verträge zwischen Personengesellschaften und ihren Gesellschaftern sind zwar zivilrechtlich möglich,[22] werden steuerlich jedoch im Rahmen von § 15 Abs. 1 Nr. 2 EStG nicht anerkannt. So werden Vergütungen von der Unternehmung an die Mitunternehmer in Form von z. B. Gehalts-, Zins-, Renten- und Pacht- bzw. Mietzahlungen steuerlich als vorweg entnommene Gewinnanteile behandelt und führen bei den Gesellschaftern als Sonderbetriebseinnahmen unterschiedslos und in voller Höhe zu Einkünften aus Gewerbebetrieb bei OHG und KG oder zu Einkünften aus selbständiger Arbeit bei der Partnerschaftsgesellschaft.[23] Vertragliche Vereinbarungen zwischen der Personenunternehmung und Familienangehörigen der Gesellschafter werden anerkannt, sofern die Familienangehörigen keine Mitunternehmer sind. Die Verträge müssen allerdings ernsthaft

18 Vgl. auch Hennrichs (2010), S. 721-731; Ley (2011), S. 274-281.

19 Vgl. BGBl. 2007 I, S. 1912.

20 Zum Begriff der Mitunternehmerschaft vgl. im Einzelnen etwa Klumpp in Lange (2012), Rz. 271-298. Eine Mitunternehmerschaft ist dadurch gekennzeichnet, dass die Gesellschafter Mitunternehmerrisiko tragen und Mitunternehmerinitiative entfalten. Vgl. zu den Begriffen auch H 15.8 Abs. 1 EStH.

21 Vgl. § 2 Abs. 1 Satz 1 GewStG.

22 Verträge zwischen einer einzelkaufmännischen Unternehmung und dem Unternehmer scheitern bereits zivilrechtlich am Selbstkontrahierungsverbot des § 181 BGB.

23 Vgl. Bitz in Littmann/Bitz/Pust (2012), § 15, Rz. 54.

abgeschlossen und tatsächlich durchgeführt werden; die Vergütung muss dem Grunde und der Höhe nach angemessen sein.[24]

Beim sogenannten Sonderbetriebsvermögen handelt es sich um steuerliches Betriebsvermögen einer Personengesellschaft, welches aber kein Gesamthandsvermögen darstellt. Zu unterscheiden ist zwischen dem Sonderbetriebsvermögen I und dem Sonderbetriebsvermögen II.

Beim Sonderbetriebsvermögen I handelt es sich um nicht zum Gesamthandsvermögen gehörende, aber unmittelbar für betriebliche Zwecke der Personengesellschaft genutzte Wirtschaftsgüter, z. B. von den Mitunternehmern an die Personengesellschaft vermietete oder verpachtete Wirtschaftsgüter. Sonderbetriebsvermögen II von Mitunternehmern liegt bei Wirtschaftsgütern vor, welche unmittelbar der Begründung oder Stärkung ihrer Beteiligung an der Personengesellschaft dienen. Dies sind z. B. Schulden, die zum Erwerb oder zur Aufstockung der Beteiligung aufgenommen werden.

Die steuerlichen Folgen des Sonderbetriebsvermögens bei einer Personengesellschaft sind somit:

- Alle Erfolge aus der Veräußerung oder Überführung dieser Wirtschaftsgüter ins Privatvermögen sind steuerwirksam.[25]
- Alle laufenden Einnahmen und Ausgaben im Zusammenhang mit der Nutzung des Sonderbetriebsvermögens I sind bei der einheitlichen und gesonderten Gewinnfeststellung zu erfassen, so z. B. AfA, Zinsaufwendungen und Instandhaltungsaufwand, und wirken sich damit auf die Einkünfte aus Gewerbebetrieb der jeweiligen Mitunternehmer aus.[26]
- Alle laufenden Einnahmen und Ausgaben im Zusammenhang mit dem Sonderbetriebsvermögen II sind bei den Empfängern Einkünfte aus Gewerbebetrieb. Sie sind ausschließlich im Rahmen der gesonderten und einheitlichen Gewinnfeststellung der Personengesellschaft zu erfassen.

Die Bestimmung der Einkünfte der Gesellschafter aus ihrer Beteiligung an einer Personengesellschaft erfolgt im Rahmen der einheitlichen und gesonderten Gewinnfeststellung.[27] Dieses ist ein zweistufiges Verfahren, bei dem zunächst der Gesamthandsgewinn ermittelt und anteilig auf die Gesellschafter verteilt wird. In einem zweiten Schritt werden die Sonderbetriebseinnahmen und -ausgaben der jeweiligen Mitunternehmer erfasst.[28]

Alle Einkünfte, die ein Gesellschafter aus einer Personengesellschaft bezieht, das heißt, Gewinnanteile und Sondervergütungen, gehören somit zu den Einkünften aus Gewerbebetrieb. Sie setzen sich aus dem aus der Handelsbilanz abgeleiteten, anteiligen Gewinn des Mitunternehmers, aus den steuerlich nicht abzugsfähigen Vergütungen für Leistungen der Gesellschafter an die Gesellschaft und aus den Aufwendungen eines Gesellschafters für Wirtschaftsgüter des Sonder-

---

24 Vgl. BFH, 3. 12. 1957, I 231/56 S, BStBl. 1958 III, S. 27; BFH, 13. 6. 1989, VIII R 47/85, BStBl. 1989 II, S. 720; BMF-Schreiben vom 1. 2. 2002, BStBl. 2002 I, S. 219.

25 Vgl. Hey in Tipke/Lang (2012), § 10 Rz. 155. Vgl. auch BFH, 11. 12. 1997, IV R 28/97, BFH/NV 1998, S. 836; BFH, 3. 4. 2008, IV R 54/04, BStBl. 2008 II, S. 742.

26 Vgl. Hey in Tipke/Lang (2012), § 10 Rz. 131-138.

27 Vgl. Hey in Tipke/Lang (2012), § 10 Rz. 106.

28 Vgl. hierzu Grützner in Lange (2012), Rz. 666-669. Zur Sonderbilanz vgl. z. B. Scheffler (2011), S. 133 ff.; Kahle (2012), S. 109-117; Schneeloch (2012), S. 317-320.

betriebsvermögens, die an fremde Dritte geleistet werden, z. B. Zinszahlungen für ein Bankdarlehen für den Erwerb der Beteiligung an der Personengesellschaft, zusammen.[29] Die steuerliche Erfassung der Einkünfte ist unabhängig davon, ob der Gewinn dem Mitunternehmer auch tatsächlich zufließt oder ob er im Betrieb für Investitionen belassen wird. Man spricht hier vom Feststellungsprinzip.

Bei der Rechtsform der GbR kann sich ein Abgrenzungsproblem zwischen gewerblicher und freiberuflicher Tätigkeit ergeben.[30] Ähnliche Probleme treten in besonderen Fällen auch bei anderen Personengesellschaften auf. Des Weiteren ist bei Personengesellschaften zu prüfen, ob die „Abfärberegelung“ des § 15 Abs. 3 Nr. 1 EStG greift. Danach sind die Einkünfte einer Personengesellschaft, die sowohl gewerbliche als auch nichtgewerbliche Einkünfte erzielt, insgesamt als gewerblich zu qualifizieren.[31]

Die Einkunftsermittlung bei den Anteilseignern einer Kapitalgesellschaft weicht zum Teil erheblich von der bei den Mitunternehmern einer Personengesellschaft ab. Durch die Einführung des Anrechnungsverfahrens im Jahr 1977 wurde die Doppelbelastung bei Kapitalgesellschaft und Anteilseigner mit Körperschaftsteuer und Einkommensteuer, sofern unbeschränkt Steuerpflichtige betroffen waren, vermieden, da ausgeschüttete Gewinne letztlich nur noch der individuellen Einkommensteuer des Gesellschafters unterworfen wurden. Das Steuersenkungsgesetz[32] schaffte das körperschaftsteuerliche Anrechnungsverfahren zum 1. 1. 2001 allerdings wieder ab. Das dann anzuwendende Halbeinkünfteverfahren führte im Gegensatz zum Anrechnungsverfahren zu einer definitiven Körperschaftsteuerbelastung auf Gesellschaftsebene und einer erneuten Besteuerung der Gewinne mit Einkommensteuer auf Gesellschafterebene. Im Zuge der Unternehmensteuerreform 2008/2009 wurde das Halbeinkünfteverfahren zum 1. 1. 2009 abgeschafft und durch die Abgeltungssteuer für Beteiligungen, die im Privatvermögen gehalten werden, bzw. das Teileinkünfteverfahren für Beteiligungen im Betriebsvermögen ersetzt.[33]

Durch die Dualität der Unternehmensbesteuerung durch Anwendung des Transparenzprinzips bei der Besteuerung von Personenunternehmungen und des Trennungsprinzips bei Kapitalgesellschaften, aber auch durch andere systemimmanente Faktoren und Regelungen, können sich gravierende Unterschiede in der Besteuerung von Personenunternehmungen und Kapitalgesellschaften ergeben:

Bei der Kapitalgesellschaft sind angemessene Leistungsvergütungen an Gesellschafter als Betriebsausgaben abzugsfähig.[34] Dies gilt auch für Pensionsrückstellungen, die bei Personengesellschaften und einzelkaufmännischen Unternehmungen nicht steuerwirksam gebildet werden dürfen. Trotz der grundsätzlichen steuerlichen Anerkennung wird bei den Verträgen zwischen einer Kapitalgesellschaft und ihren Anteilseignern die Höhe der vertraglichen Vergütungen

29 Vgl. BMF-Schreiben vom 20. 12. 1977, BStBl. 1978 I, S. 8; Wöhe (1990), S. 40.

30 Vgl. Bitz in Littmann/Bitz/Pust (2012), § 15, Rz. 54. Vgl. auch BFH, 28. 10. 2008, VIII R 73/06, BStBl. 2009 II, S. 647.

31 Vgl. hierzu BFH, 30. 8. 2002, III B 44/01, BFH/NV 2002, S. 444.

32 Vgl. Steuersenkungsgesetz vom 23. 10. 2000, BGBl. 2000 I, S. 1433.

33 Nähere Ausführungen hierzu folgen insbesondere in Abschnitt 3.1.4.

34 Zinszahlungen für Gesellschafterdarlehen unterliegen allerdings den Grenzen der Zinsschranke; vgl. § 8a KStG i. V. m. § 4h EStG. Zu Anwendungsproblemen in diesem Zusammenhang vgl. etwa Althoff/Taron (2012). Zu den Wirkungen der Zinsschranke vgl. etwa auch Herzig/Lochmann/Liekenbrock (2008a, 2008b); Blaufus/Lorenz (2009); Liekenbrock (2011); Brähler/Kühner (2012); Hundsdoerfer/Lorenz/Sielaff (2012); Maßbaum/Klotzkowski/Sureth (2012); Buettner/Overesch/Schreiber/Wamser (2012).

überprüft. Die Vergütungen werden in eine verdeckte Gewinnausschüttung umqualifiziert, soweit die Angemessenheitsgrenze überschritten wird.[35] Bei Pensionszusagen einer Personengesellschaft an einen Gesellschafter ist die Pensionsverpflichtung nach Maßgabe des § 6a EStG in der Gesamthandsbilanz zu passivieren, während die korrespondierende Forderung in der Sonderbilanz des berechtigten Gesellschafters zu aktivieren ist.[36] Diese Vorgehensweise führt dazu, dass die Pensionsrückstellung bei Personengesellschaften damit letztlich für steuerliche Zwecke nicht gebildet werden darf. Auf den Abfluss der Vergütung bei der Personengesellschaft bzw. den Zufluss bei dem Gesellschafter kommt es nicht an.[37] Pensionsrückstellungen mindern bei der Kapitalgesellschaft hingegen stets das zu versteuernde körperschaftsteuerliche Einkommen und stellen bei den Berechtigten erst im Jahr des Zuflusses einkommensteuerlich relevante Einkünfte dar.[38]

Bei natürlichen Personen als Anteilseigner, die ihre Anteile an der Kapitalgesellschaft im Privatvermögen halten, fallen Leistungen aus Gesellschafts-Gesellschafter-Beziehungen jeweils unter die entsprechende Einkunftsart: das heißt, unter die Einkünfte aus nichtselbständiger Arbeit bei Gesellschafter-Geschäftsführer-Vergütungen, unter die Einkünfte aus Vermietung und Verpachtung bei Miet- und Pachtzinsen aus der Überlassung eines Grundstücks o. ä. an die Kapitalgesellschaft, unter die Einkünfte aus Kapitalvermögen bei Zinsen aus der Gewährung eines Darlehens durch den Anteilseigner an die Kapitalgesellschaft usw. Davon abweichend liegen bei den erzielten Miet- und Pachtzinsen bzw. den Darlehenszinsen i. d. R. Gewinneinkünfte vor, wenn die Beteiligung an der Kapitalgesellschaft dem Betriebsvermögen eines Investors zuzurechnen ist.[39]

Einkünfte aus nichtselbständiger Arbeit, die aus den gezahlten Gesellschafter-Geschäftsführer-Vergütungen resultieren, können um den Arbeitnehmer-Pauschbetrag in Höhe von 1.000 € gemäß § 9a Satz 1 Nr. 1 Buchst. a EStG reduziert werden.

Auch die Behandlung der ausgeschütteten Gewinnanteile ist davon abhängig, ob der Anteilseigner eine natürliche oder eine juristische Person ist und ob die Anteile im Privat- oder im Betriebsvermögen gehalten werden.

So sind Gewinnausschüttungen aus Beteiligungen ab 10 % des Nennkapitals innerhalb des körperschaftsteuerlichen Sektors steuerfrei (§ 8b Abs. 1 KStG). Dabei gelten allerdings 5 % der Ausschüttung als nicht abziehbare Betriebsausgabe (§ 8b Abs. 5 Satz 1 KStG, sogenannte Schachtelstrafe). Tatsächliche Betriebsausgaben, die in unmittelbarem Zusammenhang mit der Gewinnausschüttung entstehen, dürfen jedoch in voller Höhe abgezogen werden (§ 8b Abs. 5 Satz 2 KStG). Seit dem 1. 3. 2013 werden Dividendenerträge von Kapitalgesellschaften aus Beteiligun-

35 Vgl. Wochinger in Dötsch et al. (2012), § 8 n. F., Tz. 17-32, vor allem Tz. 19; Marx (2003), S. 673 ff.; Dötsch/Pinkos (2005), S. 128 f.; Rose (2005), S. 2596 ff. Vgl. hierzu auch die Rechtsprechung bei Verträgen zwischen einer Kapitalgesellschaft und ihrem beherrschenden Gesellschafter, BFH, 15. 10. 1997, I R 42/97; BFH/NV 1997, S. 927; BFH, 29. 10. 1997, I R 24/97; BFH/NV 1997, S. 929; BFH, 21. 1. 1998, I B 66/97; BFH/NV 1998, S. 883; BFH, 27. 3. 2001, I R 27/99, BStBl. 2002 II, S. 111; BFH, 8. 10. 2008, I R 61/07, BStBl. 2011 II, S. 62; für einen Überblick über die jüngste Rechtsprechung vgl. Mayer (2009), S. 1487-1495.

36 Vgl. BMF-Schreiben vom 29. 1. 2008 BStBl. 2008 I, S. 317.

37 Vgl. Grützner in Lange (2012), Rz. 1372.

38 Vgl. Marx (2003), S. 673 ff., aber auch Söffing (1994), S. 68 f. und 171 f. Die Voraussetzungen für die Anerkennung von Pensionsrückstellungen bei Kapitalgesellschaften wurden durch das Steueränderungsgesetz 2001 verschärft. Vgl. hierzu § 6a EStG. Vgl. weiter BFH, 23. 9. 2008, I R 62/07, BStBl. 2009 II, S. 666.

39 Vgl. § 21 Abs. 3 EStG sowie § 20 Abs. 8 EStG.

gen, die zu Beginn des Kalenderjahres weniger als 10 % des Grund- oder Stammkapitals betragen, hingegen in vollem Umfang besteuert (§ 8b Abs. 4 KStG n. F.).[40] Durch diese Neuregelung werden die vom Europäischen Gerichtshof bemängelten Unterschiede in der Besteuerung von in- und ausländischen Investoren bei sogenannten Streubesitzdividenden beseitigt.[41] Die Steuerbefreiung gem. § 8b Abs. 1 Satz 1 KStG wird demnach für kleinere Unternehmensbeteiligungen für Dividenden und weitere Bezüge versagt. Die "Schachtelstrafe" des § 8b Abs. 5 KStG findet entsprechend keine Anwendung.

Dividenden, die im Betriebsvermögen natürlicher Personen vereinnahmt werden, unterliegen als Gewinneinkünfte ab dem Veranlagungszeitraum 2009 dem Teileinkünfteverfahren (§ 3 Nr. 40 Buchst. d EStG). Die Dividenden werden nur zu 60 % in die einkommensteuerliche Bemessungsgrundlage der Anteilseigner einbezogen. Korrespondierend dürfen gemäß § 3c Abs. 2 EStG auch nur 60 % der mit der Beteiligung in Zusammenhang stehenden Betriebsausgaben steuerlich geltend gemacht werden.

Die ausgeschütteten Gewinnanteile der Privatanleger gehören nach Abzug der definitiven Körperschaftsteuer von 15 % zuzüglich Solidaritätszuschlag zu den Einkünften aus Kapitalvermögen und fallen seit dem Veranlagungszeitraum 2009 unter die Regelung des § 20 Abs. 1 Nr. 1 EStG i. V. m. § 32d Abs. 1 EStG. Danach unterliegen die Ausschüttungen in vollem Umfang dem proportionalen Abgeltungssteuersatz von 25 % zuzüglich Solidaritätszuschlag.[42] Eine Veranlagung der Dividenden findet grds. nicht statt. Im Falle eines persönlichen Einkommensteuersatzes unter 25 % können die Ausschüttungen auf Antrag des Anteilseigners jedoch in die Veranlagung einbezogen werden (§ 32d Abs. 6 EStG).[43] Ferner besteht für Steuerpflichtige, die zu mindestens 25 % an der Kapitalgesellschaft beteiligt bzw. zu mindestens 1 % beteiligt und für die Gesellschaft beruflich tätig sind, die Möglichkeit, für das Teileinkünfteverfahren zu optieren (§ 32d Abs. 2 Nr. 3 EStG). Bei der Ermittlung der Kapitaleinkünfte kann der Sparer-Pauschbetrag in Höhe von 801 € für Ledige und 1.602 € für zusammen veranlagte Ehegatten abgezogen werden (§ 20 Abs. 9 EStG). Ein Ansatz der tatsächlich angefallenen Werbungskosten ist sowohl bei pauschalierter Abgeltungsbesteuerung als auch bei optionaler Veranlagung gemäß § 32d Abs. 6 EStG ausgeschlossen (§ 20 Abs. 9 Satz 1, Halbsatz 2 EStG).

Für die an einen Anteilseigner der Kapitalgesellschaft gezahlten Zinsen für die Hingabe eines Darlehens an die Kapitalgesellschaft gelten die Ausführungen zur Abgeltungssteuer analog (§ 20 Abs. 1 Nr. 7 i. V. m. § 32d Abs. 1 EStG). Davon abwehend gilt jedoch eine Veranlagungspflicht für Zinsen einer Kapitalgesellschaft, die an einen Gesellschafter gezahlt werden, wenn die Beteiligung mindestens 10 % beträgt (§ 32d Abs. 2 Satz 1 Nr. 1 Buchst. b EStG). In diesem Fall der Zwangsveranlagung gilt das Werbungskostenabzugsverbot nicht.[44]

Das letztlich resultierende zu versteuernde Einkommen unterliegt dem Einkommensteuertarif gemäß § 32a EStG und somit einem maximalen Grenzsteuersatz von 45 %. Ob die Abgeltungs-

40 Vgl. Gesetz zur Umsetzung des EuGH-Urteils vom 20. Oktober 2011 in der Rechtssache C-284/09, BGBl. 2013 I, S. 561.

41 Diese Gesetzesänderung geht zurück auf das Urteil des Europäischen Gerichtshofs vom 20. 10. 2011 in der Rechtssache C-284/09, wonach Deutschland Dividenden an beschränkt steuerpflichtige Körperschaften aus dem EU-/EWR-Raum keiner höheren Besteuerung unterwerfen darf als solche, die an eine Gesellschaft mit Sitz in Deutschland ausgeschüttet werden.

42 Vgl. auch BMF-Schreiben vom 22. 12. 2009, BStBl. 2010 I, S. 94.

43 Vgl. dazu z. B. Hechtner (2011), S. 1769-1771.

44 Vgl. Rödder in Schaumburg/Rödder (2007), S. 387.

steuer zu einer Benachteiligung der Anteilseigner einer Kapitalgesellschaft im Vergleich zu den Mitunternehmern einer Personengesellschaft führt, kann ohne Weiteres nicht beantwortet werden. Näheres hierzu folgt im nächsten Kapitel.

Die thesaurierten Gewinne unterliegen lediglich bei der Kapitalgesellschaft der Körperschaftsteuer. Beim Anteilseigner sind diese gemäß dem Zuflussprinzip zunächst nicht zu versteuern.

3.1.2 Die Besteuerung thesaurierter und ausgeschütteter Gewinne bei einkommensteuerpflichtigen Anteilseignern

Der Gewinn einer Kapitalgesellschaft unterliegt – unabhängig von der Gewinnverwendung – unter anderem[45] einem definitiven Körperschaftsteuersatz von 15 %.

Ein Nachteil der Kapitalgesellschaft gegenüber der Personenunternehmung ist, dass steuerfreie Erträge und Steuerermäßigungen bei Ausschüttung insofern verloren gehen, als die Anteilseigner Ausschüttungen in jedem Fall als Kapitaleinkünfte zu versteuern haben, sofern es sich um natürliche Personen handelt. Letztlich werden also auch steuerfreie oder ermäßigt belastete Erträge im Besteuerungsverfahren zur Einkommensteuer beim jeweiligen Anteilseigner herangezogen. Betrachtet man die Unternehmungs- und Kapitalgeberseite als eine Einheit, wirken die Vergünstigungen daher dauerhaft nur bei Thesaurierung.

Die Steuerlast wird im Ausschüttungsfall allein durch den Anteilseigner getragen, da dieser eine durch die Körperschaftsteuer reduzierte Ausschüttung erhält. Ausschüttungen, die innerhalb des körperschaftlichen Sektors weitergeschüttet werden, unterliegen hingegen keiner Körperschaftsteuerbelastung,[46] sofern es sich nicht um Beteiligungen im Streubesitz handelt.

Individuelle Überlegungen hinsichtlich der Gewinnverwendung relativieren sich aus steuerlicher Sicht, sobald Unternehmungs- und Anteilseignerebene als Einheit betrachtet werden und wenn es gilt, eine Entscheidung zwischen Thesaurierung und Vollausschüttung zu treffen.

ABB. 1: Vorteilhaftigkeit Personenunternehmung versus Kapitalgesellschaft in Abhängigkeit vom Steuersatz (ohne Gewerbesteuer und Solidaritätszuschlag)

			Personenunternehmung			Kapitalgesellschaft		
		Einkommensteuersatz	30,00 %	36,25 %	45,00 %	30,00 %	36,25 %	45,00 %
(1)		Gewinn	100,00	100,00	100,00	100,00	100,00	100,00
(2)	(1) · 0,15	- 15 % Körperschaftsteuer,				15,00	15,00	15,00
(3)	(1) - (2)	Ausschüttung,				85,00	85,00	85,00
(4)	(3) · 0,25	- 25 % Kapitalertragsteuer				21,25	21,25	21,25
(5)	(3) - (4)	verbleiben				63,75	63,75	63,75
(6)	(3) bzw. (1)	stpfl. auf Eigner-/ Mitunternehmerebene	100,00	100,00	100,00	85,00	85,00	85,00

45 Die Besteuerung des Gewinns durch Solidaritätszuschlag ist ebenfalls Gegenstand dieses Abschnitts. Zunächst wird jedoch vom Solidaritätszuschlag abstrahiert. Der Gewerbesteuer ist Abschnitt 3.1.3 gewidmet.

46 Eine Belastung entsteht lediglich über die Fiktion von 5 % der Dividende als nicht abziehbare Betriebsausgabe gemäß § 8b Abs. 5 KStG.

(7)	(6) · Steuersatz	tarifliche Einkommensteuer	30,00	36,25	45,00			
(8)	(7)	festzusetzende Einkommensteuer	30,00	36,25	45,00			
(9)	(6) - (8)	Nettoeinkünfte des Gesellschafters	70,00	63,75	55,00	63,75	63,75	63,75

Bei relativ geringem Einkommensteuersatz kann es sinnvoll sein, einen Antrag auf Besteuerung nach dem Teileinkünfteverfahren gemäß § 32d Abs. 2 Nr. 3 EStG zu stellen, sofern die entsprechenden Voraussetzungen erfüllt sind. An dieser Stelle wird von diesem Antragsrecht abstrahiert, um die Wirkungen der Abgeltungssteuer besonders deutlich herauszuarbeiten.[47]

Wie das Beispiel in Abbildung 1 verdeutlicht, ist die Ausschüttung der Gewinne einer Kapitalgesellschaft steuerlich immer stärker belastet als die Thesaurierung.[48]

In diesem Rechtsformvergleich gilt außerdem, dass bei **Gewinnthesaurierung** die Steuerbelastung einer Kapitalgesellschaft regelmäßig geringer als die Belastung einer Personenunternehmung ist, da bei letzterer grds. keine tarifliche Trennung der Besteuerung thesaurierter und ausgeschütteter Gewinne erfolgt. Um trotz dieser dualistischen Besteuerungskonzeption die im Unternehmen verbleibenden Gewinne von Einzelunternehmen und Personengesellschaften in ähnlicher Weise wie die nicht ausgeschütteten Gewinne von Kapitalgesellschaften zu belasten,[49] hat der Gesetzgeber mit § 34a EStG zum 1. 1. 2008 die Möglichkeit der Option für eine begünstigte Besteuerung nicht entnommener Gewinne eingeführt. Nach dieser so genannten Thesaurierungsbegünstigung können Einzel- und Mitunternehmer auf Antrag einen Sondertarif für nicht entnommene Gewinne in Anspruch nehmen; diese Gewinne werden zunächst einem proportionalen Einkommensteuersatz von 28,25 % (zuzüglich Solidaritätszuschlag und Gewerbesteuer) unterworfen. In Anlehnung an die nachgelagerte Versteuerung ausgeschütteter Gewinne von Kapitalgesellschaften mit dem Abgeltungssteuersatz auf Privateignerebene löst die spätere Entnahme der begünstigt besteuerten Gewinne auch bei Personenunternehmungen eine Nachversteuerung mit einem Satz von 25 % zuzüglich Solidaritätszuschlag aus (§ 34a Abs. 4 EStG).

Der Gesetzgeber verfehlt mit § 34a EStG jedoch das Ziel der Rechtsformneutralität der Besteuerung durch Angleichung der steuerlichen Belastung einbehaltener Gewinne von Einzel- bzw. Mitunternehmern einerseits und Kapitalgesellschaften andererseits; letztere sind bei Vollthesaurierung auch zukünftig regelmäßig steuerlich begünstigt.[50] Ferner liegt die kumulierte Belas-

47 Vgl. zur Vorteilhaftigkeit der Anwendung des Teileinkünfteverfahrens Kapitel 3.1.4.

48 Eine Ausschüttung kann im Einzelfall dennoch vorteilhaft sein, wenn es beispielsweise für den Anteilseigner attraktiv ist, Verrechnungspotenzial für Verluste im Privatvermögen zu generieren. Zu beachten ist in diesem Zusammenhang jedoch die eingeschränkte Verrechenbarkeit von Verlusten aus Kapitalvermögen gemäß § 20 Abs. 6 EStG.

49 Vgl. BT-Drucks. 16/4841 vom 27. 3. 2007, S. 62.

50 Vgl. etwa Homburg/Houben/Maiterth (2007), S. 379; Homburg/Houben/Maiterth (2008), S. 33; Jorde/Götz (2008), S. 1032 f. Die höhere Steuerbelastung der einbehaltenen Gewinne von Personenunternehmungen ist insbesondere darauf zurückzuführen, dass ein Teil der Gewinne entnommen werden muss, um Einkommensteuer und Gewerbesteuer auch auf thesaurierte Gewinne zu bezahlen. Diese Steuerzahlungen unterliegen dem regulären Einkommensteuersatz.

tung aus begünstigter Besteuerung und Nachversteuerung für Personenunternehmungen stets über der regulären steuerlichen Gewinnbelastung, so dass die Ausübung der § 34a EStG-Option allenfalls aufgrund der temporären Verschiebung der Endbesteuerung (Zinsvorteil) lohnenswert sein kann. Quantitative Analysen verdeutlichen, dass somit nur wenige Steuerpflichtige von dem Wahlrecht Gebrauch machen werden.[51] Vor diesem Hintergrund wird die Neuregelung nachfolgend zunächst nicht weiter berücksichtigt.

Unter Vernachlässigung der Gewerbesteuer und insbesondere auch der Gewerbesteueranrechnung gemäß § 35 EStG sind im obigen vereinfachten Beispiel in Abbildung 1 bei **Vollausschüttung** der Privatinvestor einer Kapitalgesellschaft und der Mitunternehmer einer Personengesellschaft nur bei einem Grenzsteuersatz von 36,25 % hinsichtlich ihrer Nettoeinkünfte gleichgestellt. Unberücksichtigt bleiben in diesem Beispiel allerdings auch Wirkungen durch den Sparer-Pauschbetrag. Unter diesen vereinfachenden Annahmen wird deutlich, dass bei Steuersätzen unter 36,25 % Anteilseigner einer Kapitalgesellschaft steuerlich schlechter gestellt sind,[52] während sie bei Steuersätzen über 36,25 % im Vergleich zu Mitunternehmern einer Personengesellschaft relativ begünstigt sind.

Das Beispiel aus Abbildung 1 berücksichtigt den Solidaritätszuschlag noch nicht. Unter Einbeziehung dieser Zuschlagsteuer vermindert sich der Ausschüttungsbetrag um 5,5 % der festzusetzenden Körperschaftsteuer. Da der Solidaritätszuschlag gemäß § 10 Nr. 2 KStG eine nicht abziehbare Aufwendung darstellt, ist diese Belastung, ebenso wie die Belastung mit Körperschaftsteuer, definitiv. Sie ergibt sich mit

$$SolZ = 0{,}055 \cdot 0{,}15 \cdot Gewinn = 0{,}00825 \cdot Gewinn.$$ [53]

Berücksichtigt man dies im obigen Beispiel, erhält man Ergebnisse, die nicht nur in ihrer Höhe von den oben erzielten Werten abweichen, sondern es wird deutlich, dass der Solidaritätszuschlag unmittelbar Einfluss auf die Vorteilhaftigkeit einer Rechtsformalternative nehmen kann (Beispiel in Abbildung 2).

51 Vgl. z B. Cordes (2007); Diller/Wimmer (2007); Homburg/Houben/Maiterth (2008); Houben/Maiterth (2008); Karrenbrock/Fehr (2008); Knirsch/Schanz (2008); Knirsch/Maiterth/Hundsdoerfer (2008); Broer/Dwenger (2009); Schneider/Wesselbaum-Neugebauer (2010); Hechtner/Hundsdoerfer/Sielaff (2011); Kessler/Pfuhl/Grether (2011); Schneider/Wesselbaum-Neugebauer (2011); Brähler/Guttzeit/Scholz (2012). Den positiven Zinseffekten der Thesaurierungsbesteuerung ist wiederum der entgangene Vorteil aufgrund externer Wiederanlage und Besteuerung mit der Abgeltungssteuer gegenüber zu stellen.

52 Diese Aussage gilt auch, wenn die Dividenden bei Anteilseignern aufgrund eines unter dem Abgeltungssteuersatz liegenden individuellen Steuersatzes zur Einkommensteuer veranlagt werden.

53 Der Solidaritätszuschlag ist gemäß § 4 Satz 3 SolZG auf ganze Cents abzurunden.

ABB. 2:	Vorteilhaftigkeit Personenunternehmung versus Kapitalgesellschaft in Abhängigkeit vom Steuersatz mit Berücksichtigung der Liquiditätswirkung des Solidaritätszuschlages (ohne Gewerbesteuer)						
		Personenunternehmung			**Kapitalgesellschaft**		
	Einkommensteuersatz*)	**30,00 %**	**36,25 %**	**45,00 %**	**30,00 %**	**36,25 %**	**45,00 %**
	Gewinn	100,00	100,00	100,00	100,00	100,00	100,00
(1) · 0,15	- 15 % Körperschaftsteuer				15,00	15,00	15,00
(2) · 0,055	- 5,5 % Solidaritätszuschlag auf Körperschaftsteuer				0,82	0,82	0,82
(1) - (2) - (3)	ausschüttbar				84,18	84,18	84,18
(4) · 0,25	- 25 % Kapitalertragsteuer				21,04	21,04	21,04
(5) · 0,055	- 5,5 % Solidaritätszuschlag auf Kapitalertragsteuer				1,15	1,15	1,15
(4) - (5) - (6)	verbleiben				61,99	61,99	61,99
(4) bzw. (1)	stpfl. auf Eigner-/ Mitunternehmerebene	100,00	100,00	100,00	84,18	84,18	84,18
(8) · Steuersatz	tarifliche Einkommensteuer	30,00	36,25	45,00			
(5) bzw. (9)	festzusetzende Einkommensteuer	30,00	36,25	45,00	21,04	21,04	21,04
(9)	Einkommensteuerzahllast	30,00	36,25	45,00			
(10) · 0,055	- 5,5 % Solidaritätszuschlag auf Einkommensteuer	1,65	1,99	2,47			
(8) - (9) - (12) bzw. (4) - (5) - (6)	Nettoeinkünfte des Gesellschafters	68,35	61,76	52,53	61,99	61,99	61,99
[(1) - (2)] · (1 - 0,25) bzw. (8) - (9)	zum Vergleich ohne Solidaritätszuschlag	70,00	63,75	55,00	63,75	63,75	63,75

*) Da vereinfachend mit einem proportionalen Einkommensteuersatz gerechnet wird, wird in dem Beispiel auch von einkommensteuerlichen Rundungsvorschriften abstrahiert.

Bei einem Einkommensteuersatz von 36,25 % besteht bei Berücksichtigung des Solidaritätszuschlags keine Indifferenz zwischen den Rechtsformalternativen mehr. Die Anteilseigner der Kapitalgesellschaft erhalten höhere Nettoeinkünfte als die Mitunternehmer einer Personengesellschaft. Der Solidaritätszuschlag wirkt somit keineswegs – wie häufig behauptet – wie eine nicht entscheidungsrelevante und damit nicht verzerrende proportionale Zuschlagsteuer, sondern verursacht eine „Schattenwirkung". In Folge der Begleichung des Solidaritätszuschlags kommt es zu einem geringeren Ausschüttungspotenzial bei der Kapitalgesellschaft, das bei Vollausschüttung zu einer geringeren einkommensteuerlichen Bemessungsgrundlage und damit weiter zu einer geringeren Bemessungsgrundlage für den Solidaritätszuschlag auf die Einkommensteuer führt. Der Solidaritätszuschlag wird somit in seiner Höhe durch sich selbst reduziert.[54]

Unterschiede zwischen Personenunternehmungen und Kapitalgesellschaften existieren auch in Hinblick auf den Zeitpunkt der Besteuerung. Bei Personenunternehmungen unterliegt der Gewinn – mit Ausnahme der Inanspruchnahme der § 34a EStG-Option – der Einkommensteuer in dem Kalenderjahr, in dem das betroffene Wirtschaftsjahr der Gesellschaft endet. Dies gilt auch für die Gewerbesteuer. Bei Kapitalgesellschaften trifft dies auf die Gewerbesteuer und die Körperschaftsteuer zu. Die Einkommensteuer der Gesellschafter wird jedoch zunächst nicht beeinflusst. Werden später Ausschüttungen aus dem Gewinn beschlossen, so erfolgt die einkommensteuerliche Erfassung bei den Gesellschaftern im Gegensatz dazu erst im Jahr des Zuflusses. Betrachtet man die Unternehmungs- und Anteilseignerebene zugleich, so kommt es daher i. d. R. zu einem steuerbedingten Zinsvorteil für die Kapitalgesellschaft im Vergleich zu gleichartiger Gewinnverwendung bei einer Personenunternehmung.

Ob man die Folgewirkungen einer Gewinnverwendungsentscheidung mit in das Kalkül einbezieht, hängt von dem zu untersuchenden Planungshorizont ab. Geht dieser über den Veranlagungszeitraum hinaus, so sind auch die Auswirkungen einer Thesaurierungs- bzw. Ausschüttungsentscheidung zu berücksichtigen. Im Detail bedeutet dies, dass man bei längerfristigen Überlegungen auch die Rendite der thesaurierten Beträge innerhalb der Unternehmung im Vergleich zur Rendite der ausgeschütteten Gewinne außerhalb der Unternehmung berücksichtigen muss.

3.1.3 Der Gewerbeertrag

Da der Gewinn aus Gewerbebetrieb, ermittelt nach den Vorschriften des Einkommensteuergesetzes und des Körperschaftsteuergesetzes, sowohl bei gewerblich tätigen Personengesellschaften[55] bzw. Einzelunternehmungen als auch bei Kapitalgesellschaften die Ausgangsgröße zur Ermittlung des Gewerbeertrages ist, wirken sich die einkommen- bzw. körperschaftsteuerlichen rechtsformspezifischen Unterschiede auch auf die Höhe der Gewerbesteuer aus.[56] So führt beispielsweise die Nichtabzugsfähigkeit der Vergütungen der Gesellschaft an die Gesellschafter bei Einzelunternehmern und Personengesellschaften im Rahmen der Gewerbesteuer zu Belastungsunterschieden zwischen Kapitalgesellschaften und Personenunternehmungen.

Bei Kapitalgesellschaften ergibt sich eine Gewerbesteuerersparnis durch die Abzugsfähigkeit der Leistungsvergütungen, die die Gesellschaft an ihre Anteilseigner leistet. Dieser Vorteil hat für Kapitalgesellschaften bei der Körperschaftsteuer im Vergleich zur Einkommensteuer von Personenunternehmungen keine große Bedeutung, da bei Kapitalgesellschaften die Anteilseigner diese Leistungsvergütungen auf privater Ebene versteuern müssen. Bei der Gewerbesteuer

54 Ähnliche Ausführungen zur Wirkung des Solidaritätszuschlags, allerdings noch im Zusammenhang mit dem körperschaftsteuerlichen Anrechnungsverfahren, finden sich z. B. bei Tillich/Schaufenberg (1999), S. 1719.

55 Zur Abgrenzung zwischen gewerblich und nicht gewerblich tätiger Personengesellschaft vgl. Söffing (2005), S. 143 f.; Grützner in Lange (2012), Rz. 306-359.

56 Vgl. Wöhe (1990), S. 169.

kommt es hingegen zu einer echten Entlastung der Kapitalgesellschaft im Gegensatz zur Personengesellschaft.[57] Diese Ersparnis kann jedoch durch Hinzurechnungen bei der Ermittlung des Gewerbeertrags wieder geschmälert werden, z. B. aufgrund von Miet- und Pachtzinsen für Wirtschaftsgüter des Anlagevermögens oder Finanzierungsentgelten. Dies gilt insbesondere aufgrund der im Zuge der Unternehmensteuerreform 2008/2009 eingeführten Erweiterung der Hinzurechnungstatbestände im Bereich der Finanzierungskosten und der damit verbundenen häufig auftretenden Verbreiterung der Bemessungsgrundlage. Besonders gravierend wirkt sich allerdings die für Kapitalgesellschaften fehlende Anrechnungsmöglichkeit der Gewerbesteuer aus.[58] Dieser Effekt führt häufig dazu, dass die Gewinne von Kapitalgesellschaften stärker mit Unternehmenssteuern belastet werden als die von Personenunternehmungen.[59] Der durch die Abziehbarkeit der Leistungsvergütungen für Kapitalgesellschaften entstehende Vorteil wird dann – insbesondere bei hohem Fremdfinanzierungsanteil – leicht überkompensiert.

Personengesellschaften und einzelkaufmännische Unternehmungen kommen bei der Ermittlung des Gewerbeertrags in den Genuss des Freibetrags in Höhe von 24.500 € nach § 11 Abs. 1 Nr. 1 GewStG. Kapitalgesellschaften steht hingegen kein Freibetrag zu. Insgesamt kompensiert der Vorteil des Freibetrages i. d. R. die fehlende Abzugsfähigkeit von Geschäftsführungsvergütungen bei Personenunternehmungen nicht. Es gilt eine rechtsformunabhängige Steuermesszahl von 3,5 % (§ 11 Abs. 2 GewStG).

Durch das Steuersenkungsgesetz vom 23. 10. 2000[60] wurde mit § 35 EStG eine einkommensteuerliche Vorschrift, die eine pauschalierte Anrechnung der Gewerbesteuer für einzelkaufmännische Unternehmungen und Personengesellschaften bei der Bestimmung der festzusetzenden Einkommensteuer verfügt, neu eingeführt.[61] Gemäß einer durch das Jahressteuergesetz 2008[62] geänderten Fassung der Vorschrift ist für Erhebungszeiträume ab 2008 das 3,8-fache des Gewerbesteuermessbetrags, maximal jedoch die tatsächlich gezahlte Gewerbesteuer auf die Einkommensteuer des Einzel- bzw. Mitunternehmers anzurechnen. Auf diese Weise soll die Doppelbelastung der Personenunternehmungen mit Einkommen- und Gewerbesteuer reduziert bzw. vermieden werden.[63] Im Falle von Kapitalgesellschaften geht die Gewerbesteuer in voller Höhe in die Gesamtsteuerbelastung mit ein, was zu einer deutlichen Gewerbesteuermehrbelastung dieser Rechtsform führen kann.[64]

Bei Personengesellschaften ist der anzurechnende Betrag den Mitunternehmern nach Maßgabe des Gewinnverteilungsschlüssels zuzurechnen. Sonderbetriebseinnahmen der Mitunternehmer, die unter Umständen die Höhe der Gewerbesteuer maßgeblich mit beeinflusst haben, sind bei der Berechnung des jeweiligen anzurechnenden Betrages außer Acht zu lassen.[65] Zu beachten ist in diesem Zusammenhang des Weiteren, dass die pauschalierte Gewerbesteueranrechnung

57 Vgl. Wöhe (1990), S. 170.

58 Vgl. hierzu genauer die nachfolgenden Ausführungen.

59 Vgl. Herzig (2007), S. 1542 f. Insbesondere für Kapitalgesellschaften gilt daher, dass die Ertragsteuerbelastung wesentlich durch die Wahl des Standortes und damit des Gewerbesteuerhebesatzes beeinflusst werden kann; vgl. etwa Frye (2008), S. 94.

60 BGBl. I 2000, S. 1433.

61 Vgl. Erle/Sauter (2000), S. 119 ff.; Korezkij (2001), S. 333.

62 Vgl. BT-Drucks. 16/6981 vom 7. 11. 2007, BGBl. I 2007, S. 3150 f.; BMF-Schreiben vom 24. 2. 2009, BStBl. 2009 I, S. 440.

63 Vgl. etwa Derlien/Wittkowski (2008), S. 838.

64 Vgl. Kossow (2008), S. 1227 ff.

65 Vgl. Erle/Sauter (2000), § 35 EStG, S. 126.

maximal mit dem Anteil, mit dem Einkünfte aus Gewerbebetrieb im zu versteuernden Einkommen enthalten sind, bzw. in Höhe der tatsächlich zu zahlenden Gewerbesteuer erfolgt.[66] Ab dem Veranlagungszeitraum 2008 sind Gewerbesteuermessbeträge und die zu zahlende Gewerbesteuer für die Berechnung des Anrechnungsvolumens nur noch insoweit zu berücksichtigen, wie sie aus Einkunftsquellen stammen, deren Einkünfte null oder positiv sind.[67] Etwaige resultierende nicht genutzte Überhänge können nicht in folgende Veranlagungszeiträume vorgetragen werden.[68]

Aufgrund der einheitlichen Steuermesszahl ergibt sich ein maximaler Gewerbesteueranrechnungsbetrag in Höhe von 3,8 · 3,5 % = 13,3 % des Gewerbeertrages. Die Anrechnung führt unter Einbezug des Solidaritätszuschlags bei einem Hebesatz von ca. 400 % zu einer vollständigen Entlastung von der Gewerbesteuer, sofern in ausreichender Höhe gewerbliche Einkünfte im zu versteuernden Einkommen enthalten sind und eine entsprechend hohe tarifliche Einkommensteuer vorliegt.[69] Bei höheren Hebesätzen wird nur eine anteilige Entlastung bewirkt, wohingegen niedrigere Hebesätze aufgrund der Begrenzung der Anrechnung auf die tatsächlich zu zahlende Gewerbesteuer nur noch eine sehr geringe Überanrechnung erlauben.[70]

Die wesentlichen ertragsteuerlichen Aussagen zum Belastungsvergleich zwischen Personenunternehmungen und Kapitalgesellschaften unter Berücksichtigung gewerbesteuerlicher Effekte werden im Beispiel in Abbildung 3 zusammengefasst.[71]

ABB. 3: Vorteilhaftigkeit Personenunternehmung versus Kapitalgesellschaft in Abhängigkeit vom Gewerbesteuerhebesatz

	Hebesatz		Personenunternehmung				Kapitalgesellschaft
	200 %	ESt-Satz Gesellschafter	30 %	35 %	40 %	45 %	
(1)		Gewinn	100,00	100,00	100,00	100,00	100,00
(2)	(1) · Steuersatz	- GewSt (Hebesatz = 200 %)	7,00	7,00	7,00	7,00	7,00
(3)	(1) · 0,15	- KSt					15,00
(4)	(3) · 0,055	- SolZ					0,82
(5)	(1) - (2) - (3) - (4)	ausschüttbar					77,18

66 Vgl. § 35 Abs. 1 Satz 1 und 5 EStG. Zur Ermittlung des Ermäßigungshöchstbetrages nach § 35 EStG in der Fassung des Jahressteuergesetzes 2008 und den damit verbundenen Auslegungsfragen vgl. genauer Blaufus/Hechtner/Hundsdoefer (2008).

67 Vgl. BMF-Schreiben vom 24. 2. 2009, BStBl 2009 I, S. 440.

68 Mit Urteil vom 23. 4. 2008, X R 32/06, BStBl. 2009 II, S. 7, hat der BFH die Verfassungsmäßigkeit des Verfalls von Anrechnungsüberhängen bejaht. Vgl. auch BFH, 29. 1. 2009, VI R 44/08, BStBl. 2009 II, S. 411.

69 Vgl. etwa Knief/Nienaber (2007), S. 1311; Ortmann-Babel/Zipfel (2007), S. 2207 f.

70 Eine Überkompensation ist in Höhe des Solidaritätszuschlages auf die Gewerbesteueranrechnung möglich, weil § 35 EStG die Bemessungsgrundlage des Solidaritätszuschlages vermindert; vgl. Ortmann-Babel/Zipfel (2007), S. 2770 f.

71 Der Gewerbesteuerfreibetrag wurde aus Übersichtlichkeitsgründen nicht berücksichtigt. Unterschiede, die aus Hinzurechnungs- und Kürzungsvorschriften resultieren könnten, wurden ebenfalls vernachlässigt. Vgl. dazu auch Beckmann/Schanz (2011).

(6)	(5) · 0,25	- Abgeltungssteuer					19,29
(7)	(1) · Steuersatz	- tarifliche Einkommensteuer	30,00	35,00	40,00	45,00	
(8)	(2)	+ Anrechnung der GewSt	7,00	7,00	7,00	7,00	
(9)	(7) - (8)	festzusetzende ESt	23,00	28,00	33,00	38,00	
(10)	(9) · 0,055 bzw. (6) · 0,055	- SolZ	1,26	1,54	1,81	2,09	1,06
(11)	(1) - (2) - (9) - (10) bzw. (5) - (6) - (10)	Nettoeinkünfte des Gesellschafters	68,74	63,46	58,19	52,91	56,83

	Hebesatz		**Personenunternehmung**				**Kapitalgesellschaft**
	400 %	**ESt-Satz Gesellschafter**	**30 %**	**35 %**	**40 %**	**45 %**	
(1)		Gewinn	100,00	100,00	100,00	100,00	100,00
(2)	(1) · Steuersatz	- GewSt (Hebesatz = 400 %)	14,00	14,00	14,00	14,00	14,00
(3)	(1) · 0,15	- KSt					15,00
(4)	(3) · 0,055	- SolZ					0,82
(5)	(1) - (2) - (3) - (4)	ausschüttbar					70,18
(6)	(5) · 0,25	- Abgeltungssteuer					17,54
(7)	(1) · Steuersatz	- tarifliche Einkommensteuer	30,00	35,00	40,00	45,00	
(8)	(2) bis Hebesatz 380 %	+ Anrechnung der GewSt	13,30	13,30	13,30	13,30	
(9)	(7) - (8)	festzusetzende ESt	16,70	21,70	26,70	31,70	
(10)	(9) · 0,055 bzw. (6) · 0,055	- SolZ	0,91	1,19	1,46	1,74	0,96
(11)	(1) - (2) - (9) - (10) bzw. (5) - (6) - (10)	Nettoeinkünfte des Gesellschafters	68,39	63,11	57,84	52,56	51,68

	Hebesatz		**Personenunternehmung**				**Kapitalgesellschaft**
	500 %	**ESt-Satz Gesellschafter**	**30 %**	**35 %**	**40 %**	**45 %**	
(1)		Gewinn	100,00	100,00	100,00	100,00	100,00
(2)	(1) · Steuersatz	- GewSt (Hebesatz = 500 %)	17,50	17,50	17,50	17,50	17,50
(3)	(1) · 0,15	- KSt					15,00
(4)	(3) · 0,055	- SolZ					0,82
(5)	(1) - (2) - (3) - (4)	ausschüttbar					66,68

(6)	(5) · 0,25	- Abgeltungssteuer					16,67
(7)	(1) · Steuersatz	- tarifliche Einkommensteuer	30,00	35,00	40,00	45,00	
(8)	(2) bis Hebesatz 380 %	+ Anrechnung der GewSt	13,30	13,30	13,30	13,30	
(9)	(7) - (8)	festzusetzende ESt	16,70	21,70	26,70	31,70	
(10)	(9) · 0,055 bzw. (6) · 0,055	- SolZ	0,91	1,19	1,46	1,74	0,91
(11)	(1)-(2)-(9 -(10) bzw. (5)-(6)-(10)	Nettoeinkünfte des Gesellschafters	64,89	59,61	54,34	49,06	49,10

Das Beispiel in Abbildung 3 verdeutlicht – nunmehr unter Berücksichtigung der gewerbesteuerlichen Effekte –, dass im Falle der Vollausschüttung die Ertragsteuerbelastung bei Mitunternehmerschaften im Allgemeinen unterhalb der Belastung von Kapitalgesellschaften liegt.[72] Der Vorteil ist umso größer, je geringer der persönliche Einkommensteuersatz des Mitunternehmers ist. Für sehr geringe Gewerbesteuerhebesätze, aber auch für sehr hohe Hebesätze bei gleichzeitig hohen Einkommensteuerprogressionen, kann sich die Vorteilhaftigkeit jedoch umkehren.

Die Thesaurierungsbelastung ist jedoch bei Kapitalgesellschaften sogar bei einem relativ niedrigen persönlichen Einkommensteuersatz der Gesellschafter der Personenunternehmung von 35 % wesentlich geringer als die Regelbesteuerung der Personenunternehmung.[73] Erst bei sehr niedrigen Einkommensteuerprogressionen nähert sich die reguläre Ertragsteuerbelastung von Einzelunternehmungen und Personengesellschaften derjenigen von Kapitalgesellschaften an.

Insgesamt stimmt die ertragsteuerliche Belastung von Personenunternehmungen und Kapitalgesellschaften nur in Ausnahmefällen überein. Die Vorteilhaftigkeit einer Rechtsform unter Berücksichtigung gewerbesteuerlicher Effekte kann daher nur für den Einzelfall entschieden werden und bedarf einer Steuerbelastungsanalyse.

3.1.4 Die Abgeltungssteuer oder das Teileinkünfteverfahren

Seit dem Veranlagungszeitraum 2009 ist für private Kapitaleinkünfte die Abgeltungssteuer anzuwenden.[74] Hierbei unterliegen die Gewinne von Kapitalgesellschaften auf Gesellschaftsebene zunächst der Gewerbesteuer und dem definitiven Körperschaftsteuersatz in Höhe von 15 %. Die privaten Kapitaleinkünfte aus der Beteiligung an einer Kapitalgesellschaft unterliegen dann grds. einem einheitlichen Steuersatz von 25 % zuzüglich Solidaritätszuschlag. Die mit den Kapitaleinkünften zusammenhängenden Werbungskosten sind im Allgemeinen nicht mehr steuerlich abziehbar.

72 Vgl. zu einem entsprechenden Ergebnis z. B. auch Jorde/Götz (2008), S. 1033.

73 Dies gilt nicht, wenn die Thesaurierungsbegünstigung gemäß § 34a EStG gewählt wird und die Erträge dauerhaft thesauriert werden.

74 Vgl. dazu auch das Anwendungsschreiben zur Abgeltungssteuer, BMF-Schreiben vom 22. 12. 2009, BStBl. 2010 I, S. 94, sowie BMF-Schreiben vom 16. 11. 2010, BStBl. 2010 I, S. 1305, das sich mit Einzelfragen zur Abgeltungssteuer auseinandersetzt und zuletzt durch das BMF-Schreiben vom 9. 10. 2012, BStBl. 2012 I, S. 953, ergänzt wurde. Vgl. etwa auch Spieker (2012), 2836-2841.

Davon abweichend besteht jedoch auch bei einem Anteilsbesitz im Privatvermögen im Rahmen der Dividendenbesteuerung die Möglichkeit der Beantragung auf Besteuerung gemäß dem Teileinkünfteverfahren (§ 3 Nr. 40 EStG) für Steuerpflichtige, die zu mindestens 25 % an der Kapitalgesellschaft beteiligt sind oder eine Beteiligung von mindestens 1 % halten und beruflich für die Gesellschaft tätig sind (§ 32d Abs. 2 Nr. 3 EStG). Ausgeschüttete Gewinnanteile werden in diesem Fall auf Ebene der Anteilseigner als so genannte Teileinkünfte gemäß § 3 Nr. 40 Buchst. d EStG nur zu 60 % in die einkommensteuerliche Bemessungsgrundlage einbezogen. Korrespondierend zur 60 %igen Steuerpflicht der Gewinnausschüttungen sind auch nur 60 % der im Zusammenhang mit den Teileinkünften entstandenen Ausgaben (Werbungskosten) gemäß § 3c EStG abziehbar.

Gehört die Beteiligung an der Kapitalgesellschaft zu einem Betriebsvermögen, so sind die Kapitaleinkünfte den Gewinneinkünften zuzurechnen (§ 20 Abs. 8 EStG). Dividendenzahlungen sind in diesem Fall stets als Teileinkünfte zu 60 % steuerpflichtig. Korrespondierend sind 60 % der mit den Ausschüttungen zusammenhängenden Betriebsausgaben steuerlich abziehbar (§ 3c Abs. 2 EStG).

Nachfolgend wird das System der Abgeltungssteuer mit dem des Teileinkünfteverfahrens verglichen (Abbildung 4).

ABB. 4: Abgeltungssteuer versus Teileinkünfteverfahren

			Abgeltungs-steuer	Teileinkünfte-verfahren			
		ESt-Satz		**30 %**	**35 %**	**40 %**	**45 %**
(1)		Gewinn	100,00	100,00	100,00	100,00	100,00
(2)	(1) · Steuersatz	- GewSt (Hebesatz = 400 %)	14,00	14,00	14,00	14,00	14,00
(3)	(1) · 0,15 bzw. [(1) - (2)] · 0,25	- KSt	15,00	15,00	15,00	15,00	15,00
(4)	(3) · 0,055	- SolZ	0,82	0,82	0,82	0,82	0,82
(5)	(1) - (2) - (3) - (4)	verbleiben	70,18	70,18	70,18	70,18	70,18
(6)	(5) bzw. (5) · 0,6 bzw. (5) · 0,5	davon stpfl.	70,18	42,10	42,10	42,10	42,10
(7)	(6) · 0,25 bzw. (6) · Steuersatz	- tarifliche / festzusetzende ESt	17,54	12,63	14,73	16,84	18,94
(8)	(7) · 0,055	- SolZ	0,96	0,69	0,81	0,92	1,04
(9)	(5) - (7) - (8)	Nettoeinkünfte	51,68	56,86	54,64	52,42	50,20

Vernachlässigt man tatsächliche Werbungskosten und den Sparer-Pauschbetrag (Abbildung 4), ergibt sich für Beteiligungen im Privatvermögen bei den Anteilseignern zumeist eine relative Besserstellung durch das Teileinkünfteverfahren im Vergleich zur Abgeltungssteuer.[75]

75 Bei dieser Aussage ist jedoch die Antragsveranlagung für Kapitaleinkünfte zu beachten. Danach findet der persönliche Einkommensteuersatz auch unter der Abgeltungssteuer Anwendung, wenn er unter 25 % liegt.

Lediglich bei besonders hoher Einkommensteuerprogression kann die abgeltende Besteuerung zu höheren Nettoeinkünften des Gesellschafters führen. Der kritische Einkommensteuersatz, bei dem eine Indifferenz zwischen den beiden Verfahren besteht, beträgt 41,66 %.[76] Bei Einkommensteuersätzen unterhalb dieses Grenzwertes sollten die in § 32d Abs. 2 Nr. 3 Buchst. a und b EStG genannten Steuerpflichtigen folglich für das Teileinkünfteverfahren optieren et vice versa.[77]

3.1.5 Die Veräußerungsgewinnbesteuerung

Auch die Besteuerung von Gewinnen aus der Veräußerung von Unternehmensbeteiligungen ist bei Beteiligungen an Kapital- und Personengesellschaften jeweils unterschiedlich ausgestaltet. Nachfolgend wird deutlich, dass sowohl unterschiedliche steuerpflichtige Veräußerungsgewinne (Bemessungsgrundlagen) als auch unterschiedliche Steuersätze (Tarife) Anwendung finden.

Die Veräußerung von Mitunternehmeranteilen regelt § 16 EStG. Danach gehören Gewinne aus der Veräußerung von Anteilen an Personengesellschaften zu den Einkünften aus Gewerbebetrieb und sind grds. in vollem Umfang einkommensteuerpflichtig. Gleichzeitig sind die Gewinne, die eine natürliche Person als unmittelbar beteiligter Mitunternehmer aus dem Verkauf des Anteils erzielt, von der Gewerbesteuer freigestellt.[78] Der Veräußerungsgewinn ergibt sich als Differenz aus dem Veräußerungspreis abzüglich der Veräußerungskosten und dem steuerlichen Kapitalkonto des veräußernden Mitunternehmers.[79] Die einkommensteuerlichen Konsequenzen hängen davon ab, ob die Veräußerung zum Buchwert, unter oder über dem Buchwert des steuerlichen Kapitalkontos durchgeführt wird. Das Kapitalkonto ergibt sich grds. aus Gesamthands-, Ergänzungs- und Sonderbilanz. Es ist regelmäßig um den Anteil am laufenden Gewinn zu erhöhen und um den Anteil am laufenden Verlust zu mindern.[80]

Konzentriert man sich auf einen möglichen Veräußerungsgewinn, so beruht dieser auf der (anteiligen) Realisierung der in den bilanzierten Wirtschaftsgütern enthaltenen stillen Reserven und auf einem eventuell vorhandenen Geschäftswert. Bei der Berechnung des Veräußerungsgewinns werden im Gegensatz zu einer Beteiligung i. S. v. § 17 EStG nicht die Anschaffungskosten, sondern der Wert des anteiligen Betriebsvermögens zugrunde gelegt (§ 16 Abs. 2 Satz 1 EStG). Der resultierende Veräußerungsgewinn ist unter bestimmten Voraussetzungen durch die Regelungen der §§ 16 Abs. 4 und 34 EStG begünstigt.[81,82]

---

76 Vgl. Knief/Nienaber (2007), S. 1309.

77 Vgl. Knief/Nienaber (2007), S. 1309.

78 Vgl. § 7 Satz 2 GewStG. Vgl. bei Verkäufen durch Kapital- oder Personengesellschaften Kutt/Möllmann (2010), S. 1662-1669, sowie BFH, 22. 7. 2010, IV R 29/07, BStBl. 2010 II, S. 333.

79 Vgl. Driesch in Lange (2012), Rz. 4681.

80 Des Weiteren ist von Bedeutung, ob das Sonderbetriebsvermögen ebenfalls in vollem Umfang mitveräußert wird.

81 Vgl. hierzu auch stellvertretend Rödder/Schumacher (2000), S. 1457 f. Zur Vorteilhaftigkeit der Anwendung der Begünstigung durch die Fünftelungsregelung gemäß § 34 Abs. 1 EStG versus der Anwendung des ermäßigten Steuersatzes gem. § 34 Abs. 3 EStG vgl. etwa stellvertretend Kroschel/Wellisch (1998), S. 2550 ff.; Henning/Hundsdoerfer/Schult (1999), S. 131 ff.; Freyer/Schult (2001), S. 455 ff.

82 Zum Zusammenwirken von § 34 und dem progressiven Einkommensteuertarif vgl. auch Diller (2006), Houben (2006) sowie Hechtner/Siegel (2010).

Der Gewinn, der bei einem lediglich anteiligen Verkauf eines Mitunternehmeranteils erzielt wird, gilt als laufender Gewinn aus Gewerbebetrieb.[83] Aufwendungen im Zusammenhang mit einer Anteilsveräußerung sind als Betriebsausgaben abziehbar. Des Weiteren kann der Erwerber von Anteilen an Personengesellschaften – im Gegensatz zu einem Erwerber von Kapitalgesellschaftsanteilen – die Anschaffungskosten auf die erworbenen Wirtschaftsgüter verteilen und über die Nutzungsdauer abschreiben.[84]

Für Anteile an Kapitalgesellschaften, die nach dem 31.12.2008 erworben wurden, sind Wertzuwächse umfassend steuerlich zu erfassen. Jeder Veräußerungsgewinn aus der Veräußerung von Kapitalgesellschaftsanteilen unter einer Beteiligungsquote von 1 % wird, unabhängig von einer etwaigen Haltefrist, der Abgeltungssteuer unterworfen (§ 20 Abs. 2 Satz 1 Nr. 1 i.V.m. § 32d Abs. 1 EStG).[85] Wie auch bei laufenden Dividendenerträgen hat der Steuerpflichtige jedoch unter bestimmten Voraussetzungen ein Wahlrecht, die Veräußerungsgewinne zu veranlagen. Letztere ermitteln sich als Saldo der Einnahmen aus der Veräußerung abzüglich der Anschaffungskosten sowie der unmittelbar mit dem Veräußerungsvorgang zusammenhängenden Aufwendungen (§ 20 Abs. 4 Satz 1 EStG).[86] Hier wird somit, im Gegensatz zu einer Mitunternehmerbeteiligung, nicht auf den Wert des (anteiligen) (Betriebs-) Vermögens, sondern auf die historischen Anschaffungskosten abgestellt.

Bei einer Beteiligungshöhe von mindestens 1 % innerhalb der letzten fünf Jahre vor Veräußerung sind die Veräußerungsgewinne gemäß dem Teileinkünfteverfahren zu 60 % einkommensteuerpflichtig (§ 17 EStG i.V.m. § 3 Nr. 40 Buchst. c EStG).[87] Entsprechendes gilt unabhängig von der Beteiligungshöhe für Veräußerungsgewinne von im Betriebsvermögen natürlicher Personen gehaltener Anteile an Kapitalgesellschaften (§ 15 EStG). Der Veräußerungsgewinn ergibt sich auch hier unter Berücksichtigung der Veräußerungskosten aus der Differenz zwischen Veräußerungspreis und (historischen) Anschaffungskosten der Beteiligung (§ 17 Abs. 2 Satz 1 EStG). Eine ertragsteuerliche Berücksichtigung von Wertänderungen der Beteiligung erfolgt damit erst zu dem Zeitpunkt der tatsächlichen Veräußerung der Beteiligung. Somit erhöht beispielsweise die laufende Thesaurierung von Gewinnen einen später beim Verkauf der Anteile resultierenden Veräußerungsgewinn. Bei Anwendung des Teileinkünfteverfahrens gilt für die Ermittlung der einkommensteuerlichen Bemessungsgrundlage, dass der Veräußerungspreis, aber auch die Anschaffungskosten und die mit der Veräußerung zusammenhängenden Aufwendungen lediglich zu 60 % in die Bemessungsgrundlage eingehen. Der Abzug von Veräußerungsaufwendungen ist insoweit begrenzt. Analog zur Freibetragsregelung des § 16 Abs. 4 EStG gewährt § 17 Abs. 3 EStG eine sachliche Steuerbefreiung.

83 Vgl. § 16 Abs. 1 Satz 2 EStG. Zur gewerbesteuerlichen Behandlung der Teilveräußerung vgl. Neyer (2005), S. 577 ff.

84 Vgl. Frye (2008), S. 94.

85 Für Analysen der Wirkungen der Abgeltungssteuer auf Beteiligungsinvestitionen vgl. Wagner (1999, 2000); Fehr/Wiegard (2004); Kiesewetter/Lachmund (2004); Homburg (2007); Homburg/Houben/Maiterth (2007); Watrin/Benhof (2007); Wiegard (2007); Gratz (2008); Lüking/Schanz/Knirsch (2008); Spengel/Ernst (2008); Halberstadt/Sureth/Voß (2009); Hechtner/Hundsdoerfer (2009); Jacob (2009); Sureth (2010); Niemann/Sureth (2011); Hegemann (2012).

86 In den Fällen des § 20 Abs. 2 EStG werden Veräußerungskosten also auch zukünftig berücksichtigt, vgl. BT-Drucks. 16/4841 vom 27. 3. 2007, S. 57.

87 Vgl. hierzu auch Kolbe (2011); BFH, 6. 4. 2011, IX R 61/10, BStBl. 2012 II, S. 8; BFH, 6. 4. 2011, IX R 40/10, BStBl. 2011 II, S. 785.

Die Unterschiede in der Besteuerung der Veräußerungsgewinne aus Anteilen an einer Personengesellschaft und einer Kapitalgesellschaft veranschaulicht Abbildung 5.[88]

ABB. 5: Veräußerungsgewinn bei der Veräußerung von Anteilen an Personengesellschaften im Vergleich zu Kapitalgesellschaftsanteilen

Anteile an Personengesellschaften	Anteile an Kapitalgesellschaften im Privatvermögen	Anteile an Kapitalgesellschaften im Betriebsvermögen bzw. i. S. v. § 17 EStG
§ 16 Abs. 2 EStG	**Abgeltungssteuer**	**Teileinkünfteverfahren**
Veräußerungspreis (beinhaltet eine Vergütung für im Betriebsvermögen enthaltene anteilige ► stille Reserven und ► einen Geschäfts- oder Firmenwert)	Veräußerungspreis (beinhaltet eine Vergütung für im Betriebsvermögen enthaltene anteilige ► thesaurierte Gewinne ► stille Reserven und ► einen Geschäfts- oder Firmenwert)	Veräußerungspreis (beinhaltet eine Vergütung für im Betriebsvermögen enthaltene anteilige ► thesaurierte Gewinne ► stille Reserven und ► einen Geschäfts- oder Firmenwert)
		./. 40 % des Veräußerungspreises gem. § 3 Nr. 40c EStG
./. Veräußerungskosten	./. Veräußerungskosten	./. Veräußerungskosten
		+ 40 % der Veräußerungskosten gem. § 3c Abs. 2 EStG
./. anteiliges Betriebsvermögen (enthält seit der Anschaffung einbehaltene Gewinnanteile)	./. historische Anschaffungskosten (enthält keine seit der Anschaffung einbehaltenen Gewinnanteile)	./. historische Anschaffungskosten (enthält keine seit der Anschaffung einbehaltenen Gewinnanteile)
		+ 40 % der Anschaffungskosten gem. § 3c Abs. 2 EStG
= Veräußerungsgewinn ggf. abzgl. Freibetrag gem. § 16 Abs. 4 EStG = steuerpflichtiger Veräußerungsgewinn	= Veräußerungsgewinn = steuerpflichtiger Veräußerungsgewinn	= Veräußerungsgewinn ggf. abzgl. Freibetrag gem. § 17 Abs. 3 EStG (nicht anzuwenden bei Beteiligungen, die in einem Betriebsvermögen gehalten werden) = steuerpflichtiger Veräußerungsgewinn

88 Vgl. zu den Belastungsunterschieden in Folge der divergierenden Bemessungsgrundlagendefinitionen Sureth (2003).

Der Gewinn, den eine Kapitalgesellschaft aus der Veräußerung einer Beteiligung an einer anderen Kapitalgesellschaft erhält, ist unverändert steuerbefreit (§ 8b Abs. 2 KStG).[89] Dies gilt auch für die Veräußerung von Streubesitzanteilen innerhalb des körperschaftlichen Sektors.

3.1.6 Die Erhebung der Abgeltungssteuer (Kapitalertragsteuerabzug)

Kapitaleinkünfte sind grds. einkommensteuerpflichtig. Sie unterliegen unter bestimmten Bedingungen dem Kapitalertragsteuerabzug gemäß § 43 EStG. Die Kapitalertragsteuer ist eine besondere Erhebungsform der Einkommensteuer bzw. der Abgeltungssteuer. Auch ausländische Kapitalerträge unterliegen unter bestimmten Voraussetzungen dem Kapitalertragsteuerabzug nach § 43 Abs. 1 Nr. 6 EStG.

Mit dem Kapitalertragsteuerabzug bezeichnet man die Erhebung der Einkommensteuer bzw. der Abgeltungssteuer direkt an der Quelle bzw. unmittelbar bei Zahlung des Kapitalertrages. Die Kapitalertragsteuer wird unabhängig von der Identität des Anteilseigners erhoben. Sie hat in bestimmten, im Folgenden näher erläuterten Fällen Abgeltungscharakter. Es handelt sich somit um eine Erhebungsform der Abgeltungssteuer. Für Kapitalerträge, die dem Kapitalertragsteuerabzug unterliegen, ist die Einkommensteuer bzw. die Abgeltungssteuer i. d. R. abgegolten (§ 43 Abs. 5 Satz 1 EStG).[90]

Die Steuerabzugspflicht für Gewinnausschüttungen einer inländischen Kapitalgesellschaft in Form einer GmbH mit Geschäftsleitung oder Sitz im Inland ist beispielsweise in § 43 Abs. 1 Satz 1 Nr. 1 EStG geregelt. Hiernach unterliegen sowohl die offene als auch die verdeckte Gewinnausschüttung einer GmbH als Einkünfte i. S. d. § 20 Abs. 1 Nr. 1 Satz 1 und Satz 2 EStG dem Kapitalertragsteuerabzug. Auch Zuflüsse i. S. d. § 20 Abs. 1 Nr. 2 EStG, die nach der Auflösung oder durch Kapitalherabsetzung bei einer unbeschränkt steuerpflichtigen GmbH anfallen und die nicht in der Rückzahlung von Nennkapital bestehen und die nach § 28 KStG als Gewinnausschüttung gelten, unterliegen dem Steuerabzug.[91] Für die Kapitalertragsteuer-abzugspflicht auf Ebene der GmbH ist es unerheblich, ob der Empfänger (Gläubiger) der Gewinnausschüttung über § 20 Abs. 8 EStG Gewinneinkünfte oder Einkünfte aus einer anderen Einkunftsart erzielt (§ 43 Abs. 4 EStG).

Die abzuführende Kapitalertragsteuer beträgt gemäß § 43a Abs. 1 Satz 1 Nr. 1 EStG 25 % des vollen Kapitalertrags.[92,93] Eine etwaige Besteuerung, z. B. mit dem Teileinkünfteverfahren nach § 3

89 Dabei gelten allerdings 5 % der Veräußerungsgewinne als nicht abziehbare Betriebsausgabe (§ 8b Abs. 3 KStG).

90 Vgl. hierzu ausführlich z. B. Ashauer-Moll/Rösch (2008), S. 94-125; Rhodius/Lofing (2012), S. 15-37. Für bestimmte Kapitalerträge, die nicht der Abgeltungssteuer unterliegen, wird der Steuerabzug im Rahmen der Ermittlung der zu entrichtenden Einkommensteuer angerechnet. Diese Kapitalerträge stehen allerdings nicht im Fokus dieses Kapitels.

91 Vgl. Lindberg in Blümich (2012), § 43 EStG, Tz. 21.

92 Soweit Kirchensteuerpflicht besteht, ermäßigt sich die Kapitalertragsteuer um 25 % der auf die Kapitalerträge entfallenden Kirchensteuer.

93 Unter bestimmten Voraussetzungen können auf Antrag Anteile einer Muttergesellschaft, die weder ihren Sitz noch ihre Geschäftsleitung im Inland hat, oder eine dieser Muttergesellschaft zugehörige, in einem anderen Mitgliedstaat der EU gelegenen Betriebsstätte, nach § 43b EStG vom Kapitalertragsteuerabzug befreit werden.

Nr. 40 EStG, auf Ebene des Gesellschafters ist für die GmbH ohne Bedeutung. Die abzuführende Kapitalertragsteuer ist auf den nächsten vollen Euro-Betrag abzurunden (§ 44 Abs. 1 Satz 6 EStG).[94]

Der Schuldner der Kapitalertragsteuer ist zwar gemäß § 44 Abs. 1 Satz 1 EStG der GmbH-Gesellschafter als Gläubiger der Kapitalerträge, aber die GmbH hat als Schuldner der Kapitalerträge, den Steuerabzug für Rechnung des Gesellschafters vorzunehmen (§ 44 Abs. 1 Satz 3 EStG).

Die Kapitalertragsteuer entsteht in dem Zeitpunkt, in dem die Kapitalerträge dem Gläubiger zufließen (vgl. § 44 Abs. 1 Satz 2 EStG). Dabei kommt es gemäß § 44 Abs. 2 Satz 1 EStG für Gewinnanteile nicht auf die tatsächliche Auszahlung an, sondern als Zuflusszeitpunkt gilt der Tag, der im Beschluss über die Gewinnverteilung als Auszahlungstag bestimmt worden ist. Das Zuflussprinzip des § 11 EStG wird somit durchbrochen.

Die Bestimmung des Zuflusszeitpunktes ist nur bei verdeckten Gewinnausschüttungen problematisch. Normalerweise werden sie erst nach dem eigentlichen Zufluss der Erträge durch eine Betriebsprüfung festgestellt, so dass zu prüfen ist, ob eine nachträgliche Erhebung von Kapitalertragsteuer nötig ist. Mit Schreiben vom 7. November 2007 hat die OFD Münster klargestellt, dass in den Fällen von einer Nacherhebung von Kapitalertragsteuer abgesehen werden kann, in denen eine Versteuerung im Inland durch Veranlagung der Gesellschafter zweifelsfrei sichergestellt ist.[95]

Die GmbH hat eine Anmeldung der abzuführenden KapESt mittels amtlichem Vordruck vorzunehmen (§ 45a Abs. 1 Satz 1 EStG). Die Kapitalertragsteueranmeldung ist von der GmbH an das Finanzamt zu übermitteln, das auch für deren Einkommensbesteuerung zuständig ist.[96] Gemäß § 45d EStG muss außerdem innerhalb einer gesetzlichen Frist eine Mitteilung an das Bundeszentralamt für Steuern über bestimmte persönliche Daten des Gläubigers der Kapitalerträge erfolgen. Die GmbH ist gemäß § 45a Abs. 2 Satz 1 EStG verpflichtet, dem Gläubiger auf dessen Verlangen eine Bescheinigung über die einbehaltene Kapitalertragsteuer nach amtlichen Vordruck auszustellen.[97]

Sonderregelungen, wie die Abstandnahme vom Steuerabzug gemäß § 44a EStG finden für die Besteuerung von Gewinnausschüttungen einer unbeschränkt steuerpflichtigen GmbH i. d. R. keine Anwendung. GmbH-Gesellschafter können jedoch unter den persönlichen und sachlichen Voraussetzungen des § 44b EStG einen Antrag auf Erstattung der einbehaltenen Kapitalertragsteuer stellen. Als Beispiel ist hier das Vorliegen einer Nichtveranlagungs-Bescheinigung des Gläubigers zu nennen.[98] Die Erstattung erfolgt durch das Bundeszentralamt für Steuern an den Gläubiger.

Bei Anteilseignern, die ihre Beteiligung im Privatvermögen halten, entfaltet die Kapitalertragsteuer gemäß § 43 Abs. 5 EStG abgeltende Wirkung. Ansonsten wird die Kapitalertragsteuer bei

94 Vgl. Lindberg in Blümich (2012), § 43a EStG, Tz. 21.

95 Vgl. OFD Münster, 7. 11. 2007, FR 2007, S. 47.

96 Vgl. Lindberg in Blümich (2012), § 44 EStG, Tz. 20.

97 Vgl. auch BMF v. 20. 12. 2012, Aktenzeichen IV C 1 - S 2401/08/10001 :008; 2012/1149905; Rz. 37 bis 47, BStBl. 2013 I, S. 36.

98 Vgl. Lindberg in Blümich (2012), § 44b EStG, Tz. 8.

Vorliegen der Bescheinigungen bei der Veranlagung gemäß § 36 Abs. 2 Nr. 2 EStG auf die tarifliche Einkommensteuerlast angerechnet.

Auch die steuerpflichtige Veräußerung von Anteilen an einer GmbH i. S. d. § 20 Abs. 2 Nr. 1 EStG unterliegt grds. der Kapitalertragsteuerpflicht nach § 43 Abs. 1 Satz 1 Nr. 9 EStG.

Die Beurteilung des Kapitalertragsteuerabzuges hängt von der Identität des Veräußerers als Gläubiger der Kapitalerträge ab. Sofern der Anteilseigner, der seinen GmbH-Anteil veräußert, eine unbeschränkt steuerpflichtige Körperschaft ist oder die Einnahmen aus der Veräußerung als Betriebseinnahmen eines inländischen Betriebes zu behandeln sind und dies nach amtlichem Vordruck nachgewiesen wird, ist der Steuerabzug gemäß § 43 Abs. 2 Satz 3 Nr. 1 und 2 EStG nicht vorzunehmen.[99] Ein Abzug vom Kapitalertrag kommt folglich nur bei Personen in Betracht, die ihre GmbH-Beteiligung aus dem Privatvermögen veräußern.[100] Die Höhe der Beteiligungsquote ist über § 20 Abs. 2 Nr. 1 i. V. m. § 20 Abs. 8 EStG dem Grunde nach unerheblich, denn die Kapitalertragsteuerpflicht wird gemäß § 43 Abs. 1 Nr. 9 i. V. m § 43 Abs. 4 EStG nicht dadurch beeinträchtigt, dass der Veräußerungsgewinn zu den Einkünften aus Gewerbebetrieb nach § 17 EStG gehört.[101]

Auch im Fall der Veräußerung von Anteilen an Kapitalgesellschaften beträgt die Kapitalertragsteuer gemäß § 43a Abs. 1 Satz 1 Nr. 1 EStG grds. 25 % des vollen Kapitalertrags.

Die Entrichtung der Kapitalertragsteuer in den Fällen des § 43 Abs. 1 Nr. 9 EStG setzt gemäß § 44 Abs. 1 Satz 3 EStG eine auszahlende Stelle voraus, die den Steuerabzug vorzunehmen hat. Bei im Depot verwahrten Aktien ist dies das inländische Kreditinstitut bzw. Finanzdienstleistungsinstitut (§ 44 Abs. 1 Satz 4 Nr. 1 Buchst. a EStG).

GmbH-Beteiligungen werden jedoch aufgrund ihrer eingeschränkten Verkehrsfähigkeit (zwingende notarielle Beurkundung des Verkaufs) i. d. R. nicht bei Kreditinstituten gehandelt. Mangels auszahlender Stelle unterbleibt ein Abzug von Kapitalertragsteuer. Nach § 44 Abs. 1 Satz 1 EStG ist dann der Gläubiger der Kapitalerträge, also der Veräußerer selbst, zum Steuerabzug verpflichtet. Der Erwerber des GmbH-Anteils haftet als Schuldner der Kapitalerträge hier nicht für die Kapitalertragsteuer, da er nicht zum Steuerabzug verpflichtet ist. Damit wird nach § 44 Abs. 5 Satz 2 EStG auch der Gläubiger nicht zur Haftung herangezogen.[102] Folglich wird i. d. R. Kapitalertragsteuer bei Veräußerungen von GmbH-Beteiligungen, die im Privatvermögen gehalten werden, nicht entrichtet.

99 Vgl. auch Heß in Beck'sches Steuer- und Bilanzrechtslexikon (2013), Abgeltungssteuer, Rn. 12.

100 Vgl. OFD Münster, 17. 11. 2008, BeckVerw 150948 NRW, Anlage 3.

101 Kapitalertragsteuerpflicht von Einkünften i. S. d. § 17 EStG ist zu folgern auch aus Oepen in Lüdicke/Sistermann (2008), zu § 14 Unternehmensverkauf/Gesellschafterwechsel, Rz. 90 und Rz. 110.

102 Vgl. Lindberg in Blümich (2012), zu § 43 EStG, Rz. 109.

3.1.7 Die Berücksichtigung von Verlusten

Da die (Mit-)Unternehmer einer Personenunternehmung i. d. R. natürliche Personen sind und somit häufig auch noch Einkünfte aus anderen Quellen beziehen, stehen ihnen gegebenenfalls umfangreichere Verlustverrechnungsmöglichkeiten als Kapitalgesellschaften offen.

Verluste aus der gewerblichen Tätigkeit können bei Personengesellschaften und einzelkaufmännischen Unternehmungen sowohl durch einen horizontalen als auch durch einen vertikalen Verlustausgleich bei jedem Mitunternehmer bezüglich dessen Verlustanteil verrechnet werden.[103] Sind die Möglichkeiten des horizontalen und vertikalen Verlustausgleichs erschöpft, kann der Verlust nach § 10d EStG rück- bzw. vorgetragen werden. Der Verlustrücktrag ist dabei zeitlich auf den unmittelbar vorangegangenen Veranlagungszeitraum und betraglich auf 1.000.000 € bei Einzelveranlagung bzw. 2.000.000 € bei zusammenveranlagten Ehegatten beschränkt.[104] Der Verlustvortrag kann ohne temporäre Begrenzung und bis zu einem Sockelbetrag von 1.000.000 € bei Einzel- und 2.000.000 € bei Zusammenveranlagung unbeschränkt vorgenommen werden. Darüber hinaus dürfen Verluste in Höhe von 60 % des den Sockelbetrag übersteigenden Gesamtbetrags der Einkünfte steuerlich geltend gemacht werden.[105] Verluste, die auf einen beschränkt haftenden Mitunternehmer, z. B. auf den Kommanditisten einer KG, entfallen, können des Weiteren jedoch nur insoweit abgezogen werden, als kein negatives Kapitalkonto entsteht (§ 15a EStG).[106] Zu beachten ist weiter die Vorschrift des § 15 Abs. 4 EStG bei Verlusten aus gewerblicher Tierzucht.

Kapitalgesellschaften erzielen gemäß § 8 Abs. 2 KStG ausschließlich Einkünfte aus Gewerbebetrieb. Somit steht hier lediglich der Verlustabzug nach § 10d EStG i.V.m. § 8 Abs. 1 Satz 1 KStG zur Verfügung. Entstehen in einer Kapitalgesellschaft Verluste, so können diese nicht ertragsteuermindernd auf Ebene der Anteilseigner verrechnet werden.[107] Die sofortige Verlustausgleichsmöglichkeit im Fall von Personenunternehmungen stellt demgegenüber einen Liquiditätsvorteil dar. Den Anteilseignern einer Kapitalgesellschaft bleibt lediglich die Möglichkeit, Verluste dadurch zu verhindern bzw. zu verringern, dass Leistungsvergütungen an Gesellschafter nur noch in minimaler Höhe gezahlt werden oder aber erfolgsabhängige Leistungsvergütungen vereinbart werden. Hierbei ist jedoch darauf zu achten, dass die Angemessenheitsgrenzen, die die Finanzbehörden anlegen, eingehalten werden. Zu geringe Leistungsvergütungen werden allerdings nicht beanstandet.

Eine Ausnahme besteht für den Fall, dass der oder die Anteilseigner die Anteile an der Kapitalgesellschaft im Betriebsvermögen halten. Hier kann die Isolierung der Verluste in der Kapitalgesellschaft unter bestimmten Umständen durchbrochen werden. Im Fall lang anhaltender Ver-

103 Ausnahmen sind z. B. durch die §§ 2a, 15 Abs. 4 und 15a EStG geregelt. Vgl. im Einzelnen auch Dreyer in Littmann/Bitz/Pust (2012), § 2a, Rz. 12-199; Bitz in Littmann/Bitz/Pust (2012), § 15, Rz. 181-183.

104 Vgl. Gesetz zur Änderung und Vereinfachung der Unternehmensbesteuerung und des steuerlichen Reisekostenrechts, 20. 2. 2013, BGBl. 2013 I, S. 285.

105 Der BFH hat sich mit der Frage nach einer etwaigen Verfassungswidrigkeit der Mindestbesteuerung befasst und diese schließlich verneint, vgl. BFH, 22. 8. 2012, I R 9/11, DStR, S. 2435-2439. Vgl. dazu auch kritisch Bareis (2013), S. 144-148.

106 Vgl. zur steuerlichen Verlustnutzung in Personengesellschaften Kopplin/Maßbaum/Sureth (2010); Sureth/Kopplin (2010). Zum Zusammenspiel von steuerlicher Gewinnermittlung und Verlustverrechnung vgl. Hundsdoerfer/Hechtner (2010).

107 Eine Ausnahme davon bildet die Organschaft nach § 14 KStG. Zu beachten ist außerdem die Beschränkung der Verlustvortragsnutzung gem. § 8c KStG. Vgl. dazu Neyer (2008); Jacob/Pasedag (2009); Cortez/Brucker (2010); Sureth/Vollert (2010).

luste kann bei den Anteilseignern eine Teilwertabschreibung auf den Beteiligungsbuchwert vorgenommen werden. Zu beachten ist aber, dass die Teilwertabschreibung die einkommensteuerliche Bemessungsgrundlage gemäß § 3c Abs. 2 EStG nur zu 60 % mindern darf.

Für gewerbesteuerliche Verluste gibt es sowohl für Personenunternehmungen als auch für Kapitalgesellschaften lediglich die Möglichkeit, diese Verluste gemäß § 10a GewStG vorzutragen.[108] Eine Rücktragsmöglichkeit sieht das Gewerbesteuergesetz nicht vor.

Hinzuweisen ist ferner auf die Verrechnungsmöglichkeiten bei Veräußerungsverlusten. Verluste aus der Veräußerung von Anteilen an Kapitalgesellschaften dürfen lediglich mit positiven Einkünften aus Kapitalvermögen ausgeglichen werden; ein vertikaler Verlustausgleich sowie ein Verlustrücktrag nach § 10d EStG sind ausgeschlossen (§ 20 Abs. 6 Satz 2 und 3 EStG). Ein Verlustvortrag und -ausgleich mit Einkünften aus Kapitalvermögen ist jedoch möglich. Sowohl für den innerperiodischen als auch den interperiodischen Verlustausgleich ist jedoch zu beachten, dass für Verluste aus Aktienveräußerungen die Bildung einer gesonderten Schedule vorgeschrieben ist (§ 20 Abs. 6 Satz 5 EStG).[109]

Ein Verlust aus der Veräußerung von Beteiligungen an Personengesellschaften ist uneingeschränkt mit anderen Einkünften verrechenbar. Bei einem der Höhe nach gleichen Verlust aus dem Verkauf der Beteiligung kann dem Anteilseigner einer Kapitalgesellschaft im Vergleich zum Mitunternehmer daher ein Progressions- und Liquiditätsnachteil entstehen.

3.2 Die Substanzbesteuerung

Da aufgrund der Entscheidung des Bundesverfassungsgerichtes[110] und einer fehlenden gesetzlichen Regelung seit dem 1. 1. 1997 keine Veranlagungen zur Vermögensteuer mehr vorgenommen werden, erübrigen sich insoweit Ausführungen zur Vermögensteuer, der bis dahin bedeutendsten Substanzsteuer. Das Gleiche gilt für die Gewerbekapitalsteuer, die zum 1. 1. 1998 abgeschafft wurde.[111]

Bei Personenunternehmungen und Kapitalgesellschaften, die keine Publikumsgesellschaften sind, kann die Erbschaftsteuer eine Rolle spielen. Unterschiede in der Bemessungsgrundlage wirken sich hier durch den progressiven Erbschaftsteuertarif unter Umständen besonders stark aus. Diese Nachteile werden allerdings durch Sonderregelungen zu Entlastung von übertragenem Unternehmensvermögen unter bestimmten Bedingungen reduziert.[112] Die im Erbschaftsteuerrecht verankerte zunehmende Progression bei abnehmendem Verwandtschaftsgrad wird zudem für vererbtes Betriebsvermögen sowie für vererbte Anteile an Kapitalgesellschaften ausgeblendet.

108 Hinsichtlich der Voraussetzungen für die Nutzung des gewerbesteuerlichen Verlustvortrages bei Personengesellschaften vgl. Driesch in Lange (2012), Rz. 4576 ff. Die Nutzung eines gewerbesteuerlichen Verlustvortrages bei einer Mitunternehmerschaft verlangt Unternehmens- sowie Unternehmeridentität. Bei fehlender Unternehmeridentität entfällt ein gewerbesteuerlicher Verlustvortrag. Vgl. BFH, 11. 10. 2012, IV R 3/09, DB 2013, S. 32.

109 Vgl. Korn (2009), S. 2509-2513.

110 Vgl. BVerfG, 22. 6. 1995, BStBl. 1995 II, S. 655; BVerfG, 22. 6. 1995, BStBl. 1995 II, S. 671.

111 Vgl. Gesetz zur Fortsetzung der Unternehmenssteuerreform, 29. 10. 1997, BStBl. 1997 I, S. 928.

112 Vgl. hierzu u. a. auch Houben/Maiterth (2011).

Erbschaftsteuerliche Belastungsunterschiede waren in der Vergangenheit in erster Linie auf die verschiedenen Bewertungsverfahren bei Personenunternehmungen einerseits und bei Kapitalgesellschaften andererseits zurückzuführen. Mit der jüngsten Erbschaftsteuerreform[113] wird angestrebt, eine marktnahe Bewertung aller Vermögensgegenstände durchzuführen. Erste Untersuchungen des neuen Rechts zeigen bereits, dass die verfassungsrechtlich gebotene Gleichbehandlung auch nach neuem Recht nicht erreicht wird.[114]

Bei Publikumskapitalgesellschaften ist die Erbschaftsteuer für unternehmerische Entscheidungen irrelevant, da keine Einheit zwischen betrieblicher und privater Sphäre besteht.

Als weitere Substanzsteuer ist die Grundsteuer zu erwähnen. Hier sind allerdings keine rechtsformspezifischen Unterschiede zu beachten.

Insgesamt lässt sich festhalten, dass den Substanzsteuern grds. eine eher untergeordnete Bedeutung im Zusammenhang mit Rechtsformentscheidungen zukommt.[115] Es lohnt sich oft, etwaige substanzsteuerliche Nachteile in Kauf zu nehmen, um über einen längeren Zeitraum ertragsteuerliche Vorteile nutzen zu können. Eine rechtzeitige Umwandlung[116] kann sinnvoll sein. Hierbei sind ertragsteuerliche und in erster Linie erbschaftsteuerliche Aspekte stets gegeneinander abzuwägen.

3.3 Die Beurteilung der steuerlichen Vorteilhaftigkeit

Steuerliche Vorteile der Kapitalgesellschaft:

Aus steuerlicher Sicht sprechen für die Kapitalgesellschaft das fehlende Sonderbetriebsvermögen, das heißt, die steuerliche Wirksamkeit von Verträgen zwischen der Gesellschaft und den Gesellschaftern und damit die steuerliche Relevanz von Vergütungen zwischen der Gesellschaft und den Gesellschaftern sowie das Zuflussprinzip und die insbesondere nach der Unternehmensteuerreform 2008/2009 geringe Ertragsteuerbelastung bei Thesaurierung der Gewinne. Stellen die Ausschüttungen aus der Kapitalgesellschaft bei den privaten Anteilseignern die einzigen Einkünfte aus Kapitalvermögen dar, so profitieren sie bei dieser Rechtsformalternative von der Möglichkeit der steuerlichen Nutzung des Sparer-Pauschbetrages. Entsprechendes gilt im Zusammenhang mit Gesellschafter-Geschäftsführergehältern für die steuermindernde Wirkung des Arbeitnehmer-Pauschbetrages für Einkünfte aus nichtselbständiger Arbeit.

Steuerliche Nachteile der Kapitalgesellschaft:

Nachteilig sind hingegen die begrenzte Ausnutzung geringer persönlicher Einkommensteuersätze bei den Anteilseignern wegen der relativ hohen steuerlichen Belastung durch das Teileinkünfteverfahren bzw. die Abgeltungssteuer sowie des mit letzterer verbundenen Abzugsverbots von Werbungskosten. Weitere Nachteile der Kapitalgesellschaft im Vergleich zur Personenunterneh-

113 Vgl. Gesetz zur Reform des Erbschaftsteuer- und Bewertungsrechts (Erbschaftsteuerreformgesetz – ErbStRG) vom 24. 12. 8, BGBl. 2008 I, S. 3018.

114 Vgl. Müller (2008); Dirrigl (2009); Dorfleitner/Ilmberger/Meyer-Scharenberg (2010); Wagner (2010); Müller/Sureth (2011); Spengel/Zinn (2011) sowie Müller (2013). Vgl. auch Bach/Broekelschen/Maiterth (2006); Sureth/Müller/Houben/Maiterth (2008); Maiterth/Houben/Broekelschen/Müller/Sureth (2009); Broekelschen/Maiterth (2010a); Broekelschen/Maiterth (2010b).

115 Vgl. Schult/Henning (1994), S. 405 ff.

116 Vgl. Kapitel 7.

mung sind der eingeschränkte Verlustausgleich sowie das Fehlen eines gewerbesteuerlichen Freibetrags. Die gewerbesteuerliche Belastung der Kapitalgesellschaft stellt trotz der steuerlichen Abzugsfähigkeit von Vergütungen der Gesellschaft an Gesellschafter in den meisten Fällen einen gravierenden Nachteil dar, da Kapitalgesellschaften im Gegensatz zu Personenunternehmungen keine Kompensation durch ein Pendant zur pauschalierten Gewerbesteueranrechnung von Einzelunternehmungen und Mitunternehmerschaften gemäß § 35 EStG erfahren.[117]

Die ertragsteuerliche Belastung von einzelkaufmännischen Unternehmungen bzw. Personengesellschaften und Kapitalgesellschaften stimmt nur in Ausnahmefällen überein. Da die steuerliche Gewinnermittlung bei Personenunternehmungen und Kapitalgesellschaften verschiedenen Prinzipien folgt, ist es die Regel, dass der steuerpflichtige Gewinn trotz gleichen Gewinnausweises in der Handelsbilanz zwischen den Rechtsformen abweicht. Hieran haben auch die zahlreichen Änderungen im Rahmen der letzten Unternehmensteuerreformen nichts geändert.

Ein Steuerbelastungsvergleich erleichtert im Einzelfall die Entscheidung über die Wahl der Rechtsform.[118] Hierbei muss man sich jedoch stets bewusst sein, dass die Ergebnisse einer solchen Berechnung auch bei gleichbleibender Datenkonstellation lediglich unter dem Vorbehalt unsicherer zukünftiger steuerlicher Rahmenbedingungen interpretiert werden können.

AUFGABEN

1. Warum wird bei der Kapitalgesellschaft von zwei Ebenen der Besteuerung gesprochen und bei der Personenunternehmung nur von einer Ebene? (Lösungshinweise s. S. 33 f.)
2. Was wird unter dem Begriff „vorweg entnommene Gewinnanteile" steuerlich verstanden und zu welchen Einkünften führen sie? (Lösungshinweise s. S. 34 f.)
3. Wie werden die Einkünfte bei den Mitunternehmern einer Personengesellschaft ermittelt und um welche Einkunftsart handelt es sich? Definieren Sie dazu das Verfahren der zweistufigen Gewinnermittlung und den Begriff des Sonderbetriebsvermögens! (Lösungshinweise s. S. 34 f.)
4. Wie werden die Einkünfte bei den Anteilseignern einer Kapitalgesellschaft ermittelt und um welche Einkunftsarten handelt es sich? Wie werden in diesem Zusammenhang Leistungen aus Gesellschaft-Gesellschafter-Beziehungen behandelt? (Lösungshinweise s. S. 36-39)
5. Wie wird der ermittelte laufende Gewinn in der Kapitalgesellschaft auf der einen Seite und in der Personenunternehmung auf der anderen Seite versteuert? Ist eine bestimmte Rechtsform aus steuerlicher Sicht stets vorteilhaft? Begründen Sie Ihre Antwort! (Lösungshinweise s. S. 38-43)
6. Nehmen Sie kritisch zu der Aussage Stellung: „Der Solidaritätszuschlag wirkt wie eine nicht verzerrende proportionale Zuschlagsteuer." (Lösungshinweise s. S. 41 ff.)
7. Warum führt das Teileinkünfteverfahren bei niedriger Steuerprogression zu einer geringeren Besteuerung der Ausschüttung als die Abgeltungssteuer? (Lösungshinweise s. S. 47 ff.)

117 Vgl. hierzu auch die Ausführungen von Elser (2001), S. 805 ff.

118 Vgl. Müller/Schmidt/Langkau (2010) sowie die Berechnungen in Kapitel 5.

8. Welche Unterschiede bestehen bei der Ermittlung des Gewerbeertrages zwischen der Kapitalgesellschaft und der Personenunternehmung? (Lösungshinweise s. S. 43-47)
9. Was wird unter einem vertikalen und horizontalen Verlustausgleich verstanden? Bis zu welcher Höhe und für wen ist dieser jeweils möglich? (Lösungshinweise s. S. 55 f.)
10. Inwieweit gibt es bei Beteiligungen an Kapitalgesellschaften und Personengesellschaften Unterschiede bezüglich der Besteuerung von Veräußerungsgewinnen? (Lösungshinweise s. S. 49-52)
11. Nennen Sie die steuerlichen Vor- und Nachteile der Kapitalgesellschaft! (Lösungshinweise s. S. 57 f.)

LITERATURHINWEISE

Beckmann, Ute/Schanz Sebastian: Investitions- und Finanzierungsentscheidungen in Personenunternehmen nach der Unternehmensteuerreform 2008, in: Finanz Betrieb, 11. Jg., S. 162-169, (2009).

Blaufus, Kay/Hechtner, Frank/Hundsdoerfer, Jochen: Die Gewerbesteuerkompensation nach § 35 EStG im Jahressteuergesetz 2008, in: Betriebs-Berater, 63. Jg., S. 80-88, (2008).

Brähler, Gernot/Göttsche, Max/Rauch, Bernhard: Verlustnutzung von Kapitalgesellschaften – Eine ökonomische Vorteilhaftigkeitsanalyse, in: Zeitschrift für Betriebswirtschaft, 79. Jg., S. 1175-1191, (2009).

Brönner, Herbert/Bareis, Peter/Poll, Jens: Die Besteuerung der Gesellschaften, 18., erweiterte und völlig neu bearbeitete Auflage, Stuttgart (2007).

Derlien, Ulrich/Wittkowski, Ansas: Neuerungen bei der Gewerbesteuer – Auswirkungen in der Praxis, in: Der Betrieb, 61. Jg., S. 835-844, (2008).

Diller, Markus, Wimmer, Kilian: Unternehmensteuerreform 2008: Steuerwirkungsanalyse und Rechtsformwahl, in: Finanz-Betrieb, 9. Jg., S. 573-579, (2007).

Förster, Guido: Rechtsformwahl und Rechtsformoptimierung nach der Unternehmenssteuerreform, in: Die Unternehmensbesteuerung, 1. Jg., S. 185-196, (2008).

Frye, Bernd: Unternehmenssteuerreform 2008: Steuerliche Auswirkungen der Rechtsformwahl, in: Bilanzbuchhalter und Controller, 32. Jg., S. 93-98, (2008).

Grobshäuser, Uwe/Maier, Walter/Kies, Dieter: Besteuerung der Gesellschaften, 3. Auflage, Band 7, Stuttgart (2011).

Harenberg, Friedrich/Zöller, Stefan: Abgeltungsteuer 2011, Herne (2011).

Heinhold, Michael/Hüsing, Silke/Kühnel, Mirko/Streif, Dominik: Besteuerung der Gesellschaften. Rechtsformen und ihre steuerliche Behandlung, 2., überarbeitete Auflage, Herne (2010).

Herzig, Norbert: Die Gewerbesteuer als dominierende Unternehmensteuer, in: Der Betrieb, 60. Jg., S. 1541-1543, (2007).

Homburg, Stefan/Houben, Henriette/Maiterth, Ralf: Rechtsform und Finanzierung nach der Unternehmensteuerreform 2008, in: Die Wirtschaftsprüfung, 60. Jg., S. 376-381, (2007).

Homburg, Stefan/Houben, Henriette/Maiterth, Ralf: Optimale Eigenfinanzierung der Personenunternehmen nach der Unternehmensteuerreform 2008/2009, in: Zeitschrift für betriebswirtschaftliche Forschung, 60. Jg., S. 29-47, (2008).

Jacobs, Otto H. (Hrsg.): Unternehmensbesteuerung und Rechtsform: Handbuch zur Besteuerung deutscher Unternehmen, 4., neubearbeitete Auflage, München (2009).

Jorde, Thomas/Götz, Hellmut: Kapital- oder Personengesellschaft? Steuerliche Gesichtspunkte der Rechtsformwahl – national und international, in: Betriebs-Berater, 63. Jg., S. 1032-1038, (2008).

Knief, Joachim/Nienaber, Mark: Gewinnthesaurierung bei Personengesellschaften im Rahmen der Unternehmensteuerreform 2008 – ein Belastungsvergleich mit Fokus auf dem Mittelstand, in: Betriebs-Berater, 62. Jg., S. 1309-1316, (2007).

Knirsch, Deborah/Maiterth, Ralf/Hundsdoerfer, Jochen: Aufruf zur Abschaffung der misslungenen Thesaurierungsbegünstigung!, in: Der Betrieb, 61. Jg., S. 1405-1407, (2008).

Kossow, Bernd: Unterschiede gewerbesteuerlicher Hinzurechnungen bei Personenunternehmung und Kapitalgesellschaft, in: Der Betrieb, 61. Jg., S. 1227-1229, (2008).

Kraft, Cornelia, Kraft, Gerhard: Grundlagen der Unternehmensbesteuerung, 3., vollständig überarbeitete Auflage, Wiesbaden (2009).

Lange, Joachim: Personengesellschaften im Steuerrecht, 8., völlig überarbeitete und aktualisierte Auflage, Herne (2011).

Marx, Jürgen/Kläne, Sebastian/Korff, Matthias/Schlarmann, Bernd: Unternehmensbesteuerung, Herne (2008).

Müller, Heiko/Schmidt, Thomas-Patrick/Langkau, Dirk: Steuerlicher Rechtsformvergleich in einem dynamischen Modell, in: Steuer und Wirtschaft, 87. Jg., S. 81-92, (2010).

Neyer, Wolfgang: Gewerbesteuer bei Teilveräußerung eines Mitunternehmeranteils, in: Betriebs-Berater, 60. Jg., S. 577-581, (2005).

Niehus, Ulrich/Wilke, Helmuth: Die Besteuerung der Kapitalgesellschaften, 2., neu bearbeitete Auflage, Stuttgart (2009).

Niehus, Ulrich/Wilke, Helmuth: Die Besteuerung der Personengesellschaften, 5., aktualisierte Auflage, Stuttgart (2010).

Ortmann-Babel, Martina/Zipfel, Lars: Unternehmensteuerreform 2008 Teil II: Besteuerung von Personengesellschaften, insbesondere nach der Einführung der Thesaurierungsbegünstigung, in: Betriebs-Berater, 62. Jg., S. 2205-2217, (2007).

Rödder, Thomas: Pauschalierte Gewerbesteueranrechnung – eine komprimierte Bestandsaufnahme, in: Deutsches Steuerrecht, 40. Jg., S. 939-943, (2002).

Schaumburg, Harald/Rödder, Thomas (Hrsg.): Unternehmensteuerreform 2008 – Gesetze, Materialien, Erläuterungen, München (2007).

Scheffler, Wolfram: Besteuerung von Unternehmen I, Ertrag-, Substanz- und Verkehrsteuern, 12., neu bearbeitete Auflage, Heidelberg (2012).

Schneeloch, Dieter: Rechtsformwahl und Rechtsformwechsel mittelständischer Unternehmen: Auswahlkriterien, Steuerplanung, Gestaltungsempfehlungen, München (2006).

Schneeloch, Dieter: Betriebswirtschaftliche Steuerlehre, Band 2: Besteuerung und Betriebliche Steuerpolitik, 3. Auflage, München (2009).

Schneeloch, Dieter: Betriebswirtschaftliche Steuerlehre, Band 1: Besteuerung, 6., völlig neu bearbeitete Auflage, München (2012).

Siegel, Theodor: Steuerwirkungen und Steuerpolitik in der Unternehmung, Würzburg, Wien (1982).

Sigloch, Jochen: Unternehmenssteuerreform 2001 – Darstellung und ökonomische Analyse, in: Steuer und Wirtschaft, 77. Jg., S. 160-176, (2000).

Söffing, Günter: Besteuerung der Mitunternehmer, 5. Auflage, Herne, Berlin (2005).

Sureth, Caren/Kopplin, Anja: Wichtigste Einflussfaktoren auf die steuerliche Verlustnutzung bei Personengesellschaften, in: Steuer und Studium, 31. Jg., S. 497-502, (2010).

Zimmermann, Reimar et al.: Die Personengesellschaft im Steuerrecht, 11. Auflage, Achim (2013).

4. Die steuerliche Belastung der Kombinationen von Personenunternehmungen und Kapitalgesellschaften

LERNZIELE

Nach der Bearbeitung dieses Kapitels sind Sie in der Lage,

- Gründe für die Kombination von Personenunternehmungen und Kapitalgesellschaften zu nennen,
- die Besteuerung der GmbH & Co. KG zu beschreiben und die ertragsteuerlichen Besonderheiten, insbesondere der Behandlung von Geschäftsführungsvergütungen, aufzuzeigen,
- die Folgen der Geprägetheorie zu beschreiben, die Rechtsform der GmbH & Co. KG mit der reinen Kapitalgesellschaft und der reinen Personenunternehmung zu vergleichen und Vor- und Nachteile zu erkennen,
- die Voraussetzungen für eine Betriebsaufspaltung zu nennen und Ausgestaltungen dieser Rechtsform zu beschreiben,
- die Besonderheiten bei der Besteuerung der Betriebsaufspaltung, insbesondere der Besteuerung der Gewinnausschüttungen, zu erläutern und die Betriebsaufspaltung hinsichtlich ihrer steuerlichen Vorteilhaftigkeit zu beurteilen,
- das „Wiesbadener Modell“ zu definieren,
- die Besteuerung der GmbH & Still zu beschreiben und diese Rechtsform in ihren verschiedenen Ausprägungen hinsichtlich ihrer steuerlichen Vorteilhaftigkeit zu beurteilen.

Um die steuerlichen Belastungsunterschiede bei Kapitalgesellschaften und Personenunternehmungen optimal auszunutzen, hat die Praxis Rechtsformkombinationen entwickelt, die die Vorteile beider Rechtsformkategorien verbinden und zugleich eine Haftungsbeschränkung erlauben. Hierbei darf man jedoch nicht außer Acht lassen, dass komplexere Unternehmungsformen unter Umständen höhere organisatorische Anforderungen stellen und damit auch kostenintensiver sein können, z. B. durch getrennte Buchführungen für verschiedene Teilunternehmungen, organisatorische Probleme und Probleme bei der Kapitalbeschaffung.

In der Praxis am häufigsten zu finden sind die kombinierten Rechtsformen **GmbH & Co. KG** und **Betriebsaufspaltung**, im Schrifttum oft als Doppelgesellschaft bezeichnet, sowie die **GmbH & Still.**[119]

Allen drei Formen ist gemeinsam, dass durch Verteilung der wirtschaftlichen Aktivitäten auf eine Personenunternehmung bzw. auf natürliche Personen und eine Kapitalgesellschaft steuerliche Unterschiede genutzt werden sollen. Ursprünglich war beabsichtigt, die großen steuerlichen Unterschiede zwischen Einkommen- und Körperschaftsteuertarif sowie die substanzsteuerlichen Belastungsunterschiede der Rechtsformen auszunutzen. Durch die Annäherung der Ta-

119 Vgl. hierzu u. a. auch Wöhe (1990); Hinz (1995); Wöhe/Bieg (1995); Brandmüller (1997); Fichtelmann (1999a); Fichtelmann (1999b); Fichtelmann (2000); Schneeloch (2006); Schneeloch (2009); Heinhold (2010); Zimmermann et al. (2013).

rife Ende der 1940er und Anfang der 1950er Jahre,[120] durch die Einführung des körperschaftsteuerlichen Anrechnungsverfahrens im Jahr 1977[121] sowie durch die Aussetzung der Vermögensteuer und die Abschaffung der Gewerbekapitalsteuer waren die steuerlichen Unterschiede zwischen Personenunternehmungen und Kapitalgesellschaften abgebaut worden. Allerdings hat die Steuerreform 2001 mit Einführung des Halbeinkünfteverfahrens in vielen Fällen erneut zu einer Verschärfung der steuerlichen Belastungsunterschiede der Rechtsformen geführt.[122] Diese konnten im Zuge der Unternehmensteuerreform 2008/2009 und darauf folgender Anpassungen kaum beseitigt werden.[123]

So treten nach wie vor bei den Kombinationen von Personenunternehmung und Kapitalgesellschaft gegenläufige steuerliche Einflüsse auf, die eine generelle steuerliche Empfehlung hinsichtlich der optimalen Kombination beider Rechtsformkategorien nicht ermöglichen. Inwiefern es sich bei der aktuellen Rechtslage lohnt, ausschließlich aus steuerlichen Gründen Rechtsformen zu kombinieren, wird in Kapitel 5 im Rahmen von Steuerbelastungsrechnungen näher untersucht.

4.1 Die GmbH & Co. KG

Bei der GmbH & Co. KG handelt es sich um eine Personengesellschaft, genauer um eine Kommanditgesellschaft, deren Komplementär eine GmbH ist. Die steuerliche Behandlung richtet sich daher im Wesentlichen nach den gleichen Kriterien wie bei der reinen Kommanditgesellschaft. Die körperschaftsteuerliche Behandlung der Komplementär-GmbH entspricht der einer reinen GmbH. Dieses Rechtskonstrukt diente vor der Einführung des Anrechnungsverfahrens der Körperschaftsteuer auf die Einkommensteuer im Jahr 1977 in erster Linie der Vermeidung einer doppelten Ertragsteuerbelastung von Kapitalgesellschaften und deren Anteilseignern bei gleichzeitiger Haftungsbeschränkung.[124] In den folgenden Jahren verloren allein steuerlich motivierte Gründungen einer GmbH & Co. KG immer mehr an Bedeutung. Aufgrund der vormals substanzsteuerlichen Schlechterstellung von Kapitalgesellschaften, insbesondere der vermögensteuerlichen Doppelbelastung i.V.m. der durch die Vermögensteuer hervorgerufenen Definitiv-Körperschaftsteuer,[125] findet man in der Praxis vor allem GmbH & Co. KGs, bei denen das Stammkapital der GmbH lediglich 25.000 € beträgt. Auf diese Weise konnten die vermögensteuerlichen Nachteile von Kapitalgesellschaften ganz vermieden und der Gewinnanteil der GmbH klein gehalten werden, um z. B. gewerbeertragsteuerliche Nachteile auf ein Minimum zu begrenzen.[126] Durch den Wegfall substanzsteuerlicher Effekte hat die GmbH & Co. KG insgesamt an Bedeutung eingebüßt.

120 Vgl. Bitz in Littmann/Bitz/Pust (2012), vor § 1, Rz. 5 und 6; Lang in Tipke/Lang (2012), § 8, Rz. 5-8.

121 Vgl. Körperschaftsteuerreformgesetz, 31. 8. 1976, BStBl. 1976 I, S. 445.

122 Vgl. König/Sureth (2001), S. 119.

123 Für einen Überblick über die Entwicklung der GmbH & Co. KG als Familiengesellschaft und ihre Vor- und Nachteile vgl. Binz/Sorg (2011), aber auch Preißer/Rönn (2010).

124 Vgl. Wöhe (1990), S. 225; Bitz in Littmann/Bitz/Pust (2012), § 15, Rz. 41.

125 Vgl. zu den Wirkungen und Schattenwirkungen der Vermögensteuer sowie zur resultierenden Definitiv-Körperschaftsteuer z. B. Wöhe (1990), S. 158 ff.

126 Vgl. Wöhe/Bieg (1995), S. 231.

Da die steuerlichen Unterschiede zwischen Personenunternehmungen und Kapitalgesellschaften im Laufe der Jahre immer geringer geworden sind und die Haftungsbeschränkung der GmbH & Co. KG bei weniger Verwaltungsaufwand auch durch die reine GmbH gewährleistet ist, wurde die GmbH & Co. KG immer seltener eine sinnvolle Gestaltungsalternative. Eine Renaissance erlebte diese Rechtsform jedoch durch die Einführung des Halbeinkünfteverfahrens, die pauschalierte Gewerbesteueranrechnung und zuletzt durch die Einführung des Teileinkünfteverfahrens bzw. der Abgeltungssteuer.[127]

Grundsätzlich sind viele Gestaltungsvarianten der GmbH & Co. KG denkbar. Die GmbH kann allein oder zusammen mit natürlichen Personen Komplementär sein. Gläubigern steht somit, unter Umständen neben natürlichen Personen, die GmbH als Vollhafter zur Verfügung. Die Gesellschafter der Komplementär-GmbH können zugleich Kommanditisten sein. Ist dies der Fall und gibt es neben der GmbH keine weiteren Komplementäre, so spricht man von einer echten GmbH & Co. KG oder auch einer GmbH & Co. KG im engeren Sinne.[128] Hierbei handelt es sich um eine Personengesellschaft, bei der letztlich die Haftung aller Gesellschafter beschränkt ist. Die GmbH haftet als Komplementärin zwar grds. vollumfänglich, wertmäßig ist die Haftung aber auf ihr Vermögen beschränkt. Eine weitere Abwandlung ist die Einmann-GmbH & Co. KG, deren einziger Kommanditist zugleich Alleingesellschafter der Komplementär-GmbH ist. Man spricht hier von einer Einzelunternehmung mit beschränkter Haftung.[129] Zudem gibt es noch die Form der mehrstufigen GmbH & Co. KG, bei dieser Form ist der Komplementär wiederum eine GmbH & Co. KG, die als Vollhafter fungiert.

Im Folgenden werden, um die Darstellung knapp zu halten, lediglich die steuerlichen Spezifika der **GmbH & Co. KG im engeren Sinne** im Vergleich zu den reinen Rechtsformen erörtert.

4.1.1 Die Besteuerung der GmbH & Co. KG

Wie bei den reinen Personengesellschaften muss auch bei der GmbH & Co. KG zwischen dem Gesamthandsvermögen der KG einerseits und den Sonderbetriebsvermögen I und II der Mitunternehmer andererseits unterschieden werden.[130]

Nach Ansicht des BFH gehören Wirtschaftsgüter der Komplementär-GmbH, die diese der KG zur Nutzung überlässt, nicht zum Betriebsvermögen der GmbH, sondern sind in der Sonderbilanz der GmbH bei der KG zu erfassen.[131]

Zum Sonderbetriebsvermögen II zählen beispielsweise die Anteile der Kommanditisten an der Komplementär-GmbH.[132] Somit stellen die Gewinnausschüttungen der GmbH bei den Empfängern Einkünfte aus Gewerbebetrieb und nicht aus Kapitalvermögen dar.[133] Die Anteile der Kom-

127 Vgl. die Ergebnisse der Steuerbelastungsrechnungen in Kapitel 5.3.

128 Vgl. Wöhe (1990), S. 216 ff.; Bitz in Littmann/Bitz/Pust (2012), § 15, Rz. 41a; Zimmermann in Zimmermann et al. (2013), S. 1193.

129 Vgl. Zimmermann in Zimmermann et al. (2013), S. 1193 ff.

130 Vgl. Biergans (1992), S. 97 ff.; Hottmann in Zimmermann et al. (2013), S. 134 ff. und 1193 ff.

131 Hottmann in Zimmermann et al. (2013), S. 1193 ff.; BFH, 18. 7. 1979, I R 199/75, BStBl. 1979 II, S. 750; BFH, 14. 4. 1988, IV R 271/84, BStBl. 1988 II, S. 667.

132 Vgl. hierzu auch Bitz in Littmann/Bitz/Pust (2012), § 15, Rz. 47; OFD Frankfurt am Main, 22. 11. 2000, S 2134 A – 14 – ST II 21, S. 137.

133 Vgl. Bitz in Littmann/Bitz/Pust (2012), § 15, Rz. 47; Hottmann in Zimmermann et al. (2013), S. 1216 f.

manditisten an der Komplementär-GmbH gehören allerdings dann nicht zum Sonderbetriebsvermögen II, wenn die Tätigkeit der GmbH als Geschäftsführer der GmbH & Co. KG im Verhältnis zu den sonstigen geschäftlichen Aktivitäten der GmbH von untergeordneter Bedeutung ist, das heißt, wenn die Beteiligung an der GmbH offensichtlich nicht in erster Linie durch die mittelbare Beteiligung an der GmbH & Co. KG motiviert ist.[134]

Die Rechtsauffassung, dass die Anteile der Kommanditisten an der Komplementär-GmbH einer GmbH & Co. KG im engeren Sinne zu deren Sonderbetriebsvermögen II gehören, hat folgende Konsequenzen:

Veräußert ein Kommanditist seine Beteiligung an der GmbH, so sind auch die Veräußerungsgewinne laufende Einkünfte aus Gewerbebetrieb, die sowohl der Einkommensteuer als auch der Gewerbesteuer unterliegen. Dagegen gilt die gleichzeitige Veräußerung der GmbH- und der KG-Beteiligung als Veräußerung eines Mitunternehmer-Anteils i. S. v. § 16 EStG, was zur Folge hat, dass ein Veräußerungsgewinn gegebenenfalls gemäß § 16 Abs. 4 und § 34 EStG begünstigt ist und auch nicht der Gewerbesteuer unterliegt.[135]

Schuldrechtliche Beziehungen der Gesellschafter einer GmbH & Co. KG im engeren Sinne werden weder zur KG noch zur GmbH steuerlich anerkannt. Die Konsequenz hieraus ist, dass Vergütungen an Mitunternehmer, z. B. Geschäftsführervergütungen, Pachten u. ä. dem jeweiligen Mitunternehmer als Sonderbetriebseinnahmen zugerechnet werden und damit Einkünfte aus Gewerbebetrieb darstellen, die auf Ebene der Mitunternehmerschaft (KG) auch gewerbesteuerpflichtig sind.[136] Ist der Kommanditist zugleich angestellter Geschäftsführer der GmbH und unterhält die GmbH auch einen eigenen Geschäftsbetrieb, so ist die Geschäftsführungsvergütung aufzuteilen in Einkünfte i. S. v. § 15 und § 19 EStG mit entsprechenden gewerbesteuerlichen Konsequenzen.[137] Weitere Details zu dem Zusammenhang von Geschäftsführungstätigkeit in der Komplementär-GmbH und Kommanditistenstatus finden sich im folgenden Abschnitt.

4.1.1.1 Ertragsteuerliche Besonderheiten der GmbH & Co. KG

Durch die GmbH & Co. KG als Personengesellschaft erzielen die Mitunternehmer ausschließlich Einkünfte aus Gewerbebetrieb. Dies gilt nicht nur für den Fall, dass diese gewerblich tätig ist (§ 15 Abs. 1 Nr. 2 EStG), sondern auch bei nichtgewerblicher Tätigkeit, soweit die GmbH & Co. KG als gewerblich geprägt angesehen werden kann (§ 15 Abs. 3 Nr. 2 EStG, Geprägetheorie).[138] In bestimmten Ausnahmefällen werden die Einkünfte einer nichtgewerblich tätigen GmbH & Co. KG nicht in Einkünfte aus Gewerbebetrieb umqualifiziert. Dies ist der Fall, wenn mindestens

134 BFH, 5. 12. 1979, I R 184/76, BStBl. 1980 II, S. 119; BFH, 7. 12. 1984, III R 91/81, BStBl. 1985 II, S. 241; vgl. auch BFH, 3. 3. 1998, VIII R 66/96, BStBl. 1998 II, S. 383; OFD Rheinland, 23. 3. 2011, S 2242 – 25 – St 111, DB, S. 1302. Vgl. weiter Brönner/Bareis/Poll (2007), S. 282.; Schneeloch (2009), S. 441 ff.; Hottmann in Zimmermann et al. (2013), S. 1216 ff. m. w. N.

135 Vgl. Hottmann in Zimmermann et al. (2013), S. 1216 ff., sowie BFH, 3. 2. 1994, III R 23/89, BStBl. 1994 II, S. 709.

136 Vgl. Biergans (1992), S. 101. Die Gewinnanteile der Komplementär-GmbH unterliegen auf Ebene der GmbH wegen § 9 Nr. 2 GewStG nicht der Gewerbesteuer. Vgl. hierzu auch die Berechnungen in Kapitel 5.3.

137 Die Anteile an der Komplementär-GmbH stellen hingegen dann kein Sonderbetriebsvermögen II dar, wenn die GmbH neben ihrer Geschäftsführertätigkeit für die KG noch einen eigenen Gewerbebetrieb von nicht ganz untergeordneter Bedeutung unterhält. Vgl. BFH vom 12. 11. 1985, V III R 286/81, BStBl 1986 II, S. 55; OFD Frankfurt am Main, 17. 8. 1998, S 2134 A – 14 – St II 21, DStR 1998, S. 1793; Bitz in Littmann/Bitz/Pust (2012), § 15, Rz. 48.

138 Vgl. Bitz in Littmann/Bitz/Pust (2012), § 15, Rz. 164 und Rz. 171. Vgl. auch Grune (1998), S. 1081 ff. Vgl. hierzu auch BFH, 8. 10. 2001, V III B 22/01, BFH/NV 2002, S. 333.

ein Komplementär eine natürliche Person oder eine nicht gewerblich tätige Personenunternehmung ist, oder wenn in der Geschäftsführung der KG mindestens ein Kommanditist tätig ist. So kann beispielsweise eine vermögensverwaltende GmbH & Co. KG realisiert werden, die keine gewerblichen Einkünfte erzielt.[139] Die steuerlichen Besonderheiten der nicht gewerblichen GmbH & Co. KG werden im Folgenden nicht weiter behandelt.

Die gewerblich geprägte wie auch die gewerblich tätige GmbH & Co. KG unterliegen der Gewerbesteuer. Bei der GmbH & Co. KG existieren zwei Gewerbebetriebe: die KG und die GmbH, die beide jeweils zur Gewerbesteuer herangezogen werden.[140] Allerdings sind die Gewinnanteile der GmbH aus ihrer Beteiligung an der GmbH & Co. KG, die bei der KG als Sonderbetriebseinnahmen erfasst werden, wie auch der Anteil des Mitunternehmers am Gesamthandsgewinn bei der Ermittlung des Gewerbeertrages der GmbH wegen der Kürzungsvorschrift des § 9 Nr. 2 GewStG wieder abzuziehen. Erzielt die GmbH keine gewerblichen Einkünfte durch wirtschaftliche Betätigungen außerhalb der Mitunternehmerschaft, fällt folglich auf Ebene der GmbH keine Gewerbesteuer an.

Zu beachten ist des Weiteren, dass Ausschüttungen aus der Komplementär-GmbH gemäß § 3 Nr. 40 Buchst. d EStG aufgrund des Teileinkünfteverfahrens nur zu 60 % in die einkommensteuerliche Bemessungsgrundlage einzubeziehen sind. Die Formulierung „... im Sinne des § 20 Abs. 1 Nr. 1 ..."[141] i.V.m. § 3 Nr. 40 Satz 2 EStG und § 20 Abs. 8 EStG ist hierbei so zu interpretieren, dass das Teileinkünfteverfahren nur auf Einkünfte aus Gewerbebetrieb angewendet wird, soweit darin Einkünfte enthalten sind, die der Definition des § 20 Abs. 1 Nr. 1 EStG entsprechen und die lediglich aufgrund des Subsidiaritätsprinzips einer anderen Einkunftsart als den Einkünften aus Kapitalvermögen zuzuordnen sind. Das Teileinkünfteverfahren ruft die in Kapitel 3 bereits angeführten steuersatzabhängigen Wirkungen hervor.

Bei der Beurteilung der steuerlichen Abzugsfähigkeit von Zinsen für Fremdkapital (Zinsschranke, § 4h EStG) sind bei der GmbH & Co. KG einige Besonderheiten zu berücksichtigen. Es ist zu klären, in welchen Fällen die KG und die allein haftende GmbH als Konzern zu qualifizieren sind, und zudem, ob die KG als nachgeordnete Personengesellschaft i. S. d. § 4h Abs. 2 Satz 2 EStG gilt. Nach dem BMF-Schreiben zur Zinsschrankenregelung[142] sind die Komplementär-GmbH und die KG als einheitlicher Betrieb i. S. d. Zinsschrankenregelung anzusehen, wenn eine Beschränkung der Tätigkeit der GmbH auf die Übernahme der Haftung und Geschäftsführung der KG vorliegt. Ein einheitlicher Betrieb ist nicht gegeben, wenn die Komplementär-GmbH eine eigene Geschäftstätigkeit entfaltet. Als Folge sind dann die Voraussetzungen der Zinsschranke jeweils für beide Unternehmungen getrennt zu prüfen. Die Zinsschranke kommt bei einer Qualifizierung als einheitlicher Betrieb nicht zur Anwendung, wenn weder bei der GmbH noch bei der KG eine anderweitige Konzernzugehörigkeit besteht und die KG auch keine nachgeordnete Personengesellschaft ist.[143]

139 Vgl. Bitz in Littmann/Bitz/Pust (2012), § 15, Rz. 164; Zimmermann in Zimmermann et al. (2013), S. 1203 ff.

140 Vgl. Bitz in Littmann/Bitz/Pust (2012), § 15, Rz. 164.

141 § 3 Nr. 40 Buchst. d EStG.

142 Vgl. BMF-Schreiben zur Zinsschrankenregelung vom 4. 7. 2008, Tz. 66, BStBl. 2008 I, S. 718.

143 Vgl. dazu Niehus/Wilke (2010), S. 308 f.

Von besonderer Bedeutung bei der GmbH & Co. KG ist die ertragsteuerliche Behandlung der Geschäftsführungsvergütungen. Die steuerlichen Wirkungen dieser und ähnlicher Vergütungen, wie z. B. von Pensionsrückstellungen, hängen von der Kapitalverflechtungsstruktur ab.

Regelmäßig ist die GmbH alleinige Geschäftsführerin der KG. Die GmbH als juristische Person wird ihrerseits wiederum durch ihren Geschäftsführer vertreten. Auf diese Weise werden schließlich auch die Geschäfte der GmbH & Co. KG geführt. Die steuerlichen Folgen hängen davon ab, ob der Geschäftsführer der GmbH gleichzeitig Gesellschafter der Kommanditgesellschaft ist oder nicht. Aus diesem Grund sind vier Fälle zu unterscheiden. Die im Folgenden dargestellten steuerlichen Konsequenzen sind in der Literatur höchst strittig und basieren alleine auf der Rechtsprechung des BFH.[144]

1. **Der Geschäftsführer der GmbH ist nicht Kommanditist der KG. Die KG zahlt der GmbH das Entgelt für die Geschäftsführung.**

   In diesem Fall führt der Geschäftsführungsaufwand zu einer Ersparnis an Gewerbesteuer (s. dazu Abbildung 6).

   Der Geschäftsführungsaufwand ist bei der KG gemäß § 15 Abs. 1 Nr. 2 EStG nicht abziehbar. Die GmbH zahlt das Geschäftsführungsgehalt an ihren Geschäftsführer, eine natürliche Person, aus. Der Geschäftsführer hat Einkünfte aus nichtselbständiger Arbeit in Höhe der Geschäftsführungsvergütung und muss diese der Einkommensteuer unterwerfen.

   Die GmbH hat einerseits eine abziehbare Sonderbetriebsausgabe in Höhe der an den Geschäftsführer ausgezahlten Geschäftsführungsvergütung und andererseits eine Sonderbetriebseinnahme durch die Vergütung ihrer Geschäftsführungstätigkeit von der KG. Wird als Entgelt für die Geschäftsführung von der GmbH eine unangemessen hohe Vergütung an einen Gesellschaftergeschäftsführer der GmbH gezahlt, so ist der die Angemessenheitsgrenze übersteigende Teil in eine verdeckte Gewinnausschüttung umzuqualifizieren. Die Zahlung der KG stellt bei der GmbH einen Vorabgewinn dar, das heißt, es handelt sich hierbei um Einkünfte aus Gewerbebetrieb als Mitunternehmer. Auf der Ebene der GmbH saldieren sich Einnahmen und Ausgaben zu Null.[145]

   Betrachtet man den Geschäftsführer der GmbH, die GmbH selbst und die KG als eine Einheit,[146] so kommt es durch die Zahlung der Geschäftsführungsvergütung zu einer Gewerbesteuerersparnis. Das Geschäftsführergehalt wird letztlich beim Geschäftsführer steuerlich erfasst und nicht auf Ebene der KG. Der Geschäftsführer muss dieses als Einkünfte aus nichtselbständiger Arbeit nicht der Gewerbesteuer unterwerfen.

   Bei der KG stellt die Zahlung des Geschäftsführungsgehaltes durch die GmbH an den Geschäftsführer eine Sonderbetriebsausgabe ihrer Mitunternehmerin, der GmbH, dar, die bei der einheitlichen Gewinnfeststellung zu berücksichtigen ist. Aus diesem Grund kommt es auf Ebene der KG zu einer Entlastung bei den Ertragsteuern in Form von Einkommen-, gegebenenfalls Kirchen- und Gewerbesteuer, der die Belastung der Geschäftsführervergütung auf Ebene des Geschäftsführers mit Einkommen- und gegebenenfalls Kirchensteuer gegenübersteht.

144 Vgl. Wöhe (1990), S. 235 ff.; Bitz in Littmann/Bitz/Pust (2012), § 15, Rz. 48.
145 Vgl. Hottmann in Zimmermann et al. (2013), S. 1218 ff.
146 Vgl. Schneeloch (2009), S. 305 und S. 456 ff.

Die gewerbesteuerliche Entlastung des Geschäftsführungsgehaltes ist allerdings zu relativieren. Infolge der pauschalierten Gewerbesteueranrechnung gemäß § 35 EStG würde eine Belastung durch die Gewerbesteuer auf Ebene der Einkommensteuer bei bestimmten Progressions- und Hebesatzkonstellationen kompensiert, zumindest insoweit sie auf die Mitunternehmeranteile von natürlichen Personen entfällt. Voraussetzung ist, dass der Anteil der gewerblichen Einkünfte dieser Mitunternehmer am zu versteuernden Einkommen ausreichend hoch ist. Ist dies der Fall, so ist die Gewerbesteuerersparnis hinsichtlich des Geschäftsführungsgehaltes weitgehend redundant. Werden in den Gemeinden allerdings höhere Hebesätze angewendet als diejenigen, die zu einer vollständigen Entlastung führen, so bewirkt die gewerbesteuerliche Nichterfassung des Geschäftsführergehaltes einen deutlichen gewerbesteuerlichen Vorteil.

ABB. 6: Der Geschäftsführer der GmbH ist nicht Kommanditist. Die KG zahlt der GmbH das Entgelt für die Geschäftsführung

Geschäftsführer, natürliche Person	**Einkünfte aus nichtselbstständiger Arbeit**	**ESt nach § 32a EStG**
Gehalt GmbH	Geschäftsführungsvergütung an den Geschäftsführer = abziehbare Betriebsausgabe, soweit nicht verdeckte Gewinnausschüttung => Sonderbetriebsausgabe	Gesamthandsgewinn (enthält die Geschäftsführungsvergütung nicht) + Sonderbetriebseinnahme (Geschäftsführungsvergütung des Mitunternehmers GmbH)
Gehalt KG	Geschäftsführungsvergütung, gemäß § 15 Abs. 1 Nr. 2 EStG nicht abziehbar, aber: Sonderbetriebsausgaben der GmbH	./. Sonderbetriebsausgabe (Geschäftsführungsvergütung des Mitunternehmers GmbH an den Geschäftsführer) ------- Gesamthandsgewinn (enthält die Geschäftsführungsvergütung nicht) darauf: ESt nach § 32a EStG + GewSt

Das gilt vor allem vor dem Hintergrund der Regelung in § 35 Abs. 2 Satz 2 EStG. Diese impliziert, dass der Teil der Gewerbesteuer, der gemäß Gewinnverteilungsschlüssel auf die Komplementär-GmbH entfällt, als Anrechnungspotenzial i. S. v. § 35 EStG bei den einkommensteuerpflichtigen Mitunternehmern verloren geht. Somit steht der Belastung mit Gewerbesteuer auf Ebene der KG unabhängig vom Hebesatz stets nur eine unvollständige Kompensation über die pauschalierte Anrechnung gegenüber.[147] Die gewerbesteuerliche Irrelevanz der Geschäftsführervergütung für diesen Fall stellt somit auch in diesem Zusammenhang einen Vorteil dar.

2. **Der Geschäftsführer der GmbH ist nicht Kommanditist der KG. Die KG zahlt das Entgelt für die Geschäftsführung dem Geschäftsführer der GmbH.**

   Da der Geschäftsführer nicht zugleich Mitunternehmer ist, ist die Geschäftsführungsvergütung bei der KG eine abzugsfähige Betriebsausgabe. Die Ebene der GmbH wird steuerlich nicht berührt. Der Geschäftsführer erhält wie im ersten Fall durch sein Gehalt Einkünfte aus nichtselbständiger Arbeit, die nach § 32a EStG versteuert werden (s. Abbildung 7).

ABB. 7: Der Geschäftsführer der GmbH ist nicht Kommanditist der KG. Die KG zahlt das Entgelt für die Geschäftsführung dem Geschäftsführer der GmbH

Geschäftsführer, natürliche Person ↑	**Einkünfte aus nichtselbstständiger Arbeit**	**ESt nach § 32a EStG**
Gehalt GmbH	wird nicht berührt	
Gehalt KG	Geschäftsführungsvergütung ist abziehbar	= Gesamthandsgewinn (nach Abzug der Geschäftsführungsvergütung) darauf: ESt nach § 32a EStG + GewSt

3. **Der Geschäftsführer der GmbH ist zugleich Kommanditist der KG. Die KG zahlt das Entgelt für die Geschäftsführung dem Geschäftsführer der GmbH.**

   Der Geschäftsführungsaufwand ist bei der KG gemäß § 15 Abs. 1 Nr. 2 EStG ein nichtabziehbarer Vorabgewinn des Gesellschaftergeschäftsführers. Die GmbH wird durch die Geschäftsführungsvergütung nicht berührt. Sie hat weder Einkünfte noch Sonderbetriebsausgaben. Der Geschäftsführer, der gleichzeitig Gesellschafter der KG ist, erzielt durch seine Geschäftsführungstätigkeit Einkünfte aus Gewerbebetrieb (s. Abbildung 8).

   Insgesamt kommt es zur Einkommen- und gegebenenfalls Kirchensteuerbelastung beim Gesellschaftergeschäftsführer und zur Gewerbesteuerbelastung bei der KG.[148] Die anteilige pauschalierte Gewerbesteueranrechnung bei den einkommensteuerpflichtigen Mitunternehmern eliminiert – wie beim ersten Fall beschrieben – die gewerbesteuerlichen Wirkun-

147 Vgl. Wacker in Schmidt (2010), § 35, Rn. 23-26.

148 Im Gegensatz zur oben beschriebenen Rechtsprechung wird in der Literatur eine Gewerbesteuerbelastung des Geschäftsführergehalts abgelehnt. Hier verweist man darauf, dass es sich nicht um Einkünfte aus Gewerbebetrieb, sondern aus nichtselbständiger Arbeit handelt. Vgl. hierzu z. B. Wöhe/Bieg (1995), S. 225 f.

gen teilweise. Zu beachten ist hierbei, dass die Höhe der Sondervergütungen und damit auch empfangene Ausschüttungen aus der Komplementär-GmbH den Anteil des gewerbesteuerlichen Anrechnungspotenzials beim jeweiligen Mitunternehmer nicht beeinflusst.

ABB. 8: Der Geschäftsführer der GmbH ist zugleich Kommanditist. Die KG zahlt das Entgelt für die Geschäftsführung dem Geschäftsführer der GmbH

Geschäftsführer, natürliche Person, die zugleich Mitunternehmer der KG ist	**Einkünfte aus Gewerbebetrieb als Mitunternehmer der KG**	Sonderbetriebseinnahmen (Geschäftsführungsvergütung des Mitunternehmers)
Gehalt GmbH	wird nicht berührt	+ Gesamthandsgewinn enthält Geschäftsführervergütung
Gehalt KG	Geschäftsführungsvergütung, gemäß § 15 Abs. 1 Nr. 2 EStG nicht abziehbarer Vorabgewinn des Gesellschaftergeschäftsführers	= Gesamthandsgewinn zzgl. Geschäftsführervergütung darauf: ESt nach § 32a EStG + GewSt

4. **Der Geschäftsführer der GmbH ist zugleich Kommanditist der KG. Die KG zahlt der GmbH das Entgelt für die Geschäftsführung.**

   Durch die Rechtsprechung wird diese Variante in ihren steuerlichen Konsequenzen ebenso wie der 3. Fall behandelt.

Eine andere Zuordnung des Geschäftsführergehalts zu den Einkunftsarten besteht für den Fall, dass ein Entgelt an den Geschäftsführer der GmbH speziell für die Geschäftsführungstätigkeit für die GmbH durch die GmbH gezahlt wird. Dann liegt bei der GmbH eine Betriebsausgabe vor. Beim Geschäftsführer handelt es sich um Einkünfte aus nichtselbständiger Arbeit.

Es ist zu überprüfen, ob die Vergütung angemessen ist oder ob Teile davon als verdeckte Gewinnausschüttung zu betrachten sind.[149]

Diese Ausführungen können auf ähnliche Leistungen entsprechend übertragen werden. Zu denken ist dabei z. B. an Pensionsrückstellungen und Sozialversicherungsbeiträge.[150]

4.1.1.2 Substanzsteuerliche Besonderheiten der GmbH & Co. KG

Bei der Bewertung der Anteile an der GmbH ergibt sich das Problem, dass die für die Bewertung zugrunde zu legenden Werte der KG und der GmbH wechselseitig voneinander abhängen. Der Grund hierfür liegt darin, dass die GmbH-Anteile in die Bewertung der KG mit einbezogen werden müssen, da es sich hierbei um Sonderbetriebsvermögen II handelt. Auf diese Weise entsteht

149 Vgl. Hottmann in Zimmermann et al. (2013), S. 1233 ff.
150 Vgl. Bitz in Littmann/Bitz/Pust (2012), § 15, Rz. 48.

eine Abhängigkeit des Anteils der GmbH am Wert der KG vom eigenen Wert.[151] In der Praxis wurde diese Interdependenz in der Vergangenheit durch die schrittweise Ermittlung eines Näherungswertes berücksichtigt. Diesem Näherungsverfahren kommt nach der jüngsten Erbschaftsteuerreform keine Bedeutung mehr zu, da bei der Unternehmensbewertung für erbschaftsteuerliche Zwecke stets auf übliche Unternehmensbewertungsmethoden oder auf das in den §§ 199-203 BewG kodifizierte vereinfachte Ertragswertverfahren zurückgegriffen werden kann.[152] Durch den Wegfall der Gewerbekapitalsteuer und durch die Aussetzung der Vermögensteuer gibt es keine jährlich substanzsteuerlich zu beachtenden Rechtsformspezifika mehr.

4.1.2 Die Beurteilung der steuerlichen Vorteilhaftigkeit der GmbH & Co. KG

Steuerliche Vorteile der GmbH & Co. KG gegenüber der reinen GmbH:

Die Vorteilhaftigkeit der Rechtsform der GmbH & Co. KG ist insbesondere von den persönlichen Einkommensteuersätzen der Mitunternehmer und der Entnahmepolitik abhängig. Der auf die Komplementär-GmbH entfallende Gewinnanteil der KG unterliegt der Körperschaftsteuer und der Gewinnanteil, der auf die Kommanditisten entfällt, der Einkommensteuer. Darüber hinaus werden die Gewinne der KG bei dieser mit Gewerbesteuer belastet, wobei durch die pauschalierte Anrechnung bei den einkommensteuerpflichtigen Mitunternehmern, in unserem Fall bei den Kommanditisten, i. d. R. teilweise eine Kompensation erfolgt. Nur wenn der Gewinnanteil der GmbH ausgeschüttet wird, unterliegt die Ausschüttung als Sonderbetriebseinnahme der Kommanditisten zusätzlich unter Berücksichtigung des Teileinkünfteverfahrens der Einkommensteuer. Eine etwaige Belastung mit Kirchensteuer muss darüber hinaus beachtet werden. Ist die sich so ergebende Belastung geringer als die Belastung mit Körperschaft- und Gewerbesteuer bei der reinen GmbH, so kann sich ein Vorteil für die GmbH & Co. KG in Abhängigkeit von der Thesaurierungsdauer der Gewinne ergeben.[153]

Bei überwiegender Entnahme bzw. Ausschüttung der Gewinne der GmbH & Co. KG ergibt sich in den meisten Fällen ein Vorteil gegenüber der reinen GmbH, da die Belastung durch Körperschaftsteuer und Gewerbesteuer sowie Abgeltungssteuer bzw. Teileinkünfteverfahren bei der reinen GmbH höher ist als die Belastung mit Einkommensteuer und pauschal angerechneter Gewerbesteuer für die Gewinnanteile der Kommanditisten der GmbH & Co. KG.

Die ertragsteuerlichen Vorteile der GmbH & Co. KG gegenüber der reinen GmbH, z. B. durch die anteilige pauschalierte Gewerbesteueranrechnung, sind grds. umso größer, je kleiner der Anteil der Komplementär-GmbH am Gesamtgewinn der GmbH & Co. KG ist. In der Praxis finden sich daher vielfach Fälle, in denen die Komplementär-GmbH kapitalmäßig überhaupt nicht an der KG beteiligt ist.

Die Verlustanteile der Komplementär-GmbH aus der GmbH & Co. KG bleiben im Normalfall in der GmbH isoliert. Sie können nur i. S. v. § 10d EStG rück- bzw. vorgetragen werden. Eine Verrechnung mit anderen Einkünften der natürlichen Gesellschafter der GmbH ist nicht möglich. Die Verlustanteile, die auf natürliche Personen als Kommanditisten der KG entfallen, können jedoch

151 Vgl. Wagner/Dirrigl (1980), S. 226.
152 Vgl. Ballwieser (2010); Müller/Sureth (2011), S. 51-54.
153 Vgl. Kapitel 5.7.8.

dort gegebenenfalls durch positive andere Einkünfte ausgeglichen werden. Verbleibende Verluste können ebenfalls rück- oder vorgetragen werden. Jedoch muss sowohl beim Verlustausgleich als auch beim Verlustabzug die Beschränkung dieser Möglichkeit durch § 15a EStG beachtet werden.[154]

Durch die pauschalierte Gewerbesteueranrechnung kommt es im Allgemeinen und insbesondere bei niedrigen relevanten Einkommensteuersätzen zu einem Vorteil gegenüber der reinen GmbH, da § 35 EStG nur bei Einkommensteuerpflichtigen angewendet werden darf und somit keine entsprechende Gewerbesteueranrechnung für Kapitalgesellschaften existiert. Gibt es neben der Komplementär-GmbH auch einkommensteuerpflichtige Mitunternehmer, so ist eine anteilige Anrechnung der Gewerbesteuer bei der Rechtsformalternative GmbH & Co. KG im Regelfall möglich.

Steuerliche Nachteile der GmbH & Co. KG gegenüber der reinen GmbH:

Liegt das arithmetische Mittel der Einkommen- und Kirchensteuersätze der Gesellschafter jedoch über dem Körperschaftsteuersatz zuzüglich dem effektiven Gewerbesteuersatz, was den Regelfall darstellen dürfte, ist die reine GmbH bei überwiegender Thesaurierung über längere Zeiträume vorteilhafter.[155]

Nachteilig für die GmbH & Co. KG ist die Nichtabzugsfähigkeit der Geschäftsführergehälter und anderer Leistungsvergütungen, wenn die Gesellschaftergeschäftsführer der GmbH zugleich Kommanditisten sind. Hierdurch wird eine zusätzliche Belastung mit Gewerbesteuer hervorgerufen. In Abhängigkeit vom relevanten Hebesatz, vom anzuwendenden Einkommensteuersatz sowie von der Höhe des Anteils der gewerblichen Einkünfte am zu versteuernden Einkommen kann dieser Nachteil ganz oder teilweise durch die pauschalierte Gewerbesteueranrechnung kompensiert werden. Ein Nachteil aus der Nichtabzugsfähigkeit kann weiter daraus entstehen, dass die i. d. R. höheren einkommensteuerpflichtigen Einkünfte der Gesellschafter aus der Unternehmung im Fall der GmbH & Co. KG (Gesamthandsgewinn und Sonderbetriebsgewinn) zu einer Versteuerung in einer höheren Progressionsstufe führen können als bei einer reinen GmbH. Bei letzterer wirken beispielsweise thesaurierte Gewinne nicht progressionssteigernd.

Die steuerwirksame Bildung von Pensionsrückstellungen, die in einer GmbH für Gesellschaftergeschäftsführer möglich ist, steht der GmbH & Co. KG in diesem Fall nicht zur Verfügung.[156] Eine entsprechende Minderung bei den Ertragsteuern entfällt somit mit den oben genannten Konsequenzen.[157]

Steuerliche Vorteile der GmbH & Co. KG gegenüber der reinen Personenunternehmung:

Für den Fall, dass der Geschäftsführer der Komplementär-GmbH nicht zugleich Kommanditist ist, kommt es bei der GmbH & Co. KG im Vergleich zur reinen Personenunternehmung unter Umständen zu einer Ersparnis an Gewerbesteuer durch die Zahlung von Geschäftsführungsgehältern. Die reine Personengesellschaft ist in diesem Fall schlechter gestellt, da hier alle Leis-

154 Vgl. Kopplin/Maßbaum/Sureth (2010) sowie BFH, 16. 10. 2008, IV R 98/06, BStBl. 2009 II, S. 272.

155 Auf die Problematik der Verwendung des arithmetischen Mittels der Steuersätze wurde bereits in Kapitel 3 hingewiesen.

156 Vgl. BFH, 16. 2. 1967, IV R 62/66, BStBl. 1967 III, S. 222.

157 Vgl. Wöhe/Bieg (1995), S. 233.

tungsvergütungen zwischen Gesellschaft und Gesellschaftern grds. auch der Gewerbesteuer unterliegen. In Folge von § 35 EStG verschwindet dieser Effekt allerdings unter Umständen gänzlich.[158] Einkommensteuerliche Progressionsnachteile sind aber auch in diesem Fall bei der reinen Personengesellschaft denkbar.

Die Bildung von Pensionsrückstellungen für die geschäftsführenden Gesellschafter der GmbH durch die GmbH & Co. KG ist in diesem Fall möglich.[159]

Bei hohen Einkommensteuersätzen der Mitunternehmer kann bei Thesaurierung für den Gewinnanteil der GmbH der niedrigere Körperschaftsteuersatz genutzt werden.[160]

Steuerliche Nachteile der GmbH & Co. KG gegenüber der reinen Personenunternehmung:

Bei Thesaurierung und niedrigen durchschnittlichen Einkommen- und Kirchensteuersätzen der Gesellschafter stellt die Belastung mit Körperschaftsteuer für den auf die GmbH entfallenden Gewinnanteil der Gesellschaft einen Nachteil der GmbH & Co. KG gegenüber der reinen Personenunternehmung dar.[161]

Die Gewinnsteuerbelastung der GmbH & Co. KG nähert sich mit abnehmendem GmbH-Gewinnanteil der ertragsteuerlichen Situation einer reinen Personenunternehmung an. Je kleiner der Anteil der GmbH am Gewinn ist, desto geringer wirken sich die Besonderheiten von Kapitalgesellschaften bei der Besteuerung auf die Steuerlast der GmbH & Co. KG aus.[162]

4.2 Die Betriebsaufspaltung

Der Begriff der Betriebsaufspaltung wird in der Literatur in unterschiedlicher Bedeutung verwendet. Zum einen wird der **Vorgang** der Aufspaltung eines Betriebes, bei dem bestimmte Voraussetzungen eingehalten werden, als Betriebsaufspaltung bezeichnet. Des Weiteren wird das daraus resultierende organisatorische Gebilde als Betriebsaufspaltung bezeichnet (**Zustand**) und zuletzt wird das **Rechtsinstitut** der Betriebsaufspaltung so bezeichnet, das vorliegt, wenn bestimmte durch die Rechtsprechung festgelegte Voraussetzungen gegeben sind.[163] Liegt das Rechtsinstitut einer Betriebsaufspaltung i. S. d. BFH-Rechtsprechung vor, so hat dies die im Folgenden geschilderten steuerlichen Konsequenzen.

Beim Vorgang einer Betriebsaufspaltung wird zunächst auf Seiten des Steuerpflichtigen eine Unternehmung aufgespalten. Hierbei handelt es sich um eine zivilrechtliche Gestaltungsmaßnahme, bei der i. d. R. eine Unternehmung in eine Besitzgesellschaft und eine Betriebsgesellschaft aufgeteilt wird. Es liegt jedoch normalerweise keine Spaltung oder Einbringung i. S. d. Umwandlungssteuergesetzes vor. Das Umwandlungssteuergesetz verlangt bei Spaltungen, dass der übertragenden Unternehmung mindestens ein Teilbetrieb verbleibt und fordert bei Einbringungen die Übertragung eines Betriebs oder Teilbetriebs. Dies ist beim Vorgang der Be-

158 Vgl. aber Korn (2011), S. 903-904.
159 Vgl. BFH, 22. 1. 1970, IV R 47/68, BStBl. 1970 II, S. 415.
160 Vgl. Kapitel 5.
161 Vgl. Wöhe/Bieg (1995), S. 228.
162 Vgl. Kapitel 5.
163 Vgl. Lehmann/Marx (1989), S. 506; Wöhe (1990), S. 298; Bitz in Littmann/Bitz/Pust (2012), § 15, Rz. 320-352.

triebsaufspaltung regelmäßig nicht der Fall,[164] und somit müsste es sich aus steuerlicher Sicht um eine Betriebsaufgabe handeln, die eine Aufdeckung aller in der Unternehmung ruhenden stillen Reserven bewirkt und deren Besteuerung verlangt.[165] Die Rechtsprechung nimmt jedoch im Gegensatz zu der zuvor beschriebenen Rechtslage das Rechtsinstitut einer Betriebsaufspaltung an, falls zwei Voraussetzungen erfüllt sind:[166]

1. die sachliche Verflechtung und
2. die personelle Verflechtung.

Eine sachliche Verflechtung liegt vor, wenn die Besitzgesellschaft der Betriebsgesellschaft wesentliche Betriebsgrundlagen zur Nutzung überlässt, das heißt wenn die Betriebsgesellschaft die Wirtschaftsgüter der Besitzgesellschaft für ihre unternehmerische Tätigkeit nutzt.[167]

Von personeller Verflechtung spricht man, wenn die die Besitzunternehmung beherrschenden Personen in der Lage sind, auch in der Betriebsunternehmung ihren unternehmerischen Willen durchzusetzen, z. B. durch gleiche oder ähnliche Beteiligungsverhältnisse.[168] I. d. R. sind an beiden Gesellschaften dieselben Gesellschafter beteiligt.

Beide Unternehmungen sind rechtlich weiterhin selbständig, stellen jedoch aufgrund der personellen und sachlichen Verflechtung eine Betriebsaufspaltung dar.[169] Eine Unternehmung dient als Besitzgesellschaft, die andere als Betriebsgesellschaft.[170]

Da steuerliche Aspekte aus den bereits zu Beginn des Kapitels 4 genannten Gründen bei kombinierten Rechtsformen an Bedeutung verloren hatten, sind Betriebsaufspaltungen überwiegend durch die Möglichkeit der Haftungsbeschränkung motiviert gewesen. Es lässt sich zeigen, dass die Betriebsaufspaltung infolge früherer Unternehmensteuerreformen in vielen Fällen die relativ höchste steuerliche Belastung im Vergleich zu den Rechtsformalternativen aufwies.[171] Hinsichtlich der Haftungsbegrenzung bot eine Betriebsaufspaltung jedoch auch weiterhin mehr Gestaltungspotenzial als eine reine Kapitalgesellschaft. Nach der Unternehmensteuerreform 2008 zeigt sich jedoch, dass die Steuerbelastung der Betriebsaufspaltung unter bestimmten Voraussetzungen im Vergleich zu alternativen Rechtsformen bzw. Rechtsformkombinationen geringer ausfallen kann.[172]

164 Vgl. Kapitel 7.

165 Vgl. hierzu BFH, 16. 2. 1996, I R 183/94, BStBl. 1996 II, S. 342; vgl. auch Wacker (1997), S. 105 ff.; BFH, 12. 2. 1998, VIII B 22/97, BFH/NV 1998, S. 852. Vgl. insbesondere zur sachlichen Verflechtung BFH, 27. 8. 1997, I R 76/96, BFH/NV 1998, S. 742.

166 Vgl. Brandmüller (1997), S. 96, S. 174 ff.; Bitz in Littmann/Bitz/Pust (2012), § 15, Rz. 320-352; Schaeberle in Zimmermann et al. (2013), S. 743 ff.; Rupp (2013), S. 37-87.

167 Vgl. H 15.7 Abs. 4 EStH; H 15.7 Abs. 5 EStH; vgl. etwa auch BFH, 18. 8. 2005, V R 31/04,BStBl. 2007 II, S. 183.

168 Vgl. hierzu auch BFH, 29. 1. 1997, IX R 23/96, BStBl. 1997 II, S. 437; BFH, 15. 11. 2001, VIII B 45/01, BFH/NV 2002, S. 345; BFH, 28. 11. 2001, X R 50/97, BStBl. 2002 II, S. 363; BFH, 19. 3. 2009, IV R 78/06, BStBl. 2009 II, S. 803. Vgl. zu den Anforderungen an ähnliche Beteiligungsverhältnisse FG Baden-Württemberg, 14. 11. 1996, 6 K 7/94, NWB 1997, S. 159. Vgl. auch Bitz in Littmann/Bitz/Pust (2012), § 15, Rz. 320-320b, sowie BFH, 24. 8. 2006, IX R 5204, BStBl. 2007 II, S. 165; BFH, 23. 3. 2011, X R 45/09, BStBl. 2011 II, S. 778; BFH, 8. 9. 2011, IV R 44/07, BStBl. 2012 II, S. 136; Kratzsch/Wedeking (2011), S. 17-24; Wachter (2011), S. 1599-1603; Stoschek/Sommerfeld (2012), S. 215-218.

169 Vgl. Bitz in Littmann/Bitz/Pust (2012), § 15, Rz. 300.

170 Vgl. Bitz in Littmann/Bitz/Pust (2012), § 15, Rz. 302.

171 Vgl. König/Sureth (2001), S. 172. Vgl. auch Kessler/Teufel (2001), S. 17 ff.

172 Vgl. Kapitel 5. Die Variationsrechnungen zeigen, dass beispielsweise bei relativen niedrigen Gewinnen die Betriebsaufspaltung die niedrigste Steuerbelastung aufweisen kann. Vgl. auch Neufang/Otto (2011), S. 2967-2971; Kußmaul/Schwarz (2012), S. 1055-1062.

Bei der „typischen" Form der Betriebsaufspaltung wird die Besitzgesellschaft in der Rechtsform einer Personenunternehmung geführt, während es sich bei der Betriebsgesellschaft um eine Kapitalgesellschaft handelt, die von der Besitzpersonengesellschaft das Anlagevermögen pachtet. Hierbei trägt die Betriebskapitalgesellschaft das gesamte Geschäftsrisiko, wohingegen sich die Personenunternehmung nur noch mit der Verpachtung und Verwaltung von Anlagevermögen (Grundstücke, Gebäude, Maschinen etc.) befasst. Die unbeschränkte Haftung der Gesellschafter der Personenunternehmung stellt somit kein echtes Risiko dar.

I. d. R. gestaltet sich der Vorgang der Betriebsaufspaltung so, dass aus einer bestehenden Ursprungspersonenunternehmung Teile in eine neu gegründete Kapitalgesellschaft eingebracht werden. Die Gesellschafter der Personengesellschaft erhalten Kapitalgesellschaftsanteile als Gegenleistung für die eingebrachten Wirtschaftsgüter. Man spricht hier von einer „echten Betriebsaufspaltung". Das Umlaufvermögen wird häufig gegen Gewährung eines Darlehens übertragen.[173]

Die Gesellschafter der Personengesellschaft, die i. d. R. zugleich Geschäftsführer der Kapitalgesellschaft sind, erhalten eine Geschäftsführungsvergütung von der Kapitalgesellschaft, die bei dieser als Betriebsausgabe abzugsfähig ist. Außerdem führt die Kapitalgesellschaft Pachtzinsen an die Personengesellschaft ab, welche die alleinigen Betriebseinnahmen der Personengesellschaft darstellen. Gewinne fallen i. d. R. ausschließlich bei der Kapitalgesellschaft an.[174]

Denkbar ist auch eine Betriebsaufspaltung durch eine Vertriebskapitalgesellschaft und eine Produktionspersonengesellschaft, die zu vereinbarten Verrechnungspreisen an die Vertriebsgesellschaft liefert. Auch in diesem Fall wird eine bisher einheitliche Unternehmung in zwei Gesellschaften aufgeteilt. Bei der Aufspaltung in eine Produktionspersonen- und eine Vertriebskapitalgesellschaft wird nur die Absatzfunktion verselbständigt. Nichtsteuerliche Gründe dieser Betriebsaufspaltung können der Wunsch nach einer besseren Marktpflege, nach Marktbeeinflussung u. ä. sein. Die Vertriebskapitalgesellschaft übernimmt, im Gegensatz zur Betriebskapitalgesellschaft, nicht das gesamte Risiko.[175]

Des Weiteren ist auch eine „umgekehrte Betriebsaufspaltung" möglich, bei der aus einer Ursprungskapitalgesellschaft durch Aufspaltung eine Personenunternehmung entsteht, an die dann die wesentlichen Betriebsgrundlagen verpachtet werden. Es resultieren eine Besitzkapitalgesellschaft und eine Betriebspersonengesellschaft. Denkbar sind außerdem Betriebsaufspaltungen in Form so genannter Doppel-Personengesellschaften oder auch Doppel-Kapitalgesellschaften. Sofern die Voraussetzungen der personellen und sachlichen Verflechtung vorliegen, kommen in jedem Fall die Besonderheiten der Betriebsaufspaltung zur Geltung.[176]

173 Vgl. Bitz in Littmann/Bitz/Pust (2012), § 15, Rz. 376.
174 Vgl. Wöhe/Bieg (1995), S. 239.
175 Vgl. Wöhe/Bieg (1995), S. 670.
176 Vgl. Bitz in Littmann/Bitz/Pust (2012), § 15, Rz. 300-302; Schaeberle in Zimmermann et al. (2013), S. 722 ff.

Durch den BFH ebenfalls als Rechtsinstitut der Betriebsaufspaltung angesehen wird die sogenannte „unechte Betriebsaufspaltung", bei der zwei bereits bestehende, rechtlich selbständige Betriebe durch einen Pachtvertrag verbunden werden.[177]

Nichtsteuerliche Gründe einer Betriebsaufspaltung können neben der Haftungsbeschränkung auch die Umgehung der Mitbestimmung, die Einkommenssicherung nicht geschäftsführender Gesellschafter durch Zahlung fester Pachtzinsen oder die Sicherung der Substanzerhaltung und der Unternehmungskontinuität sein.[178]

Eine gesonderte gesetzliche Regelung für die laufende Besteuerung der Betriebsaufspaltung existiert nicht. Während für die GmbH & Co. KG als Personengesellschaft die Regelungen für Mitunternehmerschaften einschlägig sind, kann bei der Betriebsaufspaltung lediglich auf die Rechtsprechung zurückgegriffen werden.[179]

Um die Darstellung nicht durch eine Fülle von Einzelfallregelungen zu überlasten, konzentrieren sich die folgenden Ausführungen auf die „typische" Form der Betriebsaufspaltung in eine Besitzpersonengesellschaft und eine Betriebskapitalgesellschaft.

4.2.1 Die Besteuerung der Betriebsaufspaltung

Beide Gesellschaften werden grds. getrennt besteuert.

Sämtliche Einkünfte aus der Besitzpersonengesellschaft zählen laut BFH zu den Einkünften aus Gewerbebetrieb, obwohl sich die Tätigkeit der Personengesellschaft i. d. R. auf die Verpachtung und Verwaltung des Vermögens beschränkt.[180] Folglich ist neben der Betriebskapitalgesellschaft auch die Besitzpersonengesellschaft gewerbesteuerpflichtig; die Pachteinnahmen stellen insofern Einkünfte aus Gewerbebetrieb dar. Die Möglichkeit, Wirtschaftsgüter aus dem Privatvermögen zu verpachten und auf diese Weise der laufenden Gewerbesteuerpflicht zu entgehen sowie die Einkommensteuerpflicht von Veräußerungserfolgen zu vermeiden, wurde durch den BFH somit stark eingeschränkt.[181]

Die Besitzpersonengesellschaft hält und bilanziert das Anlagevermögen. Überlassen einzelne Personengesellschafter Gegenstände direkt der Betriebskapitalgesellschaft, so stellen diese Sonderbetriebsvermögen II dar. Gleiches gilt für die Anteile an der Betriebskapitalgesellschaft, die von Mitunternehmern der Besitzpersonengesellschaft gehalten werden. Die Konsequenz ist, dass Gewinnausschüttungen sowie Gewinne aus Anteilsverkäufen als Sonderbetriebseinnahmen zu den laufenden Einkünften der Personengesellschaft zählen und damit Einkünfte aus Gewerbebetrieb darstellen. Bei der Ermittlung der Gewerbesteuer sind die Gewinnanteile jedoch

177 Vgl. Schaeberle in Zimmermann et al. (2013), S. 722. Hierbei handelt es sich um eine „Kunstfigur" des BFH, bei der der Vorgang der Betriebsaufspaltung fehlt und stattdessen das Anlagevermögen durch die Besitzunternehmung an die Betriebsgesellschaft verpachtet wird. Vgl. Bitz in Littmann/Bitz/Pust (2012), § 15, Rz. 300; BFH, 3. 11. 1959, I 217/58 U, BStBl. 1960 III, S. 50; BFH, 11. 11. 1982, IV R 117/80, BStBl. 1983 II, S. 299. Zu Gestaltungsvarianten einer Betriebsaufspaltung vgl. z. B. Liefke (2012), S. 86-93; Rupp (2013), S. 21-31.

178 Vgl. Brandmüller (1997), S. 45 ff. und S. 73 ff.; Rupp (2013), S. 12-17.

179 Vgl. Bitz in Littmann/Bitz/Pust (2012), § 15, Rz. 303.

180 Vgl. BVerfG, 14. 1. 1969, 1 BvR 136/62, BStBl. 1969 II, S. 389; BFH, 12. 11. 1985, VIII R 240/81,BStBl. 1986 II, S. 296.

181 Vgl. BFH, 8. 11. 1971, GrS 2/71, BStBl. 1972, S. 63; BFH, 24. 2. 1981, VIII R 159/78, BStBl. 1981 II, S. 379; R 15.7 Abs. 1 EStR. Der sog. Verpachtungserlass vom 28. 12. 1964 wird nicht angewendet. Vgl. BVerfG, 14. 1. 1969, 1 BvR 136/62, BStBl. 1969 II, S. 389; BFH, 13. 11. 1997, IV R 67/96, BStBl. 1998 II, S. 254.

wegen § 9 Nr. 2a GewStG wieder von der Bemessungsgrundlage abzuziehen, falls eine Beteiligungsquote von mindestens 15 % erreicht wird und somit das Schachtelprivileg in Anspruch genommen werden kann. Hierdurch wird eine gewerbesteuerliche Doppelbesteuerung vermieden.[182]

Wird Umlaufvermögen mit der Auflage der Rückgabe gleichartiger Güter überlassen, führt dies dazu, dass die Besitzpersonengesellschaft ein so genanntes Sachwertdarlehen aktivieren muss, während die Betriebskapitalgesellschaft die einzelnen Wirtschaftsgüter aktivieren und die entsprechenden Verbindlichkeiten gegenüber der Besitzpersonengesellschaft passivieren muss.[183] Die im Zusammenhang mit dem Sachwertdarlehen gezahlten Zinsen sind bei Überschreiten des Freibetrages nach § 8 Nr. 1 GewStG zu 25 % bei der Ermittlung der gewerbesteuerlichen Bemessungsgrundlage hinzuzurechnen.

Hinsichtlich der steuerlichen Behandlung von Fremdkapitalzinsen ist grds. eine etwaige Anwendung der Zinsschranke gemäß § 4h Abs. 2 Satz 1 Buchst. b EStG zu prüfen. Da diese i. d. R. nur für Betriebe gilt, die zu einem Konzern gehören, ist der Konzernbegriff im Zusammenhang mit einer Betriebsaufspaltung zu klären. Im Rahmen der Zinsschranke geht man von einem erweiterten Konzernbegriff aus.[184] Im Falle der Betriebsaufspaltung liegt jedoch kein Konzern i. S. d. § 4h Abs. 3 EStG vor, wenn sich die Gewerblichkeit der Besitzunternehmung ausschließlich aufgrund der personellen und sachlichen Verflechtung ergibt.[185] Der Gesetzgeber möchte die Anwendung der Zinsschranke bei „typischen" Formen der Betriebsaufspaltung vermeiden. Dies hat zur Folge, dass die Zinsschranke nur zur Anwendung kommen kann, wenn die Besitzunternehmung schon vor Gründung einer Betriebsaufspaltung gewerblich tätig war.

Die Angemessenheit des Pachtzinses bei einer Betriebsaufspaltung mit einer Besitzpersonen- und einer Betriebskapitalgesellschaft ist das eigentliche Problem. Die Höhe dieser Vergütung muss einem Fremdvergleich standhalten. Bei der Festlegung des Pachtzinses ist zu beachten, dass durch die Zahlung kein einseitiger dauerhafter Verlust bei der Betriebskapitalgesellschaft zulässig ist. Der Pachtzins sollte eine angemessene Kapital- und Risikovergütung darstellen. Zu niedrig bemessene Pachtzahlungen werden von den Finanzbehörden jedoch grds. nicht beanstandet.[186] Eine Ausnahme ergibt sich lediglich, wenn die Pachtzahlungen so niedrig sind, dass für das Besitzunternehmen keine Gewinnerzielungsabsicht mehr angenommen werden kann. Zu hohe Vergütungen an die Besitzgesellschaft werden in Höhe des die Angemessenheitsgrenze übersteigenden Anteils in eine verdeckte Gewinnausschüttung umqualifiziert.[187]

Um die Anforderung an die Angemessenheit der Pachtzahlung zu erfüllen, dürfen nur so viele Wirtschaftsgüter bei der Personengesellschaft verbleiben, dass der Pachtzins einem Fremdvergleich standhält. Anhaltspunkte für die Angemessenheit sind außerdem die gesamten Aufwendungen der Personengesellschaft für die Wirtschaftsgüter, das heißt, Abschreibungen und sons-

182 Vgl. Schaeberle in Zimmermann et al. (2013), S. 794.
183 Vgl. Hinz (1995), S. 213 f.; Schaeberle in Zimmermann et al. (2013), S. 775 ff.
184 Vgl. dazu Lange (2011), Rz. 4047.
185 Vgl. BMF-Schreiben vom 4. 7. 2008, Tz. 63, BStBl. 2008 I, S. 718.
186 Zu einer Ausnahme von dieser Regel vgl. BFH, 24. 4. 1991, X R 84/88, BStBl. 1991 II, S. 713.
187 Vgl. Schaeberle in Zimmermann et al. (2013), S. 772.

tige Aufwendungen, sofern keine besonderen Vereinbarungen über die Übernahme dieser Aufwendungen durch die Kapitalgesellschaft getroffen wurden, sowie Zinsen für Fremdkapital.[188]

Zur Vermeidung einer Umqualifizierung der Pachtzahlung in eine verdeckte Gewinnausschüttung muss auf Seiten der Betriebskapitalgesellschaft eine angemessene Kapital- und Risikoverzinsung verbleiben. Dies ist laut BFH[189] der Fall, wenn die GmbH nach Abzug der Pacht eine Rendite des eingesetzten Stammkapitals in Höhe von mindestens 15 % erreicht. Dieser Prozentsatz wird als Maßstab für den Gewinn gesehen, mit dem sich ein ordentlicher und gewissenhafter Geschäftsführer zufrieden geben würde. Zur Umgehung der Angemessenheitsdiskussion ist es daher empfehlenswert, die Pacht so zu bemessen, dass der Betriebskapitalgesellschaft regelmäßig ein Gewinn von mindestens 20 % des eingesetzten Kapitals verbleibt.[190]

Existieren Ersatzbeschaffungs- bzw. Instandhaltungsabsprachen mit der Betriebsgesellschaft, so hat diese entsprechende Rückstellungen zu bilden. In diesem Fall ermäßigt sich der als angemessen erachtete Pachtzins um die Abschreibungsvergütungen. Die Höhe der Rückstellung bei der Kapitalgesellschaft richtet sich nach den erwarteten Wiederbeschaffungskosten. Die Besitzgesellschaft muss für ihren Erneuerungsanspruch im Rahmen der korrespondierenden Bilanzierung eine Forderung in gleicher Höhe aktivieren.[191]

Die Gesellschafter der Personengesellschaft werden bemüht sein, die Höhe des Pachtzinses so weit zu beschränken, dass ein besonders hoher Einkommengrenzsteuersatz vermieden wird. Dieses Vorgehen empfiehlt sich allerdings grds. nur für den Fall, dass ausschließlich natürliche Personen an der Personengesellschaft beteiligt sind. Häufig ist es sinnvoll, die Pachtzinsen so niedrig zu halten, dass die Einnahmen zusammen mit den Einkünften aus anderen Einkunftsarten ausreichen, um den Lebensunterhalt zu bestreiten. Überschüssige Mittel können dann zum niedrigeren Körperschaftsteuersatz in der Kapitalgesellschaft thesauriert werden. Um jedoch bei derartigen Überlegungen die Angemessenheitsvorschrift nicht zu verletzen und dem Vorwurf zu geringer Pachtzinsen mit der Folge der Versagung der Gewinnerzielungsabsicht der Personengesellschaft zu entgehen, muss man eventuell schon frühzeitig einige Wirtschaftsgüter des Anlagevermögens von der Personengesellschaft auf die Kapitalgesellschaft übertragen. Hier gilt es, zwischen Risikoaspekten und steuerlichen Konsequenzen abzuwägen.[192]

Falls hingegen eine Gewinnthesaurierung nicht im Rahmen des Möglichen liegt, sollte der Pachtvertrag derart ausgestaltet werden, dass der verbleibende Gewinn bei der Betriebskapitalgesellschaft möglichst gering ausfällt, um eine (definitive) Gewerbe- und Körperschaftsteuerbelastung zu vermeiden. In diesem Fall nähert sich die Steuerlast der Betriebsaufspaltung derjenigen einer reinen Personenunternehmung an.

Die Besteuerung von Gewinnausschüttungen der Betriebskapitalgesellschaft hängt davon ab, von wem die Anteile gehalten werden. Hier sind drei Fälle zu unterscheiden:

188 Vgl. Bitz in Littmann/Bitz/Pust (2012), § 15, Rz. 310.

189 Vgl. BFH, 4. 5. 1977, I R 236/74, BStBl. 1977 II, S. 771.

190 Vgl. Streck (1980), S. 91.

191 Vgl. BFH, 8. 3. 1989, X R 9/86, BStBl. 1989 II, S. 714. Dieser Forderung steht jedoch das handelsrechtliche Vorsichtsprinzip entgegen. Vgl. ebenda. Vgl. auch Bitz in Littmann/Bitz/Pust (2012), § 15, Rz. 381; Schaeberle in Zimmermann et al. (2013), S. 775 f. Vgl. auch BFH, 17. 2. 1998, VIII R 28/95, BStBl. 1998 II, S. 505; BFH, 28. 5. 1998, IV R 31/97, BStBl. 2000 II, S. 286.

192 Vgl. Kessler/Teufel (2001), S. 17 ff.

1. Werden die Anteile im Betriebsvermögen der Besitzpersonengesellschaft gehalten, so handelt es sich bei der Ausschüttung um Einkünfte aus Gewerbebetrieb, die dem Teileinkünfteverfahren unterliegen. Im Falle einer Mindestbeteiligungsgrenze von 15 % kommt es zu keiner erneuten Erfassung bei der Gewerbesteuer. Die Kürzungsvorschrift des § 9 Nr. 2a GewStG vermeidet somit häufig eine doppelte gewerbesteuerliche Erfassung bei der Besitzpersonengesellschaft.
2. Hält der Gesellschafter der Besitzpersonengesellschaft die Anteile selbst, so zählen diese zu seinem Sonderbetriebsvermögen II; es resultieren, ebenso wie im ersten Fall, Einkünfte aus Gewerbebetrieb, die dem Teileinkünfteverfahren unterliegen. Zu einer erneuten Erfassung bei der Gewerbesteuer kommt es auch hier wegen der Kürzungsvorschrift des § 9 Nr. 2a GewStG regelmäßig nicht.[193]
3. Wenn die Anteile im Privatvermögen eines Gesellschafters der Betriebskapitalgesellschaft gehalten werden, der nur an der Kapitalgesellschaft, nicht jedoch an der Personengesellschaft beteiligt ist, handelt es sich bei der Gewinnausschüttung in diesem Fall um Einkünfte aus Kapitalvermögen, die der Abgeltungssteuer oder gegebenenfalls dem Teileinkünfteverfahren unterliegen.

Leistungsbeziehungen zwischen der Betriebskapitalgesellschaft und deren Anteilseignern, die zugleich Mitunternehmer der Besitzpersonengesellschaft sind, werden durch die Rechtsprechung höchst unterschiedlich behandelt. Zum Teil werden Vergütungen als Sonderbetriebseinnahmen interpretiert und unterliegen damit als Einkünfte aus Gewerbebetrieb auch der Gewerbesteuer. Zum Teil wird die Abzugsfähigkeit der Vergütungen aber auch steuerlich anerkannt; insofern handelt es sich nicht um Einkünfte aus Gewerbebetrieb mit der Folge einer Gewerbesteuerersparnis. Während Geschäftsführergehälter in der Kapitalgesellschaft unabhängig vom gesellschaftlichen Status des Empfängers abzugsfähig sind und beim Geschäftsführer Einkünfte aus nichtselbständiger Arbeit darstellen sowie die Bildung von Pensionsrückstellungen zulässig ist,[194] zählen durch einen Mitunternehmer an die Kapitalgesellschaft vermietete oder verpachtete Wirtschaftsgüter stets zum Sonderbetriebsvermögen II.[195] Bei Darlehen und sonstigen Vergütungen hängt die Qualifizierung vom Einzelfall ab.[196] Dient ein Darlehen eines Mitunternehmers der Besitzgesellschaft beispielsweise dazu, die Vermögens- und Ertragslage der Betriebsgesellschaft zu verbessern und damit den Wert der Beteiligung an der Betriebsgesellschaft zu erhalten oder zu erhöhen, so zählen die Zinszahlungen der Betriebskapitalgesellschaft zu den Sonderbetriebseinnahmen des Darlehensgebers.[197]

Eine weitere Besonderheit liegt bei Grundstücksunternehmungen vor. Diese an sich gewerbesteuerfreien Unternehmungen, die allein durch die Rechtsform gewerbesteuerpflichtig sind, werden normalerweise bei der Gewerbesteuer wieder entlastet (§ 9 Nr. 1 Satz 2 GewStG). Eine derartige Entlastung kann für Besitzpersonengesellschaften einer Betriebsaufspaltung jedoch nicht vorgenommen werden.[198]

193 Zu einer gewerbesteuerlichen Kürzung kommt es nur, wenn es sich um eine Beteiligung von mindestens 15 % handelt (§ 9 Nr. 2a GewStG).
194 Vgl. Brandmüller (1997), S. 68 ff.; Bitz in Littmann/Bitz/Pust (2012), § 15, Rz. 313.
195 Vgl. Heinhold (1996), S. 246; vgl. aber auch Bitz in Littmann/Bitz/Pust (2012), § 15, Rz. 363.
196 Vgl. Bitz in Littmann/Bitz/Pust (2012), § 15, Rz. 362-363. Vgl. auch BFH, 19. 10. 2000, IV R 73/99, BStBl. 2001 II, S. 335.
197 Vgl. BFH, 7. 3. 1978, VIII R 38/74, BStBl. 1978 II, S. 378.
198 Vgl. Montag in Tipke/Lang (2012), § 13, Rz. 92.

Im Zusammenhang mit der Betriebsaufspaltung stellt sich die Frage, ob hier aus steuerlicher Sicht eine Organschaft mit den entsprechenden steuerlichen Folgen vorliegt. Da die finanzielle Eingliederung i. S.v. § 14 Abs. 1 Nr. 1 KStG gegeben ist, liegt eine ertragsteuerliche Organschaft dann vor, wenn ein Ergebnisabführungsvertrag abgeschlossen und tatsächlich auch durchgeführt worden ist sowie außerdem die Voraussetzungen des § 14 Abs. 1 Nr. 2 KStG erfüllt sind. Fehlt ein Gewinnabführungsvertrag, stellt die Betriebsaufspaltung weder im körperschaftsteuerlichen noch gewerbesteuerlichen Sinne (§ 2 Abs. 2 Satz 2 GewStG) eine Organschaft dar.[199] Umsatzsteuerlich liegt hingegen stets eine Organschaft vor. Damit sind alle Umsätze zwischen den beteiligten Unternehmungen nicht umsatzsteuerbare Innenumsätze.[200]

Eine Abwandlung der Betriebsaufspaltung, die vor allem für den Mittelstand interessant ist, ist das so genannte Wiesbadener Modell. Hierbei ist z. B. der eine Ehepartner ausschließlich an der Besitzunternehmung und der andere Ehepartner nur an der Betriebsgesellschaft beteiligt. Dadurch wird erreicht, dass keine personelle Verflechtung vorliegt und somit steuerlich nicht mehr vom Rechtsinstitut einer Betriebsaufspaltung gesprochen wird. Die Konsequenz ist, dass die Besitzunternehmung gewerbesteuerfrei ist und ausschließlich Einkünfte aus Vermietung und Verpachtung erzielt. Per Saldo dürfte das Wiesbadener Modell in den meisten Fällen vorteilhaft sein.[201]

Grundsätzlich gilt, dass bei kleineren Familiengesellschaften die Betriebsaufspaltung eine sinnvolle Rechtsformgestaltung darstellen kann. Durch das gleichgerichtete Interesse der Beteiligten können steuerliche Gestaltungen vorgenommen werden, die bei gleichzeitig umfangreicher Haftungsbegrenzung zu einer relativ niedrigen steuerlichen Belastung führen.[202]

Auch im Vergleich zur GmbH & Co. KG bietet die Betriebsaufspaltung unter Umständen bessere Möglichkeiten, Steuern insgesamt, das heißt, auf Ebene der Unternehmungen und auf privater Ebene der Gesellschafter, soweit diese durch die unternehmerische Tätigkeit berührt wird, zu sparen. Die Gestaltungsspielräume bei der Verteilung der Gewinne und Verluste auf Betriebskapital- und Besitzpersonengesellschaft sind bei einer Betriebsaufspaltung wesentlich größer. Lediglich für den Fall, dass der Geschäftsführer einer GmbH & Co. KG nicht zugleich Kommanditist der KG ist, kommt es durch die Abzugsmöglichkeit der Geschäftsführervergütung zu einer ähnlichen Gewerbesteuerersparnis. Das Wiesbadener Modell erlaubt es jedoch, die Gewerbesteuerlast darüber hinaus zu verringern, so dass diese Abwandlung der Betriebsaufspaltung der GmbH & Co. KG i. d. R. überlegen sein dürfte.

Im Rahmen der Entscheidungsvorbereitung sollte jedoch in jedem Fall ein Steuerbelastungsvergleich vorgenommen werden.

199 Die gewerbesteuerlichen Anforderungen an eine Organschaft wurden den körperschaftsteuerlichen Anforderungen durch das Unternehmensteuerfortentwicklungsgesetz vom 20. 12. 2001 gleichgestellt. Vgl. Gesetz zur Fortentwicklung des Unternehmensteuerrechts vom 20. 12. 2001, BStBl. 2002 I, S. 35. Vgl. auch Rupp (2013), S. 129-131.

200 Vgl. Brandmüller (1997), S. 223 f. sowie S. 355 ff.

201 Vgl. Bitz in Littmann/Bitz/Pust (2012), § 15, Rz. 326; Schaeberle in Zimmermann et al. (2013), S. 753 f.

202 Vgl. die Ausführungen zur Betriebsaufspaltung in Kapitel 5.

Da durch die Rechtsprechung die genaue Auslegung der Voraussetzungen für eine Betriebsaufspaltung laufend verändert wird, empfiehlt es sich, jeweils die aktuelle Rechtslage zu prüfen.[203] Die Aussagekraft von Steuerbelastungsvergleichen wird durch diese Unsicherheit erheblich eingeschränkt. Erfüllt eine Betriebsaufspaltung in Folge geänderter Rechtsprechung plötzlich die Voraussetzung für das Rechtsinstitut der Betriebsaufspaltung nicht mehr, so würde es sich bei der Besitzpersonengesellschaft von nun an um eine private Vermögensverwaltung handeln. Dies hätte die Folge, dass alle Wirtschaftsgüter aus dem Betriebsvermögen in das Privatvermögen übergingen. Neben dem Wegfall gewerbesteuerlicher Effekte müssten sämtliche stille Reserven des Betriebsvermögens der Mitunternehmerschaft aufgelöst und versteuert werden. Da die Auslegung der Voraussetzungen für eine Betriebsaufspaltung ausschließlich auf Richterrecht fußt, besteht für die betroffenen Steuerpflichtigen keinerlei Planungssicherheit.[204]

4.2.2 Die Beurteilung der steuerlichen Vorteilhaftigkeit der Betriebsaufspaltung

Die übliche Form der Betriebsaufspaltung in eine Besitzpersonen- und eine Betriebskapitalgesellschaft sollte neben der Haftungsbeschränkung auch dazu dienen, gewerbesteuerliche Vorteile bei der Kapitalgesellschaft durch die Abzugsfähigkeit von Leistungsvergütungen an Gesellschafter nutzen zu können. Zudem kommt der Betriebsaufspaltung durch die Möglichkeit, Verluste ähnlich gut wie in einer reinen Personenunternehmung ausnutzen zu können, große praktische Bedeutung zu.

Steuerliche Vorteile:

Die Gehälter der geschäftsführenden Gesellschafter der Betriebskapitalgesellschaft, die zugleich Gesellschafter der Besitzpersonengesellschaft sind, sind – im Gegensatz z. B. zur GmbH & Co. KG – abzugsfähig. Die Bildung von Pensionsrückstellungen ist möglich.

Darlehen und andere Verträge zwischen einem Gesellschafter und der Betriebskapitalgesellschaft können in Abhängigkeit vom Einzelfall steuerlich anerkannt werden.

Innerhalb der von den Finanzbehörden gesetzten Grenzen lässt sich die Gewinnaufteilung zwischen Personen- und Kapitalgesellschaft durch den Ansatz hoher oder niedriger Pachtzinsen bzw. Verrechnungspreise gestalten und so unter Umständen eine Abschwächung einkommensteuerlicher Progressionseffekte bewirken.

203 Vgl. z. B. die widersprüchlichen Urteile des BFH: BFH, 7. 8. 1990, VIII R 110/87, BFH/NV 1991, S. 93; BFH, 29. 10. 1991, VIII R 77/87, BStBl. 1992 II, S. 334; BFH, 26. 6. 1992, III R 91/88, BFH/NV 1993, S. 167; BFH, 26. 5. 1993, X R 78/91, BStBl. 1993 II, S. 718 u. v. a.; vgl. ausführlich dazu Miessel/Wengert (1995), S. 111 ff.; vgl. auch Lehmann/Marx (1989), S. 506 ff. und vgl. weiter Söffing (1997); Schulze zur Wiesche (1997); Gebhardt (1997) und BFH, 2. 4. 1997, X R 21/93, BStBl. 1997 II, S. 565. Vgl. allerdings auch BFH, 13. 7. 1998, X B 70/98, BFH/NV 1999, S. 39. Vgl. auch BFH, 23. 5. 2000, VIII R 11/99, BStBl. 2000 II, S. 621 sowie BMF-Schreiben vom 18. 9. 2001, BStBl. 2001 I, S. 634; BFH, 17. 11. 2005, III R 8/03, BStBl. 2006 II, S. 287; BFH, 30. 11. 2005, X R 56/04, BStBl. 2006 II, S. 415; BFH, 29. 3. 2006, X R 59/00, BStBl. 2006 II S. 661.

204 Vgl. Lehmann/Marx (1989), S. 506 ff., insbesondere S. 510; vgl. auch Bitz in Littmann/Bitz/Pust (2012), § 15, Rz. 303.

Des Weiteren findet für den Gewerbeertrag auf Ebene der Besitzpersonengesellschaft der gewerbesteuerliche Freibetrag und die pauschalierte Gewerbesteueranrechnung gemäß § 35 EStG Anwendung.

Steuerlich motivierte Gewinnverlagerungen in die Kapitalgesellschaft sind nur bei einem hohen Einkommengrenzsteuersatz und langfristiger Thesaurierung sinnvoll.[205] Sollen Gewinne ausgeschüttet werden, führen Gewinnverlagerungen, falls die Anteilseigner der Betriebskapitalgesellschaft zugleich Mitunternehmer der Besitzpersonengesellschaft sind, letztlich zu Einkünften aus Gewerbebetrieb. Sowohl die Einkünfte in der Personengesellschaft als auch die Ausschüttungen aus der Kapitalgesellschaft zählen zu den Einkünften aus Gewerbebetrieb des jeweiligen Gesellschafters. Die Ausschüttungen sind jedoch gemäß § 3 Nr. 40 EStG nur zu 60 % steuerpflichtig. Durch die definitive Körperschaftsteuer werden die ausgeschütteten Gewinnanteile der Kapitalgesellschaft jedoch zumeist höher belastet als Gewinne der Personengesellschaft.

Steuerliche Nachteile:

Nach BFH-Rechtsprechung ist die Besitzpersonengesellschaft gewerbesteuerpflichtig.

Die Vermietung und Verpachtung von Wirtschaftsgütern durch einen Gesellschafter direkt an die Kapitalgesellschaft fällt unter die Regelungen des Sonderbetriebsvermögens. Miet- und Pachtzahlungen zählen somit zu den Einkünften aus Gewerbebetrieb.

Darlehen und andere Verträge zwischen einem Gesellschafter und der Betriebskapitalgesellschaft werden im Einzelfall dem Sonderbetriebsvermögen zugeordnet.

Nachteilig bei einer Betriebsaufspaltung ist, dass die Betriebskapitalgesellschaft normalerweise hohe Verbindlichkeiten bei der Besitzpersonengesellschaft hat, weil das Umlaufvermögen häufig gegen Darlehen auf die Kapitalgesellschaft übertragen wird, was die gewerbesteuerliche Hinzurechnung von 25 % der Zinsen zur Folge haben kann.[206]

Durch die Verschärfung der Hinzurechnungsregelungen bei der Betriebsgesellschaft in Folge der Unternehmensteuerreform (Aufhebung der Beschränkung der Hinzurechnung von Fremdkapitalvergütungen auf Dauerschuldzinsen, erweiterte Erfassung von Miet- und Pachtzinsen und zugleich Aufhebung der korrespondierenden Kürzungsvorschrift bei der Besitzgesellschaft) kommt der Gewerbesteuer erhöhte Bedeutung zu.[207] Dieser zumeist nicht unerheblichen Belastung mit Gewerbesteuer steht keine pauschalierte Gewerbesteueranrechnung gegenüber.

Verluste sollten bei der Betriebskapitalgesellschaft vermieden werden, da diese nur noch durch Rück- oder Vortrag ausgeglichen werden können und die gewerbesteuerlichen Vorteile aus der Abzugsfähigkeit der Leistungsvergütungen an die Gesellschafter in Verlustsituationen teilweise oder auch ganz verloren gehen. Daher ist bei der Reduktion des Gewinns der Kapitalgesellschaft durch die aufgeführten Gestaltungselemente Vorsicht geboten.

Ein besonderer Nachteil der Betriebsaufspaltung besteht darin, dass die Auslegung, wann es sich um das Rechtsinstitut einer Betriebsaufspaltung handelt, auf reinem Richterrecht beruht.[208] Die zum Teil unsichere Rechtsprechung erschwert strategische Unternehmensstrukturentscheidungen in erheblichem Maße.

---

205 Vgl. auch die Berechnungen in Kapitel 5.7.8.

206 Zu einer Hinzurechnung kommt es nur, wenn der Freibetrag von 100.000 € überschritten ist (§ 8 Nr. 1 GewStG).

207 Vgl. dazu Lange (2011), Rz. 3852.

208 Vgl. Wöhe (1990), S. 311 ff.; Bitz in Littmann/Bitz/Pust (2012), § 15, Rz. 303.

4.3 Die GmbH & Still

Ebenso wie die zuvor erörterten Beispiele für die Kombination einer Personenunternehmung mit einer Kapitalgesellschaft erlaubt es auch die GmbH & Still, die Haftung auf das Gesellschaftskapital zu beschränken, während gleichzeitig die steuerlichen Vorteile beider Rechtsformen genutzt werden können.[209] Vor der Körperschaftsteuerreform von 1977 wurde die GmbH & Still als Rechtsform überwiegend gewählt, um der ertragsteuerlichen Doppelbelastung der Gewinne zumindest zum Teil zu entgehen. Dies spielt heute bei niedrigen Einkommensteuersätzen erneut eine Rolle.

Bei der GmbH & Still beteiligt sich ein Dritter oder ein Gesellschafter der GmbH durch eine Einlage außerhalb des Stammkapitals an der Gesellschaft. Zu unterscheiden ist die typische GmbH & Still von der atypischen und vom partiarischen Darlehen.[210]

Bei der typischen GmbH & Still zählt das Kapital, das durch die stille Beteiligung der Gesellschaft zur Verfügung gestellt wird, zu den Verbindlichkeiten und liegt damit außerhalb des Haftungskapitals. Der stille Gesellschafter erhält als Entgelt für die Zurverfügungstellung des Kapitals einen Gewinnanteil sowie, falls vertraglich vereinbart, auch einen Verlustanteil[211] und nimmt den Status eines Gläubigers ein.

Ein atypisch still Beteiligter ist an den Verlusten der Gesellschaft[212] und darüber hinaus auch an den stillen Reserven, also auch am Firmenwert der Unternehmung beteiligt und kann in gewissem Rahmen unternehmerische Aufgaben wahrnehmen.[213] Grds. sind sowohl Mitunternehmerinitiative als auch Mitunternehmerrisiko Voraussetzungen für die Behandlung des Stillen als Mitunternehmer i.S.v. § 15 Abs. 1 Satz 1 Nr. 2 EStG.[214] Eine schwach ausgeprägte Mitunternehmerinitiative genügt, um den atypischen Charakter der stillen Beteiligung hervorzurufen.[215] Die Position des atypisch Stillen ähnelt damit der eines Kommanditisten in einer GmbH & Co. KG.[216] Er wird einkommensteuerlich folgerichtig als Mitunternehmer behandelt.

Steuerlich von besonderer Bedeutung und in Konkurrenz zur GmbH & Co. KG und zur Betriebsaufspaltung ist die Variante der GmbH & Still, bei der der Stille zugleich Anteilseigner der GmbH ist. Hier ist jeweils zu prüfen, ob das stille Beteiligungsverhältnis als solches steuerlich anerkannt wird. Auf diesen Fall konzentrieren sich die folgenden Ausführungen.[217]

---

209 Vgl. u. a. Wöhe/Bieg (1995), S. 233 ff.; Heinhold (1996), S. 150 ff.

210 Zur Abgrenzung gegenüber einem Genussrechtsverhältnis vgl. BFH, 8. 4. 2008, VIII R 3/05, BStBl. 2008 II, S. 852. Vgl. zum partiarischen Darlehen auch BFH, 22. 6. 2010, I R 78/09, BFH/NV 2011, S. 12; Rödding/Dann (2011), S. 342-345; Weidmann (2012), S. 1059-1062.

211 Vgl. § 231 Abs. 2 HGB. Vgl. auch Bitz (1997), S. 769 f.; Schulze zur Wiesche (2009), S. 35 ff.

212 Vgl. Schulze zur Wiesche (2009), S. 78; Bitz in Littmann/Bitz/Pust (2012), § 15, Rz. 51.

213 Zur Abgrenzung zwischen typischer und atypischer stiller Gesellschaft vgl. BFH, 11. 12. 1990, VIII R 122/86, BB 1991, S. 684; BFH, 18. 2. 1993, IV R 132/91, BFH/NV 1993, S. 647. Vgl. auch Bitz (1997), S. 770 f.

214 Vgl. z. B. BFH, 27. 5. 1993, IV R 1/92, BStBl. 1994 II, S. 700; BFH, 17. 6. 1997, IV B 83/96, BFH/NV 1997, S. 840. Bezüglich Ausnahmen von diesem Grundsatz vgl. z. B. Niedersächsisches FG, 28. 11. 1996, XII 537/92, NWB 1997, S. 159.

215 Vgl. OFD Frankfurt am Main, 26. 6. 1996, S 2241 A – 37 – St II 211, BB 1996, S. 1701.

216 Vgl. hierzu auch Wöhe (1990), S. 201 f.

217 Eine etwas breiter angelegte Betrachtungsweise findet sich z. B. bei Schulze zur Wiesche (2009).

4.3.1 Die Besteuerung der GmbH & Still

Um entscheiden zu können, um welche Einkunftsart es sich bei den Einkünften aus der stillen Beteiligung handelt, muss bekannt sein, ob eine typische oder atypische GmbH & Still vorliegt.[218]

Beide Varianten haben gemein, dass bei der Festlegung der Höhe des Gewinnanteils des stillen Gesellschafters, der annahmegemäß auch Gesellschafter der GmbH ist, auf die Einhaltung der Angemessenheitsgrenzen zu achten ist, da anderenfalls unter Umständen eine verdeckte Gewinnausschüttung angenommen wird.[219]

Eine sinnvolle Gestaltung bei der GmbH & Still ist das Schütt-aus-Hol-zurück-Verfahren. Wenn dieses Verfahren auch steuerlich durch die erneute steuerliche Erfassung auf Ebene des Anteilseigners nachteilig ist, so führt die Ausschüttung von zur Investition in der Unternehmung bestimmten Gewinnen und die Wiedereinlage des Betrages in die GmbH in Form einer stillen Beteiligung nicht zu einem Anstieg des Haftungskapitals der Gesellschaft. Hervorgerufen wird hingegen eine Zunahme der Verbindlichkeiten der Gesellschaft. Auf diese Weise kann auch die Haftungsausweitung auf in der Unternehmung verbliebene Gewinne vermieden werden.[220] Dies gilt sowohl für die typisch als auch die atypisch stille Gesellschaft, da die Abgrenzung dieser beiden Formen lediglich für Zwecke der Besteuerung erfolgt.

4.3.1.1 Die atypische GmbH & Still

Als Mitunternehmer erfolgt die Besteuerung der Gewinnanteile des stillen Gesellschafters nach § 15 EStG.[221] Damit stellen alle Einkünfte aus der Beteiligung Einkünfte aus Gewerbebetrieb dar[222] und unterliegen dem Tarif des § 32a EStG, gegebenenfalls i.V.m. der Thesaurierungsbegünstigung des § 34a EStG. Da die Gewinnanteile von der körperschaftsteuerlichen Bemessungsgrundlage abzugsfähig sind, wird eine Doppelbelastung vermieden.

Sondervergütungen, die der stille Gesellschafter von der GmbH erhält, stellen Sonderbetriebseinnahmen dar und werden so bei der Körperschaftsteuer abgezogen, jedoch beim atypisch still Beteiligten nach § 15 Abs. 1 Satz 1 Nr. 2 EStG als Einkünfte aus Gewerbebetrieb erfasst.[223] Die Sonderbetriebseinnahmen können bei der Gewerbesteuer der Mitunternehmerschaft nicht abgezogen werden, sondern werden folglich – wie auch die Gewinnanteile – sowohl mit Einkommensteuer als auch mit Gewerbesteuer belastet. Vorteilhaft ist, dass bei der Gewerbesteuer für die Mitunternehmerschaft der Freibetrag in Höhe von 24.500 € in Anspruch genommen werden kann.[224] Des Weiteren erfolgt über die anteilige pauschalierte Gewerbesteueranrechnung beim Stillen gegebenenfalls eine Kompensation der Gewerbesteuerbelastung. Diese Möglichkeit besteht für eine reine Kapitalgesellschaft hingegen nicht.

218 Für einen Überblick über die Rechtsprechung zur GmbH & Still vgl. Schulze zur Wiesche (2011), S. 1477-1480.
219 Vgl. Wöhe (1990), S. 280; Schulze zur Wiesche (2009), S. 94 und S. 151 ff.
220 Vgl. Wöhe (1990), S. 273; Bitz (1997), S. 771 f.
221 Vgl. OFD Frankfurt am Main, 26. 6. 1996, S 2241 A – 37 – St II 211, BB 1996, S. 1701.
222 Vgl. Brönner/Bareis/Poll (2007), S. 1619 f.; Bitz in Littmann/Bitz/Pust (2012), § 15, Rz. 51.
223 Vgl. Bitz in Littmann/Bitz/Pust (2012), § 15, Rz. 51; BFH, 15. 12. 1998, VII R 62/97, BFH/NV 1999, S. 773.
224 Vgl. Bitz (1997), S. 772.

Im Vergleich zur reinen GmbH birgt die Aufnahme eines stillen Gesellschafters bzw. die stille Beteiligung eines Gesellschafters der GmbH Vorteile bei der steuerlichen Berücksichtigung von Verlusten. Die Verlustanteile des Stillen können, wie auch bei anderen Mitunternehmerschaften, mit Einkünften aus anderen Quellen verrechnet werden. Somit steht der GmbH & Still zumindest für den Teil eines Verlustes, der auf den still Beteiligten entfällt, sowohl der horizontale als auch der vertikale Verlustausgleich zu. Die Isolation der Verluste in der Kapitalgesellschaft wird auf diese Weise abgeschwächt. Gegebenenfalls zu beachten sind dabei jedoch die Beschränkungen des § 15a EStG.[225] Die Mitunternehmerstellung führt außerdem dazu, dass die Einlage zum Haftungskapital der Mitunternehmerschaft gehört.[226]

Sowohl die atypisch stille Gesellschaft als auch eine GmbH & Co. KG verfügen über Sonderbetriebsvermögen. Im Gegensatz zur GmbH & Co. KG gibt es bei der atypischen GmbH & Still allerdings kein Gesamthandsvermögen, da es sich bei einer stillen Gesellschaft um eine reine Innengesellschaft handelt.[227]

4.3.1.2 Die typische GmbH & Still

Die typisch still beteiligten Gesellschafter an einer GmbH erzielen durch die Gewinnanteile Einkünfte aus Kapitalvermögen, die, falls die Beteiligung im Privatvermögen gehalten wird, der Abgeltungssteuer zu unterwerfen sind und die körperschaftsteuerliche Bemessungsgrundlage als Betriebsausgaben mindern.[228] Entsprechend wirken auch Sondervergütungen, die die Gesellschaft an den Stillen leistet. Auch sie können vom zu versteuernden Einkommen der Körperschaft abgezogen werden und senken auf diese Weise auch die gewerbesteuerliche Bemessungsgrundlage. Der ertragsteuerliche Vorteil liegt somit in der gewerbesteuerlichen Abzugsfähigkeit der Sondervergütungen und der Gewinnanteile auf Unternehmensebene und den erweiterten Möglichkeiten der Verrechnung von Verlusten,[229] wie sie auch atypisch still beteiligten Gesellschaftern gewährt werden.

4.3.2 Die Beurteilung der steuerlichen Vorteilhaftigkeit der GmbH & Still

Die steuerlichen Vorteile der typisch stillen Gesellschaft können sämtlich auch durch ein Gesellschafterdarlehen realisiert werden.

Soll dennoch aus betriebswirtschaftlichen Erwägungen eine GmbH & Still gegründet werden, so muss eine Entscheidung zwischen der typischen und der atypischen Variante getroffen werden. Im Einzelfall gilt es dann, aus rein steuerlicher Sicht hinsichtlich des Gewinnanteils des Stillen, zwischen der Abgeltungssteuer nach § 32d EStG für den Gewinnanteil des Stillen zuzüglich Gewerbesteuer in der GmbH bei der typischen GmbH & Still und dem Tarif nach § 32a EStG auf

225 Vgl. BFH, 27. 3. 2012, IR 62/08, BStBl. 2012 II, S. 745.

226 Vgl. Bitz in Littmann/Bitz/Pust (2012), § 15, Rz. 51. Vgl. auch Middendorf/Engel (2010), S. 739 ff.; Rockhoff/Weber (2010), S. 363 ff.

227 Vgl. Bitz in Littmann/Bitz/Pust (2012), § 15, Rz. 51.

228 Vgl. Schulze zur Wiesche (2009), S. 86 f.

229 Vgl. zu Zweifelsfragen zur Abzugsfähigkeit von Verlusten bei typisch stiller Beteiligung nach der Unternehmensteuerreform im Zusammenhang mit § 20 Abs. 9 EStG Rockhoff/Weber (2010), S. 363 ff. und weiter Middendorf/Engel (2010), S. 738 ff.

den Gewinnanteil des atypischen Stillen zuzüglich der Gewerbesteuer auf den Gewinnanteil des stillen Mitunternehmers auf Ebene der Mitunternehmerschaft (GmbH & Still) bei der atypischen Variante abzuwägen. In diesem Zusammenhang ist zu beachten, dass bei der typisch stillen Gesellschaft der Gewinnanteil des Stillen auf der Ebene der GmbH wegen § 8 Nr. 1 Buchst. c GewStG zu 75 % in Abzug gebracht werden kann, während er bei der atypisch stillen Gesellschaft in voller Höhe mit Gewerbesteuer belastet wird. Da die Vergütungen an den atypisch Stillen die körperschaftsteuerliche Bemessungsgrundlage mindern und auf der Ebene der GmbH & Still als Mitunternehmerschaft zur Gewerbesteuer herangezogen werden, wird unter Umständen über die anteilige pauschalierte Gewerbesteueranrechnung beim Stillen ein Vorteil im Vergleich zur Variante mit einem typisch still Beteiligten realisiert. Im letzteren Fall sind die Vergütungen in vollem Umfang auf Ebene der GmbH gewerbesteuerpflichtig. Dies gilt sowohl für die Gewinnanteile als auch für Sondervergütungen. Bei diesem gewerbesteuerlichen Effekt ist außerdem noch die Gewährung des gewerbesteuerlichen Freibetrages bei der atypischen GmbH & Still zu beachten.

Im Vergleich zur GmbH & Co. KG bietet die typisch stille Beteiligung an einer GmbH den Vorteil der umfangreicheren Haftungsbeschränkung. Diesem Vorteil ist allerdings die aus dem geringeren Eigenkapital resultierende relativ schlechtere Position bei Kreditwürdigkeitsprüfungen und damit bei der Fremdkapitalbeschaffung gegenüberzustellen.

Die atypische GmbH & Still entspricht in steuerlicher Hinsicht der GmbH & Co. KG. Durch die Rechtsprechung sind auch, wie bei der GmbH & Co. KG, die GmbH-Anteile als Sonderbetriebsvermögen zu betrachten, da diese den atypisch still Beteiligten die Möglichkeit geben, Einfluss auf die Geschäftsführung der GmbH und damit auch auf die GmbH & Still auszuüben.[230]

Ähnliche Argumente können auch im Vergleich zur Betriebsaufspaltung vorgebracht werden, wobei diese insbesondere durch die Festlegung der Höhe der Pachtzinsen und durch eine etwaige Nutzung des Wiesbadener Modells umfangreichere steuerliche Gestaltungsmöglichkeiten bietet.

Für die GmbH & Still können somit keine allgemeingültigen Empfehlungen ausgesprochen werden. Auch hier sind Steuerbelastungsvergleiche erforderlich.

AUFGABEN

1. Welchen Vorteil bieten Kombinationen von Personenunternehmungen und Kapitalgesellschaften? (Lösungshinweise s. S. 63 f.)
2. Welche Gestaltungsformen einer GmbH & Co. KG sind denkbar? (Lösungshinweise s. S. 65)
3. Bei der GmbH & Co. KG handelt es sich um eine Kommanditgesellschaft, deren Komplementär eine GmbH ist. Wie werden in diesem Zusammenhang die Anteile der Kommanditisten an der Komplementär-GmbH steuerlich erfasst? Welche Konsequenzen hat eine Veräußerung der GmbH-Beteiligung? (Lösungshinweise s. S. 66 f.)

230 Vgl. Niedersächsisches FG, 27. 2. 1996, I 90/91, NWB 1996, S. 2536. Zur früher praktizierten Rechtsprechung vgl. Blaurock (1992), S. 1973.

4. Wie werden schuldrechtliche Beziehungen zwischen Gesellschaft und Gesellschafter einer GmbH & Co. KG steuerlich erfasst? (Lösungshinweise s. S. 66 f.)

5. Was wird unter der Geprägetheorie verstanden? (Lösungshinweise s. S. 66 f.)

6. Die steuerlichen Auswirkungen von Geschäftsführungsvergütungen hängen bei der GmbH & Co. KG davon ab, ob der Geschäftsführer der GmbH gleichzeitig Gesellschafter der Kommanditgesellschaft ist oder nicht. Hierbei sind vier Fälle zu unterscheiden. Stellen Sie die steuerlichen Konsequenzen der vier Fälle tabellarisch gegenüber. (Lösungshinweise s. S. 68-71)

	Steuerliche Konsequenzen für den GF	**Steuerliche Konsequenzen für die GmbH**	**Steuerliche Konsequenzen für die KG**
GF der GmbH ist nicht Kommanditist. KG zahlt an die GmbH Entgelt für die Geschäftsführung.			
GF der GmbH ist nicht Kommanditist. KG zahlt an GF Entgelt für die Geschäftsführung.			
GF der GmbH ist zugleich Kommanditist der KG. KG zahlt an GF Entgelt für Geschäftsführung.			
GF der GmbH ist zugleich Kommanditist der KG. KG zahlt der GmbH das Entgelt für die Geschäftsführung.			

7. Welche Vor- und Nachteile besitzt die GmbH & Co. KG gegenüber der reinen Personenunternehmung und der reinen Kapitalgesellschaft? (Lösungshinweise s. S. 72 ff.)

8. Welche Voraussetzungen müssen erfüllt sein, damit es sich um eine Betriebsaufspaltung handelt? Welche Formen der Betriebsaufspaltung gibt es? (Lösungshinweise s. S. 74-77)

9. Was ist bei der Zahlung eines Pachtzinses bei der Betriebsaufspaltung zu beachten? (Lösungshinweise s. S. 78)

10. Die Besteuerung von Gewinnausschüttungen der Betriebskapitalgesellschaft hängt davon ab, von wem die Anteile gehalten werden. Welche Fälle sind hierbei zu unterscheiden und welche steuerlichen Konsequenzen ergeben sich dadurch? (Lösungshinweise s. S. 79 f.)

11. Wann liegt bei der Betriebsaufspaltung eine Organschaft vor? Führen Umsätze der Betriebsaufspaltung zu einer Umsatzsteuerpflicht? (Lösungshinweise s. S. 81)
12. Was wird unter dem „Wiesbadener Modell" verstanden? (Lösungshinweise s. S. 81)
13. Nehmen Sie kritisch zu folgender Aussage Stellung: „Die Rechtsform der Betriebsaufspaltung ist für kleinere Familienbetriebe sinnvoll, da sie viele steuerliche Vorteile aufweist." (Lösungshinweise s. S. 81)
14. Erstellen Sie einen tabellarischen Überblick über die Unterschiede (Einkunftsart, Gewerbesteuerermittlung, Sondervergütungen der Gesellschafter) zwischen einer atypischen und typischen GmbH & Still. (Lösungshinweise s. S. 85 f.)
15. Warum sollte ein Anteilseigener die Rechtsform einer typischen GmbH & Still wählen? (Lösungshinweise s. S. 86 f.)

LITERATURHINWEISE

Brönner, Herbert/Bareis, Peter/Poll, Jens: Die Besteuerung der Gesellschaften, 18., erweiterte und völlig neu bearbeitete Auflage, Stuttgart (2007).

Fleischer, Erich/Thierfeld, Rainer: Stille Gesellschaft im Steuerrecht, 8. Auflage, Achim (2008).

Geißler, Markus: Aktuelle und fortdauernde Rechtsprobleme bei der GmbH & Still, in: GmbH-Rundschau, 99. Jg., S. 515-521, (2008).

Grobshäuser, Uwe/Maier, Walter/Kies, Dieter: Besteuerung der Gesellschaften, 3. Auflage, Band 7, Stuttgart (2011).

Heinhold, Michael/Hüsing, Silke/Kühnel, Mirko/Streif, Dominik: Lehrbuch Besteuerung der Gesellschaften, Rechtsformen und ihre steuerliche Behandlung, 2. überarbeitete Auflage, Herne (2010).

Kaligin, Thomas: Die Betriebsaufspaltung. Ein Leitfaden für die Rechts-, Steuer- und Wirtschaftspraxis, 7., neu bearbeitete und erweiterte Auflage, Bielefeld (2011).

Kessler, Wolfgang/Kröner, Michael/Köhler, Stefan (Hrsg.): Konzernsteuerrecht. National – International, 2. Auflage, München (2008).

Kopplin, Anja/Maßbaum, Alexandra/Sureth, Caren: Handels- und steuerrechtliche Kapitalkontenfortschreibung und deren Einfluss auf die Verlustverrechnung bei Personengesellschaften, in: Die Wirtschaftsprüfung, 63. Jg., S. 1203-1211, (2010).

Lange, Joachim: Personengesellschaften im Steuerrecht, 8., völlig überarbeitete und aktualisierte Auflage, Herne (2011).

Niehus, Ulrich/Wilke, Helmuth: Die Besteuerung der Kapitalgesellschaften, 2., neu bearbeitete Auflage, Stuttgart (2009).

Niehus, Ulrich/Wilke, Helmuth: Die Besteuerung der Personengesellschaften, 5. Auflage, Stuttgart (2010).

Renz, Anette: Die Besteuerung der GmbH & Co. KGaA und ihre Eignung als Rechtsform für kleine und mittelständische Unternehmen, Frankfurt a. M. (2006).

Rupp, Dominik: Die klassische Betriebsaufspaltung zwischen wirtschaftlicher Einheit und rechtlicher Selbstständigkeit, Wiesbaden (2013).

Schneeloch, Dieter: Betriebswirtschaftliche Steuerlehre, Band 2: Besteuerung und Betriebliche Steuerpolitik, 3. Auflage, München (2009).

Schulze zur Wiesche, Dieter: GmbH & Still. Eine alternative Gesellschaftsform, 5. Auflage, Heidelberg (2009).

Schulze zur Wiesche, Dieter: GmbH & Co. KG, 3. Auflage, Wiesbaden (2005).

Sudhoff, Heinrich: GmbH & Co. KG, 6. Auflage, München (2005).

Wagner, Franz W./Dirrigl, Hans: Die Steuerplanung der Unternehmung, Stuttgart (1980).

Wehrheim, Michael/Rupp, Dominik: Die Neuerungen bei der Gewerbesteuer im Zuge der Unternehmensteuerreform 2008 und deren Konsequenzen für die Betriebsaufspaltung, in: Betriebs-Berater, 63. Jg., S. 920-928, (2008).

Wehrheim, Michael: Einkommensteuer und Steuerwirkungslehre, 3., vollst. überarbeitete Auflage, Wiesbaden (2009).

Zimmermann, Reimar et al.: Die Personengesellschaft im Steuerrecht, 11. Auflage, Achim (2013).

5. Steuerbelastungsrechnungen

LERNZIELE

Nach der Bearbeitung des folgenden Kapitels sind Sie in der Lage,

- für eine gegebene Datenkonstellation die Gesamtsteuerbelastung, differenziert nach den betrachteten Rechtsformen, auszurechnen,
- dabei zwischen der Belastung auf der Ebene der Gesellschaft und der Ebene der Gesellschafter zu unterscheiden,
- die auftretenden steuerlichen Effekte zu identifizieren und zu interpretieren,
- einzuschätzen, wie sich Variationen in den Ausgangsdaten auf die Vorteilhaftigkeit der Rechtsformen sowie deren Ausmaß auswirken.

Vorbemerkung: Der Deutsche Bundestag hat in seiner 217. Sitzung am 17. Januar 2013 der Empfehlung des Vermittlungsausschusses auf eine zweistufige Anhebung des Grundfreibetrags beim Einkommensteuertarif zugestimmt. Danach wird der Grundfreibetrag für 2013 um 126 € auf 8.130 € und für 2014 um weitere 224 € auf 8.354 € angehoben. Der Einkommensteuertarif nach § 32 a Abs. 1 EStG wird entsprechend angepasst (Bundestagsdrucksache 17/11842 vom 13. 12. 2012). Der Bundesrat hat in seiner 906. Sitzung am 1. Februar 2013 dieser Änderung zugestimmt (Drucksache 35/13). Demgemäß werden in den folgenden Belastungsrechnungen die Einkommensteuerbelastungen und die hiervon abhängigen Belastungen mit Solidaritätszuschlag getrennt nach Tarif 2013 und Tarif 2014 ausgewiesen. Entsprechend wird mit den Gesamtbelastungen verfahren.

In diesem Kapitel sollen die rechtsformspezifischen ertragsteuerlichen Konsequenzen anhand von Steuerbelastungsrechnungen auf der Basis konkreten Zahlenmaterials verglichen werden. In den Vergleich werden die folgenden Rechtsformalternativen einbezogen:

- die OHG,
- die GmbH,
- die GmbH & Co. KG und
- die Betriebsaufspaltung.

Für die Rechtsformvariante GmbH & Still werden lediglich allgemeine Schlussfolgerungen gezogen, ohne den konkret betrachteten Fall im Einzelnen durchzurechnen.

Häufig treten die genannten Alternativen für mittelständische Unternehmungen auf, weshalb auf Datenkonstellationen zurückgegriffen wird, die für solche Unternehmungen nicht untypisch sind. Im Folgenden wird für einen Grundfall die Gesamtsteuerbelastung für jede der oben genannten Alternativen berechnet und ihr Zustandekommen detailliert beschrieben.

Wir gehen zunächst davon aus, dass der Gewinn im Fall der Kapitalgesellschaft vollständig an die Gesellschafter ausgeschüttet bzw. im Fall der Personengesellschaft vollständig entnommen wird.

Der Grundfall ist wie folgt charakterisiert:

Betrachtet wird eine Unternehmung, welche von zwei natürlichen Personen A und B (beide 35 Jahre alt) betrieben wird. Für die nächsten Jahre wird mit folgenden konstanten Größen gerechnet:

		Summe (in €)	A	B
Ursprünglich eingebrachtes Eigenkapital / gezeichnetes Kapital		1.000.000		
Anteile Gesellschafter			40 %	60 %
Gewinn (vor Steuern und vor Abzug von Vergütungen an Gesellschafter)		750.000		
Gewinnverteilungsschlüssel			40 %	60 %
Gehalt der geschäftsführenden Gesellschafter A und B		200.000		
Aufteilung auf die Gesellschafter*)			40 %	60 %
Verbindlichkeiten (Darlehen) (Fremdkapitalzinssatz 8 %)		850.000		
Miet-, Leasingzahlungen etc., davon		180.000		
- für bewegliche WG	80.000			
- für unbewegliche WG	80.000			
- für Rechte (Lizenzen etc.)	20.000			
Einheitswert der Grundstücke		100.000		
Gewerbesteuerhebesatz		420 %		

*) Gemäß § 35 Abs. 2 Satz 2 EStG sind solche „Vorabgewinnanteile" bei der Bemessung des Anrechnungsbetrags der pauschalierten Anrechnung der Gewerbesteuer auf die Einkommensteuer nicht zu berücksichtigen. Im vorliegenden Fall ist dies wegen des identischen Verteilungsschlüssels irrelevant.

A hat daneben 21.600 € Einkünfte aus Vermietung und Verpachtung, B hat keine anderen Einkünfte.

Familienstand der Gesellschafter:

A ist ledig und kinderlos, B ist verheiratet und hat 2 Kinder (10 und 12 Jahre alt).

Sonderausgaben:

Aufgrund von speziellen Regelungen im Gesellschaftsvertrag besteht für A wie auch für B keine Sozialversicherungspflicht. Vereinfachend wird angenommen, dass Sonderausgaben in folgender Höhe geltend gemacht werden können:

A:	6.000 €
B:	11.000 €

Der Betrag von 6.000 € orientiert sich u. a. an den zulässigen Abzügen für Vorsorgeaufwendungen. Da sich für zusammenveranlagte verheiratete Steuerpflichtige nicht alle Vorsorgeaufwendungen verdoppeln, wird für B ein Betrag angesetzt, der unterhalb der doppelten Beträge von A liegt. Enthalten sind außerdem sonstige Sonderausgaben. Damit seien sämtliche Sonderausgaben i. S. d. §§ 10-10i EStG berücksichtigt.

Die Kirchensteuer bleibt außer Betracht. Die Ehepartner und Kinder haben keine Einkünfte und kein Vermögen.

Unter den gegebenen Annahmen werden die jährliche Steuerbelastung der Gesellschaft und der Gesellschafter sowie die Gesamtsteuerbelastung bei der Wahl unterschiedlicher Rechtsformen berechnet. Anschließend soll durch Variationen der Ausgangsdaten die Sensitivität der Rangfolge der Vorteilhaftigkeit der Rechtsformalternativen untersucht werden.

5.1 Die steuerliche Belastung der Alternative OHG

5.1.1 Die Besteuerung auf Ebene der Gesellschaft: Die Gewerbesteuer

Die Gewerbesteuer lässt sich nach dem folgenden Schema ermitteln:

Gewerbesteuer:

Gewinn (vor Steuern und GF-Gehältern)

\+ Hinzurechnungen

\- Kürzungen

= Gewerbeertrag (abgerundet auf volle 100 €, falls < 0 erfolgt ein Vortrag)

\- Freibetrag (= min {24.500 €, Gewerbeertrag})

= Gewerbeertrag nach Freibetrag

· Gewerbesteuermesszahl (= 3,5 %)

= Gewerbesteuermessbetrag

· Hebesatz

= Gewerbesteuer

Der Hinzurechnungsbetrag nach § 8 Nr. 1 GewStG ergibt sich dabei mit:

Fremdkapitalzinsen

\+ 20 % der Miet-, Leasingzahlungen für bewegliche WG

\+ 50 % der Miet-, Leasingzahlungen für unbewegliche WG

+ 25 % der Zahlungen für Rechte
= Summe
- 100.000 € (Freibetrag)
= geminderte Summe (mindestens aber 0 €)
· 0,25
= Hinzurechnungsbetrag

Der Kürzungsbetrag nach § 9 Nr. 1 GewStG ermittelt sich mit:

Kürzungsbetrag = 1,2 % von 140 % des Einheitswerts der Betriebsgrundstücke.

Für die oben angegebenen Daten folgt somit:

Fremdkapitalzinsen (= 8 % von 850.000)	68.000
+ 0,20 · 80.000	16.000
+ 0,50 · 80.000	40.000
+ 0,25 · 20.000	5.000
= Summe	129.000
- Freibetrag	-100.000
= geminderte Summe (mindestens aber 0 €)	29.000
· 0,25	
= Hinzurechnungsbetrag	7.250
Kürzungsbetrag = 0,012 · 1,4 · 100.000 =	1.680

Somit folgt für die Gewerbesteuerbelastung der OHG:

Gewinn vor Steuern und vor Abzug von Vergütungen an Gesellschafter	750.000
+ Hinzurechnungen (§ 8 Nr. 1 GewStG)	+7.250
- Kürzungen (§ 9 Nr. 1 GewStG i. V. m. § 121a BewG)	-1.680
- Freibetrag (§ 11 Abs. 1 Nr. 1 GewStG)	-24.500
Gewerbeertrag vor Abrundung	731.070
Abrundung nach § 11 Abs. 1 Satz 3 GewStG	
= Gewerbeertrag	731.000
Gewerbesteuermessbetrag (= 0,035 · 731.000)	25.585
Gewerbesteuer (= 4,2 · 25.585)	107.457

Dieser Betrag entspricht gleichzeitig der steuerlichen Gesamtbelastung auf Ebene der OHG.

5.1.2 Die Besteuerung auf Ebene der OHG-Gesellschafter

5.1.2.1 Die Einkommensteuer

Zu beachten ist an dieser Stelle, dass die Gewerbesteuer nicht als Betriebsausgabe abzugsfähig ist und somit Bestandteil des zu verteilenden Gewinns bleibt.

		A	B
Gewinn vor Steuern und vor Abzug von Vergütungen an Gesellschafter	750.000		
- Geschäftsführergehalt	- 200.000		
zu verteilender Gewinn	550.000		
davon		220.000	330.000
+ Geschäftsführergehalt		80.000	120.000
= **Einkünfte aus Gewerbebetrieb**		300.000	450.000
+ andere Einkünfte		21.600	0
= **Summe der Einkünfte (= Gesamtbetrag der Einkünfte)**		321.600	450.000
- Sonderausgaben		- 6.000	- 11.000
- Kinderfreibetrag, Betreuungsfreibetrag (§ 32 Abs. 6 EStG)*)			- 14.016
zu versteuerndes Einkommen		315.600	424.984

*) Als Kinderfreibetrag und Betreuungsfreibetrag werden in den Veranlagungszeiträumen 2013 und 2014 jeweils 3.504 € je Kind und Elternteil gewährt.

Die Einkommensteuer ist nach § 32a EStG auf das abgerundete zu versteuernde Einkommen bzw. bei Zusammenveranlagung (Gesellschafter B) auf das abgerundete halbe zu versteuernde Einkommen zu berechnen. Es ergibt sich:

	A	B
abgerundetes bzw. abgerundetes halbes zu versteuerndes Einkommen	315.600	212.492

Berechnung für 2013:

Die Beträge für die Bemessungsgrundlagen liegen in der fünften (A) bzw. vierten (B) Einkommensteuertarifstufe[231], somit folgt:

- tarifliche ESt_A

  = 0,45 · abgerundetes zu versteuerndes Einkommen -15.718,

- tarifliche ESt_B

  = 2 · (0,42 · abgerundetes halbes zu versteuerndes Einkommen -8.196).[232]

	A	B
Daraus folgt als tarifliche Einkommensteuer nach § 32a EStG	126.302	162.100

An dieser Stelle wird für den Gesellschafter B exemplarisch der Familienleistungsausgleich nach § 31 EStG durchgeführt. Es ist zu überprüfen, ob die aus dem Ansatz des Kinderfreibetrags und

231 § 32a EStG in der Fassung des Gesetzes zum Abbau der kalten Progression.

232 Cents sind abzuschneiden. Im Fall der Zusammenveranlagung muss das Abschneiden vor der Multiplikation mit zwei erfolgen. Der sich ergebende Steuerbetrag ist auf den nächsten vollen Euro-Betrag abzurunden (§ 32a Abs. 1 Satz 6 EStG).

des Betreuungsfreibetrags resultierende Steuerminderung höher ist als das Kindergeld. Gemäß R 31 Abs. 1 Satz 1 EStR ist die Überprüfung für jedes einzelne Kind getrennt durchzuführen, d. h. im vorliegenden Fall ist zu ermitteln, ob der Ansatz von Freibeträgen für beide Kinder, für ein Kind oder der Verzicht auf den Ansatz von Freibeträgen am günstigsten ist. Wird auf den Ansatz der Freibeträge für ein Kind verzichtet, so wirkt das für dieses Kind gewährte Kindergeld faktisch wie eine Steuerminderung. Dabei beträgt das jährliche Kindergeld für das erste und zweite Kind in 2013 je 2.208 €.

	ohne Freibeträge	mit Freibeträgen für ein Kind	mit Freibeträgen für zwei Kinder
Einkommen	439.000	439.000	439.000
./. Kinderfreibeträge	-	-4.368	-8.736
./. Betreuungsfreibeträge	-	-2.640	-5.280
zu versteuerndes Einkommen	439.000	431.992	424.984
tarifl. ESt hierauf	167.988	165.044	162.100
abzgl. Kindergeld	-4.416	-2.208	-
Ergebnis	163.572	162.836	162.100

Der Abzug der Freibeträge für beide Kinder führt somit zu einer Einkommensteuerminderung, die höher ist als der Abzug der Freibeträge für das erste Kind und Inanspruchnahme des Kindergeldes für das zweite Kind. Dies wiederum führt zu einer höheren Minderung als der Verzicht auf den Ansatz von Freibeträgen und die Inanspruchnahme des Kindergeldes für beide Kinder. Optimal ist also der Ansatz der Freibeträge für beide Kinder. In diesem Fall ist der Anspruch auf Kindergeld der festzusetzenden Einkommensteuer hinzuzurechnen.[233] Die Inanspruchnahme der Freibeträge ist auch für die übrigen Rechtsformen sowie Variationen stets günstiger. Unter den getroffenen Annahmen führt der Ansatz der Freibeträge für beide Kinder ab einer Summe der Einkünfte von ca. 81.400 € zur höchsten Steuerminderung. Für Beträge für die Summe der Einkünfte zwischen ca. 74.300 € und ca. 81.400 € ist der Ansatz der Freibeträge für das erste Kind, unter Inanspruchnahme des Kindergeldes für das zweite Kind, besser. Darunter wirkt sich die Inanspruchnahme des Kindergeldes für beide Kinder am günstigsten aus.

Als nächstes ist die pauschalierte Gewerbesteueranrechnung gemäß § 35 EStG durchzuführen. Der Anrechnungsbetrag ist dabei gemäß Gewinnverteilungsschlüssel auf die Gesellschafter zu verteilen.

Pauschalierter Gewerbesteueranrechnungsbetrag

= 3,8 · Gewerbesteuermessbetrag

= 3,8 · 25.585 = 97.223   38.889,20   58.333,80

Da A noch andere Einkünfte hat, ist hier noch der Ermäßigungshöchstbetrag nach § 35 Abs. 1 Satz 2 EStG zu berechnen. Dieser ergibt sich mit

233 Da der Zurechnung des Kindergelds zur Einkommensteuer die vorherige Auszahlung gegenübersteht, unterbleibt eine Einbeziehung in die Einkommensteuerzahllast.

$$\frac{\text{Summe der positiven gewerblichen Einkünfte}}{\text{Summe aller positiven Einkünfte}} \cdot \text{tarifliche Steuer}$$

$$= \frac{300.000}{321.600} \cdot 126.302 = 117.819{,}02$$

Da der pauschalierte Anrechnungsbetrag niedriger ist, darf dieser zur Gänze angesetzt werden.

Festzusetzende Einkommensteuer = Einkommensteuerzahllast	87.412,80	103.766,20

Berechnung für 2014:

Die Beträge für die Bemessungsgrundlagen liegen in der fünften (A) bzw. vierten (B) Einkommensteuertarifstufe[234], somit folgt:

- tarifliche ESt_A

  = 0,45 · abgerundetes zu versteuerndes Einkommen -15.761,

- tarifliche ESt_B

  = 2 · (0,42 · abgerundetes halbes zu versteuerndes Einkommen -8.239).[235]

Daraus folgt als tarifliche Einkommensteuer nach § 32a EStG	126.259	162.014

An dieser Stelle wird für den Gesellschafter B exemplarisch der Familienleistungsausgleich nach § 31 EStG durchgeführt. Es ist zu überprüfen, ob die aus dem Ansatz des Kinderfreibetrags und des Betreuungsfreibetrags resultierende Steuerminderung höher ist als das Kindergeld. Gemäß R 31 Abs. 1 Satz 1 EStR ist die Überprüfung für jedes einzelne Kind getrennt durchzuführen, d. h. im vorliegenden Fall ist zu ermitteln, ob der Ansatz von Freibeträgen für beide Kinder, für ein Kind oder der Verzicht auf den Ansatz von Freibeträgen am günstigsten ist. Wird auf den Ansatz der Freibeträge für ein Kind verzichtet, so wirkt das für dieses Kind gewährte Kindergeld faktisch wie eine Steuerminderung. Dabei beträgt das jährliche Kindergeld für das erste und zweite Kind in 2014 je 2.208 €.

	ohne Freibeträge	mit Freibeträgen für ein Kind	mit Freibeträgen für zwei Kinder
Einkommen	439.000	439.000	439.000
./. Kinderfreibeträge	-	-4.368	-8.736
./. Betreuungsfreibeträge	-	-2.640	-5.280
zu versteuerndes Einkommen	439.000	431.992	424.984
tarifl. ESt hierauf	167.902	164.958	162.014
abzgl. Kindergeld	-4.416	-2.208	-
Ergebnis	163.486	162.750	162.014

234 § 32a EStG in der Fassung des Gesetzes zum Abbau der kalten Progression.

235 Cents sind abzuschneiden. Im Fall der Zusammenveranlagung muss das Abschneiden vor der Multiplikation mit zwei erfolgen. Der sich ergebende Steuerbetrag ist auf den nächsten vollen Euro-Betrag abzurunden (§ 32a Abs. 1 Satz 6 EStG).

Der Abzug der Freibeträge für beide Kinder führt somit zu einer Einkommensteuerminderung, die höher ist als der Abzug der Freibeträge für das erste Kind und Inanspruchnahme des Kindergeldes für das zweite Kind, und dies wiederum zu einer höheren Minderung als der Verzicht auf den Ansatz von Freibeträgen und die Inanspruchnahme des Kindergeldes für beide Kinder. Optimal ist also der Ansatz der Freibeträge für beide Kinder. In diesem Fall ist der Anspruch auf Kindergeld der festzusetzenden Einkommensteuer hinzuzurechnen.[236] Die Inanspruchnahme der Freibeträge ist auch für die übrigen Rechtsformen sowie Variationen stets günstiger. Unter den getroffenen Annahmen führt der Ansatz der Freibeträge für beide Kinder ab einer Summe der Einkünfte von ca. 81.400 € zur höchsten Steuerminderung. Für Beträge für die Summe der Einkünfte zwischen ca. 74.300 € und ca. 81.400 € ist der Ansatz der Freibeträge für das erste Kind, unter Inanspruchnahme des Kindergeldes für das zweite Kind, besser. Darunter wirkt sich die Inanspruchnahme des Kindergeldes für beide Kinder am günstigsten aus.

Als nächstes ist die pauschalierte Gewerbesteueranrechnung gemäß § 35 EStG durchzuführen. Der Anrechnungsbetrag ist dabei gemäß Gewinnverteilungsschlüssel auf die Gesellschafter zu verteilen.

Pauschalierter Gewerbesteueranrechnungsbetrag		
= 3,8 · Gewerbesteuermessbetrag		
= 3,8 · 25.585 = 97.223	38.889,20	58.333,80

Da A noch andere Einkünfte hat, ist hier noch der Ermäßigungshöchstbetrag nach § 35 Abs. 1 Satz 2 EStG zu berechnen. Dieser ergibt sich mit

$$\frac{\text{Summe der positiven gewerblichen Einkünfte}}{\text{Summe aller positiven Einkünfte}} \cdot \text{tarifliche Steuer}$$

$$= \frac{300.000}{321.600} \cdot 126.259 = 117.778{,}91$$

Da der pauschalierte Anrechnungsbetrag niedriger ist, darf dieser zur Gänze angesetzt werden.

Festzusetzende Einkommensteuer = Einkommensteuerzahllast	87.369,80	103.680,20

5.1.2.2 Der Solidaritätszuschlag

Der Solidaritätszuschlag beträgt 5,5 % der festzusetzenden Einkommensteuer und ist auf ganze Cents abzurunden (§ 4 Satz 3 SolZG).

Für 2013:		
0,055 · festzusetzende Einkommensteuer	4.807,70	5.707,14
Für 2014:		
0,055 · festzusetzende Einkommensteuer	4.805,33	5.702,41

236 Da der Zurechnung des Kindergeldes zur Einkommensteuer die vorherige Auszahlung gegenübersteht, unterbleibt eine Einbeziehung in die Einkommensteuerzahllast.

Liegt die relevante Einkommensteuer so niedrig, dass das Kindergeld und nicht der Kinderfreibetrag zuzüglich Betreuungsfreibetrag durch den Steuerpflichtigen in Anspruch genommen wird, so ist der Solidaritätszuschlag auf Basis der Einkommensteuer zu errechnen, die sich ergeben würde, wenn man fiktiv die Freibeträge des § 32 Abs. 6 EStG berücksichtigen würde.

5.1.2.3 Die Gesamtbelastung auf Ebene der OHG-Gesellschafter

Für 2013:

	A	B
Einkommensteuer	87.412,80	103.766,20
Solidaritätszuschlag	4.807,70	5.707,14
Gesamtbelastung	92.220,50	109.473,34

Für 2014:

	A	B
Einkommensteuer	87.369,80	103.680,20
Solidaritätszuschlag	4.805,33	5.702,41
Gesamtbelastung	92.175,13	109.382,61

5.1.3 Die steuerliche Gesamtbelastung der Alternative OHG

Für 2013:

		A	B
Gewerbesteuer	107.457,00		
Einkommensteuer		87.412,80	103.766,20
Solidaritätszuschlag		4.807,70	5.707,14
	107.457,00	92.220,50	109.473,34
Gesamtsteuerlast			309.150,84

Für 2014:

		A	B
Gewerbesteuer	107.457,00		
Einkommensteuer		87.369,80	103.680,20
Solidaritätszuschlag		4.805,33	5.702,41
	107.457,00	92.175,13	109.382,61
Gesamtsteuerlast			309.014,74

5.2 Die steuerliche Belastung der Alternative GmbH

5.2.1 Die Besteuerung auf Ebene der Gesellschaft

5.2.1.1 Die Gewerbesteuer

Die Gewerbesteuer lässt sich nach dem folgenden Schema ermitteln:

Gewerbesteuer:
Gewinn (vor Steuern und GF-Gehältern)
- Geschäftsführergehälter
+ Hinzurechnungen
- Kürzungen
= Gewerbeertrag (abgerundet auf volle 100 €, falls < 0 erfolgt ein Vortrag)
· Gewerbesteuermesszahl (= 3,5 %)
= Gewerbesteuermessbetrag
· Hebesatz
= Gewerbesteuer

Die Hinzurechnungen und Kürzungen ergeben sich wie im Fall der OHG.

Somit folgt für die Gewerbesteuerbelastung der GmbH:

Gewinn (vor Steuern und GF-Gehältern)	750.000,00
- Geschäftsführergehälter	-200.000,00
+ Hinzurechnungen (§ 8 Nr. 1 GewStG)	+7.250,00
- Kürzungen (§ 9 Nr. 1 GewStG i. V. m. § 121a BewG)	-1.680,00
Gewerbeertrag vor Abrundung	555.570,00
Abrundung nach § 11 Abs. 1 Satz 3 GewStG	
= Gewerbeertrag	555.500,00
Gewerbesteuermessbetrag (= 0,035 · 555.500,00)	19.442,50
Gewerbesteuer (= 4,2 · 19.442,50)	81.658,50

5.2.1.2 Die Körperschaftsteuer

Gewinn (vor Steuern und GF-Gehältern)	750.000,00
- Geschäftsführergehälter	-200.000,00
zu versteuernder Gewinn	550.000,00
- Tarifbelastung i. H. v. 15 %	-82.500,00
- Solidaritätszuschlag (= 5,5 % auf 82.500,00)	-4.537,50
- Gewerbesteuer	-81.658,50
= ausschüttungsfähiger Gewinn	381.304,00

5.2.1.3 Die Kapitalertragsteuer

Die GmbH muss vom Ausschüttungsbetrag in Höhe von 381.304 € noch Kapitalertragsteuer einbehalten:

0,25 · 381.304	95.326,00

5.2.1.4 Der Solidaritätszuschlag

Der Solidaritätszuschlag beträgt 5,5 % der Körperschaft- und Kapitalertragsteuer und ist auf ganze Cents abzurunden (§ 4 Satz 3 SolZG):

0,055 · Körperschaftsteuer-Zahlung	4.537,50
+ 0,055 · Kapitalertragsteuer	5.242,93
Solidaritätszuschlag-Zahllast der GmbH	9.780,43

5.2.1.5 Die Gesamtbelastung auf Ebene der GmbH

Gewerbesteuer	81.658,50
Körperschaftsteuer	82.500,00
Kapitalertragsteuer	95.326,00
Solidaritätszuschlag	9.780,43
Gesamtbelastung GmbH	269.264,93

5.2.2 Die Gesamtbelastung auf Ebene der Gesellschafter

5.2.2.1 Die Einkommensteuer

	A	B
Geschäftsführergehalt	80.000	120.000
- Arbeitnehmer-Pauschbetrag gemäß § 9a Nr. 1 EStG	-1.000	-1.000
= Einkünfte aus nichtselbständiger Arbeit	79.000	119.000
+ andere Einkünfte	21.600	0
= Summe der Einkünfte (= Gesamtbetrag der Einkünfte)	100.600	119.000
- Sonderausgaben	-6.000	-11.000
- Kinderfreibetrag, Betreuungsfreibetrag (§ 32 Abs. 6 EStG)*)		-14.016
zu versteuerndes Einkommen	94.600	93.984

*) Als Kinderfreibetrag und Betreuungsfreibetrag werden in den Veranlagungszeiträumen 2013 und 2014 jeweils 3.504 € je Kind und Elternteil gewährt.

Die Einkommensteuer ist nach § 32a EStG auf das abgerundete zu versteuernde Einkommen bzw. bei Zusammenveranlagung (Gesellschafter B) auf das abgerundete halbe zu versteuernde Einkommen zu berechnen. Es ergibt sich:

abgerundetes bzw. abgerundetes halbes zu versteuerndes Einkommen	94.600	46.992

Berechnung für 2013:

Die Beträge liegen in der vierten (A) bzw. in der dritten (B) Einkommensteuertarifstufe, somit folgt:

- tarifliche ESt_A

  $= 0{,}42 \cdot$ abgerundetes zu versteuerndes Einkommen -8.196,
- tarifliche ESt_B

  $= 2 \cdot [(228{,}74 \cdot z + 2.397) \cdot z + 1.014]$.[237]

  Dabei ist

  $z = 1/10.000 \cdot$ (abgerundetes halbes zu versteuerndes Einkommen -13.469).

Daraus folgt als tarifliche Einkommensteuer nach § 32a EStG	31.536	23.240

Die Einkünfte aus Kapitalvermögen sind gemäß § 32d EStG gesondert zu behandeln:

Ausschüttung i. H. v. 381.304,00 verteilt auf die Gesellschafter:	152.521,60	228.782,40
- Sparer-Pauschbetrag gemäß § 20 Abs. 9 EStG	-801,00	-1.602,00
= **Einkünfte aus Kapitalvermögen**	151.720,60	227.180,40

Die Einkünfte aus Kapitalvermögen unterliegen gemäß § 32d Abs. 1 EStG der Abgeltungssteuer in Höhe von 25 %. Allerdings können gemäß § 32d Abs. 2 Nr. 3 EStG auf Antrag die Kapitalerträge aus Ausschüttungen dem Teileinkünfteverfahren unterworfen werden, wenn der Steuerpflichtige im Veranlagungszeitraum, für den der Antrag erstmals gestellt wird, unmittelbar oder mittelbar

- zu mindestens 25 % an der Kapitalgesellschaft beteiligt ist oder
- zu mindestens 1 % an der Kapitalgesellschaft beteiligt und beruflich für diese tätig ist.

Beide Voraussetzungen sind im vorliegenden Fall erfüllt. Für die hier betrachtete Datenkonstellation und – mit Ausnahme der Variation „Niedrigere Geschäftsführergehälter" – auch für die später vorgenommenen Variationen lohnt sich die Ausübung dieser Option allerdings nicht.

237 Cents sind abzuschneiden. Im Fall der Zusammenveranlagung muss das Abschneiden vor der Multiplikation mit zwei erfolgen. Der sich ergebende Steuerbetrag ist auf den nächsten vollen Euro-Betrag abzurunden (§ 32a Abs. 1 Satz 6 EStG).

Aufgrund der Tatsache, dass bei sämtlichen hier gewählten Datenkonstellationen die Durchführung der Günstigerprüfung nach § 32d Abs. 6 EStG nie zu einem positiven Ergebnis kommt, wird diese im Folgenden vernachlässigt.

Somit folgt:

Abgeltungssteuer	37.930,15	56.795,10
+ tarifliche Einkommensteuer	31.536,00	23.240,00
= **festzusetzende Einkommensteuer**	69.466,15	80.035,10

Hierauf ist die von der Gesellschaft einbehaltene Kapitalertragsteuer anzurechnen:

- tarifliche Einkommensteuer	-38.130,40	-57.195,60
Einkommensteuerzahllast	31.335,75	22.839,50

Berechnung für 2014:

Die Beträge liegen in der vierten (A) bzw. in der dritten (B) Einkommensteuertarifstufe, somit folgt:

- tarifliche ESt_A

  = 0,42 · abgerundetes zu versteuerndes Einkommen -8.239,

- tarifliche ESt_B

  = 2 · [(228,74 · z + 2.397) · z + 971].[238]

  Dabei ist

  z = 1/10.000 · (abgerundetes halbes zu versteuerndes Einkommen -13.469).

Daraus folgt als tarifliche Einkommensteuer nach § 32a EStG	31.493	23.154

Die Einkünfte aus Kapitalvermögen sind gemäß § 32d EStG gesondert zu behandeln:

Ausschüttung in Höhe von 381.304,00 verteilt auf die Gesellschafter:	152.521,60	228.782,40
- Sparer-Pauschbetrag gemäß § 20 Abs. 9 EStG	-801,00	-1.602,00
= **Einkünfte aus Kapitalvermögen**	151.720,60	227.180,40

Die Einkünfte aus Kapitalvermögen unterliegen gemäß § 32d Abs. 1 EStG der Abgeltungssteuer in Höhe von 25 %. Allerdings können gemäß § 32d Abs. 2 Nr. 3 EStG auf Antrag die Kapitalerträge aus Ausschüttungen dem Teileinkünfteverfahren unterworfen werden, wenn der Steuerpflichtige im Veranlagungszeitraum, für den der Antrag erstmals gestellt wird, unmittelbar oder mittelbar

- zu mindestens 25 % an der Kapitalgesellschaft beteiligt ist oder
- zu mindestens 1 % an der Kapitalgesellschaft beteiligt und beruflich für diese tätig ist.

238 Cents sind abzuschneiden. Im Fall der Zusammenveranlagung muss das Abschneiden vor der Multiplikation mit zwei erfolgen. Der sich ergebende Steuerbetrag ist auf den nächsten vollen Euro-Betrag abzurunden (§ 32a Abs. 1 Satz 6 EStG).

Beide Voraussetzungen sind im vorliegenden Fall erfüllt. Für die hier betrachtete Datenkonstellation und – mit Ausnahme der Variation „Niedrigere Geschäftsführergehälter" – auch für die später vorgenommenen Variationen lohnt sich die Ausübung dieser Option allerdings nicht.

Aufgrund der Tatsache, dass bei sämtlichen hier gewählten Datenkonstellationen die Durchführung der Günstigerprüfung nach § 32d Abs. 6 EStG nie zu einem positiven Ergebnis kommt, wird diese im Folgenden vernachlässigt.

Somit folgt:

Abgeltungssteuer	37.930,15	56.795,10
+ tarifliche Einkommens-teuer	31.493,00	23.154,00
= **festzusetzende Einkommensteuer**	69.423,15	79.949,10

Hierauf ist die von der Gesellschaft einbehaltene Kapitalertragsteuer anzurechnen:

- anrechenbare Kapitalertragsteuer	-38.130,40	-57.195,60
Einkommensteuerzahllast	31.292,75	22.753,50

5.2.2.2 Der Solidaritätszuschlag

Der Solidaritätszuschlag beträgt 5,5 % der Einkommensteuer und ist auf ganze Cents abzurunden (§ 4 Satz 3 SolZG).

Für 2013:

0,055 · tarifliche Einkommensteuer	1.734,48	1.278,20
+ 0,055 · Abgeltungssteuer	2.086,15	3.123,73
- anrechenbarer SolZ auf KapESt	-2.097,17	-3.145,76
Solidaritätszuschlag-Zahllast der Gesellschafter	1.723,46	1.256,17

Für 2014:

0,055 · tarifliche Einkommensteuer	1.732,11	1.273,47
+ 0,055 · Abgeltungssteuer	2.086,15	3.123,73
- anrechenbarer SolZ auf KapESt	-2.097,17	-3.145,76
Solidaritätszuschlag-Zahllast der Gesellschafter	1.721,09	1.251,44

5.2.2.3 Die Gesamtbelastung auf Ebene der Gesellschafter der GmbH

Für 2013:

	A	B
Einkommensteuer	31.335,75	22.839,50
Solidaritätszuschlag	1.723,46	1.256,17
Gesamtbelastung	33.059,21	24.095,67

Für 2014:

	A	B
Einkommensteuer	31.292,75	22.753,50
Solidaritätszuschlag	1.721,09	1.251,44
Gesamtbelastung	33.013,84	24.004,94

5.2.3 Die steuerliche Gesamtbelastung der Alternative GmbH

Bei Betrachtung sowohl der Gesellschafts- als auch der Gesellschafterebene ergibt sich als Ergebnis der Steuerbelastungsrechnung:

Für 2013:

- nach der Steuerzahllast:

	GmbH	A	B
Gewerbesteuer	81.658,50		
Körperschaftsteuer	82.500,00		
Kapitalertragsteuer	95.326,00		
Einkommensteuer		31.335,75	22.839,50
Solidaritätszuschlag	9.780,43	1.723,46	1.256,17
	269.264,93	33.059,21	24.095,67
Gesamtsteuerlast			326.419,81

- nach der Steuerschuldlast:

	GmbH	A	B
Gewerbesteuer	81.658,50		
Körperschaftsteuer	82.500,00		
Einkommensteuer		69.466,15	80.035,10
Solidaritätszuschlag	4.537,50	3.820,63	4.401,93
	168.696,00	73.286,78	84.437,03
Gesamtsteuerlast			326.419,81

Für 2014:

- nach der Steuerzahllast:

	GmbH	A	B
Gewerbesteuer	81.658,50		
Körperschaftsteuer	82.500,00		
Kapitalertragsteuer	95.326,00		
Einkommensteuer		31.292,75	22.753,50
Solidaritätszuschlag	9.780,43	1.721,09	1.251,44
	269.264,93	33.013,84	24.004,94
Gesamtsteuerlast			326.283,71

- nach der Steuerschuldlast:

	GmbH	A	B
Gewerbesteuer	81.658,50		
Körperschaftsteuer	82.500,00		
Einkommensteuer		69.423,15	79.949,10
Solidaritätszuschlag	4.537,50	3.818,26	4.397,20
	168.696,00	73.241,41	84.346,30
Gesamtsteuerlast			326.283,71

5.3 Die steuerliche Belastung der Alternative GmbH & Co. KG

Zur Berechnung der steuerlichen Belastung einer GmbH & Co. KG ist es erforderlich, weitere Annahmen zu treffen.

An der Komplementär-GmbH wollen sich A und B im gleichen Verhältnis wie an der KG beteiligen. Die GmbH soll außer der Beteiligung als Komplementär an der KG keine weitere Tätigkeit entfalten. A und B werden Geschäftsführer der GmbH, welche die Geschäftsführung für die GmbH & Co. KG ausübt. Es sind somit die steuerlichen Regelungen für Geschäftsführer, die zugleich Kommanditisten sind, wie in Kapitel 4 vorgestellt, zu beachten.

Bisher war es nicht notwendig, die Höhe des eingelegten Kapitals anzugeben, das heißt, die für die „reinen" Formen der OHG und der GmbH berechneten Belastungen sind von der Höhe des eingelegten Kapitals unabhängig. Dies ist nun anders. Der Komplementär-GmbH steht ein entsprechend ihrer Beteiligung hoher Gewinnanteil zu, dieser wird dann an die Gesellschafter weiter ausgeschüttet. Üblicherweise wird der GmbH-Anteil am Eigenkapital möglichst niedrig gehalten. Es ist auch zulässig, die GmbH überhaupt nicht am Eigenkapital der GmbH & Co. KG zu beteiligen.

Nach dem Gesetz zur Modernisierung des GmbH-Rechts und zur Bekämpfung von Missbräuchen (MoMiG) wäre theoretisch die Gründung der Kapitalgesellschaft mit weniger als 25.000 € Stammkapital möglich, sie müsste dann den Zusatz „Unternehmergesellschaft (haftungsbeschränkt)" führen. Zudem müsste jährlich ein Viertel des Überschusses in eine Gewinnrücklage eingestellt werden, bis das Stammkapital in Höhe von 25.000 € erreicht ist. Von dieser Möglichkeit soll hier abstrahiert werden und das Stammkapital der GmbH wird auf 25.000 € festgelegt. In dieser Höhe ist die GmbH auch an der GmbH & Co. KG beteiligt.

Das Eigenkapital der GmbH & Co. KG soll sich wie folgt zusammensetzen:

Eigenkapital:		1.000.000
davon A (40 %)	als Kommanditist	390.000
	als GmbH-Gesellschafter	10.000
davon B (60 %)	als Kommanditist	585.000
	als GmbH-Gesellschafter	15.000

Die GmbH-Anteile stellen notwendiges Sonderbetriebsvermögen der Kommanditisten dar.

5.3.1 Die Besteuerung auf Ebene der Gesellschaften

5.3.1.1 Die Gewerbesteuer der KG

Gewinn vor Steuern und vor Abzug von Vergütungen an Gesellschafter	750.000
+ Hinzurechnungen (§ 8 Nr. 1 GewStG)	+7.250
- Kürzungen (§ 9 Nr. 1 GewStG i. V. m. § 121a BewG)	-1.680
- Freibetrag (§ 11 Abs. 1 Nr. 1 GewStG)	-24.500
Gewerbeertrag vor Abrundung	731.070
Abrundung nach § 11 Abs. 1 Satz 3 GewStG	
= Gewerbeertrag	731.000
Gewerbesteuermessbetrag (= 0,035 · 731.000)	25.585
Gewerbesteuer (= 4,2 · 25.585)	107.457

5.3.1.2 Die Gewerbesteuer der GmbH

Wegen der Kürzungsvorschrift des § 9 Nr. 2 GewStG wird der Gewinnanteil der GmbH aus der Beteiligung an der GmbH & Co. KG nicht mit Gewerbesteuer belastet.

5.3.1.3 Die Körperschaftsteuer der GmbH

Gewinn vor Steuern und vor Abzug von Vergütungen an Gesellschafter	750.000,00
- Geschäftsführergehälter	-200.000,00
zu verteilender Gewinn der KG	550.000,00
Auf die GmbH entfallender Gewinnanteil aus der KG:	
$\frac{25.000,00}{1.000.000,00} = \frac{1}{40}$ von 550.000,00	13.750,00
- Tarifbelastung i. H. v. 15 %	-2.062,50
- *Solidaritätszuschlag (= 5,5 % auf 2.062,50)*	-113,43
- $\frac{1}{40}$ *der Gewerbesteuer*	-2.686,43
= ausschüttungsfähiger Gewinn	8.887,64

5.3.1.4 Die Kapitalertragsteuer

Die GmbH muss von der Ausschüttung in Höhe von 8.887,64 € noch Kapitalertragsteuer einbehalten:

0,25 · 8.887,64	2.221,91

5.3.1.5 Der Solidaritätszuschlag

Der Solidaritätszuschlag beträgt 5,5 % der Körperschaft- und Kapitalertragsteuer und ist auf ganze Cents abzurunden (§ 4 Satz 3 SolZG):

0,055 · Körperschaftsteuer-Zahlung	113,43
+ 0,055 · Kapitalertragsteuer	122,20
Solidaritätszuschlag-Zahllast der GmbH	235,63

5.3.1.6 Die Gesamtbelastung auf Ebene der Gesellschaften

Gewerbesteuer KG	107.457,00
Gewerbesteuer GmbH	0,00
Körperschaftsteuer	2.062,50
Kapitalertragsteuer	2.221,91
Solidaritätszuschlag	235,63
Gesamtbelastung Gesellschaften	111.977,04

5.3.2 Die Besteuerung auf Ebene der Gesellschafter

5.3.2.1 Die Einkommensteuer

		A	B
Gewinn vor Steuern und vor Abzug von Vergütungen an Gesellschafter	750.000,00		
- Geschäftsführergehalt	-200.000,00		
- Gewinnanteil GmbH	-13.750,00		
= auf die Kommanditisten zu verteilender Gesamthandsgewinn	536.250,00		
Gewinnanteil der Kommanditisten		214.500,00	321.750,00
+ anteilige Teileinkünfte (= 60 %) aus GmbH-Ausschüttung			
= Sonderbetriebseinnahme		2.133,03	3.199,55
+ Geschäftsführergehälter			
= Sonderbetriebseinnahme		80.000,00	120.000,00
= Einkünfte aus Gewerbebetrieb		296.633,03	444.949,55
+ andere Einkünfte		21.600,00	0,00
= Summe der Einkünfte (= Gesamtbetrag der Einkünfte)		318.233,03	444.949,55
- Sonderausgaben		-6.000,00	-11.000,00
- Kinderfreibetrag, Betreuungsfreibetrag (§ 32 Abs. 6 EStG)*)			-14.016,00
zu versteuerndes Einkommen		312.233,03	419.933,55

*) Als Kinderfreibetrag und Betreuungsfreibetrag werden in den Veranlagungszeiträumen 2013 und 2014 jeweils 3.504 € je Kind und Elternteil gewährt.

Die Einkommensteuer ist nach § 32a EStG auf das abgerundete zu versteuernde Einkommen bzw. bei Zusammenveranlagung (Gesellschafter B) auf das abgerundete halbe zu versteuernde Einkommen zu berechnen. Es ergibt sich:

	A	B
abgerundetes bzw. abgerundetes halbes zu versteuerndes Einkommen	312.233,00	209.966,00

Berechnung für 2013:

Die Beträge liegen in der fünften (A) bzw. in der vierten (B) Einkommensteuertarifstufe, somit folgt:

- tarifliche ESt_A

  = 0,45 · abgerundetes zu versteuerndes Einkommen -15.718,

- tarifliche ESt_B

  = 2 · (0,42 · abgerundetes zu versteuerndes Einkommen -8.196).[239]

239 Cents sind abzuschneiden. Im Fall der Zusammenveranlagung muss das Abschneiden vor der Multiplikation mit zwei erfolgen. Der sich ergebende Steuerbetrag ist auf den nächsten vollen Euro-Betrag abzurunden (§ 32a Abs. 1 Satz 6 EStG).

Daraus folgt als tarifliche Einkommensteuer nach § 32a EStG	124.786	159.978

An dieser Stelle ist die pauschalierte Gewerbesteueranrechnung gemäß § 35 EStG durchzuführen. Der Anrechnungsbetrag ist dabei gemäß Gewinnverteilungsschlüssel auf die Gesellschafter zu verteilen, wobei zu beachten ist, dass der Komplementär-GmbH 1/40 vom Gewinn der KG zusteht und somit 1/40 des pauschalierten Anrechnungsbetrags „verloren geht", das heißt, A bekommt einen Anteil von $0{,}4 \cdot 39/40$ und B einen Anteil von $0{,}6 \cdot 39/40$.

Pauschalierter Gewerbesteueranrechnungsbetrag		
= 3,8 · Gewerbesteuermessbetrag		
= 3,8 · 25.585 = 97.223, davon 39/40	37.916,97	56.875,46

Da A noch andere Einkünfte hat, ist hier noch der Ermäßigungshöchstbetrag nach § 35 Abs. 1 Satz 2 EStG zu berechnen. Dieser ergibt sich mit

$$\frac{\text{Summe der positiven gewerblichen Einkünfte}}{\text{Summe aller positiven Einkünfte}} \cdot \text{tarifliche Steuer}$$

$$= \frac{296.633{,}03}{318.233{,}03} \cdot 124.786 = 116.316{,}18.$$

Da der pauschalierte Anrechnungsbetrag niedriger ist, darf dieser zur Gänze angesetzt werden.

Festzusetzende Einkommensteuer	86.869,03	103.102,55
Hierauf ist die von der Gesellschaft einbehaltene Kapitalertragsteuer anzurechnen:		
- anrechenbare Kapitalertragsteuer	-888,76	-1.333,15
Einkommensteuerzahllast	85.980,27	101.769,40

Berechnung für 2014:

Die Beträge liegen in der fünften (A) bzw. in der vierten (B) Einkommensteuertarifstufe, somit folgt:

- tarifliche ESt_A

  = 0,45 · abgerundetes zu versteuerndes Einkommen -15.761,
- tarifliche ESt_B

  = 2 · (0,42 · abgerundetes zu versteuerndes Einkommen -8.239).[240]

Daraus folgt als tarifliche Einkommensteuer nach § 32a EStG	124.743	159.892

An dieser Stelle ist die pauschalierte Gewerbesteueranrechnung gemäß § 35 EStG durchzuführen. Der Anrechnungsbetrag ist dabei gemäß Gewinnverteilungsschlüssel auf die Gesellschafter zu verteilen, wobei zu beachten ist, dass der Komplementär-GmbH 1/40 vom Gewinn der KG zusteht und somit 1/40 des pauschalierten Anrechnungsbetrags „verloren geht", d. h., A bekommt einen Anteil von $0{,}4 \cdot 39/40$ und B einen Anteil von $0{,}6 \cdot 39/40$.

240 Cents sind abzuschneiden. Im Fall der Zusammenveranlagung muss das Abschneiden vor der Multiplikation mit zwei erfolgen. Der sich ergebende Steuerbetrag ist auf den nächsten vollen Euro-Betrag abzurunden (§ 32a Abs. 1 Satz 6 EStG).

Pauschalierter Gewerbesteueranrechnungsbetrag		
= 3,8 · Gewerbesteuermessbetrag		
= 3,8 · 25.585 = 97.223, davon 39/40	37.916,97	56.875,46

Da A noch andere Einkünfte hat, ist hier zudem der Ermäßigungshöchstbetrag nach § 35 Abs. 1 Satz 2 EStG zu berechnen. Dieser ergibt sich mit

$$\frac{\text{Summe der positiven gewerblichen Einkünfte}}{\text{Summe aller positiven Einkünfte}} \cdot \text{tarifliche Steuer}$$

$$= \frac{296.633{,}03}{318.233{,}03} \cdot 124.743 = 116.276{,}10.$$

Da der pauschalierte Anrechnungsbetrag niedriger ist, darf dieser zur Gänze angesetzt werden.

Festzusetzende Einkommensteuer	86.826,03	103.016,55
Hierauf ist die von der Gesellschaft einbehaltene Kapitalertragsteuer anzurechnen:		
- anrechenbare Kapitalertragsteuer	-888,76	-1.333,15
Einkommensteuerzahllast	85.937,27	101.683,40

5.3.2.2 Der Solidaritätszuschlag

Der Solidaritätszuschlag beträgt 5,5 % der Einkommensteuer und ist auf ganze Cents abzurunden (§ 4 Satz 3 SolZG).

Für 2013:

0,055 · festzusetzende Einkommensteuer	4.777,79	5.670,63
- anrechenbarer SolZ auf KapESt	-48,88	-73,32
= Solidaritätszuschlag-Zahllast der Gesellschafter	4.728,91	5.597,31

Für 2014:

0,055 · festzusetzende Einkommensteuer	4.775.43	5.665,90
- anrechenbarer SolZ auf KapESt	-48,88	-73,32
= Solidaritätszuschlag-Zahllast der Gesellschafter	4.726,55	5.592,58

5.3.2.3 Die Gesamtbelastung auf Ebene der Gesellschafter A und B

Für 2013:

	A	B
Einkommensteuer	85.980,27	101.769,40
Solidaritätszuschlag	4.728,91	5.597,31
Gesamtbelastung	90.709,18	107.366,71

Für 2014:

	A	B
Einkommensteuer	85.937,27	101.683,40
Solidaritätszuschlag	4.726,55	5.592,58
Gesamtbelastung	90.663,82	107.275,98

5.3.3 Die steuerliche Gesamtbelastung der Alternative GmbH & Co. KG

Bei Betrachtung sowohl der Gesellschafts- als auch der Gesellschafterebene ergibt sich als Ergebnis der Steuerbelastungsrechnung:

Für 2013:

- nach der Steuerzahllast:

	KG	GmbH	A	B
Gewerbesteuer	107.457,00	0,00		
Körperschaftsteuer		2.062,50		
Kapitalertragsteuer		2.221,91		
Einkommensteuer			85.980,27	101.769,40
Solidaritätszuschlag		235,63	4.728,91	5.597,31
	107.457,00	4.520,04	90.709,18	107.366,71
Gesamtsteuerlast				310.052,93

- nach der Steuerschuldlast:

	KG	GmbH	A	B
Gewerbesteuer	107.457,00	0,00		
Körperschaftsteuer		2.062,50		
Einkommensteuer			86.869,03	103.102,55
Solidaritätszuschlag		113,43	4.777,79	5.670,63
	107.457,00	2.175,93	91.646,82	108.773,18
Gesamtsteuerlast				310.052,93

Für 2014:

► nach der Steuerzahllast:

	KG	GmbH	A	B
Gewerbesteuer	107.457,00	0,00		
Körperschaftsteuer		2.062,50		
Kapitalertragsteuer		2.221,91		
Einkommensteuer			85.937,27	101.683,40
Solidaritätszuschlag		235,63	4.726,55	5.592,58
	107.457,00	4.520,04	90.663,82	107.275,98
Gesamtsteuerlast				309.916,84

► nach der Steuerschuldlast:

	KG	GmbH	A	B
Gewerbesteuer	107.457,00	0,00		
Körperschaftsteuer		2.062,50		
Einkommensteuer			86.826,03	103.016,55
Solidaritätszuschlag		113,43	4.775,43	5.665,90
	107.457,00	2.175,93	91.601,46	108.682,45
Gesamtsteuerlast				309.916,84

5.4 Die steuerliche Belastung der Alternative Betriebsaufspaltung

Zur Berechnung der steuerlichen Belastung einer Betriebsaufspaltung sind weitere Annahmen erforderlich. Das folgende Szenario wird unterstellt:

Die Gesellschafter A und B wollen ihre Unternehmung in eine Besitzpersonengesellschaft und eine Betriebs-GmbH aufspalten. An beiden Gesellschaften sei A mit jeweils 40 % und B mit jeweils 60 % beteiligt. Dies entspricht den Beteiligungsquoten in den zuvor betrachteten Fällen. Dabei wird die grds. bestehende Möglichkeit der Konstruktion einer Organschaft hier nicht weiter betrachtet. Im Einzelfall könnte diese zu einer geringeren Steuerlast führen, wegen der nichtsteuerlichen Rahmenbedingungen wäre eine solche Konstruktion für den hier gegebenen Fall aber wohl eher ungewöhnlich.

Des Weiteren gelte:

eingebrachtes Eigenkapital einschließlich der GmbH-Anteile	1.000.000
davon:	
Eigenkapital der Betriebs-GmbH	25.000
Eigenkapital der Besitz-OHG	975.000

Die Anteile von A und B an der Betriebs-GmbH sind jeweils Sonderbetriebsvermögen bei der Besitz-OHG. Ausschüttungen führen demnach zu Sonderbetriebseinnahmen,[241] wohingegen Geschäftsführergehälter nach BFH-Rechtsprechung unter die Einkünfte aus nichtselbständiger Arbeit fallen.[242]

Pachtzahlung der Betriebs-GmbH an die Besitz-OHG einschließlich Zinsen für langfristige Verbindlichkeiten der Besitz-OHG	368.000

Durch die Pachtzahlung der GmbH von 368.000 € werden die von der Besitzgesellschaft zu zahlenden Aufwendungen für langfristige Verbindlichkeiten in Höhe von 68.000 € (8 % von 850.000 €) abgegolten. Die Pacht in Höhe von 368.000 € setzt sich somit aus einer Aufwandsentschädigung an die Besitz-OHG für die Finanzierung des zur Verfügung gestellten Anlagevermögens in Höhe von 68.000 € und für sonstige Aufwendungen (300.000 €) in diesem Zusammenhang (Abnutzung, Instandhaltung etc.) zusammen. Für gewerbesteuerliche Zwecke wird angenommen, dass die gesamte Pachtzahlung zu 70 % auf bewegliche und zu 30 % auf unbewegliche Wirtschaftsgüter des Anlagevermögens entfällt. Lizenzen o. ä. werden der GmbH von der OHG nicht überlassen. Der Pachtzins sei angemessen.

Gewinn der GmbH vor Abzug der Pachtzahlungen, Vergütungen an Gesellschafter und Steuern	818.000

Der Gewinn der GmbH vor Abzug von Pacht, Steuern und Geschäftsführergehältern wurde, um die Betriebsaufspaltung mit den alternativen Gesellschaftsformen vergleichbar zu machen, um 68.000 € erhöht. Dies entspricht dem Aufwandsbetrag für Zinsen, der auf die Besitzunternehmung verlagert wurde. Die relevante Vergleichsgröße bei den zuvor betrachteten Rechtsformen ist der Gewinn vor Steuern und vor Vergütungen an Gesellschafter in Höhe von 750.000 €. Hierbei handelt es sich jedoch um eine Größe nach Berücksichtigung der Abzugsfähigkeit von Fremdkapitalzinsen für Darlehen von Dritten. Im Fall der Betriebsaufspaltung muss dieser Gewinn um den Zinsanteil, der in der Pacht enthalten ist, erhöht werden, damit nach Abzug eben dieses Zinsanteils wieder mit einem Gewinn in Höhe von 750.000 € gerechnet werden kann.

Im Gewinn der GmbH vor Abzug von Pacht, Steuern und Geschäftsführergehältern sind Aufwendungen für die von der GmbH übernommene Substanzerhaltungsverpflichtung enthalten. Die Aktivierung des Anspruchs auf Ersatzbeschaffung beim Verpächter ist erfolgswirksam. Die Höhe dieses Anspruchs soll dem der Besitzgesellschaft zustehenden Abschreibungsvolumen für das bei ihr verbleibende Anlagevermögen entsprechen. Auf diese Weise gleichen sich beide Positionen gegenseitig aus. Die Wirkungen von Abschreibungen zwischen den Gesellschaften müssen somit nicht separat in der Steuerbelastungsrechnung erfasst werden. Zudem wird für die Betriebsaufspaltung angenommen, dass sämtliche Lizenz- und Leasingverträge nunmehr auf Ebene der GmbH abgeschlossen wurden und somit bei dieser zu einer Gewinnminderung und folgerichtig zu gewerbesteuerlichen Hinzurechnungen führen.

241 Vgl. Kapitel 4.2.1.

242 Vgl. z. B. Bitz in Littmann/Bitz/Pust (2002), § 15, Rz. 313.

5.4.1 Die Besteuerung auf Ebene der Gesellschaften

5.4.1.1 Die Gewerbesteuer der Betriebs-GmbH

Die Ermittlung der Gewerbesteuer auf Ebene der Betriebs-GmbH erfolgt analog zur Alternative GmbH.

Dabei ergibt sich der Hinzurechnungsbetrag nach § 8 Nr. 1 GewStG mit:

20 % der Leasingzahlungen für bewegliche WG
+ 50 % der Leasingzahlungen für unbewegliche WG
+ 25 % der Zahlungen für Rechte
+ 20 % der Pachtzahlung für bewegliche WG
+ 50 % der Pachtzahlung für unbewegliche WG
= Summe
- 100.000 € (Freibetrag)
= geminderte Summe (mindestens aber 0 €)
· 0,25
= Hinzurechnungsbetrag

Ein Kürzungsbetrag nach § 9 Nr. 1 GewStG ist in diesem Fall nicht zu ermitteln.

Für die oben angegebenen Daten folgt somit:

0,20 · 80.000	16.000
+ 0,50 · 80.000	40.000
+ 0,25 · 20.000	5.000
+ 0,20 · 0,7 · 368.000	51.520
+ 0,50 · 0,3 · 368.000	55.200
= Summe	167.720
- Freibetrag	-100.000
= geminderte Summe (mindestens aber 0 €)	67.720
· 0,25	
= Hinzurechnungsbetrag	16.930

Gewinn vor Steuern, vor Abzug von Pacht und Vergütungen an Gesellschafter	818.000
- Pachtzinsen (= Betriebsausgaben)	-368.000
- Geschäftsführergehälter	-200.000
+ Hinzurechnungen (§ 8 Nr. 1 GewStG)	+16.930
Gewerbeertrag vor Abrundung	266.930

Abrundung nach § 11 Abs. 1 Satz 3 GewStG	
= Gewerbeertrag	266.900
Gewerbesteuermessbetrag (= 0,035 · 266.900)	9.341,50
Gewerbesteuer der GmbH (= 4,2 · 9.341,50)	39.234,30

5.4.1.2 Die Körperschaftsteuer

Gewinn vor Steuern, vor Abzug von Pacht und Vergütungen an Gesellschafter	818.000,00
- Pacht	-368.000,00
- Geschäftsführergehälter	-200.000,00
zu versteuernder Gewinn	250.000,00
- Tarifbelastung in Höhe von 15 %	-37.500,00
- *Solidaritätszuschlag (= 5,5 % auf 37.500,00)*	-2.062,50
- *Gewerbesteuer*	-39.234,30
= ausschüttungsfähiger Gewinn	171.203,20

5.4.1.3 Die Kapitalertragsteuer

Die GmbH muss von der Ausschüttung in Höhe von 171.203,20 € noch Kapitalertragsteuer einbehalten:

0,25 · 171.203,20	42.800,80

5.4.1.4 Der Solidaritätszuschlag

Der Solidaritätszuschlag beträgt 5,5 % der Körperschaft- und Kapitalertragsteuer und ist auf ganze Cents abzurunden (§ 4 Satz 3 SolZG):

0,055 · Körperschaftsteuer-Zahlung	2.062,50
+ 0,055 · Kapitalertragsteuer	2.354,04
Solidaritätszuschlag-Zahllast der GmbH	4.416,54

5.4.1.5 Die Gewerbesteuer der Besitz-OHG

Pachtzins	368.000,00
- Fremdkapitalzinsen (= Betriebsausgabe)	-68.000,00
+ Teileinkünfte aus GmbH-Ausschüttung (= Sonderbetriebseinnahme)	102.721,92
Ausgangsgröße bei der Bestimmung des Gewerbeertrags (§ 7 GewStG)	402.721,92

+ Hinzurechnungen (§ 8 Nr. 1 GewStG)		0,00
Fremdkapitalzinsen	68.000,00	
- Freibetrag	-100.000,00	
= geminderte Summe (mind. 0)	0,00	
- 1,2 % des um 40 % erhöhten Einheitswertes der Betriebsgrundstücke (§ 9 Nr. 1 GewStG i. V. m. § 121a BewG)		-1.680,00
- Gewinnanteile der GmbH (§ 9 Nr. 2a GewStG)		-102.721,92
		298.320,00
- Freibetrag (§ 11 Abs. 1 Nr. 1 GewStG)		-24.500,00
Gewerbeertrag vor Abrundung		273.820,00
Abrundung nach § 11 Abs. 1 Satz 3 GewStG		
= Gewerbeertrag		273.800,00
Gewerbesteuermessbetrag (= 0,035 · 273.800,00)		9.583,00
Gewerbesteuer (= 4,2 · 9.583,00)		40.248,60

5.4.1.6 Die Gesamtbelastung auf Ebene der Gesellschaften

Gewerbesteuer Besitz-OHG	40.248,60
Gewerbesteuer Betriebs-GmbH	39.234,30
Körperschaftsteuer	37.500,00
Kapitalertragsteuer	42.800,80
Solidaritätszuschlag der Betriebs-GmbH	4.416,54
Gesamtbelastung Gesellschaften	164.200,24

5.4.2 Die Besteuerung auf Ebene der Gesellschafter

5.4.2.1 Die Einkommensteuer

		A	B
Pachteinnahmen der Besitzgesellschaft	368.000,00		
- Fremdkapitalzinsen	-68.000,00		
zu verteilender Gewinn	300.000,00		
davon		120.000,00	180.000,00
+ Teileinkünfte aus GmbH-Ausschüttung		41.088,77	61.633,15
= Einkünfte aus Gewerbebetrieb		161.088,77	241.633,15
+ Geschäftsführergehälter		80.000,00	120.000,00
- Arbeitnehmer-Pauschbetrag gemäß § 9a Nr. 1 EStG		-1.000,00	1.000,00
= Einkünfte aus nichtselbständiger Arbeit		79.000,00	119.000,00

+ andere Einkünfte	21.600,00	0,00
= **Summe der Einkünfte (= Gesamtbetrag der Einkünfte)**	261.688,77	360.633,15
- Sonderausgaben	-6.000,00	-11.000,00
- Kinderfreibetrag, Betreuungsfreibetrag (§ 32 Abs. 6 EStG)*)		-14.016,00
zu versteuerndes Einkommen	255.688,77	335.617,15

*) Als Kinderfreibetrag und Betreuungsfreibetrag werden in den Veranlagungszeiträumen 2013 und 2014 jeweils 3.504 € je Kind und Elternteil gewährt.

abgerundetes bzw. abgerundetes halbes zu versteuerndes Einkommen	255.688	167.808

Berechnung für 2013:

Die Beträge liegen in der fünften (A) bzw. vierten (B) Einkommensteuertarifstufe, somit folgt:

- tarifliche ESt_A

  = 0,45 · abgerundetes zu versteuerndes Einkommen -15.718,
- tarifliche ESt_B

  = 2 · (0,42 · abgerundetes halbes zu versteuerndes Einkommen -8.196).[243]

Daraus folgt als tarifliche Einkommensteuer nach § 32a EStG	99.341	124.566

An dieser Stelle ist die pauschalierte Gewerbesteueranrechnung gemäß § 35 EStG durchzuführen. Der Anrechnungsbetrag ist dabei gemäß Gewinnverteilungsschlüssel auf die Gesellschafter zu verteilen.

Pauschalierter Gewerbesteueranrechnungsbetrag

= 3,8 · Gewerbesteuermessbetrag

= 3,8 · 9.583,00 = 36.415,40	14.566,16	21.849,24

Da A und B nicht nur gewerbliche Einkünfte haben, ist der Ermäßigungshöchstbetrag nach § 35 Abs. 1 Satz 2 EStG zu berechnen:

für A:

$$\frac{\text{Summe der positiven gewerblichen Einkünfte}}{\text{Summe aller positiven Einkünfte}} \cdot \text{tarifliche Steuer}$$

$$= \frac{161.088{,}77}{261.688{,}77} \cdot 99.341 = 61.151{,}72.$$

für B:

$$\frac{\text{Summe der positiven gewerblichen Einkünfte}}{\text{Summe aller positiven Einkünfte}} \cdot \text{tarifliche Steuer}$$

243 Cents sind abzuschneiden. Im Fall der Zusammenveranlagung muss das Abschneiden vor der Multiplikation mit zwei erfolgen. Der sich ergebende Steuerbetrag ist auf den nächsten vollen Euro-Betrag abzurunden (§ 32a Abs. 1 Satz 6 EStG).

$$= \frac{241.633,15}{360.633,15} \cdot 124.566 = 83.462,31.$$

Da der pauschalierte Anrechnungsbetrag niedriger ist, darf dieser zur Gänze angesetzt werden.

Festzusetzende Einkommensteuer	84.774,84	102.798,76
- anrechenbare Kapitalertragsteuer	-17.120,32	-25.680,48
= Einkommensteuerzahllast	67.654,52	77.036,28

Berechnung für 2014:

Die Beträge liegen in der fünften (A) bzw. vierten (B) Einkommensteuertarifstufe, somit folgt:

- tarifliche ESt_A

  = 0,45 · abgerundetes zu versteuerndes Einkommen -15.761,
- tarifliche ESt_B

  = 2 · (0,42 · abgerundetes halbes zu versteuerndes Einkommen -8.239).[244]

Daraus folgt als tarifliche Einkommensteuer nach § 32a EStG	99.298	124.480

An dieser Stelle ist die pauschalierte Gewerbesteueranrechnung gemäß § 35 EStG durchzuführen. Der Anrechnungsbetrag ist dabei gemäß Gewinnverteilungsschlüssel auf die Gesellschafter zu verteilen.

Pauschalierter Gewerbesteueranrechnungsbetrag

= 3,8 · Gewerbesteuermessbetrag

= 3,8 · 9.583,00 = 36.415,40	14.566,16	21.849,24

Da A und B nicht nur gewerbliche Einkünfte haben, ist der Ermäßigungshöchstbetrag nach § 35 Abs. 1 Satz 2 EStG zu berechnen:

für A:

$$\frac{\text{Summe der positiven gewerblichen Einkünfte}}{\text{Summe aller positiven Einkünfte}} \cdot \text{tarifliche Steuer}$$

$$= \frac{161.088,77}{261.688,77} \cdot 99.298 = 61.125,25.$$

für B:

$$\frac{\text{Summe der positiven gewerblichen Einkünfte}}{\text{Summe aller positiven Einkünfte}} \cdot \text{tarifliche Steuer}$$

$$= \frac{241.633,15}{360.633,15} \cdot 124.480 = 83.404,69.$$

244 Cents sind abzuschneiden. Im Fall der Zusammenveranlagung muss das Abschneiden vor der Multiplikation mit zwei erfolgen. Der sich ergebende Steuerbetrag ist auf den nächsten vollen Euro-Betrag abzurunden (§ 32a Abs. 1 Satz 6 EStG).

Da der pauschalierte Anrechnungsbetrag niedriger ist, darf dieser zur Gänze angesetzt werden.

Festzusetzende Einkommensteuer	84.731,84	102.630,76
- anrechenbare Kapitalertragsteuer	-17.120,32	-25.680,48
= Einkommensteuerzahllast	67.611,52	76.950,28

5.4.2.2 Der Solidaritätszuschlag

Der Solidaritätszuschlag beträgt 5,5 % der Einkommensteuer und ist auf ganze Cents abzurunden (§ 4 Satz 3 SolZG).

Für 2013:

0,055 · festzusetzende Einkommensteuer	4.662,61	5.649,42
- anrechenbarer SolZ auf KapESt	-941,62	-1.412,42
Solidaritätszuschlag-Zahllast der Gesellschafter	3.720,99	4.237,00

Für 2014:

0,055 · festzusetzende Einkommensteuer	4.660,25	5.644,69
- anrechenbarer SolZ auf KapESt	-941,62	-1.412,42
Solidaritätszuschlag-Zahllast der Gesellschafter	3.718,63	4.232,27

5.4.2.3 Die Gesamtbelastung auf Ebene der Gesellschafter der Betriebsaufspaltung

Für 2013:

	A	B
Einkommensteuer	67.654,52	77.036,28
Solidaritätszuschlag	3.720,99	4.237,00
Gesamtbelastung	71.375,51	81.273,28

Für 2014:

	A	B
Einkommensteuer	67.611,52	76.950,28
Solidaritätszuschlag	3.718,63	4.232,27
Gesamtbelastung	71.330,15	81.182,55

5.4.3 Die steuerliche Gesamtbelastung der Alternative Betriebsaufspaltung

Bei Betrachtung sowohl der Gesellschafts- als auch der Gesellschafterebene ergibt sich als Ergebnis der Steuerbelastungsrechnung:

Für 2013:

- nach der Steuerzahllast:

	Besitz-OHG	Besitz-GmbH	A	B
Gewerbesteuer	40.248,60	39.234,30		
Körperschaftsteuer		37.500,00		
Kapitalertragsteuer		42.800,80		
Einkommensteuer			67.654,52	77.036,28
Solidaritätszuschlag		4.416,54	3.720,99	4.237,00
	40.248,60	123.951,64	71.375,51	81.273,28
Gesamtsteuerlast				316.849,03

- nach der Steuerschuldlast:

	Besitz-OHG	Besitz-GmbH	A	B
Gewerbesteuer	40.248,60	39.234,30		
Körperschaftsteuer		37.500,00		
Einkommensteuer			84.774,84	102.716,76
Solidaritätszuschlag		2.062,50	4.662,61	5.649,42
	40.248,60	78.796,80	89.437,45	108.366,18
Gesamtsteuerlast				316.849,03

Für 2014:

- nach der Steuerzahllast:

	Besitz-OHG	Besitz-GmbH	A	B
Gewerbesteuer	40.248,60	39.234,30		
Körperschaftsteuer		37.500,00		
Kapitalertragsteuer		42.800,80		
Einkommensteuer			67.611,52	76.950,28
Solidaritätszuschlag		4.416,54	3.718,63	4.232,27
	40.248,60	123.951,64	71.330,15	81.182,55
Gesamtsteuerlast				316.712,94

► nach der Steuerschuldlast:

	Besitz-OHG	Besitz-GmbH	A	B
Gewerbesteuer	40.248,60	39.234,30		
Körperschaftsteuer		37.500,00		
Einkommensteuer			84.731,84	102.630,76
Solidaritätszuschlag		2.062,50	4.660,25	5.644,69
	40.248,60	78.796,80	89.392,09	108.275,45
Gesamtsteuerlast				316.712,94

5.5 Die steuerliche Belastung der Alternative GmbH & Still

Als Rechtsformalternative im hier beschriebenen Szenario kommen sowohl die typische als auch die atypische GmbH & Still in Frage.

Da die atypische GmbH & Still weitgehend der GmbH & Co. KG entspricht,[245] erübrigen sich separate Steuerbelastungsberechnungen für dieses Konstrukt.

Bei der Kombination einer GmbH mit einem typischen stillen Gesellschafter handelt es sich um eine Form der Fremdfinanzierung. Die typische GmbH & Still ermöglicht allerdings im Vergleich zu einem Darlehensverhältnis zwischen der GmbH und einem oder mehreren ihrer Gesellschafter keinerlei steuerliche Vorteile. Genau wie die Zinsen bei Gesellschafter-Fremdfinanzierung über ein Darlehen werden die Gewinnanteile des stillen Gesellschafters nach § 8 Nr. 1 GewStG zum Gewerbeertrag hinzugerechnet.

Die Möglichkeit eines Gesellschafters, einer Unternehmung anstelle von Eigenkapital Fremdkapital zur Verfügung zu stellen, besteht auch bei anderen Rechtsformen. Die Vorteilhaftigkeit einer solchen Gestaltung soll, obwohl sich hieraus empfehlenswerte Konstellationen ergeben können, keiner weiteren Überprüfung unterzogen werden. Die steuerlichen Wirkungen von Gesellschafterdarlehen sollen über die hier durchgeführten Steuerbelastungsrechnungen[246] hinausgehend nicht untersucht werden.

Eine Überprüfung der steuerlichen Vorteilhaftigkeit der typischen GmbH & Still ist vor diesem Hintergrund daher redundant.

5.6 Interpretation der Belastungsrechnungen

5.6.1 Tabellarischer Überblick

Zur ökonomischen Interpretation werden die Steuerschuldlasten herangezogen. Diese ergeben sich im Überblick wie folgt:

245 Vgl. Kapitel 4.3.2.

246 Vgl. Kapitel 5.7.6.

ABB. 9: Vergleich der Steuerschuldlasten im Grundfall für 2013

	OHG	GmbH	GmbH & Co. KG	Betriebs-aufspaltung
Gesellschaftsebene				
Gewerbesteuer	107.457,00	81.658,50	107.457,00	
- Besitzgesellschaft				40.248,60
- Betriebsgesellschaft				39.234,30
Körperschaftsteuer		82.500,00	2.062,50	37.500,00
Solidaritätszuschlag		4.537,50	113,43	2.062,50
Gesellschafterebene				
Einkommensteuer				
- § 32d Abs. 1 EStG				
· A		37.930,15		
· B		56.795,10		
- übrige festzusetzende Einkommensteuer				
· A	87.412,80	31.536,00	86.869,03	84.774,84
· B	103.766,20	23.240,00	103.102,55	102.716,76
Solidaritätszuschlag				
· A	4.807,70	3.820,63	4.777,79	4.662,61
· B	5.707,14	4.401,93	5.670,63	5.649,42
Gesamtbelastung	309.150,84	326.419,81	310.052,93	316.849,03

ABB. 10: Vergleich der Steuerschuldlasten im Grundfall für 2014

	OHG	GmbH	GmbH & Co. KG	Betriebs-aufspaltung
Gesellschaftsebene				
Gewerbesteuer	107.457,00	81.658,50	107.457,00	
- Besitzgesellschaft				40.248,60
- Betriebsgesellschaft				39.234,30
Körperschaftsteuer		82.500,00	2.062,50	37.500,00
Solidaritätszuschlag		4.537,50	113,43	2.062,50
Gesellschafterebene				
Einkommensteuer				
- § 32d Abs. 1 EStG				
· A		37.930,15		
· B		56.795,10		

	OHG	GmbH	GmbH & Co. KG	Betriebs-aufspaltung
- übrige festzusetzende Einkommensteuer				
· A	87.369,80	31.493,00	86.826,03	84.731,84
· B	103.680,20	23.154,00	103.016,55	102.630,76
Solidaritätszuschlag				
· A	4.805,33	3.818,26	4.775,43	4.660,25
· B	5.702,41	4.397,20	5.665,90	5.644,69
Gesamtbelastung	309.014,74	326.283,71	309.916,84	316.712,94

Es wird deutlich, dass die OHG die geringste Gesamtbelastung aufweist. Die (absoluten und relativen) Differenzen der anderen Rechtsformen hierzu ergeben sich wie folgt:

ABB. 11: Absolute und relative Mehrbelastung (im Vergleich zur besten Alternative) für 2013

	OHG	GmbH	GmbH & Co. KG	Betriebs-aufspaltung
- absolut	-	17.268,97	902,09	7.698,19
- relativ	-	5,59 %	0,29 %	2,49 %

ABB. 12: Absolute und relative Mehrbelastung (im Vergleich zur besten Alternative) für 2014

	OHG	GmbH	GmbH & Co. KG	Betriebs-aufspaltung
- absolut	-	17.268,97	902,10	7.698,20
- relativ	-	5,59 %	0,29 %	2,49 %

5.6.2 Vergleich der Steuerbelastungen

5.6.2.1 Vergleich der Belastung mit Gewerbesteuer

Hinsichtlich der gewerbesteuerlichen Belastung besteht kein Unterschied zwischen der OHG und der GmbH & Co. KG. Da die Geschäftsführer der Komplementär-GmbH annahmegemäß gleichzeitig die Kommanditisten der KG sind, stellen die Geschäftsführergehälter Sonderbetriebseinnahmen dar und werden somit bei der Ermittlung des Gewerbeertrags nicht abgezogen. Für die OHG und die GmbH & Co. KG ergibt sich daher die gleiche Höhe für den Gewerbeertrag, worauf jeweils nach Abzug des Freibetrags der Tarif anzuwenden ist. Wegen der Kürzungsvorschrift des § 9 Nr. 2 GewStG entsteht auf Ebene der Komplementär-GmbH der GmbH & Co. KG keine eigene Belastung mit Gewerbesteuer.

Für die reine GmbH ergibt sich im Vergleich zu den beiden obigen Rechtsformen eine niedrigere Belastung mit Gewerbesteuer, da hier bei der Ermittlung des Gewerbeertrags die Geschäftsführergehälter abgezogen werden. Der hierdurch entstehende steuerliche Vorteil wird zum Teil dadurch kompensiert, dass die Gesellschaft keinen Freibetrag in Anspruch nehmen kann.

Für die Betriebsaufspaltung ergibt sich im Vergleich die niedrigste Gewerbesteuerzahllast, die sich in Summe aus den jeweiligen Einzelbelastungen der Besitzpersonengesellschaft und der Betriebskapitalgesellschaft berechnet. Dies liegt darin begründet, dass die Betriebsaufspaltung die jeweiligen Vorteile der Kapitalgesellschaft bzw. der Personengesellschaft geltend machen kann. Bei der Betriebskapitalgesellschaft sind neben den Geschäftsführergehältern 75 % des Finanzierungsanteils der an die Besitzpersonengesellschaft abgeführten Pachtzinsen abzugsfähig. Diese 75 % werden zwar bei der Besitzgesellschaft mit Gewerbesteuer belastet, hier kommt aber der Freibetrag zur Anwendung, woraus sich insgesamt eine niedrigere Belastung ergibt. Die Ausschüttung der Betriebsgesellschaft an die Gesellschafter stellt bei diesen Sonderbetriebseinnahmen dar, die aber bei der Ermittlung des Gewerbeertrags der Besitzgesellschaft aufgrund der Kürzungsvorschrift des § 9 Nr. 2a GewStG abgezogen werden. Es kommt somit zu keiner Doppelbesteuerung dieser Beträge.

Zu berücksichtigen ist zudem die pauschalierte Anrechnung der Gewerbesteuer auf die Einkommensteuer nach § 35 EStG. Diese kommt nur für Personenunternehmungen (Einzelunternehmungen und Personengesellschaften) in Betracht. Da der Anrechnungsbetrag die festzusetzende Einkommensteuer mindert, diese aber die Bemessungsgrundlage für den Solidaritätszuschlag ist, tritt bei diesem ein zusätzlicher Entlastungseffekt ein (in Höhe von 5,5 % des Anrechnungsbetrags). Daraus lässt sich für die betrachteten Alternativen die effektive Belastung mit Gewerbesteuer berechnen.

ABB. 13: Effektive Gewerbesteuerbelastung

	OHG	GmbH	GmbH & Co. KG	Betriebsaufspaltung
Gewerbesteuer-Schuldlast	107.457,00	81.658,50	107.457,00	79.482,90
- Anrechnungsbetrag	97.223,00	-	94.792,43	36.415,40
- Entlastung SolZ	5.347,27	-	5.213,58	2.002,85
= Effektive GewSt-Belastung	4.886,73	81.658,50	7.450,99	41.064,65

Bei der OHG und (in etwas abgeschwächtem Maße) der GmbH & Co. KG wird die Belastung mit Gewerbesteuer fast vollständig kompensiert. Bei der GmbH tritt naturgemäß kein entsprechender Effekt auf. Bei der Betriebsaufspaltung erfolgt keine Kompensation, soweit die Gewerbesteuerbelastung auf die Betriebs-GmbH entfällt.

5.6.2.2 Vergleich der Belastung mit Körperschaftsteuer

Naturgemäß kommt es bei der OHG zu keiner Belastung mit Körperschaftsteuer. Bei der GmbH & Co. KG entsteht auf Ebene der Komplementär-GmbH eine Körperschaftsteuerzahllast. Diese kann aber gering gehalten werden, wenn die Beteiligung der Komplementär-GmbH am Kapital der GmbH & Co. KG und damit der auf sie entfallende Gewinnanteil ausgeschlossen oder auf ein Minimum[247] beschränkt wird.

Die Betriebsaufspaltung erweist sich im Vergleich zur GmbH als günstiger, weil die anfallenden Pachtzinsen bei der Gewinnermittlung als Betriebsausgaben abgezogen werden können. Es ent-

247 Vgl. hierzu Kapitel 5.3.

steht jedoch keine der vollen Höhe der Pachtzinsen entsprechende Entlastung, weil hierin die Schuldzinsen der Besitzgesellschaft mitgetragen werden. Der steuerliche Vorteil ergibt sich somit entsprechend der Differenz zwischen Pachtzinsen und Schuldzinsen.

ABB. 14: Körperschaftsteuerbelastung

	OHG	GmbH	GmbH & Co. KG	Betriebs-aufspaltung
Körperschaftsteuer-Schuldlast	-	82.500,00	2.062,50	37.500,00

5.6.2.3 Vergleich der Belastung mit Solidaritätszuschlag auf Ebene der Gesellschaft

Die Rangfolge entspricht derjenigen des Kapitels 5.6.2.2, da als Ausgangsgröße zur Berechnung des Solidaritätszuschlags, soweit die Unternehmung als Schuldner desselben auftritt, die gezahlte Körperschaftsteuer herangezogen wird.

ABB. 15: Solidaritätszuschlagbelastung

	OHG	GmbH	GmbH & Co. KG	Betriebs-aufspaltung
Solidaritätszuschlag-Schuldlast	-	4.537,50	113,43	2.062,50

5.6.2.4 Vergleich der Belastung mit Einkommensteuer

Die höchste Belastung mit Einkommensteuer fällt bei der OHG an, da hier alle Einkünfte über die Einkommensteuer abgerechnet werden. Allgemein kehrt sich die Rangfolge der Rechtsformen bezüglich der Einkommensteuerbelastung gegenüber der Körperschaftsteuerbelastung gerade um. Der Grund hierfür ist: Je mehr Einkommensbestandteile über die Körperschaftsteuer abgerechnet werden, desto weniger kommen bei der Einkommensteuer zum Tragen.

Darüber hinaus sind folgende Besonderheiten zu beachten: Bei der GmbH und der Betriebsaufspaltung kann von den Gesellschaftern im Zusammenhang mit der Zuordnung von Einkommensteilen zu den Einkünften aus nichtselbständiger Arbeit der Arbeitnehmer-Pauschbetrag in Anspruch genommen werden. Bei der GmbH werden auf Ebene der Gesellschafter die Einkünfte aus Kapitalvermögen um den Sparer-Pauschbetrag gekürzt. Ausschüttungen der GmbH unterliegen der Abgeltungssteuer. Die Einkommensteuer-Schuldlast – vor der pauschalierten Anrechnung der Gewerbesteuer, die bereits oben bei der Bestimmung der effektiven Gewerbesteuerbelastung berücksichtigt wurde – verteilt sich wie folgt:

ABB. 16: Einkommensteuerbelastung (vor pauschalierter Anrechnung der GewSt) für 2013

	OHG	GmbH	GmbH & Co. KG	Betriebs-aufspaltung
Einkommensteuer-Schuldlast	288.402	149.501,25	284.764	223.907

ABB. 17: Einkommensteuerbelastung (vor pauschalierter Anrechnung der GewSt) für 2014				
	OHG	GmbH	GmbH & Co. KG	Betriebs-aufspaltung
Einkommensteuer-Schuldlast	288.273	149.372,25	284.635	223.778

5.6.2.5 Vergleich der Belastung mit Solidaritätszuschlag auf Ebene der Gesellschafter

Für diese besteht eine direkte und „proportionale" Abhängigkeit von der Einkommensteuerbelastung. Es ergibt sich somit die gleiche Rangfolge wie dort.

ABB. 18: Solidaritätszuschlagbelastung (vor pauschalierter Anrechnung der GewSt) für 2013				
	OHG	GmbH	GmbH & Co. KG	Betriebs-aufspaltung
Solidaritätszuschlag-Schuldlast	15.862,11	8.222,56	15.662,02	12.314,88

ABB. 19: Solidaritätszuschlagbelastung (vor pauschalierter Anrechnung der GewSt) für 2014				
	OHG	GmbH	GmbH & Co. KG	Betriebs-aufspaltung
Solidaritätszuschlag-Schuldlast	15.855,01	8.215,47	15.654,92	12.307,79

5.6.2.6 Gesamtvergleich

Aufgrund der hier angenommenen Vollausschüttung ist die Gesamtsteuerbelastung für die OHG und die GmbH & Co. KG nahezu gleich. Insgesamt ergibt sich in dem betrachteten Grundfall für diese beiden Rechtsformen ein Vorteil gegenüber den beiden anderen. Dieser Vorteil resultiert aus der pauschalierten Anrechnung der Gewerbesteuer nach § 35 EStG. Bei der Betriebsaufspaltung kommt diese Anrechnung nur teilweise, bei der GmbH gar nicht zum Tragen. Dieser steuerliche Vorteil überkompensiert den Nachteil aus der fehlenden Abzugsfähigkeit von Vergütungen an Gesellschafter von Mitunternehmerschaften bei der Gewerbesteuer. Die GmbH & Co. KG erfährt einen geringfügigen Vorteil aus dem niedrigen Körperschaftsteuertarif. Da dieser Effekt jedoch auf den in diesem Fall geringen GmbH-Anteil beschränkt bleibt, kommt ihm hier nur eine untergeordnete Bedeutung zu. Da im Gegensatz zur OHG bei der GmbH & Co. KG die Gewerbesteuer, die anteilig auf die Komplementär-GmbH entfällt, als Anrechnungspotenzial i. S. v. § 35 EStG bei den Mitunternehmern A und B verloren geht, ist letztlich die OHG aus steuerlicher Sicht im Grundfall die günstigste Rechtsformalternative.

Die GmbH erweist sich im vorliegenden Fall als etwas nachteiliger als die Betriebsaufspaltung. Die Betriebsaufspaltung hat den Vorteil einer niedrigeren Belastung mit Gewerbesteuer und der pauschalierten Anrechnung der Gewerbesteuer nach § 35 EStG, welcher dadurch reduziert wird, dass bei der GmbH auf Ebene der Gesellschafter bei der Ermittlung der Einkünfte aus Kapitalvermögen der Sparer-Pauschbetrag abgezogen werden darf. Die genannten Vorteile der Betriebsaufspaltung werden bei der GmbH jedoch durch den niedrigen Körperschaftsteuertarif teilkompensiert.

Allen Rechtsformalternativen, die Mitunternehmerschaften enthalten oder sind, ist die entlastende Wirkung des § 35 EStG gemeinsam. Die pauschalierte Gewerbesteueranrechnung dominiert im Grundfall stets die Vorteile der GmbH aus der Abzugsfähigkeit von Leistungsvergütungen an Gesellschafter und kann unter den getroffenen Annahmen in den meisten Fällen als entscheidend ausgemacht werden. Die anschließenden Variationsrechnungen relativieren dieses Ergebnis allerdings. Bei der Betriebsaufspaltung ruft diese Vorschrift im Gegensatz zur OHG und zur GmbH & Co. KG nur eine geringe Entlastung hervor, da die Gewerbesteuerbelastung etwa zur Hälfte auf Ebene der Betriebs-GmbH entsteht, für die es keine entsprechende Kompensation gibt.

5.7 Variation der Ausgangsdaten

5.7.1 Vorgehensweise

Um zu überprüfen, inwieweit die Rangfolge der Vorteilhaftigkeit der Rechtsformen bezüglich der Steuerbelastung von der im Grundfall gewählten Datenkonstellation abhängt, werden die Ausgangsdaten im Folgenden variiert. Dabei wird grds. so vorgegangen, dass jeweils ein Datum geändert wird, während alle anderen Daten denen des Grundfalls entsprechen.

5.7.2 Variation der Größe „Hebesatz"

Die Variation des Gewerbesteuer-Hebesatzes wird deshalb hier betrachtet, weil für die Kapitalgesellschaften durch die im Zuge der Unternehmensteuerreform 2008 vollzogene Senkung des KSt-Satzes auf 15 % die Gewerbesteuer eine höhere relative Bedeutung erlangt.

5.7.2.1 Höherer Hebesatz

Datenänderung: Hebesatz = 500 %

ABB. 20: Vergleich der Steuerbelastungen für 2013 bei höherem Hebesatz

	OHG	GmbH	GmbH & Co. KG	Betriebs-aufspaltung
Gesellschaftsebene				
Gewerbesteuer	127.925,00	97.212,50	127.925,00	
- Besitzgesellschaft				47.915,00
- Betriebsgesellschaft				46.707,50
Körperschaftsteuer		82.500,00	2.062,50	37.500,00
Solidaritätszuschlag		4.537,50	113,43	2.062,50
Gesellschafterebene				
Einkommensteuer				
- § 32d Abs. 1 EStG				
· A		36.374,75		
· B		54.462,00		

	OHG	GmbH	GmbH & Co. KG	Betriebs-aufspaltung
- übrige festzusetzende Einkommensteuer				
· A	87.412,80	31.536,00	86.814,03	83.967,84
· B	103.766,20	23.240,00	103.026,55	101.586,76
Solidaritätszuschlag				
· A	4.807,70	3.735,09	4.774,77	4.618,23
· B	5.707,14	4.273,61	5.666,45	5.587,27
Gesamtbelastung	329.618,84	337.871,45	330.382,73	329.945,10

ABB. 21: Vergleich der Steuerbelastungen für 2014 bei höherem Hebesatz

	OHG	GmbH	GmbH & Co. KG	Betriebs-aufspaltung
Gesellschaftsebene				
Gewerbesteuer	127.925,00	97.212,50	127.925,00	
- Besitzgesellschaft				47.915,00
- Betriebsgesellschaft				46.707,50
Körperschaftsteuer		82.500,00	2.062,50	37.500,00
Solidaritätszuschlag		4.537,50	113,43	2.062,50
Gesellschafterebene				
Einkommensteuer				
- § 32d Abs. 1 EStG				
· A		36.374,75		
· B		54.462,00		
- übrige festzusetzende Einkommensteuer				
· A	87.369,80	31.493,00	86.771,03	86.771,03
· B	103.680,20	23.154,00	102.940,55	102.940,55
Solidaritätszuschlag				
· A	4.805,33	3.732,72	4.772,40	4.615,86
· B	5.702,41	4.268,88	5.661,72	5.582,54
Gesamtbelastung	329.482,74	337.735,35	330.246,63	329.809,00

Durch Annahme eines höheren Hebesatzes ändert sich die Rangfolge zwischen der GmbH & Co. KG und der Betriebsaufspaltung. Zusätzlich werden die Differenzen zwischen den einzelnen Rechtsformen geringer. Dies liegt darin begründet, dass bei einem steigenden Hebesatz die Gewerbesteuerlast der Kapitalgesellschaften steigt, bei einhergehender höherer Entlastung durch die Abzugsfähigkeit der Geschäftsführer-Gehälter. Die Gewerbesteuerlast der Personengesellschaften wächst allerdings gleichzeitig überproportional an, da nur bis zu einem Hebesatz von 400,9 % durch die Anrechnung der Gewerbesteuer nach § 35 EStG eine vollständige Kompensation (bzw. Überkompensation) gegeben ist.

5.7.2.2 Niedrigerer Hebesatz

Datenänderung: Hebesatz = 350 %

ABB. 22: Vergleich der Steuerbelastungen für 2013 bei niedrigerem Hebesatz

	OHG	GmbH	GmbH & Co. KG	Betriebs-aufspaltung
Gesellschaftsebene				
Gewerbesteuer	89.547,50	68.048,75	89.547,50	
- Besitzgesellschaft				33.540,50
- Betriebsgesellschaft				32.695,25
Körperschaftsteuer		82.500,00	2.062,50	37.500,00
Solidaritätszuschlag		4.537,50	113,43	2.062,50
Gesellschafterebene				
Einkommensteuer				
- § 32d Abs. 1 EStG				
· A		39.291,13		
· B		58.836,56		
- übrige festzusetzende Einkommensteuer				
· A	90.483,00	31.536,00	89.911,48	86.631,80
· B	108.371,50	23.240,00	107.660,71	105.429,70
Solidaritätszuschlag				
· A	4.976,56	3.895,49	4.945,13	4.764,74
· B	5.960,43	4.514,21	5.921,33	5.798,63
Gesamtbelastung	299.338,99	316.399,64	300.162,08	308.423,12

ABB. 23: Vergleich der Steuerbelastungen für 2014 bei niedrigerem Hebesatz

	OHG	GmbH	GmbH & Co. KG	Betriebs-aufspaltung
Gesellschaftsebene				
Gewerbesteuer	89.547,50	68.048,75	89.547,50	
- Besitzgesellschaft				33.540,50
- Betriebsgesellschaft				32.695,25
Körperschaftsteuer		82.500,00	2.062,50	37.500,00
Solidaritätszuschlag		4.537,50	113,43	2.062,50

	OHG	GmbH	GmbH & Co. KG	Betriebs-aufspaltung
Gesellschafterebene				
Einkommensteuer				
- § 32d Abs. 1 EStG				
· A		39.291,13		
· B		58.836,56		
- übrige festzusetzende Einkommensteuer				
· A	90.440,00	31.493,00	89.868,48	86.588,80
· B	108.285,50	23.154,00	107.574,71	105.343,70
Solidaritätszuschlag				
· A	4.974,20	3.893,12	4.942,76	4.762,38
· B	5.955,70	4.509,48	5.916,60	5.793,90
Gesamtbelastung	299.202,90	316.263,54	300.025,98	308.287,03

Die Rangfolge der Vorteilhaftigkeit der Rechtsformen ändert sich nicht. Bei den Personengesellschaften kommt es hinsichtlich der Gewerbesteuer zu einer Überkompensation, weil die pauschalierte Anrechnung zwar auf die tatsächlich gezahlte Gewerbesteuer beschränkt ist, aber ein zusätzlicher Entlastungseffekt durch den Solidaritätszuschlag zu verzeichnen ist. Bei den Kapitalgesellschaften kommt es aufgrund der niedrigeren Belastung mit Gewerbesteuer zu höheren Ausschüttungen und damit zu einer Verstärkung der mit der steuerlichen Belastung der Ausschüttungen verbundenen Effekte.

5.7.3 Variation der Größe „Geschäftsführergehälter“

5.7.3.1 Höhere Geschäftsführergehälter

Datenänderung: Gehälter Gesellschafter = 300.000 €

ABB. 24: Vergleich der Steuerbelastungen für 2013 bei höheren Gehältern

	OHG	GmbH	GmbH & Co. KG	Betriebs-aufspaltung
Gesellschaftsebene				
Gewerbesteuer	107.457,00	66.958,50	107.457,00	
- Besitzgesellschaft				40.248,60
- Betriebsgesellschaft				24.534,30
Körperschaftsteuer		67.500,00	1.687,50	22.500,00
Solidaritätszuschlag		3.712,50	92,81	1.237,50

	OHG	GmbH	GmbH & Co. KG	Betriebs-aufspaltung
Gesellschafterebene				
Einkommensteuer				
- § 32d Abs. 1 EStG				
· A		30.982,65		
· B		46.373,85		
- übrige festzusetzende Einkommensteuer				
· A	87.412,80	48.336,00	87.092,03	95.271,84
· B	103.766,20	48.280,00	103.414,55	117.412,76
Solidaritätszuschlag				
· A	4.807,70	4.362,52	4.790,06	5.239,95
· B	5.707,14	5.205,96	5.687,79	6.457,70
Gesamtbelastung	309.150,84	321.711,98	310.221,74	312.902,65

ABB. 25: Vergleich der Steuerbelastungen für 2014 bei höheren Gehältern

	OHG	GmbH	GmbH & Co. KG	Betriebs-aufspaltung
Gesellschaftsebene				
Gewerbesteuer	107.457,00	66.958,50	107.457,00	
- Besitzgesellschaft				40.248,60
- Betriebsgesellschaft				24.534,30
Körperschaftsteuer		67.500,00	1.687,50	22.500,00
Solidaritätszuschlag		3.712,50	92,81	1.237,50
Gesellschafterebene				
Einkommensteuer				
- § 32d Abs. 1 EStG				
· A		30.982,65		
· B		46.373,85		
- übrige festzusetzende Einkommensteuer				
· A	87.369,80	48.293,00	87.049,03	85.056,02
· B	103.680,20	48.194,00	103.328,55	102.067,53

	OHG	GmbH	GmbH & Co. KG	Betriebs-aufspaltung
Solidaritätszuschlag				
· A	4.805,33	4.360,15	4.787,69	4.678,08
· B	5.702,41	5.201,23	5.683,06	5.613,71
Gesamtbelastung	309.014,74	321.575,88	310.085,64	312.766,55

Bei der OHG und der GmbH & Co. KG sind die Geschäftsführergehälter nicht als Betriebsausgaben abzugsfähig. Bei der OHG ändert sich deshalb die Gesamtsteuerbelastung nicht. Bei der GmbH & Co. KG kommt es zu einer Verlagerung der Steuerzahllast von der Ebene der Gesellschaft auf die Ebene der Gesellschafter. Durch die Erhöhung der Geschäftsführergehälter ändert sich das Verhältnis von den dem Teileinkünfteverfahren unterliegenden Einkünften aus Kapitalvermögen zu den Einkünften aus Gewerbebetrieb. Hieraus resultiert eine geringfügige Mehrbelastung der GmbH & Co. KG im Vergleich zum Grundfall.

Die Gesamtbelastung der GmbH und der Betriebsaufspaltung wird geringer, da höhere Geschäftsführergehälter abgezogen werden können und sich dadurch eine entsprechend niedrigere Belastung mit Gewerbesteuer ergibt. Am günstigsten bleiben die Mitunternehmerschaften.

5.7.3.2 Niedrigere Geschäftsführergehälter

Datenänderung: Gehälter Gesellschafter = 100.000 €

ABB. 26: Vergleich der Steuerbelastungen für 2013 bei niedrigeren Gehältern

	OHG	GmbH	GmbH & Co. KG	Betriebs-aufspaltung
Gesellschaftsebene				
Gewerbesteuer	107.457,00	96.358,50	107.457,00	
- Besitzgesellschaft				40.248,60
- Betriebsgesellschaft				53.934,30
Körperschaftsteuer		97.500,00	2.437,50	52.500,00
Solidaritätszuschlag		5.362,50	134,06	2.887,50
Gesellschafterebene				
Einkommensteuer				
- § 32d Abs. 1 EStG				
· A		44.877,65		
· B				
- übrige festzusetzende Einkommensteuer				
· A	87.412,80	14.736,00	86.647,03	74.829,84
· B	103.766,20	66.038,00	102.790,55	88.020,76

	OHG	GmbH	GmbH & Co. KG	Betriebs-aufspaltung
Solidaritätszuschlag				
· A	4.807,70	3.278,75	4.765,58	4.115,64
· B	5.707,14	3.632,09	5.653,47	4.841,14
Gesamtbelastung	309.150,84	331.783,49	309.885,19	321.377,78

ABB. 27: Vergleich der Steuerbelastungen für 2014 bei niedrigeren Gehältern

	OHG	GmbH	GmbH & Co. KG	Betriebs-aufspaltung
Gesellschaftsebene				
Gewerbesteuer	107.457,00	96.358,50	107.457,00	
- Besitzgesellschaft				40.248,60
- Betriebsgesellschaft				53.934,30
Körperschaftsteuer		97.500,00	2.437,50	52.500,00
Solidaritätszuschlag		5.362,50	134,06	2.887,50
Gesellschafterebene				
Einkommensteuer				
- § 32d Abs. 1 EStG				
· A		44.877,65		
· B				
- übrige festzusetzende Einkommensteuer				
· A	87.369,80	14.693,00	86.604,03	74.786,84
· B	103.680,20	65.952,00	102.704,55	87.934,76
Solidaritätszuschlag				
· A	4.805,33	3.276,38	4.763,22	4.113,27
· B	5.702,41	3.627,36	5.648,74	4.836,41
Gesamtbelastung	309.014,74	331.647,39	309.749,10	321.241,68

Bei Ansatz niedrigerer Geschäftsführergehälter ergibt sich die gleiche Rangfolge wie im Grundfall mit der gleichen Begründung. Der Vorteil für die OHG und die GmbH & Co. KG wird größer, da der Entlastungseffekt bei der Gewerbesteuer für die GmbH und die Betriebsaufspaltung geringer wird. Bei dieser Datenkonstellation lohnt sich für den Gesellschafter B der Antrag auf Anwendung des Teileinkünfteverfahrens bezüglich seiner Kapitalerträge aus der GmbH-Beteiligung.[248]

248 Vgl. Kapitel 5.2.2.1.

5.7.4 Variation der Größe „Pachtzinsen“

5.7.4.1 Höhere Pachtzinsen

Datenänderung: Pachtzinsen = 598.000 € (530.000 € + 68.000 € Zinsen für langfristige Verbindlichkeiten)

ABB. 28: Vergleich der Steuerbelastungen für 2013 bei höherer Pacht

	OHG	GmbH	GmbH & Co. KG	Betriebs-aufspaltung
Gesellschaftsebene				
Gewerbesteuer	107.457,00	81.658,50	107.457,00	
- Besitzgesellschaft				74.058,60
- Betriebsgesellschaft				7.879,20
Körperschaftsteuer		82.500,00	2.062,50	3.000,00
Solidaritätszuschlag		4.537,50	113,43	165,00
Gesellschafterebene				
Einkommensteuer				
- § 32d Abs. 1 EStG				
· A		37.930,15		
· B		56.795,10		
- übrige festzusetzende Einkommensteuer				
· A	87.412,80	31.536,00	86.869,03	96.416,84
· B	103.766,20	23.240,00	103.102,55	117.790,76
Solidaritätszuschlag				
· A	4.807,70	3.820,63	4.777,79	5.302,92
· B	5.707,14	4.401,93	5.670,63	6.478,49
Gesamtbelastung	309.150,84	326.419,81	310.052,93	311.091,81

ABB. 29: Vergleich der Steuerbelastungen für 2014 bei höherer Pacht

	OHG	GmbH	GmbH & Co. KG	Betriebs-aufspaltung
Gesellschaftsebene				
Gewerbesteuer	107.457,00	81.658,50	107.457,00	
- Besitzgesellschaft				74.058,60
- Betriebsgesellschaft				7.879,20
Körperschaftsteuer		82.500,00	2.062,50	3.000,00
Solidaritätszuschlag		4.537,50	113,43	165,00

	OHG	GmbH	GmbH & Co. KG	Betriebs-aufspaltung
Gesellschafterebene				
Einkommensteuer				
- § 32d Abs. 1 EStG				
· A		37.930,15		
· B		56.795,10		
- übrige festzusetzende Einkommensteuer				
· A	87.369,80	31.493,00	86.826,03	96.373,84
· B	103.680,20	23.154,00	103.016,55	117.704,76
Solidaritätszuschlag				
· A	4.805,33	3.818,26	4.775,43	5.300,56
· B	5.702,41	4.397,20	5.665,90	6.473,76
Gesamtbelastung	309.014,74	326.283,71	309.916,84	310.955,72

5.7.4.2 Niedrigere Pachtzinsen

Datenänderung: Pachtzinsen = 68.000 € (0 € + 68.000 € Zinsen für langfristige Verbindlichkeiten)

ABB. 30: Vergleich der Steuerbelastungen für 2013 bei niedriger Pacht

	OHG	GmbH	GmbH & Co. KG	Betriebs-aufspaltung
Gesellschaftsebene				
Gewerbesteuer	107.457,00	81.658,50	107.457,00	
- Besitzgesellschaft				
- Betriebsgesellschaft				80.850,00
Körperschaftsteuer		82.500,00	2.062,50	82.500,00
Solidaritätszuschlag		4.537,50	113,43	4.537,50
Gesellschafterebene				
Einkommensteuer				
- § 32d Abs. 1 EStG				
· A		37.930,15		
· B		56.795,10		

	OHG	GmbH	GmbH & Co. KG	Betriebs-aufspaltung
- übrige festzusetzende Einkommensteuer				
· A	87.412,80	31.536,00	86.869,03	70.052,00
· B	103.766,20	23.240,00	103.102,55	80.856,00
Solidaritätszuschlag				
· A	4.807,70	3.820,63	4.777,79	3.852,86
· B	5.707,14	4.401,93	5.670,63	4.447,08
Gesamtbelastung	309.150,84	326.419,81	310.052,93	327.095,44

ABB. 31: Vergleich der Steuerbelastungen für 2014 bei niedriger Pacht

	OHG	GmbH	GmbH & Co. KG	Betriebs-aufspaltung
Gesellschaftsebene				
Gewerbesteuer	107.457,00	81.658,50	107.457,00	
- Besitzgesellschaft				
- Betriebsgesellschaft				80.850,00
Körperschaftsteuer		82.500,00	2.062,50	82.500,00
Solidaritätszuschlag		4.537,50	113,43	4.537,50
Gesellschafterebene				
Einkommensteuer				
- § 32d Abs. 1 EStG				
· A		37.930,15		
· B		56.795,10		
- übrige festzusetzende Einkommensteuer				
· A	87.369,80	31.493,00	86.826,03	70.009,00
· B	103.680,20	23.154,00	103.016,55	80.770,00
Solidaritätszuschlag				
· A	4.805,33	3.818,26	4.775,43	3.850,49
· B	5.702,41	4.397,20	5.665,90	4.442,35
Gesamtbelastung	309.014,74	326.283,71	309.916,84	326.959,34

Eine Erhöhung der Pachtzinsen führt zu einer Verlagerung der Steuerbelastung weg von der Kapitalgesellschaft hin zu der (günstigeren) Personengesellschaft. Das Umgekehrte gilt bei einer Minderung der Pachtzinsen.

5.7.5 Variation der Größe „langfristige Verbindlichkeiten“

5.7.5.1 Höhere langfristige Verbindlichkeiten

Datenänderung: Langfristige Verbindlichkeiten = 2.000.000 €

Um auch bei dieser Fallvariation eine Vergleichbarkeit der Alternativen zu gewährleisten, muss bei der Betriebsaufspaltung sowohl der Gewinn der Betriebs-GmbH als auch die Pacht um die zusätzlichen Zinsaufwendungen für langfristige Verbindlichkeiten erhöht werden. Der Gewinn liegt somit bei 910.000 € und die Pacht bei 460.000 € (300.000 € + 160.000 €).[249]

ABB. 32: Vergleich der Steuerbelastungen für 2013 bei höheren langfristigen Verbindlichkeiten

	OHG	GmbH	GmbH & Co. KG	Betriebs-aufspaltung
Gesellschaftsebene				
Gewerbesteuer	110.838,00	85.039,50	110.838,00	
- Besitzgesellschaft				42.453,60
- Betriebsgesellschaft				40.219,20
Körperschaftsteuer		82.500,00	2.062,50	37.500,00
Solidaritätszuschlag		4.537,50	113,43	2.062,50
Gesellschafterebene				
Einkommensteuer				
- § 32d Abs. 1 EStG				
· A		37.592,05		
· B		56.287,95		
- übrige festzusetzende Einkommensteuer				
· A	86.189,20	31.536,00	85.667,02	83.870,84
· B	101.930,80	23.240,00	101.301,03	101.371,76
Solidaritätszuschlag				
· A	4.740,40	3.802,04	4.711,68	4.612,89
· B	5.606,19	4.374,03	5.571,55	5.575,44
Gesamtbelastung	309.304,59	328.909,07	310.265,21	317.666,23

249 Vgl. Kapitel 5.4.

ABB. 33: Vergleich der Steuerbelastungen für 2014 bei höheren langfristigen Verbindlichkeiten

	OHG	GmbH	GmbH & Co. KG	Betriebs-aufspaltung
Gesellschaftsebene				
Gewerbesteuer	110.838,00	85.039,50	110.838,00	
- Besitzgesellschaft				42.453,60
- Betriebsgesellschaft				40.219,20
Körperschaftsteuer		82.500,00	2.062,50	37.500,00
Solidaritätszuschlag		4.537,50	113,43	2.062,50
Gesellschafterebene				
Einkommensteuer				
- § 32d Abs. 1 EStG				
· A		37.592,05		
· B		56.287,95		
- übrige festzusetzende Einkommensteuer				
· A	86.146,20	31.493,00	85.624,02	83.827,84
· B	101.844,80	23.154,00	101.215,03	101.285,76
Solidaritätszuschlag				
· A	4.738,04	3.799,67	4.709,32	4.610,53
· B	5.601,46	4.369,30	5.566,82	5.570,71
Gesamtbelastung	309.168,50	328.772,97	310.129,12	317.530,14

5.7.5.2 Geringere langfristige Verbindlichkeiten

Datenänderung: Langfristige Verbindlichkeiten = 500.000 €

ABB. 34: Vergleich der Steuerbelastungen für 2013 bei niedrigen langfristigen Verbindlichkeiten

	OHG	GmbH	GmbH & Co. KG	Betriebs-aufspaltung
Gesellschaftsebene				
Gewerbesteuer	106.428,00	80.629,50	106.428,00	
- Besitzgesellschaft				40.248,60
- Betriebsgesellschaft				38.940,30
Körperschaftsteuer		82.500,00	2.062,50	37.500,00
Solidaritätszuschlag		4.537,50	113,43	2.062,50

	OHG	GmbH	GmbH & Co. KG	Betriebs-aufspaltung
Gesellschafterebene				
Einkommensteuer				
- § 32d Abs. 1 EStG				
· A		38.033,05		
· B		56.949,45		
- übrige festzusetzende Einkommensteuer				
· A	87.785,20	31.536,00	87.235,12	84.806,84
· B	104.324,80	23.240,00	103.651,18	102.760,76
Solidaritätszuschlag				
· A	4.828,18	3.826,29	4.797,93	4.664,37
· B	5.737,86	4.410,41	5.700,81	5.651,84
Gesamtbelastung	309.104,04	325.662,20	309.988,97	316.635,21

ABB. 35: Vergleich der Steuerbelastungen für 2014 bei niedrigen langfristigen Verbindlichkeiten

	OHG	GmbH	GmbH & Co. KG	Betriebs-aufspaltung
Gesellschaftsebene				
Gewerbesteuer	106.428,00	80.629,50	106.428,00	
- Besitzgesellschaft				40.248,60
- Betriebsgesellschaft				38.940,30
Körperschaftsteuer		82.500,00	2.062,50	37.500,00
Solidaritätszuschlag		4.537,50	113,43	2.062,50
Gesellschafterebene				
Einkommensteuer				
- § 32d Abs. 1 EStG				
· A		38.033,05		
· B		56.949,45		
- übrige festzusetzende Einkommensteuer				
· A	87.742,20	31.493,00	87.192,12	84.763,84
· B	104.238,80	23.154,00	103.565,18	102.674,76

	OHG	GmbH	GmbH & Co. KG	Betriebs-aufspaltung
Solidaritätszuschlag				
· A	4.825,82	3.823,92	4.795,56	4.662,01
· B	5.733,13	4.405,68	5.696,08	5.647,11
Gesamtbelastung	308.967,95	325.526,10	309.852,87	316.499,12

Bei einer Variation der langfristigen Verbindlichkeiten bleibt die Rangfolge der Vorteilhaftigkeit im Vergleich zum Grundfall im Wesentlichen unverändert. Die dortige Begründung gilt entsprechend.[250]

5.7.6 Variation der Größe „Anteil Gesellschafterdarlehen"

Datenänderung: Anteil Gesellschafterdarlehen = 20 %

In diesem Fall wird davon ausgegangen, dass 20 % der langfristigen Verbindlichkeiten aus einem Darlehen bestehen, das der Gesellschafter B der Gesellschaft gegeben hat.

Der Gewinn vor Steuern und vor Vergütungen an die Gesellschafter muss um die Zinsen auf das Gesellschafterdarlehen erhöht werden, um eine Vergleichbarkeit zu den zuvor betrachteten Szenarien aufrechtzuerhalten. Dies ist erforderlich, da im Gegensatz zu Zinsen für Kredite von Dritten beim Gesellschafterdarlehen ein etwaiger steuerlicher Zinsabzug in Abhängigkeit von der Rechtsform erst in der Steuerbelastungsrechnung zu berücksichtigen ist. Zinsen auf Kredite von Dritten haben wie alle übrigen Betriebsausgaben die Gewinngröße bereits im Vorfeld reduziert.

Im Fall der Betriebsaufspaltung beträgt der zugrunde liegende modifizierte Gewinn vor Abzug der Pacht, der Steuern und der Vergütungen an Gesellschafter weiterhin 818.000 € wie im Grundfall. Die Zinsen für das Gesellschafterdarlehen sind wie andere Fremdkapitalzinsen dem Gewinn hinzuzurechnen.

Das Einkommen des Gesellschafters B steigt um die Zinszahlungen auf das Darlehen, was zu einer höheren Gesamtsteuerbelastung bei allen Rechtsformen führt. Die Rangfolge der Vorteilhaftigkeit entspricht derjenigen des Grundfalls mit der entsprechenden Begründung. Zwar entsteht für die GmbH und die Betriebsgesellschaft der Betriebsaufspaltung ein Vorteil aufgrund der Tatsache, dass für sie die Gewerbesteuerbelastung gleich bleibt, während diese für die OHG, die GmbH & Co. KG und die Besitzgesellschaft steigt. Dieser Vorteil wird aber weitgehend durch den Progressionseffekt aufgrund der höheren Einkünfte kompensiert.[251] Die gestiegene Gewerbesteuer der Mitunternehmerschaften geht ursächlich auf den nun verminderten Fremdkapitalzinsabzug zurück.

250 Vgl. Kapitel 5.6.2.6.
251 Die Zinsen für das Gesellschafterdarlehen werden nicht abgeltend besteuert, vgl. § 32d Abs. 2 Nr. 1 Buchst. b EStG.

ABB. 36: Vergleich der Steuerbelastungen für 2013 bei Gesellschafterdarlehen				
	OHG	**GmbH**	**GmbH & Co. KG**	**Betriebs-aufspaltung**
Gesellschaftsebene				
Gewerbesteuer	108.956,40	81.658,50	108.956,40	
- Besitzgesellschaft				42.247,80
- Betriebsgesellschaft				39.234,30
Körperschaftsteuer		82.500,00	2.062,50	37.500,00
Solidaritätszuschlag		4.537,50	113,43	2.062,50
Gesellschafterebene				
Einkommensteuer				
- § 32d Abs. 1 EStG				
· A		37.930,15		
· B		56.795,10		
- übrige festzusetzende Einkommensteuer				
· A	86.870,16	31.536,00	86.335,96	84.051,32
· B	108.664,24	28.792,00	108.016,93	107.343,48
Solidaritätszuschlag				
· A	4.777,85	3.820,63	4.748,47	4.622,82
· B	5.976,53	4.707,29	5.940,93	5.903,89
Gesamtbelastung	315.245,18	332.277,17	316.174,62	322.966,11

ABB. 37: Vergleich der Steuerbelastungen für 2014 bei Gesellschafterdarlehen				
	OHG	**GmbH**	**GmbH & Co. KG**	**Betriebs-aufspaltung**
Gesellschaftsebene				
Gewerbesteuer	108.956,40	81.658,50	108.956,40	
- Besitzgesellschaft				42.247,80
- Betriebsgesellschaft				39.234,30
Körperschaftsteuer		82.500,00	2.062,50	37.500,00
Solidaritätszuschlag		4.537,50	113,43	2.062,50

	OHG	GmbH	GmbH & Co. KG	Betriebs-aufspaltung
Gesellschafterebene				
Einkommensteuer				
- § 32d Abs. 1 EStG				
· A		37.930,15		
· B		56.795,10		
- übrige festzusetzende Einkommensteuer				
· A	86.827,16	31.493,00	86.292,96	84.008,32
· B	108.578,24	28.706,00	107.930,93	107.257,48
Solidaritätszuschlag				
· A	4.775,49	3.818,26	4.746,11	4.620,45
· B	5.971,80	4.702,56	5.936,20	5.899,16
Gesamtbelastung	315.109,09	332.141,07	316.038,53	322.830,01

5.7.7 Variation der Ausschüttungspolitik

Im Folgenden wird angenommen, dass ein Betrag in Höhe von 150.000 € (Teilthesaurierung) bzw. der gesamte Gewinn (Vollthesaurierung) thesauriert wird. Dabei werden folgende zusätzliche Annahmen getroffen:

- Im Falle der GmbH & Co. KG erfolgt die Thesaurierung auf der Ebene der KG. Bei der Teilthesaurierung wird der Gewinnanteil der GmbH zuerst an diese und in einem weiteren Schritt an die Gesellschafter ausgeschüttet.
- Im Falle der Betriebsaufspaltung wird die Teilthesaurierung auf Ebene der Besitz-OHG vorgenommen. Dies führt zwar zu einer höheren Steuerbelastung als im Teilthesaurierungsfall auf GmbH-Ebene. Annahmegemäß erfolgt die Beschaffung von Anlagevermögen (hier: Selbstfinanzierung durch Thesaurierung) allerdings auf Ebene der Besitz-OHG mit anschließender Verpachtung an die GmbH.

Eine Vollthesaurierung soll an dieser Stelle nur unter Anwendung der Thesaurierungsbegünstigung betrachtet werden. Dies liegt darin begründet, dass anderenfalls die resultierenden Steuerzahlungen die Gehälter der Gesellschafter übersteigen können, so dass diesen nach Steuerzahlung keine ausreichenden Mittel für ihren Lebensunterhalt mehr verblieben. Um dies zu vermeiden, wird der maximal thesaurierbare Betrag unter Berücksichtigung der Steuerzahlungen ermittelt. Es bleibt jedoch festzuhalten, dass eine Vollthesaurierung ohne Begünstigung die im folgenden Abschnitt identifizierten Wirkungen noch verstärkt.

5.7.7.1 Teilthesaurierung ohne Inanspruchnahme der Begünstigung nach § 34a EStG

ABB. 38: Vergleich der Steuerbelastungen für 2013 bei Teilthesaurierung ohne Begünstigung nach § 34a EStG

	OHG	GmbH	GmbH & Co. KG	Betriebs-aufspaltung
Gesellschaftsebene				
Gewerbesteuer	107.457,00	81.658,50	107.457,00	
- Besitzgesellschaft				40.248,60
- Betriebsgesellschaft				39.234,30
Körperschaftsteuer		82.500,00	2.062,50	37.500,00
Solidaritätszuschlag		4.537,50	113,43	2.062,50
Gesellschafterebene				
Einkommensteuer				
- § 32d Abs. 1 EStG				
· A		22.930,15		
· B		34.295,10		
- übrige festzusetzende Einkommensteuer				
· A	87.412,80	31.536,00	86.869,03	84.774,84
· B	103.766,20	23.240,00	103.102,55	102.716,76
Solidaritätszuschlag				
· A	4.807,70	2.995,63	4.777,79	4.662,61
· B	5.707,14	3.164,43	5.670,63	5.649,42
Gesamtbelastung	309.150,84	286.857,31	310.052,93	316.849,03

ABB. 39: Vergleich der Steuerbelastungen für 2014 bei Teilthesaurierung ohne Begünstigung nach § 34a EStG

	OHG	GmbH	GmbH & Co. KG	Betriebs-aufspaltung
Gesellschaftsebene				
Gewerbesteuer	107.457,00	81.658,50	107.457,00	
- Besitzgesellschaft				40.248,60
- Betriebsgesellschaft				39.234,30
Körperschaftsteuer		82.500,00	2.062,50	37.500,00
Solidaritätszuschlag		4.537,50	113,43	2.062,50

	OHG	GmbH	GmbH & Co. KG	Betriebs-aufspaltung
Gesellschafterebene				
Einkommensteuer				
- § 32d Abs. 1 EStG				
· A		22.930,15		
· B		34.295,10		
- übrige festzusetzende Einkommensteuer				
· A	87.369,80	31.493,00	86.826,03	84.731,84
· B	103.680,20	23.154,00	103.016,55	102.630,76
Solidaritätszuschlag				
· A	4.805,33	2.993,26	4.775,43	4.660,25
· B	5.702,41	3.159,70	5.665,90	5.644,69
Gesamtbelastung	309.014,74	286.721,21	309.916,84	316.712,94

Der aus dem niedrigen Körperschaftsteuersatz resultierende tarifliche Entlastungseffekt bei der GmbH steigt. Da bei den anderen Rechtsformen die Thesaurierung stets auf Ebene der Personengesellschaft erfolgt, ändert sich deren Steuerbelastung im Vergleich zum Grundfall nicht.

Es ist aber zu beachten, dass bei einer späteren Ausschüttung eine zusätzliche Steuerbelastung hervorgerufen wird. So entsteht bei der GmbH bei späterer Ausschüttung eine Belastung gerade in Höhe der Differenz zwischen der hier im Thesaurierungsfall zu der im Grundfall ausgewiesenen Gesamtbelastung in Höhe von 39.562,50 €, was genau der Belastung der Gewinnausschüttung von 150.000 € mit Abgeltungssteuer zuzüglich Solidaritätszuschlag entspricht. Will man also bei Thesaurierung einen sinnvollen Vergleich durchführen, so muss man zusätzliche Annahmen über den voraussichtlichen Ausschüttungszeitpunkt der jetzt thesaurierten Gewinne treffen. Die ausgewiesene Zusatzbelastung muss dann noch entsprechend abdiskontiert werden.

ABB. 40: Vergleich der effektiven Steuerbelastungen der GmbH für 2013 bei Teilthesaurierung ohne Begünstigung nach § 34a EStG

Kalkulationszins / Thesaurierungsdauer	5 %	6 %	7 %
3 Jahre	321.032,88	320.074,75	319.152,09
5 Jahre	317.855,56	316.420,71	315.064,83
8 Jahre	313.634,77	311.679,31	309.883,05

ABB. 41: Vergleich der effektiven Steuerbelastungen der GmbH für 2014 bei Teilthesaurierung ohne Begünstigung nach § 34a EStG

Kalkulationszins / Thesaurierungsdauer	5 %	6 %	7 %
3 Jahre	320.896,78	319.938,65	319.015,99
5 Jahre	317.719,46	316.284,61	314.928,73
8 Jahre	313.498,67	311.543,21	309.746,95

Es lässt sich leicht nachvollziehen, dass die effektive Steuerbelastung mit steigender Thesaurierungsdauer sowie steigendem Kalkulationszins abnimmt. Zeit- und Zinseffekte haben somit einen nicht zu vernachlässigenden Einfluss auf die Vorteilhaftigkeit der Alternative GmbH im Vergleich zu den anderen Rechtsformen.

5.7.7.2 Teilthesaurierung bei Inanspruchnahme der Begünstigung nach § 34a EStG

Es soll unterstellt werden, dass bei den Personenunternehmungen die begünstigte Besteuerung auf nicht entnommene Gewinne nach § 34a EStG in Anspruch genommen wird.

ABB. 42: Vergleich der Steuerbelastungen für 2013 bei Teilthesaurierung mit Begünstigung nach § 34a EStG

	OHG	GmbH	GmbH & Co. KG	Betriebs-aufspaltung
Gesellschaftsebene				
Gewerbesteuer	107.457,00	81.658,50	107.457,00	
- Besitzgesellschaft				40.248,60
- Betriebsgesellschaft				39.234,30
Körperschaftsteuer		82.500,00	2.062,50	37.500,00
Solidaritätszuschlag		4.537,50	113,43	2.062,50
Gesellschafterebene				
Einkommensteuer				
- § 32d Abs. 1 EStG				
· A		22.930,15		
· B		34.295,10		
- übrige festzusetzende Einkommensteuer				
· A	77.362,80	31.536,00	76.819,03	76.375,84
· B	91.391,20	23.240,00	90.727,55	90.341,76

	OHG	GmbH	GmbH & Co. KG	Betriebs-aufspaltung
Solidaritätszuschlag				
· A	4.254,95	2.995,63	4.225,04	4.200,67
· B	5.026,51	3.164,43	4.990,01	4.968,79
Gesamtbelastung	285.492,46	286.875,31	286.394,56	294.932,46

ABB. 43: Vergleich der Steuerbelastungen für 2014 bei Teilthesaurierung mit Begünstigung nach § 34a EStG

	OHG	GmbH	GmbH & Co. KG	Betriebs-aufspaltung
Gesellschaftsebene				
Gewerbesteuer	107.457,00	81.658,50	107.457,00	
- Besitzgesellschaft				40.248,60
- Betriebsgesellschaft				39.234,30
Körperschaftsteuer		82.500,00	2.062,50	37.500,00
Solidaritätszuschlag		4.537,50	113,43	2.062,50
Gesellschafterebene				
Einkommensteuer				
- § 32d Abs. 1 EStG				
· A		22.930,15		
· B		34.295,10		
- übrige festzusetzende Einkommensteuer				
· A	77.319,80	31.493,00	76.776,03	76.332,84
· B	91.305,20	23.154,00	90.641,55	90.255,76
Solidaritätszuschlag				
· A	4.252,58	2.993,26	4.222,68	4.198,30
· B	5.021,78	3.159,70	4.985,28	4.964,06
Gesamtbelastung	285.356,36	286.721,21	286.258,47	294.796,36

Auch hier ist zu berücksichtigen, dass im Fall der Personengesellschaft bei späterer Entnahme auf den dann entnommenen Betrag (abzüglich der begünstigten Steuer zuzüglich Solidaritätszuschlag) eine Nachversteuerung mit 25 % zuzüglich Solidaritätszuschlag erfolgt. Bei der OHG, der GmbH & Co. KG sowie bei der Betriebsaufspaltung entsteht jeweils eine Nachversteuerung von 27.771,39 €. Auch hier muss wieder die effektive Steuerbelastung betrachtet werden, um zu sinnvollen Aussagen zu gelangen.

ABB. 44: Vergleich der effektiven Steuerbelastungen für 2013 bei Teilthesaurierung mit Begünstigung nach § 34a EStG

Thesaurierungsdauer/Zinssatz	OHG	GmbH	GmbH & Co. KG	Betriebsaufspaltung
3 Jahre / 5 %	309.482,43	321.032,88	310.384,53	318.922,43
8 Jahre / 7 %	301.655,66	309.883,05	302.557,76	311.095,66

ABB. 45: Vergleich der effektiven Steuerbelastungen für 2014 bei Teilthesaurierung mit Begünstigung nach § 34a EStG

Thesaurierungsdauer/Zinssatz	OHG	GmbH	GmbH & Co. KG	Betriebsaufspaltung
3 Jahre / 5 %	309.346,33	320.896,78	310.248,44	318.786,33
8 Jahre / 7 %	301.519,56	309.746,95	302.421,67	310.959,56

Nun sind die oben identifizierten Effekte bei allen Rechtformalternativen zu beobachten. Die OHG und die GmbH & Co. KG weisen wie bereits im Grundfall die geringsten Steuerbelastungen aus, bei der GmbH und der Betriebsaufspaltung kommt es aber zunächst zu einer Annäherung der Steuerbelastungen und schließlich zu einem Wechsel der Vorteilhaftigkeit bei allerdings geringer Differenz.

5.7.7.3 Vollthesaurierung bei Inanspruchnahme der Begünstigung nach § 34a EStG

Als weitere Annahmen werden für diesen Fall getroffen:

- Die Einkommensteuer auf das Geschäftsführer-Gehalt wird aus diesem gezahlt.
- Die übrige Einkommensteuer wird zusätzlich entnommen, jedoch vollständig durch die Gewerbesteuer-Anrechnung vermindert.

Der auf Ebene der Personengesellschaften thesaurierte Betrag BB_{Th} berechnet sich nach folgender Formel:

$$BB_{Th} = Gewinn_{nach\ Gehalt} - GewSt - ESt$$

$$ESt = s^{Th} \cdot s^{SolZ} \cdot BB_{Th} + s^{ESt} \cdot s^{SolZ} \cdot (GewSt + ESt) - \min\{3, 8; h\} \cdot 0{,}035 \cdot \text{GewErtrag} \cdot s^{SolZ}$$

wobei $s^{SolZ} = 1{,}055$ und im vorliegenden Fall $s^{ESt} = 0{,}42$ gilt.

ABB. 46: Vergleich der Steuerbelastungen für 2013 bei Vollthesaurierung mit Begünstigung nach § 34a EStG

	OHG	GmbH	GmbH & Co. KG	Betriebs-aufspaltung
Gesellschaftsebene				
Gewerbesteuer	107.457,00	81.658,50	107.457,00	
- Besitzgesellschaft				40.248,60
- Betriebsgesellschaft				39.234,30
Körperschaftsteuer		82.500,00	2.062,50	37.500,00
Solidaritätszuschlag		4.537,50	113,43	2.062,50
Gesellschafterebene				
Einkommensteuer				
- § 32d Abs. 1 EStG				
· A		0,00		
· B		0,00		
- übrige festzusetzende Einkommensteuer				
· A	66.075,96	31.536,00	65.223,23	56.739,13
· B	74.681,43	23.240,00	73.401,85	60.885,19
Solidaritätszuschlag				
· A	3.634,17	1.734,48	3.587,27	3.120,65
· B	4.107,47	1.278,20	4.037,10	3.348,68
Gesamtbelastung	255.956,03	226.484,68	255.882,38	243.139,05

ABB. 47: Vergleich der Steuerbelastungen für 2014 bei Vollthesaurierung mit Begünstigung nach § 34a EStG

	OHG	GmbH	GmbH & Co. KG	Betriebs-aufspaltung
Gesellschaftsebene				
Gewerbesteuer	107.457,00	81.658,50	107.457,00	
- Besitzgesellschaft				40.248,60
- Betriebsgesellschaft				39.234,30
Körperschaftsteuer		82.500,00	2.062,50	37.500,00
Solidaritätszuschlag		4.537,50	113,43	2.062,50

	OHG	GmbH	GmbH & Co. KG	Betriebs-aufspaltung
Gesellschafterebene				
Einkommensteuer				
- § 32d Abs. 1 EStG				
· A		0,00		
· B		0,00		
- übrige festzusetzende Einkommensteuer				
· A	66.032,96	31.493,00	65.180,23	56.696,13
· B	74.595,43	23.154,00	73.315,85	60.799,19
Solidaritätszuschlag				
· A	3.631,81	1.732,11	3.584,91	3.118,28
· B	4.102,74	1.273,47	4.032,37	3.343,95
Gesamtbelastung	255.819,94	226.348,58	255.746,29	243.002,95

Auch hier ist zu berücksichtigen, dass im Fall der Personenunternehmung bei späterer Entnahme auf den dann entnommenen Betrag (abzüglich der begünstigten Steuer) eine Nachversteuerung mit 25 % zuzüglich Solidaritätszuschlag erfolgt. Demgemäß wäre in diesem Fall ähnlich wie im letzten Abschnitt vorzugehen. Darüber hinaus ist zu beachten, dass die Beträge, die in der Unternehmung verbleiben, in Abhängigkeit von der Rechtsform unterschiedlich hoch sind, was die künftige Gewinnsituation der Unternehmung beeinflussen kann. Dies kann dann aber im Rahmen einer statischen Betrachtungsweise nicht mehr sinnvoll abgebildet werden.

5.7.8 Variation der Größe „Gewinn"

Bis hierhin wurde bei allen Variationen im Prinzip von der gleichen vorsteuerlichen wirtschaftlichen Situation ausgegangen, gemessen am Gewinn vor Steuern und vor Geschäftsführergehältern. Um zu überprüfen, ob die Ergebnisse hinsichtlich der steuerlichen Rangfolge der hier betrachteten Rechtsformen robust sind, wird im Folgenden die Größe „Gewinn" variiert.

5.7.8.1 Höherer Gewinn

Datenänderung: Gewinn = 1.500.000 €

ABB. 48: Vergleich der Steuerbelastungen für 2013 bei höherem Gewinn

	OHG	GmbH	GmbH & Co. KG	Betriebs-aufspaltung
Gesellschaftsebene				
Gewerbesteuer	217.707,00	191.908,50	217.707,00	
- Besitzgesellschaft				40.248,60
- Betriebsgesellschaft				149.484,30
Körperschaftsteuer		195.000,00	4.875,00	150.000,00
Solidaritätszuschlag		10.725,00	268,12	8.250,00
Gesellschafterebene				
Einkommensteuer				
- § 32d Abs. 1 EStG				
· A		90.036,40		
· B		134.954,48		
- übrige festzusetzende Einkommensteuer				
· A	182.512,80	31.536,00	180.998,53	141.049,84
· B	244.122,20	23.240,00	241.850,80	182.152,76
Solidaritätszuschlag				
· A	10.038,20	6.686,48	9.954,91	7.757,74
· B	13.426,72	8.700,69	13.301,79	10.018,40
Gesamtbelastung	667.806,92	692.787,55	668.956,15	688.961,64

ABB. 49: Vergleich der Steuerbelastungen für 2014 bei höherem Gewinn

	OHG	GmbH	GmbH & Co. KG	Betriebs-aufspaltung
Gesellschaftsebene				
Gewerbesteuer	217.707,00	191.908,50	217.707,00	
- Besitzgesellschaft				40.248,60
- Betriebsgesellschaft				149.484,30
Körperschaftsteuer		195.000,00	4.875,00	150.000,00
Solidaritätszuschlag		10.725,00	268,12	8.250,00

	OHG	GmbH	GmbH & Co. KG	Betriebs-aufspaltung
Gesellschafterebene				
Einkommensteuer				
- § 32d Abs. 1 EStG				
· A		90.036,40		
· B		134.954,48		
- übrige festzusetzende Einkommensteuer				
· A	182.469,80	31.493,00	180.955,53	141.006,84
· B	244.036,20	23.154,00	241.764,80	182.066,76
Solidaritätszuschlag				
· A	10.035,83	6.684,11	9.952,55	7.755,37
· B	13.421,99	8.695,96	13.297,06	10.013,67
Gesamtbelastung	667.670,82	692.651,45	668.820,06	688.825,54

Durch eine Erhöhung des Gewinns ändert sich die Rangfolge der Vorteilhaftigkeit der Rechtsformen im Vergleich nicht. Der Vorteil der OHG und der GmbH & Co. KG bezüglich der Gesamtsteuerbelastung fällt gegenüber den beiden anderen Rechtsformen ein wenig stärker aus. Dies resultiert aus der Tatsache, dass im vorliegenden Fall die Grenzsteuerbelastung auf eine zusätzliche Einheit Gewinn bei der Kapitalgesellschaft (≈ 48,85 %) etwas höher ausfällt als bei den Personengesellschaften (maximal ≈ 48,14 %).

Die „übrige festzusetzende Einkommensteuer" bleibt bei der GmbH unverändert, da nur das Geschäftsführer-Gehalt unter § 32a EStG fällt. Lediglich die Abgeltungssteuer erhöht sich durch die höhere Ausschüttung. Es können also durch die Erhöhung des Gewinns keine Progressionseffekte auftreten. Bei der OHG, der GmbH & Co. KG und der Betriebsaufspaltung gerät auch Gesellschafter B in die oberste Stufe des Einkommensteuertarifs („Reichensteuer").

5.7.8.2 Niedrigerer Gewinn

Datenänderung: Gewinn = 300.000 €

Die Verringerung des Gewinns wurde hier bewusst so gewählt, dass keine Verlustsituation entsteht. Bei der Betriebsaufspaltung muss die Pacht so bemessen sein, dass auf Ebene der GmbH eine angemessene Kapitalverzinsung verbleibt.[252] Daher wird bei dieser Variation eine Pacht von 158.000 € (90.000 € + 68.000 €) angenommen. Damit entsteht auch hier kein Verlust.

252 Vgl. Kapitel 4.2.1.

ABB. 50:	Vergleich der Steuerbelastungen für 2013 bei niedrigerem Gewinn			
	OHG	GmbH	GmbH & Co. KG	Betriebs-aufspaltung
Gesellschaftsebene				
Gewerbesteuer	41.307,00	15.508,50	41.307,00	
- Besitzgesellschaft				9.378,60
- Betriebsgesellschaft				1.719,90
Körperschaftsteuer		15.000,00	375,00	1.500,00
Solidaritätszuschlag		825,00	20,62	82,50
Gesellschafterebene				
Einkommensteuer				
- § 32d Abs. 1 EStG				
· A		6.666,40		
· B		9.899,48		
- übrige festzusetzende Einkommensteuer				
· A	33.806,80	31.536,00	33.867,53	43.935,84
· B	26.276,20	23.240,00	26.368,80	41.680,76
Solidaritätszuschlag				
· A	1.859,37	2.101,13	1.862,71	2.416,47
· B	1.445,19	1.822,67	1.450,28	2.292,44
Gesamtbelastung	104.694,56	106.599,18	105.251,94	103.006,51

ABB. 51:	Vergleich der Steuerbelastungen für 2014 bei niedrigerem Gewinn			
	OHG	GmbH	GmbH & Co. KG	Betriebs-aufspaltung
Gesellschaftsebene				
Gewerbesteuer	41.307,00	15.508,50	41.307,00	
- Besitzgesellschaft				9.378,60
- Betriebsgesellschaft				1.719,90
Körperschaftsteuer		15.000,00	375,00	1.500,00
Solidaritätszuschlag		825,00	20,62	82,50

	OHG	GmbH	GmbH & Co. KG	Betriebs-aufspaltung
Gesellschafterebene				
Einkommensteuer				
- § 32d Abs. 1 EStG				
· A		6.666,40		
· B		9.899,48		
- übrige festzusetzende Einkommensteuer				
· A	33.763,80	31.493,00	33.824,53	43.892,84
· B	26.190,20	23.154,00	26.282,80	41.594,76
Solidaritätszuschlag				
· A	1.857,00	2.098,76	1.860,34	2.414,10
· B	1.440,46	1.817,94	1.445,55	2.287,71
Gesamtbelastung	104.558,46	106.463,08	105.115,84	102.870,41

Bei einem niedrigeren Gewinn ändert sich die Rangfolge der Vorteilhaftigkeit der Rechtsformen. Die Betriebsaufspaltung ist jetzt die beste Alternative, die OHG und die GmbH & Co. KG liegen etwa gleichrangig dahinter, während die GmbH die höchste steuerliche Belastung aufweist. Insgesamt rücken die Gesamtbelastungen näher zusammen.

Die Betriebsaufspaltung erweist sich im Vergleich zu den anderen Alternativen aufgrund der notwendigen Anpassung der Pachtzahlungen als besser. Die Verringerung des Pachtzinses führt zum einen auf Ebene der Betriebs-GmbH zu niedrigeren gewerbesteuerlichen Hinzurechnungen. Zum anderen fällt der Gewinn auf Ebene der Besitz-OHG – der ausschließlich aus den Pachtzahlungen besteht – niedriger aus, so dass auch bei dieser lediglich eine geringe Gewerbesteuerbelastung entsteht. Da unter der getroffenen Annahme eines Hebesatzes von 420 % keine vollständige Anrechnung der Gewerbesteuer nach § 35 EStG erfolgt, ist die Betriebsaufspaltung in dieser Datenkonstellation tatsächlich die vorteilhafteste Alternative, da die o. g. gewerbesteuerlichen Effekte bei den anderen Alternativen – durch nicht vorhandene Pachtzahlungen – nicht auftreten.

5.8 Gesamtbeurteilung

5.8.1 Tabellarischer Überblick

ABB. 52: Gegenüberstellung der Gesamtsteuerbelastungen für 2013; absolut

	OHG	GmbH	GmbH & Co. KG	Betriebs-aufspaltung
Grundfall	309.150,84	326.419,81	310.052,93	316.849,03
Variationen				
Hebesatz = 500 %	329.618,84	337.871,45	330.382,73	329.945,10
Hebesatz = 350 %	299.338,99	316.399,64	300.162,08	308.423,12
Gehälter = 300.000 €	309.150,84	321.711,98	310.221,74	312.902,65
Gehälter = 100.000 €	309.150,84	331.783,49	309.885,19	321.377,78
Hohe Pacht = 598.000 €	309.150,84	326.419,81	310.052,93	311.091,81
Niedrige Pacht = 68.000 €	309.150,84	326.419,81	310.052,93	327.095,44
Verbindlichkeiten = 2.000.000 €	309.304,59	328.909,07	310.265,21	317.666,23
Verbindlichkeiten = 500.000 €	309.104,04	325.662,20	309.988,97	316.635,21
Gesellschafterdarlehen = 20 %	315.245,18	332.277,17	316.174,62	322.966,11
Teilthesaurierung ohne Begünstigung	309.150,84	286.857,31	310.052,93	316.849,03
Teilthesaurierung mit Begünstigung	285.492,46	286.857,31	286.394,56	294.932,46
Vollthesaurierung mit Begünstigung	255.956,03	226.484,68	255.882,38	243.139,05
Gewinn = 1.500.000 €	667.806,92	692.787,55	668.956,15	688.961,64
Gewinn = 300.000 €	104.694,56	106.599,18	105.251,94	103.006,51

ABB. 53: Gegenüberstellung der Gesamtsteuerbelastungen für 2013; relative Abweichungen zur Gesamtbelastung der OHG

	OHG	GmbH	GmbH & Co. KG	Betriebs-aufspaltung
Grundfall	309.150,84	+5,59 %	+0,29 %	+2,49 %
Variationen				
Hebesatz = 500 %	329.618,84	+2,50 %	+0,23 %	+0,10 %
Hebesatz = 350 %	299.338,99	+5,70 %	+0,27 %	+3,03 %
Gehälter = 300.000 €	309.150,84	+4,06 %	+0,35 %	+1,21 %
Gehälter = 100.000 €	309.150,84	+7,32 %	+0,24 %	+3,96 %
Hohe Pacht = 598.000 €	309.150,84	+5,59 %	+0,29 %	+0,63 %
Niedrige Pacht = 68.000 €	309.150,84	+5,59 %	+0,29 %	+5,80 %
Verbindlichkeiten = 2.000.000 €	309.304,59	+6,34 %	+0,31 %	+2,70 %
Verbindlichkeiten = 500.000 €	309.104,04	+5,36 %	+0,29 %	+2,44 %
Gesellschafterdarlehen = 20 %	315.245,18	+5,40 %	+0,29 %	+2,45 %
Teilthesaurierung ohne Begünstigung	309.150,84	-7,21 %	+0,29 %	+2,49 %
Teilthesaurierung mit Begünstigung	285.492,46	+0,48 %	+0,32 %	+3,31 %
Vollthesaurierung mit Begünstigung	255.956,03	-11,51 %	-0,03 %	-5,01 %
Gewinn = 1.500.000 €	667.806,92	+3,74%	+0,17 %	+3,17 %
Gewinn = 300.000 €	104.694,56	+1,82 %	+0,53 %	-1,61 %

ABB. 54: Gegenüberstellung der Gesamtsteuerbelastungen für 2014; absolut

	OHG	GmbH	GmbH & Co. KG	Betriebs-aufspaltung
Grundfall	309.014,74	326.283,71	309.916,84	316.712,94
Variationen				
Hebesatz = 500 %	329.482,74	337.735,35	330.246,63	329.809,00
Hebesatz = 350 %	299.202,90	316.263,54	300.025,98	308.287,03
Gehälter = 300.000 €	309.014,74	321.575,88	310.085,64	312.766,55
Gehälter = 100.000 €	309.014,74	331.647,39	309.749,10	321.241,68
Hohe Pacht = 598.000 €	309.014,74	326.283,71	309.916,84	310.955,72
Niedrige Pacht = 68.000 €	309.014,74	326.283,71	309.916,84	326.959,34
Verbindlichkeiten = 2.000.000 €	309.168,50	328.772,97	310.129,12	317.530,14
Verbindlichkeiten = 500.000 €	308.967,95	325.526,10	309.852,87	316.499,12
Gesellschafterdarlehen = 20 %	315.109,09	332.141,07	316.038,53	322.830,01
Teilthesaurierung ohne Begünstigung	309.014,74	286.721,21	309.916,84	316.712,94
Teilthesaurierung mit Begünstigung	285.356,36	286.721,21	286.258,47	294.796,36
Vollthesaurierung mit Begünstigung	255.819,94	226.348,58	255.746,29	243.002,95
Gewinn = 1.500.000 €	667.670,82	692.651,45	668.820,06	688.825,54
Gewinn = 300.000 €	104.558,46	106.463,08	105.115,84	102.870,41

ABB. 55: Gegenüberstellung der Gesamtsteuerbelastungen für 2013; relative Abweichungen zur Gesamtbelastung der OHG

	OHG	GmbH	GmbH & Co. KG	Betriebs-aufspaltung
Grundfall	309.014,74	+5,59 %	+0,29 %	+2,49 %
Variationen				
Hebesatz = 500 %	329.482,74	+2,50 %	+0,23 %	+0,10 %
Hebesatz = 350 %	299.202,90	+5,70 %	+0,28 %	+3,04 %
Gehälter = 300.000 €	309.014,74	+4,06 %	+0,35 %	+1,21 %
Gehälter = 100.000 €	309.014,74	+7,32 %	+0,24 %	+3,96 %
Hohe Pacht = 598.000 €	309.014,74	+5,59 %	+0,29 %	+0,63 %
Niedrige Pacht = 68.000 €	309.014,74	+5,59 %	+0,29 %	+5,81 %
Verbindlichkeiten = 2.000.000 €	309.168,50	+6,34 %	+0,31 %	+2,70 %
Verbindlichkeiten = 500.000 €	308.967,95	+5,36 %	+0,29 %	+2,44 %
Gesellschafterdarlehen = 20 %	315.109,09	+5,41 %	+0,29 %	+2,45 %
Teilthesaurierung ohne Begünstigung	309.014,74	-7,21 %	+0,29 %	+2,49 %
Teilthesaurierung mit Begünstigung	285.356,36	+0,48 %	+0,32 %	+3,31 %
Vollthesaurierung mit Begünstigung	255.819,94	-11,52 %	-0,03 %	-5,01 %
Gewinn = 1.500.000 €	667.670,82	+3,74 %	+0,17 %	+3,17 %
Gewinn = 300.000 €	104.558,46	+1,82 %	+0,53 %	-1,61 %

5.8.2 Beurteilung

Unter den hier getroffenen Annahmen ist die Gesamtsteuerbelastung für die OHG und die GmbH & Co. KG nahezu gleich. Bei Vollausschüttung weisen die OHG und die GmbH & Co. KG solange die niedrigste Gesamtsteuerbelastung auf, wie die erwirtschafteten Gewinne hinreichend hoch sind. Nur bei entsprechend niedrigen Gewinnen wird die Betriebsaufspaltung überlegen, allerdings mit geringer Differenz. I. d. R. weist die GmbH die höchste Gesamtbelastung auf. Einzig im Fall niedriger Pachtzinsen nimmt die Betriebsaufspaltung diese Position ein.

Im Fall der Thesaurierung ist die GmbH die beste Alternative, und dies deutlich, sofern die begünstigte Besteuerung nicht entnommener Gewinne von den Personengesellschaften nicht in Anspruch genommen wird. Allerdings erfolgt in diesen Fällen eine Vernachlässigung der zusätzlichen Belastung bei späterer Ausschüttung bzw. Entnahme. Durch diese Art der Nachversteuerung relativieren sich der Vorteil der GmbH und die zum Teil hohen Differenzen zum Ausschüttungsfall.

Allgemein lässt sich feststellen, dass in vielen Fällen keine gravierenden Unterschiede in der Höhe der Steuerbelastung bestehen. Nur bei bestimmten Konstellationen im Hinblick auf den Gewinn oder die Geschäftsführergehälter kann es zu größeren Differenzen in der Belastung kommen, in anderen Fällen resultieren diese aus der statischen Betrachtungsweise und reduzieren sich zu reinen Zinseffekten.

AUFGABEN

1. Unter welchen Annahmen kommt es zu einer identischen Gewerbesteuerbelastung von OHG und GmbH & Co. KG? Was ist der Grund dafür? (Lösungshinweise s. S. 124 f.)
2. Warum kann es bei der Betriebsaufspaltung zu einer niedrigeren Gewerbesteuerbelastung als bei den Rechtsformalternativen OHG und GmbH & Co. KG kommen? (Lösungshinweise s. S. 125 f.)
3. Warum kehrt sich auf Ebene der Einkommensteuer die auf Gesellschaftsebene beobachtete Rangfolge der Steuerbelastungen der alternativen Rechtsformen um? (Lösungshinweise s. S. 126 f.)
4. Wie wirkt sich eine Erhöhung des Gewinns auf die Rangfolge der alternativen Rechtsformen aus? Wie kann diese Wirkung begründet werden? (Lösungshinweise s. S. 150 ff.)
5. Im Beispielfall führt eine Verringerung des Gewinns zu einer Veränderung der Rangfolge der Rechtsformalternativen. Welches sind die Gründe dafür? (Lösungshinweise s. S. 152 ff.)
6. Wie wirkt sich eine Erhöhung des Gewerbesteuerhebesatzes bei einer Kapitalgesellschaft bzw. einer Personenunternehmung aus? Wie wirkt eine Verringerung des Hebesatzes? (Lösungshinweise s. S. 128-131)
7. Wie wirkt sich eine Variation der Geschäftsführergehälter auf die steuerliche Belastung der Rechtsformalternative GmbH & Co. KG aus? (Lösungshinweise s. S. 131-134)
8. Wie wirkt sich eine Minderung der Pachtzinsen auf die steuerliche Belastung der Rechtsformalternative Betriebsaufspaltung aus? (Lösungshinweise s. S. 135 ff.)

9. Warum kommt es bei allen Rechtsformen zu einer Erhöhung der Gesamtsteuerbelastung, wenn davon ausgegangen wird, dass die langfristigen Verbindlichkeiten zu Teilen aus einem Gesellschafterdarlehen bestehen? (Lösungshinweise s. S. 141 ff.)
10. Wie wirkt sich eine (teilweise) Thesaurierung der Gewinne bei der GmbH sowie bei der Betriebsaufspaltung auf die Steuerbelastung aus? Betrachten Sie hierzu den Zeitpunkt der Thesaurierung und den Zeitpunkt der späteren Ausschüttung. (Lösungshinweise s. S. 144-150)

6. Die steuerliche Belastung von Unternehmungsgründungen

LERNZIELE

Nach der Bearbeitung des Kapitels sind Sie in der Lage,

- zwischen verschiedenen Gründungsarten zu differenzieren,
- zwischen den Gründungskosten einer Personenunternehmung und einer Kapitalgesellschaft zu unterscheiden,
- den Inhalt und die Bedeutung einer Eröffnungsbilanz zu beschreiben und selbst eine Eröffnungsbilanz aufzustellen,
- Gründe für die Aufstellung einer Ergänzungsbilanz zu nennen,
- die Bewertung einer Sacheinlage in eine Personengesellschaft sowie in eine Kapitalgesellschaft vorzunehmen und dabei zwischen einer Einlage aus dem Betriebsvermögen und dem Privatvermögen zu differenzieren,
- einzuschätzen, wann bei der Unternehmungsgründung einer Einzelunternehmung, Personengesellschaft oder Kapitalgesellschaft Umsatzsteuer und Gewerbesteuer anfällt.

Bei der Gründung einer Unternehmung tätigen die Beteiligten i. d. R. Einlagen. Im Gegenzug werden ihnen Gesellschaftsanteile gewährt. Einlagen sind i. S. v. § 4 Abs. 1 Satz 8 EStG alle Wirtschaftsgüter (Bareinzahlungen und sonstige Wirtschaftsgüter), die der Steuerpflichtige dem Betrieb im laufenden Wirtschaftsjahr zugeführt hat.[253]

Aus steuerlicher Sicht ergeben sich daraus drei mögliche Gründungsarten:[254]

- die Bargründung,
- die Sachgründung
  - aus dem Privatvermögen,
  - aus dem Betriebsvermögen und
- die Einbringung eines Betriebs, Teilbetriebs oder Mitunternehmeranteils.

Denkbar ist auch die Kombination der Bar- und Sachgründung, die so genannte Mischgründung.

Während bei der Bargründung der Einzelunternehmer, die Gesellschafter einer Personengesellschaft oder die Gründer einer Kapitalgesellschaft ihre Einlage in Form von Bargeld oder anderen liquiden Mitteln erbringen, werden bei einer Sachgründung Sachmittel in die Unternehmung eingelegt.

Die steuerlichen Folgen bei der Unternehmungsgründung sind nur von geringer Entscheidungsrelevanz, da es sich bei der Besteuerung der Gründung um einmalige Belastungen handelt und es häufig mangels eines so genannten Gründungsgewinns zu keinen ertragsteuerlichen und

---

253 Vgl. Hoffmann in Littmann/Bitz/Pust (2012), §§ 4, 5, Rz. 275.
254 Vgl. Hottmann in Zimmermann et al. (2013), S. 443.

mangels eines verkehrssteuerlich relevanten Tatbestandes auch zu keinen verkehrssteuerlichen Konsequenzen kommt.

Bei Personengesellschaften und Einzelunternehmungen entstehen in einkommensteuerlicher Hinsicht bei den (Mit-)Unternehmern ab dem Zeitpunkt Einkünfte aus diesem Gewerbebetrieb, in dem begonnen wird, den Entschluss einer Unternehmungsgründung in die Tat umzusetzen. Das heißt, bereits vorbereitende und organisatorische Tätigkeiten sind steuerrelevante Tatbestände.[255] Die Gewerbesteuerpflicht einer Personengesellschaft oder einer Einzelunternehmung beginnt davon abweichend erst, wenn die Voraussetzungen des § 15 Abs. 2 EStG erfüllt sind, das heißt in dem Zeitpunkt, in dem erstmals alle tatbestandlichen Voraussetzungen erfüllt sind, die zur Annahme eines Gewerbebetriebs erforderlich sind.[256] Die Gewerbesteuerpflicht entsteht mit der Aufnahme der eigentlichen werbenden Tätigkeit.[257]

Bei der Gründung einer GmbH & Co. KG beginnt die Gewerbesteuerpflicht im Gegensatz dazu erst dann, wenn eine Tätigkeit mit Gewinnerzielungsabsicht aufgenommen wird, auch wenn diese nicht gewerblich ist, sofern es sich um eine so genannte gewerblich geprägte Personengesellschaft handelt.[258]

Die Besitzgesellschaft einer Betriebsaufspaltung ist von dem Zeitpunkt an als Gewerbebetrieb i. S. v. § 2 Abs. 1 GewStG zu behandeln, in dem die Voraussetzungen für eine Betriebsaufspaltung erstmals erfüllt sind.[259]

Die Körperschaftsteuerpflicht einer Kapitalgesellschaft beginnt bereits mit dem Abschluss des Gesellschaftsvertrages in notariell beurkundeter Form. Zum Entstehen einer Gewerbesteuerpflicht muss die Gesellschaft zusätzlich eine über die verzinsliche Anlage der Einlagen hinausgehende Geschäftstätigkeit aufnehmen.[260] Die Kapitalgesellschaft wird aber in jedem Fall spätestens durch die Eintragung in das Handelsregister gewerbesteuerpflichtig.[261]

Gründungskosten von Einzelunternehmungen und Personengesellschaften sind bei der Einkommensteuer abzugsfähig,[262] nicht jedoch bei der Gewerbesteuer, da die Gewerbesteuerpflicht erst zu einem späteren Zeitpunkt entsteht.

Bei Kapitalgesellschaften sind Gründungskosten nur dann Betriebsausgaben, wenn in der Satzung der Kapitalgesellschaft bereits ein Höchstbetrag vereinbart wurde[263] und klargestellt wird, dass diese zu Lasten der Gesellschaft gehen sollen. Anderenfalls handelt es sich um eine verdeckte Gewinnausschüttung.[264]

---

255 Vgl. Bitz in Littmann/Bitz/Pust (2012), § 15, Rz. 3a.

256 Vgl. R 2.5 Abs. 1 GewStR, sowie BFH, 5. 3. 1998, IV R 23/97, BStBl. 1998 II, S. 745, sowie BFH, 30. 8. 2012, IV R 54/10, BStBl. 2012 II, S. 927. Vgl. auch Behrendt/Scheewe/Lache (2013), S. 249-255.

257 Vgl. BFH, 17. 4. 1986, IV R 100/84, BStBl. 1986 II, S. 527.

258 Vgl. H 2.5 Abs. 1 GewStR; BFH, 22. 11. 1994, VIII R 44/92, BStBl. 1995 II, S. 900.

259 Vgl. BFH, 15. 1. 1998, IV R 8/97, BStBl. 1998 II, S. 478.

260 Vgl. Brönner/Bareis/Poll (2007), S. 868 ff.

261 Vgl. Brönner/Bareis/Poll (2007), S. 868 ff.

262 Vgl. Biergans (1992), S. 271 ff.

263 Vgl. Klingebiel in Dötsch et al. (2012), Anhang zu § 8 Abs. 3 KStG „Gründungskosten", die in Rz. 1 darlegen, dass zur Anerkennung des Gründungsaufwands als Betriebsausgaben diese entweder nach Art und Höhe aufzuführen sind oder aber zumindest ein Höchstbetrag zu vereinbaren ist. Eine bloße Festlegung der Übernahme der Gründungskosten in der Satzung genügt nicht. Vgl. dazu auch BFH, 11. 2. 1997, I R 42/96, BFH/NV 1997, S. 711.

264 Vgl. BMF-Schreiben vom 25. 6. 1991, BStBl. 1991 I, S. 661; Brönner/Bareis/Poll (2007), S. 936; Klingebiel in Dötsch et al. (2012), Anhang zu § 8 Abs. 3 KStG „Gründungskosten". Vgl. auch BFH, 11. 2. 1997, I R 42/96, BFH/NV 1997, S. 711.

6.1 Die Ertragsbesteuerung

Auf den Tag der Gründung ist eine Eröffnungsbilanz zu erstellen, in der das Vermögen der Gesellschaft durch Aktivierung der Einlagen ausgewiesen werden muss. Gleichzeitig ist dieses in wertmäßig gleicher Höhe auf dem Kapitalkonto der jeweiligen Gesellschafter bei einer Personengesellschaft bzw. als gezeichnetes Kapital (gegebenenfalls teilweise als Kapitalrücklage) bei Gründung einer Kapitalgesellschaft zu passivieren.

Ertragsteuerliche Folgen bei der Unternehmungsgründung treten nur dann auf, wenn es durch den Vorgang der Einlage zu einer Aufdeckung stiller Reserven kommt. Bei der Bargründung ist dies nicht der Fall. Die Einlage ist sowohl für die Unternehmung als auch für den Einbringenden erfolgsneutral. Lediglich die Einlage von Wirtschaftsgütern bei einer Sach- oder Mischgründung kann Steuerbelastungen hervorrufen.

Hierbei ist nicht nur zwischen den Ebenen der Unternehmung und des Einlegenden, sondern auch zwischen den verschiedenen Rechtsformen, in denen die Unternehmung betrieben wird, zu differenzieren. Des Weiteren muss beachtet werden, dass eine Einlage aus einem Betriebsvermögen andere steuerliche Konsequenzen verursacht als eine Einlage aus einem Privatvermögen. In jedem Fall ist zunächst zu klären, mit welchem Wert das eingebrachte Wirtschaftsgut bei der Unternehmung anzusetzen ist.

6.1.1 Die Sacheinlage in eine Einzelunternehmung oder eine Personengesellschaft

Bei der Einlage von Wirtschaftsgütern aus dem **Privatvermögen** in eine Personengesellschaft oder eine Einzelunternehmung erfolgt die Bewertung bei offenen Einlagen nach den Regeln des § 6 Abs. 6 Satz 1 EStG, denn es liegt aufgrund der Einbringung gegen Gewährung von Gesellschaftsrechten ein tauschähnlicher Vorgang vor. Das gilt selbst dann vollumfänglich, wenn der Wert der gewährten Gesellschaftsrechte den Wert des eingebrachten Vermögens übersteigt.[265] Die Bewertung der Einlage erfolgt zum gemeinen Wert. Bei verdeckten Einlagen werden keine Gesellschaftsrechte gewährt, so dass die Bewertung nach den Regeln des § 6 Abs. 1 Nr. 6 i. V. m. Nr. 5 EStG vorzunehmen ist. Danach erfolgt die Einlage grds. zum Teilwert.[266]

Zu berücksichtigen ist allerdings, dass bei der Einlage von Wirtschaftsgütern aus dem Privatvermögen innerhalb von drei Jahren nach der Anschaffung oder Herstellung diese höchstens mit ihren gegebenenfalls um planmäßige Abschreibungen gekürzten Anschaffungs- oder Herstellungskosten angesetzt werden dürfen. Somit erfolgt unter Umständen ein Wertansatz unter dem Teilwert (§ 6 Abs. 1 Nr. 5 Buchst. a EStG).[267] Eine Aufdeckung der auf den Wirtschaftsgütern weiterhin ruhenden stillen Reserven durch eine spätere Veräußerung aus dem Betriebsvermögen wird damit nicht nur einkommensteuerlich wirksam, sondern auch gewerbesteuerlich. Dies gilt ebenfalls, wenn es sich bei dem eingelegten Wirtschaftsgut um eine wesentliche Beteiligung i. S. d. § 17 EStG handelt oder um ein Wirtschaftsgut i. S. d. § 20 Abs. 2 EStG (§ 6 Abs. 1

265 Vgl. BMF-Schreiben vom 20. 5. 2009, BStBl 2009 I, S. 679. Insoweit ist Tz. II.1 des BMF-Schreibens vom 29. 3. 2000, BStBl. I, S. 462 überholt.

266 Vgl. genauer z. B. bei Maiterth/Müller (2001), S. 11 ff.

267 Vgl. Eckstein in Herrmann/Heuer/Raupach (2012), § 6 EStG, Anm. 1215.

Nr. 5 Buchst. b und c EStG).[268] Auf diese Weise wird gewährleistet, dass auch die Besteuerung von Veräußerungsgewinnen i. S. d. § 17 und 20 EStG nicht durch eine Einlage in ein Betriebsvermögen umgangen werden kann.[269] Bei der Einbringung von geringwertigen Wirtschaftsgütern greift die Bewertungsfreiheit des § 6 Abs. 2 EStG.

Einlagen von Wirtschaftsgütern aus dem Privatvermögen, die vor der Einlage in ein Betriebsvermögen zur Erzielung von Überschusseinkünften i. S. d. § 2 Abs. 1 Nr. 4 bis 7 EStG verwendet wurden, sind zwar gemäß § 6 Abs. 1 Nr. 5 EStG außerhalb einer Dreijahresfrist mit dem Teilwert anzusetzen. Die Bemessungsgrundlage für die Abschreibung bildet aber abweichend davon gemäß § 7 Abs. 1 Satz 5 EStG[270] grds. der um die bisher vorgenommenen Abschreibungen gekürzte Einlagewert, höchstens jedoch bis zu den fortgeführten Anschaffungs- oder Herstellungskosten. Mindestens sind somit die fortgeführten Anschaffungskosten anzusetzen oder aber der Einlagewert, sofern dieser niedriger ist. Als Folge einer Einlage kann die Bildung von Ergänzungsbilanzen notwendig sein, um die Zuordnung der in den eingelegten Wirtschafsgütern ruhenden stillen Reserven zum einlegenden Gesellschafter vorzunehmen (Prinzip der Personenidentität stiller Reserven).[271]

Während die Einbringung von Wirtschaftsgütern aus dem Betriebsvermögen, Gesamthandsvermögen und Sonderbetriebsvermögen gegen Gewährung von Gesellschaftsrechten schon längere Zeit als tauschähnlicher Vorgang behandelt wird,[272] wurde bezüglich der Einlage aus dem Privatvermögen erst im Jahr 2000 eine Entscheidung getroffen. Auch Einlagen aus dem Privatvermögen gelten als tauschähnlicher Vorgang[273] und werden somit der Veräußerung gleichgestellt.

Die Aufdeckung der stillen Reserven im Privatvermögen ist beim Einlegenden nur dann steuerlich relevant, wenn sie unter die Vorschriften der §§ 17, 20 Abs. 2 und 23 EStG oder § 21 UmwStG fällt.

Bei der Überführung von Wirtschaftsgütern aus dem **Betriebsvermögen**, Gesamthandsvermögen und Sonderbetriebsvermögen ist nach § 6 Abs. 5 EStG zwingend der Buchwert anzusetzen, sofern die Besteuerung der stillen Reserven sichergestellt ist. Ausnahmen von dieser Regel beinhalten § 6 Abs. 5 Satz 4 und 5 EStG.[274]

Die Einbringung eines Betriebs, Teilbetriebs oder Mitunternehmeranteils wird durch § 24 UmwStG geregelt und ist Gegenstand von Kapitel 7.4.

Auf Ebene der Unternehmung kommt es in einer Personengesellschaft oder Einzelunternehmung unabhängig von der Art der Einlage zu keinen ertragsteuerlichen Auswirkungen. Die Einlagen erfolgen sämtlich erfolgsneutral. Lediglich im laufenden Geschäftsbetrieb kann es durch die Auflösung der auf den eingelegten Wirtschaftsgütern ruhenden stillen Reserven, z. B. über Abschreibungen, zu ertragsteuerlichen Konsequenzen kommen.

268 Vgl. Eckstein in Herrmann/Heuer/Raupach (2012), § 6 EStG, Anm. 1218.

269 Vgl. Biergans (1992), S. 605 f.

270 Neugefasst zur Anpassung an die BFH-Rechtsprechung durch das Jahressteuergesetz 2010 vom 8. 12. 2010, BGBl. 2011 I, Nr. 62, S. 1768.

271 Vgl. Biergans (1992), S. 656 ff.

272 Vgl. BMF-Schreiben vom 20. 12. 1977, BStBl. 1978 I, S. 8, Tz. 57.

273 Vgl. BMF-Schreiben vom 29. 3. 2000, BStBl. 2000 I, S. 462, sowie Hottmann in Zimmermann et al. (2013), S. 445 f.

274 Vgl. Welke/Hucht (2002), S. 422 ff.

6.1.2 Die Sacheinlage in eine Kapitalgesellschaft

Auf Ebene der Kapitalgesellschaft führt die Sacheinlage im Gründungszeitpunkt zu keinen ertragsteuerlichen Konsequenzen.[275] Sie stellt eine steuerlich unbeachtliche Vermögensmehrung dar und damit einen rein gesellschaftsrechtlichen Vorgang.[276] Die Einlage ist gemäß § 8 Abs. 1 KStG i.V. m. § 6 Abs. 6 EStG bei offenen Einlagen mit dem gemeinen Wert und gemäß § 6 Abs. 1 Nr. 5 EStG bei verdeckten Einlagen grds. mit dem Teilwert anzusetzen.[277]

Es sind Ausnahmen denkbar, bei denen bei verdeckten Einlagen vom Teilwertansatz abgewichen wird. So ist die bei Anschaffung oder Herstellung in den letzten drei Jahren (§ 6 Abs. 1 Nr. 5 Buchst. a EStG) die Bewertung mit den niedrigeren Anschaffungs- oder Herstellungskosten abzüglich vorgenommener Abschreibungen vorzunehmen, sofern die Einlage nicht einer Veräußerung gleichgestellt wird und damit die stillen Reserven aufzudecken sind.[278]

Die Sacheinlage in eine Kapitalgesellschaft gegen Gewährung von Gesellschaftsrechten stellt auf Ebene des Gesellschafters einen tauschähnlichen Vorgang dar, das heißt, sie wird der Veräußerung gleichgestellt.[279] Damit kommt es regelmäßig zur Auflösung stiller Reserven. Erfolgt eine Einlage aus dem Privatvermögen, so sind derartige Wertsteigerungen i. d. R. steuerlich unbeachtlich. Liegt jedoch ein privates Veräußerungsgeschäft i. S. d. § 23 EStG oder eine Veräußerung einer Beteiligung an einer Kapitalgesellschaft i. S. d. § 17 EStG oder eines Wirtschaftsgutes i. S. d. § 20 Abs. 2 EStG vor, so erfolgt die einkommensteuerliche Erfassung der stillen Reserven beim Einbringenden.

Bei der Einbringung von steuerfunktionalen Einheiten (Einbringungen i. S.v. § 20 UmwStG) besteht unter bestimmten Voraussetzungen ein Bewertungswahlrecht; hierauf wird in Kapitel 7.3 ausführlich eingegangen.

Als Anschaffungskosten für die Anteile an der gegründeten Kapitalgesellschaft hat der Einbringende, unabhängig davon, mit welchem Wert die Einlage bei der Kapitalgesellschaft verbucht wird, grds. den gemeinen Wert der eingebrachten Wirtschaftsgüter anzusetzen. Dieser gilt für ihn als Veräußerungspreis. Bei einer Einlage aus dem Betriebsvermögen sowie bei Einlagen, die unter § 17, § 20 Abs. 2 oder § 23 EStG fallen, ergibt sich der steuerpflichtige Gewinn aus der Differenz zwischen dem gemeinen Wert der eingelegten Wirtschaftsgüter und deren Anschaffungskosten bzw. Buchwert.

6.2 Die Verkehrsbesteuerung

Als Verkehrssteuern können bei einer Unternehmungsgründung die Umsatzsteuer und die Grunderwerbsteuer relevant sein.

275 Vgl. Schneeloch (2009), S. 293.

276 Vgl. Balmes in Herrmann/Heuer/Raupach (2012), § 8 KStG, Anm. 21.

277 Vgl. Maiterth/Müller (2001), S. 20 ff.

278 Wird die verdeckte Einlage gemäß § 17 Abs. 1 Satz 2, § 20 Abs. 2 Satz 2 oder § 23 Abs. 1 Satz 5 EStG einer Veräußerung gleichgestellt, erfolgt die Bewertung abweichend von § 6 Abs. 1 Nr. 5 Buchst. a bis c EStG zwingend mit dem Teilwert um eine doppelte Versteuerung der stillen Reserven zu verhindern, vgl. R 40 Abs. 4 KStR.

279 Vgl. BMF-Schreiben vom 9. 2. 1998, BStBl. 1998 I, S. 163.

Wird zunächst die Umsatzsteuer betrachtet, so ist zu klären, ob es sich bei dem betrachteten Gründungsvorgang überhaupt um einen steuerbaren Tatbestand handelt und ob dieser Tatbestand gegebenenfalls umsatzsteuerfrei ist.

Bei der Gründung einer Einzelunternehmung kommt es zu keinen umsatzsteuerlichen Auswirkungen. Da sich die umsatzsteuerliche Unternehmereigenschaft auf alle Betriebe eines Unternehmers erstreckt, handelt es sich bei der Einlage aus einem bereits bestehenden Betrieb des Unternehmers um einen nicht steuerbaren Innenumsatz. Auch bei einer Einlage aus dem Privatvermögen fehlt das wesentliche Element eines Leistungsaustausches, der zwischen dem Unternehmer und einer anderen Person stattfinden muss.

Bei Gründung einer Personen- oder Kapitalgesellschaft ist im Gegensatz zur Einzelunternehmung zwischen der Gesellschaft und ihren Gesellschaftern zu unterscheiden, die jeweils Unternehmer i. S. d. Umsatzsteuergesetzes sein können, wenn sie die Voraussetzungen des § 2 UStG erfüllen.

In diesem Zusammenhang hat der BFH als Folge des EuGH-Urteils vom 26. 06. 2003,[280] in dem entschieden wurde, dass die Aufnahme eines Gesellschafters in eine Gesellschaft und die Gründung einer Gesellschaft nichtsteuerbare Umsätze sind, in einem Folgeurteil vom 1. 7. 2004[281] entschieden, dass die Gewährung von Gesellschaftsanteilen durch eine Gesellschaft kein Umsatz i. S. d. Umsatzsteuergesetzes ist, da kein Leistungsaustausch vorliegt.[282]

Bei den Gesellschaftern ist zwischen der Geldeinlage und der Sacheinlage zu trennen. Die Geldeinlage bei der Gründung einer Gesellschaft stellt keine Leistung i. S. d. § 3 UStG dar. Es handelt sich hierbei folglich grds. nicht um einen steuerbaren Umsatz.[283] Bei Sacheinlagen ist hingegen zwischen solchen aus dem nichtunternehmerischen und solchen aus dem unternehmerischen Bereich zu trennen. Legt ein Gesellschafter ein Wirtschaftsgut aus seinem nichtunternehmerischen Bereich ein, ist dieser Vorgang i. S. v. § 1 Abs. 1 Nr. 1 UStG nicht steuerbar, weil die Einlage nicht im Rahmen seines Unternehmens erbracht wird.[284] Nur wenn der Gesellschafter die Sacheinlage aus seinem unternehmerischen Bereich erbringt, liegt ein steuerbarer Umsatz vor, sofern keine Geschäftsveräußerung i. S. d. § 1 Abs. 1a UStG vorliegt.[285] Es handelt sich um einen tauschähnlichen Umsatz i. S. d. § 3 Abs. 12 Satz 2 UStG.[286] Als Bruttobemessungsgrundlage ist gemäß § 10 Abs. 2 Satz 2 UStG der gemeine Wert des für die Einlage erhaltenen Gesellschaftsanteils (Gegenleistung) anzusetzen.[287] I. d. R. besteht Wertgleichheit zwischen der erbrachten Sacheinlage und dem erhaltenen Gesellschaftsanteil.[288] Je nach Art der Sacheinlage kann der Umsatz steuerpflichtig oder gemäß § 4 UStG steuerbefreit sein.

Bei der Gründung einer Unternehmung ist des Weiteren zu prüfen, ob es durch die Einlage von Grundstücken zu grunderwerbsteuerlichen Folgen kommt. Wird als Sacheinlage ein Grundstück

280 EuGH, 26. 6. 2003, Rs. C-442/01, UR 2003, S. 443.

281 BFH, 1. 7. 2004, V R 32/00, BStBl. 2004 II, S. 1022.

282 Vgl. Tz. 1.6 Abs. 2 Satz 1 UStAE.

283 Vgl. Völkel in Zimmermann et al. (2013), S. 531 f.

284 Vgl. Brönner/Bareis/Poll (2007), S. 943; Völkel in Zimmermann et al. (2013), S. 531 f.

285 Vgl. Völkel in Zimmermann et al. (2013), S. 531 f.

286 Vgl. Brönner/Bareis/Poll (2007), S. 943; Martin in Sölch/Ringleb (2009), § 3 Abs. 12, Rn. 745-749.

287 Vgl. Martin in Sölch/Ringleb (2009), § 3 Abs. 12, Rn. 753 m. w. N.; BFH, 12. 11. 1987, V B 52/86, BStBl. 1988 II, S. 156.

288 Vgl. Völkel in Zimmermann et al. (2013), S. 532 f.

in eine Kapitalgesellschaft eingelegt, so fällt Grunderwerbsteuer an. Die Einbringung eines Grundstücks in eine Kapitalgesellschaft ist gemäß § 1 Abs. 1 Nr. 1 GrEStG steuerbar. Eine Steuerbefreiung gemäß § 5 Abs. 2 GrEStG kommt nicht in Betracht, weil eine Kapitalgesellschaft als juristische Person ein eigenes Gesellschaftsvermögen besitzt.[289]

Die Grunderwerbsteuer könnte dadurch vermieden werden, dass statt der Einlage des Grundstücks dieses lediglich zur Nutzung überlassen wird, ohne das Eigentum zu übertragen. Diese Gestaltungsvariante führt aber unter Umständen zu dem Konstrukt einer Betriebsaufspaltung mit den bereits erläuterten ertragsteuerlichen Konsequenzen.

Wird ein Grundstück in das Gesamthandsvermögen einer Personengesellschaft eingebracht, ist dieser Vorgang gemäß § 1 Abs. 1 Nr. 1 GrEStG steuerbar, jedoch gemäß § 5 Abs. 2 GrEStG in Höhe der Beteiligungsquote des Einbringenden an der Personengesellschaft steuerbefreit.[290] Erfolgt hingegen eine Einlage in das Sonderbetriebsvermögen, handelt es sich nicht um einen grunderwerbsteuerbaren Vorgang, da sich die Eigentumsverhältnisse nicht verändert haben.

Die Einlage eines Grundstücks in eine Einzelunternehmung ist gemäß § 1 Abs. 1 GrEStG nicht steuerbar, weil kein Übergang des Eigentums stattfindet.

Im Falle einer Steuerpflicht ist die Bemessungsgrundlage grds. gemäß § 9 Abs. 1 Nr. 2 i. V. m. § 8 GrEStG der typisierte Grundstückswert nach § 138 Abs. 2 bis 4 BewG.

Zu einer Doppelbelastung der Einlage eines Grundstücks mit Umsatz- und Grunderwerbsteuer kommt es i. d. R. aufgrund der Befreiungsvorschrift des § 4 Nr. 9 Buchst. a UStG nicht. Eine Ausnahme von diesem Grundsatz liegt jedoch vor, wenn auf die Umsatzsteuerbefreiung gemäß § 9 UStG verzichtet wird.

AUFGABEN

1. Beschreiben Sie drei mögliche Gründungsarten. (Lösungshinweise s. S. 161 f.)
2. Wann beginnt bei der Personenunternehmung und der Kapitalgesellschaft die Steuerpflicht? (Lösungshinweise s. S. 162)
3. Welche Gründungskosten entstehen bei der Personenunternehmung und Kapitalgesellschaft? Sind sie jeweils als Betriebsausgabe abziehbar? (Lösungshinweise s. S. 162)
4. Was beinhaltet eine Eröffnungsbilanz? Wann wird sie aufgestellt? (Lösungshinweise s. S. 163)
5. Wann kommt es bei der Gründung zu ertragsteuerlichen Konsequenzen? (Lösungshinweise s. S. 163)
6. Welche Unterschiede bestehen zwischen einer Einlage aus dem Privatvermögen und einer Einlage aus dem Betriebsvermögen in eine Personengesellschaft? (Lösungshinweise s. S. 163 f.)
7. Warum muss eine Ergänzungsbilanz aufgestellt werden? (Lösungshinweise s. S. 164)

289 Vgl. Brönner/Bareis/Poll (2007), S. 944.

290 Hinsichtlich der Regelungen beim Übergang eines Grundstücks von einem Gesamthänder auf die Gesamthand vgl. § 5 Abs. 3 GrEStG; vgl. im Detail auch Hofmann (2000), S. 2605 ff.

8. Mit welchem Wertansatz findet die Sacheinlage in eine Kapitalgesellschaft statt? (Lösungshinweise s. S. 165)

9. Ist bei der Gründung einer Einzelunternehmung, Personengesellschaft oder Kapitalgesellschaft Umsatzsteuer zu entrichten? (Lösungshinweise s. S. 165 f.)

10. Wann kann bei einer Personengesellschaft, Kapitalgesellschaft oder Einzelunternehmung im Gründungszeitpunkt Grunderwerbsteuer anfallen? (Lösungshinweise s. S. 166 f.)

11. Aufgabe: Meier und Schulte wollen zum 1. 1. 2013 eine Meier/Schulte OHG gründen. Nach dem Gesellschaftsvertrag sollen beide zu jeweils 50 % am Gewinn und Verlust sowie an den stillen Reserven der Gesellschaft beteiligt sein. Gesellschaftsvertraglich ist geregelt, dass Meier ein vor zwei Jahren im Privatvermögen erworbenes unbebautes Grundstück (damalige Anschaffungskosten 200.000 €, Teilwert 300.000 €) sowie eine Geldzahlung in Höhe von 100.000 € zu erbringen hat. Schulte hingegen hat seine vier Jahre im Privatvermögen gehaltene wesentliche Beteiligung an der W-GmbH (Anschaffungskosten 150.000 €, Teilwert 400.000 €) in das Gesamthandsvermögen zu überführen. Erstellen Sie für Meier/Schulte eine Eröffnungsbilanz! (Lösungshinweise s. S. 163 f.).

LITERATURHINWEISE

Brönner, Herbert/Bareis, Peter/Poll, Jens: Die Besteuerung der Gesellschaften, 18., erweiterte und völlig neu bearbeitete Auflage, Stuttgart (2007).

Maiterth, Ralf/Müller, Heiko: Gründung, Umwandlung und Liquidation von Unternehmen im Steuerrecht, München (2001).

Niehus, Ulrich/Wilke, Helmuth: Die Besteuerung der Kapitalgesellschaften, 2., neu bearbeitete Auflage, Stuttgart (2009).

Niehus, Ulrich/Wilke, Helmuth: Die Besteuerung der Personengesellschaften, 5., Auflage, Stuttgart (2010).

Schneeloch, Dieter: Betriebswirtschaftliche Steuerlehre, Band 2, Betriebliche Steuerpolitik, 3. Auflage, München (2009).

Welke, Gernot/Hucht, Anne: Die Ergänzungsbilanz als Mittel zur Zuordnung stiller Reserven – Überlegungen im Zusammenhang von § 6 Abs. 5 EStG i. d. F. des UntStFG, in: Steuern und Bilanzen, 4. Jg., S. 422-428, (2002).

Zimmermann, Reimar et al.: Die Personengesellschaft im Steuerrecht, 11. Auflage, Achim (2012).

7. Die steuerliche Behandlung von Umwandlungen

LERNZIELE

Nach der Bearbeitung des Kapitels sind Sie in der Lage,

- die Notwendigkeit des Umwandlungssteuergesetzes nachzuvollziehen,
- die zivilrechtlichen Umwandlungsmöglichkeiten und den Anwendungsbereich des Umwandlungsgesetzes in Abgrenzung zum Umwandlungssteuergesetz zu nennen und zu beschreiben,
- die verkehrs- und ertragsteuerlichen Auswirkungen der Verschmelzung einer Kapitalgesellschaft auf eine Personengesellschaft zu erläutern und dabei zwischen der Ebene der übertragenden Kapitalgesellschaft und deren Gesellschafter sowie der Ebene der übernehmenden Personengesellschaft bzw. deren Gesellschaftern zu unterscheiden,
- die Begriffe Übertragungsgewinn/-verlust, Übernahmegewinn/-verlust und Übernahmefolgegewinn/-verlust zu erklären sowie diese voneinander abzugrenzen,
- Faktoren zu bestimmen, die Einfluss auf die Umwandlungsentscheidung haben,
- die ertragsteuerliche Vorteilhaftigkeit bei der Verschmelzung einer Kapitalgesellschaft auf eine Personengesellschaft zu beurteilen,
- die steuerlichen Auswirkungen bei der Verschmelzung zweier oder mehrerer Kapitalgesellschaften auf den Ebenen der übertragenden Kapitalgesellschaft, ihrer Anteilseigner und der übernehmenden Kapitalgesellschaft zu erläutern,
- die Vorteilhaftigkeit unterschiedlicher Wertansätze bei der Verschmelzung zweier oder mehrerer Kapitalgesellschaften einzuschätzen,
- die steuerlichen Auswirkungen der Einbringung eines Betriebs, Teilbetriebs oder Mitunternehmeranteils in eine Kapitalgesellschaft sowohl bei der übernehmenden Kapitalgesellschaft als auch beim Einbringenden aufzuzeigen,
- eine besondere Form der Einbringung, den Anteilstausch, zu erläutern,
- einzuschätzen, welcher Wertansatz bei der Einbringung in eine Kapitalgesellschaft gewählt werden sollte,
- die steuerlichen Folgen der Einbringung eines Betriebs, Teilbetriebs, Mitunternehmeranteils oder einer 100 %-igen Beteiligung an einer Kapitalgesellschaft in eine Personengesellschaft darzustellen und hierbei zwischen der übernehmenden Kapitalgesellschaft und dem Einbringenden zu differenzieren,
- ertragsteuerliche Vorteilhaftigkeitsüberlegungen hinsichtlich des Wertansatzes bei der Einbringung in eine Personengesellschaft anzustellen,
- die steuerlichen Besonderheiten der Spaltung und des Formwechsels zu erläutern.

7.1 Zivilrechtliche und steuerrechtliche Grundlagen

Durch das „Gesetz über steuerliche Begleitmaßnahmen zur Einführung der Europäischen Gesellschaft und zur Änderung weiterer steuerrechtlicher Vorschriften" (SEStEG)[291] wurden die steuerlichen Vorschriften für Umwandlungen, die nach dem 12. Dezember 2006 durchgeführt werden, neu gefasst.[292] Die Finanzverwaltung erläutert und konkretisiert die Vorschriften des Umwandlungssteuergesetzes durch den Anwendungserlass des Bundesfinanzministeriums vom 11. November 2011 (UmwStE).[293]

Die Änderungen aufgrund des SEStEG ergaben sich aus der Verpflichtung der Bundesrepublik Deutschland, das nationale Steuerrecht an Vorgaben des europäischen Rechts anzupassen. Zu diesen Vorgaben gehörten insbesondere die Verordnungen zur europäischen Aktiengesellschaft und Genossenschaft sowie die Verschmelzungs- und die Fusionsrichtlinie.[294] Ziel der Neuregelungen war es, „steuerliche Hemmnisse für die als Folge der zunehmenden internationalen wirtschaftlichen Verflechtung immer wichtiger werdende grenzüberschreitende Umstrukturierung von Unternehmen"[295] zu beseitigen. Vor diesem Hintergrund sollte das SEStEG einerseits erstmals grenzüberschreitende Umwandlungen ermöglichen, gleichzeitig aber andererseits auch die deutschen Besteuerungsrechte sichern. Für innerstaatliche und grenzüberschreitende Umwandlungen innerhalb der EU und des EWR sollen in Zukunft einheitliche Besteuerungsgrundsätze gelten. Dies gilt jedoch nicht für Umwandlungen im Zusammenhang mit Drittstaaten.[296]

Das Umwandlungssteuergesetz erlaubt unter bestimmten Voraussetzungen, darüber zu entscheiden, ob stille Reserven im Umwandlungszeitpunkt aufgedeckt und besteuert werden oder ob sie erfolgsneutral auf den übernehmenden Rechtsträger übertragen werden. Bei Umwandlungsvorgängen handelt es sich nach Ansicht der Finanzverwaltung grds. um Veräußerungsvorgänge.[297] Ohne die speziellen Regelungen im Umwandlungssteuergesetz wären im Zeitpunkt der Umwandlung alle stillen Reserven aufzudecken und zu versteuern.

Dieses Wahlrecht hinsichtlich des Wertansatzes der bei der Umwandlung übergehenden Wirtschaftsgüter erfordert eine detaillierte Analyse der steuerlichen Folgen der jeweiligen Alternative. Eine Entscheidung mit dem Ziel der Maximierung des Endvermögens der Gesellschafter bzw. des Gesellschafters der Unternehmung und dem damit einhergehenden Subziel der Minimierung des Barwertes der Steuerzahlungen ist nur möglich, wenn alle durch die Umwandlung hervorgerufenen steuerlichen Effekte berücksichtigt werden. So sind in Abhängigkeit von der Rechtsform der betroffenen Rechtsträger auch individuelle Tatbestände der Gesellschafter, wie z. B. deren individuelle Einkommensteuersätze, von Bedeutung. Auch die erwartete Gewinnent-

291 Vgl. BGBl. 2006 I, S. 2782 ff.

292 Einen umfassenden Überblick über das Umwandlungssteuerrecht bieten z. B. Klingebiel et al. (2012) und Dötsch et al. (2012). Einen guten Einstieg in die zivil- und steuerrechtliche Behandlung von Umwandlungen bietet Strauch (2008). Ausführliche Kommentierungen zum Umwandlungsrecht finden sich z. B. bei Schmitt/Hörtnagl/Stratz (2009), Widmann/Mayer (2012); Semler/Stengel (2012).

293 Vgl. BStBl. 2011 I, S. 1314. Einen Überblick über die Regelungen des UmwStE geben Ehret/Lausterer (2012).

294 Vgl. BT-Drucks. 16/2710 vom 25. 9. 2006, S. 25.

295 BT-Drucks. 16/2710 vom 25. 9. 2006, S. 25.

296 Vgl. BT-Drucks. 16/2710 vom 25. 9. 2006, S. 25; Hagemann et al. (2007), S. 1; Ott (2007a), S. 10; Rödder/Schumacher (2007), S. 369.

297 Vgl. Tz. 00.02 UmwStE.

wicklung sowie die zukünftige Ausschüttungspolitik können mit ihren steuerlichen Folgen die Vorteilhaftigkeit einer Wertansatzalternative im Umwandlungszeitpunkt beeinflussen. Gesucht ist die für den Einzelfall optimale zeitliche Struktur der Auflösung der stillen Reserven unter Beachtung von Progressions-, Liquiditäts- und Zinseffekten und der Möglichkeit etwaiger steuerlicher Vergünstigungen (z. B. §§ 16 Abs. 4 und 34 EStG).[298]

Die im Folgenden dargestellten steuerlichen Vorschriften und Wahlmöglichkeiten bei Umwandlungsvorgängen bieten lediglich einen Überblick über die Regelungsvielfalt des Umwandlungssteuergesetzes. Um in diesem Teil des Buches eine übersichtliche Darstellung zu gewährleisten, können nicht alle Einzelregelungen behandelt werden. Insbesondere werden im Weiteren nur nationale Umwandlungen dargestellt. Die jeweiligen Vorschriften sind auf grenzüberschreitende Sachverhalte aber entsprechend anzuwenden.[299] Im konkreten Anwendungsfall ist die angegebene Literatur zu Rate zu ziehen. Die weiteren Ausführungen erlauben es dem Leser, die Struktur des Umwandlungsrechts und damit die zulässigen Gestaltungsmöglichkeiten und deren steuerliche Folgen zu erkennen sowie Standardfälle zu lösen.

7.1.1 Begriff der Umwandlung

Der Begriff der Umwandlung ist gesetzlich nicht definiert. Im Wesentlichen versteht man darunter den Wechsel der Rechtsform einer Unternehmung unter Fortbestehen ihrer wirtschaftlichen Einheit sowie die Übertragung des gesamten Vermögens oder bestimmter Teile des Vermögens (i. d. R. ein Betrieb oder Teilbetrieb) auf einen neuen oder schon bestehenden Rechtsträger.[300]

Umwandlungen können zivilrechtlich grundsätzlich im Wege der Einzel- oder der Gesamtrechtsnachfolge erfolgen. Den Regelfall stellt hierbei die Einzelrechtsnachfolge dar. Eine Übertragung durch Gesamtrechtsnachfolge darf nur stattfinden, sofern dies gesetzlich ausdrücklich vorgesehen ist.

Unter der Einzelrechtsnachfolge wird der Eintritt einer Person in einzelne Rechte und Pflichten einer anderen Person verstanden. Sie findet beispielsweise Anwendung bei Kaufverträgen oder Schenkungen. Demgegenüber stellt die Gesamtrechtsnachfolge den Eintritt einer Person in alle Rechte und Pflichten einer anderen Person in einem Rechtsakt dar. In den Fällen, in denen nur ein Teil des Vermögens durch Gesamtrechtsnachfolge übertragen wird, wird von einer partiellen Gesamtrechtsnachfolge (Sonderrechtsnachfolge) gesprochen. Das übrige Vermögen verbleibt entweder beim übertragenden Rechtsträger oder wird auf einen Dritten übertragen. Den Grundfall der Gesamtrechtsnachfolge bildet die Erbschaft. Daneben wird auch bei den Umwandlungen i. S. d. Umwandlungsgesetzes das Vermögen durch Gesamt- bzw. Sonderrechtsnachfolge übertragen. Die zentralen Vorteile einer Umwandlung durch Gesamtrechtsnachfolge sind die Auflösung des übertragenden Rechtsträgers ohne Abwicklung, das heißt ohne die Durchführung eines Liquidationsverfahrens, und ohne eine gesonderte Löschung im Handelsregister. Zudem

298 Die Bedeutung von „optimal" in diesem Zusammenhang wird insbesondere in den Kapiteln 7.2.1.3, 7.2.2.4, 7.3.1.3 und 7.4.3 verdeutlicht.

299 Vgl. Strauch (2008), S. 2. Vgl. zu Umwandlungsfällen im internationalen Kontext z. B. Prinz (2012).

300 Vgl. Madl (2008), S. 1; Brähler (2013), S. 1.

können Verbindlichkeiten und Vertragsverhältnisse ohne die Zustimmung der Gläubiger auf den übernehmenden Rechtsträger übertragen werden. Umstrukturierungsmaßnahmen sind damit einfacher durchführbar als im Rahmen einer Einzelrechtsnachfolge.[301]

7.1.2 Umwandlungsmöglichkeiten nach dem Umwandlungsgesetz

Die zivilrechtliche Grundlage für die verschiedenen Umwandlungsmöglichkeiten stellt das Umwandlungsgesetz (UmwG) dar. Die steuerliche Behandlung ist im Umwandlungssteuergesetz (UmwStG) geregelt. Daneben sind Einzelregelungen auch in anderen Gesetzen angesiedelt (z. B. § 16 EStG).

ABB. 56: Umwandlungsrecht

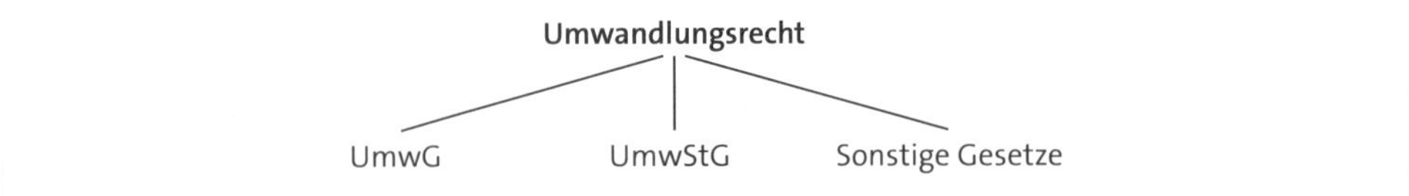

Da der zweite bis fünfte Teil des Umwandlungssteuergesetzes gemäß § 1 Abs. 1 UmwStG ausschließlich für Umstrukturierungen i. S. d. Umwandlungsgesetzes gilt, können die steuerlichen Regelungen nicht losgelöst von den Vorschriften des Umwandlungsgesetzes betrachtet werden. Aus diesem Grund werden im Folgenden zunächst die Umstrukturierungsmöglichkeiten des Umwandlungsgesetzes kurz vorgestellt und ein Überblick über den Aufbau des Umwandlungssteuergesetzes gegeben. Anschließend wird in den Kapiteln 7.2-7.6 auf die ertragsteuerliche Behandlung der verschiedenen Umwandlungsarten im Detail eingegangen.

Eine Umstrukturierung i. S. d. Umwandlungsgesetzes kann nur auf die in § 1 Abs. 1 UmwG genannten vier Arten erfolgen, und zwar durch eine Verschmelzung (§§ 2-122l UmwG), eine Spaltung (§§ 123-173 UmwG), eine Vermögensübertragung (§§ 174-189 UmwG) oder durch einen Formwechsel (§§ 190-304 UmwG). Neben diesen Umwandlungsarten gibt es auch Umstrukturierungen außerhalb des Umwandlungsgesetzes im Wege der Einzelrechtsnachfolge oder nach dem Prinzip der An- und Abwachsung gemäß § 738 BGB. Auf diese soll an dieser Stelle allerdings nicht näher eingegangen werden.[302] Grenzüberschreitende Verschmelzungen unter Beteiligung von Kapitalgesellschaften sind seit dem Jahr 2007 möglich.[303] Die Zulässigkeit und praktische Durchführung grenzüberschreitender Spaltungen und Formwechsel ist nach wie vor ungeklärt.[304]

---

301 Vgl. Junge (2012), Tz. 2 f.; Brähler (2013), S. 2 f. Eine tabellarische Übersicht der Vor- und Nachteile einer Umstrukturierung durch Einzel- bzw. Gesamtrechtsnachfolge findet sich bei Klein/Müller/Lieber (2012), Tz. 396 ff. Schutzvorschriften für die Gläubiger finden sich u. a. in den §§ 22, 25-27 UmwG.

302 Einen Überblick über Umstrukturierungsmaßnahmen außerhalb des Umwandlungsgesetzes gibt Semler in Semler/Stengel (2012), Einleitung A, Rn. 82 ff.

303 Die entsprechenden Vorschriften finden sich in den §§ 122a-122l UmwG. Für einen Überblick über die Behandlung grenzüberschreitender Verschmelzungen von Kapitalgesellschaften vgl. Schell (2012).

304 Vgl. Mayer in Widmann/Mayer (2012), Einf UmwG, Rz. 15; Zweites Gesetz zur Änderung des Umwandlungsgesetzes vom 19. 4. 2007, BGBl. 2007 I, S. 542. Ein Überblick über die Entwicklung und den derzeitigen Stand grenzüberschreitender Umwandlungen findet sich bei Lutter/Drygala in Lutter/Winter (2009), § 1 UmwG, Rz. 1, 5 ff. Vgl. bzgl. der Möglichkeit eines grenzüberschreitenden Formwechsels auch das Urteil des EuGH in der Rechtssache „Cartesio", EuGH, 16. 12. 2008, GmbHR 2009, S. 81 sowie erläuternd Brakalova/Barth (2009) sowie Otte/Rietschel (2009).

ABB. 57: Umwandlungen nach dem UmwG

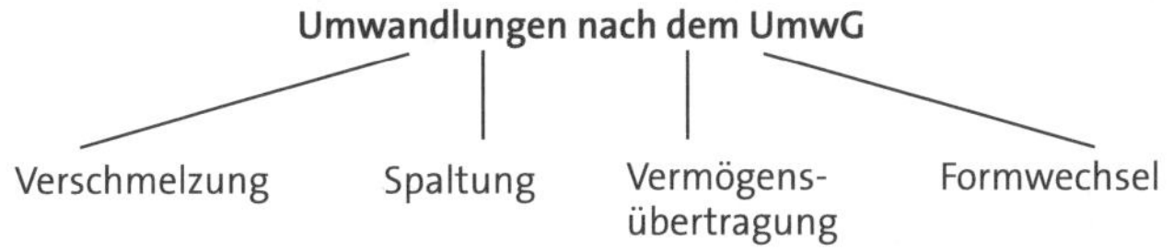

7.1.2.1 Verschmelzung

Der Begriff „Verschmelzung" bezeichnet die Übertragung des gesamten Vermögens eines oder mehrerer Rechtsträger als Ganzes auf einen anderen, schon bestehenden (Verschmelzung durch Aufnahme) oder neu gegründeten (Verschmelzung durch Neugründung) Rechtsträger im Wege der Gesamtrechtsnachfolge. Der übertragende Rechtsträger wird ohne Abwicklung aufgelöst. Den Anteilseignern des übertragenden Rechtsträgers wird nach § 2 UmwG im Wege des Anteilstauschs eine Beteiligung am übernehmenden Rechtsträger gewährt.[305] Die Anteile an der übertragenden Unternehmung gehen unter.

ABB. 58: Arten der Verschmelzung

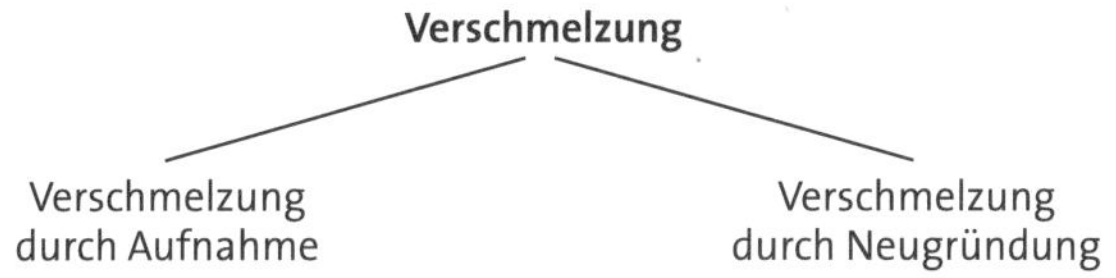

Als übertragende und übernehmende Rechtsträger können an einer Verschmelzung nach § 3 Abs. 1 UmwG Personenhandelsgesellschaften, Partnerschaftsgesellschaften, Kapitalgesellschaften, eingetragene Genossenschaften, eingetragene Vereine, genossenschaftliche Prüfungsverbände und Versicherungsvereine auf Gegenseitigkeit beteiligt sein. Des Weiteren kommen als übertragende Rechtsträger gemäß § 3 Abs. 2 UmwG auch wirtschaftliche Vereine sowie als übernehmende Rechtsträger natürliche Personen in Betracht, sofern diese als Alleingesellschafter einer Kapitalgesellschaft deren Vermögen übernehmen. Gesellschaften des bürgerlichen Rechts können an einer Verschmelzung weder als übernehmende noch als übertragende Rechtsträger beteiligt sein.

Da im Rahmen dieses Lehrbuchs nur Handelsgesellschaften betrachtet werden, sind insgesamt vier Verschmelzungsmöglichkeiten zu beachten.[306] Sofern im Folgenden von Personengesellschaften die Rede ist, sind immer Personenhandelsgesellschaften gemeint:

1. Verschmelzung einer Kapitalgesellschaft auf eine Personengesellschaft (Kapitel 7.2.1);
2. Verschmelzung zweier Kapitalgesellschaften (Kapitel 7.2.2);

305 In bestimmten Fällen ist eine Kapitalerhöhung beim übernehmenden Rechtsträger und damit eine Gewährung von Anteilen nicht erforderlich bzw. darf nicht vorgenommen werden. Vgl. hierzu § 54 UmwG. Auf diese Fälle wird im Folgenden, auch bei den weiteren Umwandlungsvorgängen, nicht weiter eingegangen.

306 Ein Überblick über sämtliche Möglichkeiten der Verschmelzung findet sich z. B. bei Stengel in Semler/Stengel (2012), § 3 UmwG, Rn. 57 f.

3. Verschmelzung einer Personengesellschaft auf eine Kapitalgesellschaft (Kapitel 7.3);
4. Verschmelzung zweier Personengesellschaften (Kapitel 7.4).

7.1.2.2 Spaltung

Bei der Spaltung handelt es sich um einen Dekonzentrationsvorgang und damit um das Gegenstück zur Verschmelzung.[307] Gemäß § 123 UmwG gibt es drei Formen der Spaltung: die Aufspaltung, die Abspaltung und die Ausgliederung. Hierbei wird das Vermögen im Wege der Sonderrechtsnachfolge übertragen, weil nicht das gesamte Vermögen des übertragenden Rechtsträgers übertragen wird. Wie bei der Verschmelzung kann der Vermögensübergang zur Aufnahme (§§ 126 ff. UmwG) und zur Neugründung (§§ 135 ff. UmwG) erfolgen.

ABB. 59: Formen der Spaltung

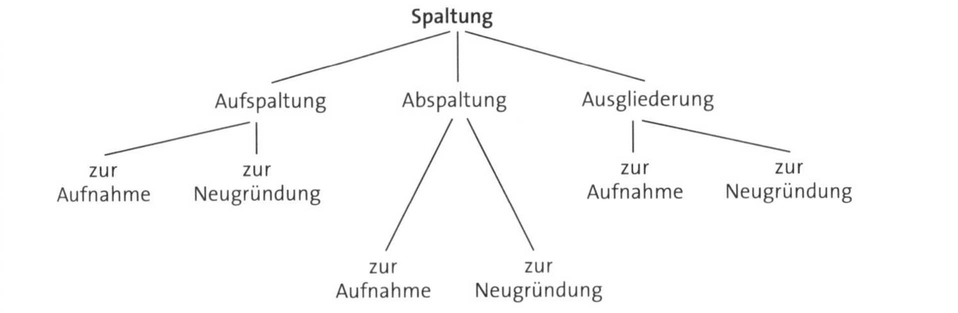

Aufspaltung

Bei der Aufspaltung (§ 123 Abs. 1 UmwG) überträgt ein Rechtsträger sein Vermögen auf mindestens zwei schon bestehende oder neu gegründete Rechtsträger. Der übertragende Rechtsträger selbst geht nach der Spaltung ohne Abwicklung unter. Die Anteilseigner erhalten als Gegenleistung Anteile an den übernehmenden Rechtsträgern.[308]

Abspaltung

Bei der Abspaltung (§ 123 Abs. 2 UmwG) bleibt der übertragende Rechtsträger bestehen und überträgt nur einen Teil seines Vermögens, i. d. R. einen Betrieb oder mehrere Betriebe, auf einen oder mehrere bereits bestehende oder neu gegründete Rechtsträger. Wiederum erhalten die Anteilseigner Gesellschaftsrechte an dem oder den übernehmenden Rechtsträger(n).[309]

Ausgliederung

Wie bei der Abspaltung bleibt auch bei der Ausgliederung (§ 123 Abs. 3 UmwG) der übertragende Rechtsträger bestehen und überträgt einen oder mehrere Teile seines Vermögens auf einen oder mehrere bereits bestehende oder neu gegründete Rechtsträger. Der Unterschied zur Abspaltung besteht darin, dass die Anteile am übernehmenden Rechtsträger der übertragenden

307 Vgl. Asmus in Haritz/Menner (2009), § 15, Anm. 3.
308 Vgl. Teichmann in Lutter/Winter (2009), § 123 UmwG, Rz. 22; Schwarz in Widmann/Mayer (2012), § 123 UmwG, Rz. 5.
309 Vgl. Teichmann in Lutter/Winter (2009), § 123 UmwG, Rz. 23.

Unternehmung selbst und nicht dessen Anteilsinhabern gewährt werden. Der übertragende Rechtsträger und nicht der dahinterstehende Anteilsinhaber wird also Gesellschafter des übernehmenden Rechtsträgers.[310]

An einer Spaltung können als übertragende und übernehmende Rechtsträger die gleichen Unternehmungen teilnehmen, die auch an einer Verschmelzung beteiligt sein können. Daneben kommen auch wirtschaftliche Vereine als übertragende Rechtsträger in Betracht. An einer Ausgliederung können darüber hinaus gemäß § 124 Abs. 1 UmwG Einzelkaufleute als übertragende Rechtsträger beteiligt sein. Zu beachten sind hierbei allerdings die Restriktionen des § 152 UmwG.

Im Rahmen dieses Buches sind folgende Fälle der Spaltung von Interesse:

1. Aufspaltung, Abspaltung und Ausgliederung einer Kapitalgesellschaft auf eine Kapitalgesellschaft (Kapitel 7.5.1.1 und 7.5.1.3);
2. Aufspaltung, Abspaltung und Ausgliederung einer Kapitalgesellschaft auf eine Personengesellschaft (Kapitel 7.5.1.2 und 7.5.1.3);
3. Aufspaltung, Abspaltung und Ausgliederung einer Personengesellschaft auf eine Kapitalgesellschaft (Kapitel 7.5.2);
4. Aufspaltung, Abspaltung und Ausgliederung einer Personengesellschaft auf eine Personengesellschaft (Kapitel 7.5.2).

7.1.2.3 Vermögensübertragung

Die Vermögensübertragung (§§ 174 ff. UmwG) ist eine Spezialform der Umwandlung von Unternehmungen, an denen öffentlich-rechtliche Rechtsträger beteiligt sind. Sie entspricht bei der so genannten Vollübertragung der Verschmelzung und bei der Teilübertragung der Spaltung, mit dem Unterschied, dass es wegen der Struktur der beteiligten Rechtsträger nicht zu einem Tausch von Anteilen kommt, sondern der übertragende Rechtsträger bzw. seine Gesellschafter einen anderen Ausgleich, z. B. in Form von Bargeld, erhalten.[311] Die Vermögensübertragung ist nur möglich, wenn es sich beim übertragenden Rechtsträger um eine Kapitalgesellschaft handelt, die ihr Vermögen auf die öffentliche Hand überträgt sowie bei der Vermögensübertragung zwischen Versicherungsunternehmungen. Da diese Unternehmungen hier nicht weiter betrachtet werden, wird auf die Vermögensübertragung im Folgenden nicht mehr eingegangen.

7.1.2.4 Formwechsel

Beim Formwechsel findet anders als bei den vorgenannten Umwandlungsvorgängen keine Vermögensübertragung statt. Es ändert sich lediglich das Rechtskleid eines Rechtsträgers unter Wahrung seiner wirtschaftlichen Identität, und zwar grds. unter Beibehaltung des bisherigen

310 Vgl. Schwarz in Widmann/Mayer (2012), § 123 UmwG, Rz. 5.5.
311 Vgl. Schmidt in Lutter/Winter (2009), Viertes Buch UmwG, Einführung, Rz. 1 bis § 174, Rz. 15.

Kreises der Anteilsinhaber.[312] So wird beispielsweise aus einer Unternehmung in der Rechtsform einer GmbH eine (identische) Unternehmung in der Rechtsform einer OHG, wobei die GmbH-Gesellschafter die Mitunternehmer der OHG werden.

Personenhandelsgesellschaften, Partnerschaftsgesellschaften, Kapitalgesellschaften, eingetragene Genossenschaften, rechtsfähige Vereine, Versicherungsvereine auf Gegenseitigkeit sowie Körperschaften und Anstalten des öffentlichen Rechts können ihre Rechtsform ändern (§ 191 Abs. 1 UmwG). Als neue Rechtsform sind Gesellschaften des bürgerlichen Rechts, Personenhandelsgesellschaften, Partnerschaftsgesellschaften, Kapitalgesellschaften und eingetragene Genossenschaften möglich (§ 191 Abs. 2 UmwG).

In Kapitel 7.6 werden die folgenden Fälle des Formwechsels näher betrachtet:

1. Formwechsel einer Kapitalgesellschaft in eine Personengesellschaft (Kapitel 7.6.1);
2. Formwechsel einer Personengesellschaft in eine Kapitalgesellschaft (Kapitel 7.6.2).

Der Formwechsel einer Kapitalgesellschaft in eine andere Kapitalgesellschaft sowie einer Personengesellschaft in eine andere Personengesellschaft zieht keine ertragsteuerlichen Konsequenzen nach sich und muss daher nicht weiter betrachtet werden.

7.1.3 Umwandlungsmöglichkeiten nach dem Umwandlungssteuergesetz

Die steuerliche Behandlung von Umwandlungen ist im Umwandlungssteuergesetz geregelt. Unter den zweiten bis fünften Teil (§§ 3-19 UmwStG) fallen nach § 1 Abs. 1 UmwStG neben Umstrukturierungen i. S. d. Umwandlungsgesetzes und damit Fällen der Gesamtrechtsnachfolge auch vergleichbare ausländische Vorgänge. Vom sechsten bis achten Teil (§§ 20-25 UmwStG) werden sowohl Umstrukturierungen im Wege der Einzel- als auch der Gesamtrechtsnachfolge erfasst. Damit umfassen diese Vorschriften sowohl Gestaltungen, die eine Umwandlung i. S. d. Umwandlungsgesetzes darstellen, als auch solche, die nur im Umwandlungssteuergesetz geregelt sind.

Grds. lassen sich im Umwandlungssteuergesetz zwei Hauptgruppen von Umwandlungen systematisieren. Die §§ 3-19 UmwStG befassen sich mit Umstrukturierungen von Kapitalgesellschaften. Als Hauptfälle sind die Verschmelzung einer Kapitalgesellschaft auf eine Personengesellschaft (§§ 3-8 UmwStG) sowie die Verschmelzung einer Kapitalgesellschaft auf eine andere Kapitalgesellschaft (§§ 11-13 UmwStG) zu nennen. Bei den übrigen Fällen der Gesamtrechtsnachfolge verweist das Gesetz auf die beiden Verschmelzungsfälle. Demgegenüber sind in den §§ 20-25 UmwStG so genannte Einbringungsvorgänge geregelt. Hierbei wird zwischen einer Einbringung von Unternehmensteilen in eine Kapitalgesellschaft und Anteilstausch (§§ 20-23 UmwStG) sowie der Einbringung eines Betriebs, Teilbetriebs oder Mitunternehmeranteils in eine Personengesellschaft (§ 24 UmwStG) unterschieden.

312 Vgl. Brähler (2013), S. 28. Unter bestimmten Voraussetzungen können im Zusammenhang mit einem Formwechsel Gesellschafter ausscheiden oder neu eintreten. Vgl. §§ 207 und 218 Abs. 2 UmwG; Stratz in Schmitt/Hörtnagl/Stratz (2009), § 207 UmwG, Rn. 1-11, § 218 UmwG, Rn. 7.

Zu beachten ist, dass die Vorschriften des Umwandlungssteuergesetzes lediglich für die Einkommen-, Körperschaft- und Gewerbesteuer gelten.[313] Für die übrigen Steuerarten, insbesondere die Umsatz- und die Grunderwerbsteuer, sind die allgemeinen Vorschriften anzuwenden.

Die folgenden Kapitel konzentrieren sich auf das Umwandlungssteuergesetz. Zunächst wird in Kapitel 7.2 auf die beiden Grundfälle der Verschmelzung eingegangen, die Verschmelzung einer Kapitalgesellschaft auf eine Personengesellschaft sowie die Verschmelzung zweier Kapitalgesellschaften. Anschließend werden in den Kapiteln 7.3 und 7.4 die beiden Einbringungstatbestände dargestellt, die Einbringung von Vermögen in eine Kapitalgesellschaft sowie die Einbringung von Vermögen in eine Personengesellschaft. Hinsichtlich der Rechtsfolgen bei der Spaltung und dem Formwechsel verweist das Gesetz in weiten Teilen auf die Regelungen zur Verschmelzung und zur Einbringung. Daher wird auf diese Umstrukturierungen nur kurz in den Kapiteln 7.5 und 7.6 eingegangen.

7.2 Die Verschmelzung

Verschmelzungsfälle sind im zweiten bis fünften Teil des Umwandlungssteuergesetzes (§§ 3-19 UmwStG) geregelt. Zu unterscheiden ist zwischen der Verschmelzung einer Kapitalgesellschaft auf eine Personengesellschaft[314] (§§ 3-8 UmwStG) und der Verschmelzung zweier Kapitalgesellschaften (§§ 11-13 UmwStG). Die Verschmelzung von Personengesellschaften als übertragende Rechtsträger wird im Umwandlungssteuergesetz nicht unter den Verschmelzungsfällen geregelt, sondern fällt unter die Einbringungstatbestände der §§ 20-24 UmwStG. Die Verschmelzung einer Personengesellschaft auf eine Kapitalgesellschaft stellt eine Einbringung in eine Kapitalgesellschaft dar (§ 20-23 UmwStG), die Verschmelzung einer Personengesellschaft auf eine andere Personengesellschaft eine Einbringung in eine Personengesellschaft (§ 24 UmwStG).

313 Vgl. Tz. 01.01. UmwStE.

314 Das Umwandlungssteuergesetz spricht nur von Personengesellschaften, das Umwandlungsgesetz von Personenhandelsgesellschaften. Durch den Verweis in § 1 Abs. 1 UmwStG auf das Umwandlungsgesetz wird deutlich, dass auch steuerrechtlich nur eine Verschmelzung auf Personenhandelsgesellschaften erfolgen kann. Vgl. Krause in Klingebiel et al. (2012), S. 79.

ABB. 60: Möglichkeiten der Verschmelzung

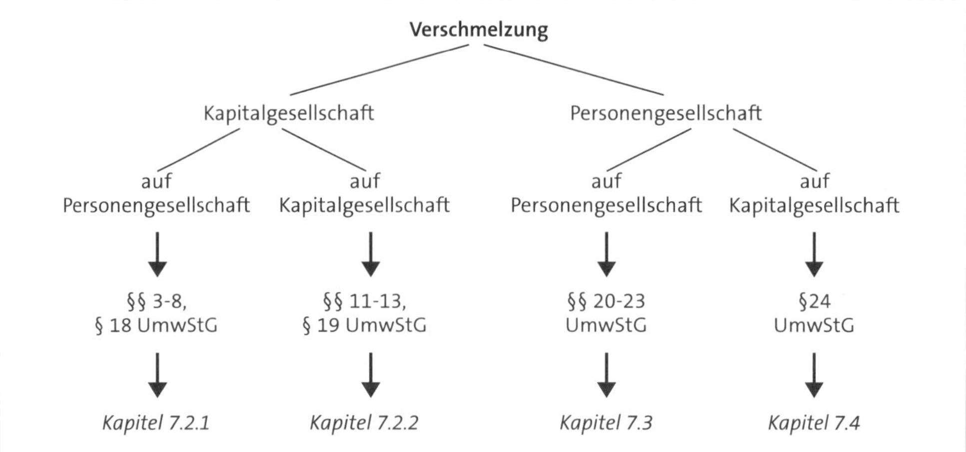

Wie bereits erwähnt, können die Vorschriften der §§ 3-19 UmwStG nur angewendet werden, wenn eine Umwandlung i. S. d. Umwandlungsgesetzes oder ein vergleichbarer ausländischer Vorgang vorliegt. Unerheblich ist es steuerlich, ob eine Verschmelzung zur Neugründung oder zur Aufnahme erfolgt. Hinsichtlich der Rechtsform der beteiligten Rechtsträger kann grds. auf die handelsrechtlichen Vorschriften verwiesen werden. Bei grenzüberschreitenden Verschmelzungen sind die Voraussetzungen des § 1 Abs. 2 UmwStG zu beachten.

Erfüllen die beteiligten Rechtsträger die genannten Voraussetzungen nicht, so sind nicht die Vorschriften des Umwandlungssteuergesetzes, sondern die der Einzelsteuergesetze, das heißt insbesondere des Einkommensteuer-, Körperschaftsteuer- und des Gewerbesteuergesetzes, anzuwenden. Dies führt im Regelfall zu einer zwangsweisen Aufdeckung und Besteuerung der stillen Reserven.[315]

Alle Arten der Verschmelzung unterliegen nicht der Umsatzsteuer. Nach § 1 Abs. 1a UStG handelt es sich um nicht steuerbare Geschäftsveräußerungen im Ganzen, sofern der übernehmende Rechtsträger ein Unternehmer i. S. d. Umsatzsteuergesetzes ist.[316] Das Recht zum Vorsteuerabzug für im Zusammenhang mit der Verschmelzung gezahlte Umsatzsteuer bleibt beim übertragenden Rechtsträger erhalten, sofern er die übertragenen Gegenstände für steuerbare und steuerpflichtige Umsätze verwendet hat. Der Erwerber ist zum Vorsteuerabzug berechtigt, sofern er im Rahmen des erworbenen Geschäfts steuerbare und steuerpflichtige Umsätze ausübt.[317]

Gehen bei der Verschmelzung Grundstücke über, so stellt dies einen grunderwerbsteuerbaren Tatbestand i. S. d. § 1 Abs. 1 Nr. 3 GrEStG dar.[318] Als Bemessungsgrundlage wird der Wert des Grundbesitzes i. S. v. § 138 Abs. 2-4 BewG angesetzt (§ 8 Abs. 2 Satz 1 Nr. 2 GrEStG). Im Rahmen

---

315 Vgl. Hagemann et al. (2007), S. 24.

316 Vgl. Schlosser/Zeuner in Buntjes/Geist (2009), § 1 UStG, Rn. 51. Vgl. zur Umsatzsteuerbarkeit von Umwandlungen z. B. auch Rasche in Rödder/Herlinghaus/van Lishaut (2007), Anhang 9.

317 Vgl. Rasche in Rödder/Herlinghaus/van Lishaut (2007), Anhang 9, Tz. 12, 18.

318 Vgl. Fischer in Borrutau (2011), § 1 GrEStG, Rn. 512.

einer Verschmelzung ist zudem zu prüfen, ob ggf. die Vorschrift des § 6a GrEStG zur Anwendung kommt, die unter bestimmten Voraussetzungen Steuervergünstigungen bei Umstrukturierungen innerhalb eines Konzerns vorsieht.[319]

7.2.1 Die Verschmelzung einer Kapitalgesellschaft auf eine Personengesellschaft

Die ertragsteuerlichen Folgen der Verschmelzung einer Kapitalgesellschaft auf eine Personengesellschaft sind in den §§ 3-8 UmwStG geregelt.[320] Die übertragende Kapitalgesellschaft geht bei einer Verschmelzung dadurch unter, dass das gesamte Vermögen auf die Personengesellschaft übergeht. Die Anteilsinhaber erhalten, sofern sie nicht im Rahmen der Verschmelzung aus der Kapitalgesellschaft ausscheiden, für ihre Gesellschaftsanteile oder Aktien eine Beteiligung an der übernehmenden Personengesellschaft. Sind im Vermögen der Personengesellschaft Anteile an der untergehenden Kapitalgesellschaft enthalten, so tritt an deren Stelle das übergegangene Vermögen aus der Kapitalgesellschaft.

Von der Verschmelzung zu unterscheiden ist die Beteiligung einer Kapitalgesellschaft an einer Personengesellschaft durch Einbringung eines Betriebs, Teilbetriebs oder Mitunternehmeranteils in eine Personengesellschaft (Kapitel 7.4). Hierbei bleibt die Kapitalgesellschaft bestehen und beteiligt sich an der Personengesellschaft in Form einer Sacheinlage. Die steuerlichen Regelungen finden sich in § 24 UmwStG.

Bei der Ermittlung der ertragsteuerlichen Folgen der Verschmelzung einer Kapitalgesellschaft auf eine Personengesellschaft sind drei Ebenen zu betrachten: die Ebene der übertragenden Kapitalgesellschaft, die der übernehmenden Personengesellschaft bzw. deren Gesellschafter und die der Gesellschafter der übertragenden Kapitalgesellschaft.

7.2.1.1 Ertragsteuerliche Auswirkungen auf der Ebene der übertragenden Kapitalgesellschaft und deren Gesellschafter

Handelsrechtliche Auswirkungen

Die an der Verschmelzung beteiligten Rechtsträger haben die Verschmelzung zur Eintragung in das Handelsregister anzumelden. Mit der Eintragung wird die Verschmelzung nach § 19 Abs. 1 Satz 2 UmwG zivilrechtlich wirksam. Da der Tag der Eintragung i. d. R. schwer zu prognostizieren ist, dürfen die Beteiligten einen handelsrechtlichen Verschmelzungsstichtag bestimmen (§ 5 Abs. 1 Nr. 6 UmwG). Auf den Tag, der dem handelsrechtlichen Verschmelzungsstichtag vorangeht, hat die übertragende Kapitalgesellschaft eine Schlussbilanz aufzustellen. Der Stichtag dieser Schlussbilanz darf höchstens acht Monate vor der Anmeldung zum Handelsregister liegen (§ 17 Abs. 2 Satz 4 UmwG). In der Schlussbilanz sind gemäß § 17 Abs. 2 Satz 2 UmwG die bisherigen Buchwerte fortzuführen, stille Reserven dürfen nicht aufgedeckt werden.[321]

---

319 Vgl. hierzu die Ausführungen von Neitz/Lange (2010); Schaflitzl/Stadler (2010).

320 Eine übersichtliche Darstellung der steuerrechtlichen Folgen der Verschmelzung einer Kapital- auf eine Personengesellschaft findet sich bei Strauch (2012), S. 55 ff. Ein Überblick über die Besonderheiten vor dem Hintergrund des UmwStE geben Bogenschütz (2011); Stadler/Elser/Bindl (2012); Stimpel (2012).

321 Ein Überblick über die Abbildung von Umwandlungsvorgängen in der Handelsbilanz findet sich bei Strauch (2009), S. 15 ff.

Steuerlicher Übertragungsstichtag

Der steuerliche Übertragungsstichtag ist der Tag, auf den die Kapitalgesellschaft die handelsrechtliche Schlussbilanz erstellt. Er liegt damit stets einen Tag vor dem handelsrechtlichen Verschmelzungsstichtag.[322] Mit Ablauf dieses Stichtags gehen gemäß § 2 UmwStG das Vermögen und die Schulden der Kapitalgesellschaft mit steuerlicher Wirkung auf die Personengesellschaft über. Geschäftsvorfälle bei der Kapitalgesellschaft nach diesem Zeitpunkt sind steuerlich der Personengesellschaft zuzurechnen. Die Kapitalgesellschaft gilt mit Ablauf des steuerlichen Übertragungsstichtags als erloschen, ihre Steuerpflicht endet.[323] Da die Kapitalgesellschaft zivilrechtlich bis zur Löschung aus dem Handelsregister fortbesteht, handelt es sich hierbei um eine Rückwirkungsfiktion.[324] Die Zeitspanne zwischen steuerlichem Übertragungsstichtag und Handelsregistereintragung wird auch als steuerlicher Rückwirkungszeitraum bezeichnet.[325] Da die Vorschriften des Umwandlungssteuergesetzes nur für die Einkommen-, Körperschaft- und Gewerbesteuer anwendbar sind, gilt auch die Rückwirkungsfiktion nur für diese Steuerarten. Für die Umsatzsteuer und die Grunderwerbsteuer gibt es keine Rückwirkung.[326] Hinsichtlich der folgenden Ereignisse im Rückwirkungszeitraum sind Besonderheiten zu beachten:[327]

1. Scheidet ein Gesellschafter im Rückwirkungszeitraum aus der übertragenden Kapitalgesellschaft aus oder veräußert er seine Anteile, so gilt dies nicht als Ausscheiden aus der übernehmenden Personengesellschaft, sondern noch als Ausscheiden aus der Kapitalgesellschaft.
2. Vor dem steuerlichen Übertragungsstichtag beschlossene Gewinnausschüttungen der übertragenden Kapitalgesellschaft sind noch der Kapitalgesellschaft zuzurechnen, gleichgültig, wann die Ausschüttung erfolgt. Sie führen daher bei den Anteilseignern zu Einkünften aus Kapitalvermögen i. S. d. § 20 Abs. 1 Nr. 1 EStG.

   Bei Ausschüttungen, die im Rückwirkungszeitraum beschlossen werden, ist danach zu unterscheiden, ob die Ausschüttungen an ausscheidende oder nicht ausscheidende Gesellschafter geleistet werden. Ausschüttungen an nicht ausscheidende Gesellschafter fallen unter die Rückwirkungsfiktion und sind daher der Personengesellschaft zuzurechnen. Sie stellen beim Gesellschafter eine nicht steuerbare Entnahme dar.[328] Ausschüttungen an ausscheidende Gesellschafter fallen nicht unter die Rückwirkungsfiktion. Sie sind noch der Kapitalgesellschaft zuzurechnen und führen beim Gesellschafter zu Einkünften aus Kapitalvermögen i. S. d. § 20 Abs. 1 Nr. 1 EStG.
3. Zahlungen an Gesellschafter der übertragenden Kapitalgesellschaft (z. B. Gehälter, Miet- oder Darlehenszinsen) sind Sondervergütungen der übernehmenden Personengesellschaft, wenn der Empfänger Gesellschafter der Personengesellschaft wird. In diesem Fall greift die Rückwirkungsfiktion. Wird der Empfänger nicht Gesellschafter der Personengesellschaft, liegen für die Personengesellschaft Betriebsausgaben vor. Beim Empfänger ergeben sich Einkünfte im Rahmen der jeweiligen Einkunftsart.

---

322 Vgl. Tz. 02.02 UmwStE.

323 Vgl. Krause in Klingebiel et al. (2012), S. 74.

324 Vgl. Madl (2008), S. 28.

325 Vgl. Brähler (2013), S. 70.

326 Vgl. Tz. 01.01 UmwStE.

327 Vgl. Tz. 02.09-02.40 UmwStE. Siehe hierzu auch Dötsch in Dötsch et al. (2012), § 2 UmwStG, Tz. 42 ff.; Brähler (2013), S. 71 ff.

328 Vgl. Brähler (2013), S. 72 ff.

4. Lieferungen und Leistungen zwischen übertragender Kapitalgesellschaft und übernehmender Personengesellschaft stellen aus steuerlicher Sicht rein innerbetriebliche Vorgänge dar und sind daher erfolgsneutral zu behandeln.

Bewertung des übertragenen Vermögens

Aus steuerlicher Sicht hat die Kapitalgesellschaft auf den steuerlichen Übertragungsstichtag ebenfalls eine Schlussbilanz aufzustellen. Die Bilanzierung dem Grunde und der Höhe nach richtet sich nach § 3 UmwStG. Nach § 3 Abs. 1 Satz 1 UmwStG sind die übertragenen Wirtschaftsgüter in der Schlussbilanz grds. mit dem gemeinen Wert anzusetzen. Dies gilt auch für nicht entgeltlich erworbene und selbst erstellte immaterielle Wirtschaftsgüter. Der gemeine Wert eines Wirtschaftsguts ist nach § 9 Abs. 2 BewG der Preis, der bei einer Veräußerung des Wirtschaftsguts zu erzielen wäre. Die einzige Ausnahme hinsichtlich der Bewertung der Wirtschaftsgüter in der Schlussbilanz stellen Pensionsrückstellungen dar. Diese sind gemäß § 3 Abs. 1 Satz 2 UmwStG mit dem Wert nach § 6a EStG anzusetzen. In der Literatur wird dies als verdeckte Besteuerung gewertet. Da der Wert nach § 6a EStG im Vergleich zum gemeinen Wert i. d. R. sehr gering ist, wäre ein Ansatz des gemeinen Werts für den Steuerpflichtigen mit der Aufdeckung stiller Lasten verbunden, womit große Steuerersparnisse einhergehen.[329]

Auf Antrag können die Wirtschaftsgüter auch wie in der Handelsbilanz mit dem Buchwert oder mit einem höheren Wert angesetzt werden (Zwischenwert), wobei der gemeine Wert die Obergrenze darstellt. Der Ansatz eines niedrigeren als des gemeinen Werts ist nach § 3 Abs. 2 Satz 1 Nr. 1-3 UmwStG jedoch nur zulässig, soweit

1. die übertragenen Wirtschaftsgüter Betriebsvermögen der übernehmenden Personengesellschaft werden[330] und
2. das Besteuerungsrecht der Bundesrepublik Deutschland hinsichtlich des Gewinns aus der Veräußerung der übertragenen Wirtschaftsgüter nicht ausgeschlossen oder beschränkt wird[331] und
3. für die Übertragung keine Gegenleistung gewährt wird oder diese in der Gewährung von Gesellschaftsrechten besteht.[332]

Damit wird deutlich, dass bei Verschmelzungen innerhalb Deutschlands faktisch ein Wahlrecht besteht, den Buchwert fortzuführen, den gemeinen Wert anzusetzen und damit sämtliche stillen Reserven aufzudecken, oder aber einen Zwischenwert anzusetzen und nur einen Teil der stillen Reserven aufzudecken.[333] Die Voraussetzungen sind gesellschafterbezogen zu prüfen. Es ist somit möglich, dass für einige Gesellschafter der Buchwert fortgeführt werden kann, während für andere der gemeine Wert anzusetzen ist.[334] Wird ein Zwischenwert angesetzt, so sind die stillen Reserven gleichmäßig bei allen übergehenden Wirtschaftsgütern, auch den nicht bilan-

329 Vgl. Möhlenbrock/Pung in Dötsch et al. (2012), § 3 UmwStG, Tz. 16.

330 Diese Bedingung ist insbesondere dann nicht erfüllt, wenn die übernehmende Personengesellschaft nicht gewerblich, sondern ausschließlich vermögensverwaltend tätig ist. Vgl. Krause in Klingebiel et al. (2012), S. 85.

331 Ein Verstoß gegen diese Voraussetzung kann lediglich bei grenzüberschreitenden Verschmelzungen auftreten. Vgl. Hagemann et al. (2007), S. 14.

332 Damit ist der gemeine Wert anzusetzen, wenn die Gegenleistung z. B. in Form von baren Zuzahlungen oder in der Einräumung von Darlehen besteht. Vgl. Krause in Klingebiel et al. (2012), S. 86 f.

333 Vgl. Tz. 03.01. UmwStE. Siehe auch Hagemann et al. (2007), S. 14; Brähler (2013), S. 86.

334 Vgl. Benecke in PricewaterhouseCoopers AG (2008), Tz. 1042.

zierungsfähigen und auch bei einem selbst geschaffenen Geschäfts- oder Firmenwert, aufzudecken („Gleichverteilungstheorie“).[335] Das Maßgeblichkeitsprinzip gilt im Zusammenhang mit Umstrukturierungen im Rahmen des Umwandlungssteuergesetzes grds. nicht.[336]

Übertragungsgewinn

Soweit die Voraussetzungen für den Ansatz des Buchwerts gegeben sind, ermöglicht das Umwandlungssteuergesetz einen erfolgsneutralen Vermögensübergang von einer Kapitalgesellschaft auf eine Personengesellschaft. Wird auf der Ebene der Kapitalgesellschaft ein Wert über dem Buchwert der Wirtschaftsgüter angesetzt, kommt es zu einem so genannten Übertragungsgewinn in folgender Höhe:[337]

	Wertansatz der übertragenen Wirtschaftsgüter in der Schlussbilanz der übertragenden Kapitalgesellschaft
-	bisheriger Buchwert der übertragenen Wirtschaftsgüter bei der übertragenden Kapitalgesellschaft
=	Übertragungsgewinn

Die Abbildung 61 verdeutlicht das Entstehen eines Übertragungsgewinns, beispielhaft bei Ansatz der gemeinen Werte in der Schlussbilanz der übertragenden Kapitalgesellschaft.[338]

ABB. 61: Bilanzielle Darstellung des Übertragungsgewinns

Der Übertragungsgewinn unterliegt bei der Kapitalgesellschaft der Körperschaftsteuer und gemäß § 18 Abs. 1 UmwStG auch der Gewerbesteuer. Er kann allerdings um Verlustvorträge i. S. d. § 10d EStG bzw. § 10a GewStG gemindert werden. Der Übertragungsgewinn stellt einen laufenden Gewinn dar und unterliegt daher den allgemeinen Besteuerungsprinzipien.[339]

Ausschüttungsfiktion

Nach § 7 UmwStG wird im Rahmen der Verschmelzung eine Vollausschüttung von bei der übertragenden Kapitalgesellschaft vorhandenen offenen Rücklagen fingiert. Dies führt bei den Anteilseignern der Kapitalgesellschaft zu Einkünften aus Kapitalvermögen i. S. d. § 20 Abs. 1 Nr. 1

335 Vgl. Oppen/Polatzky (2012), S. 267 f.

336 Vgl. BT-Drucks. 16/2710 vom 25. 9. 2006, S. 37.

337 Ein Übertragungsverlust kann entstehen, wenn der gemeine Wert der Wirtschaftsgüter unter dem bisherigen Buchwert liegt, ohne dass diese Wertminderung durch eine Teilwertabschreibung ausgeglichen werden darf. Da dies nur ein Ausnahmefall ist, wird ein Übertragungsverlust hier und in den folgenden Fällen nicht weiter betrachtet.

338 Vgl. auch Strauch (2008), S. 8.

339 Vgl. Felchner/Wendland (2007), S. 166; Madl (2008), S. 30.

EStG. Handelt es sich bei den Anteilseignern um natürliche Personen, so unterliegen die Einkünfte dem Teileinkünfteverfahren[340] oder der Abgeltungssteuer,[341] bei Kapitalgesellschaften sind die Einkünfte gemäß § 8b KStG in Abhängigkeit von der Beteiligungsquote entweder zu 95 % steuerfrei oder in voller Höhe steuerpflichtig.[342] Die Fiktion der Vollausschüttung wird vom Gesetzgeber getroffen, um eine Besteuerung der offenen Rücklagen auf Gesellschafterebene sicherzustellen. Aufgrund des Transparenzprinzips in einer Personengesellschaft wäre es ohne Vollausschüttungsfiktion möglich, dass die Rücklagen beim Gesellschafter unbesteuert bleiben, wenn sie im Rahmen der Verschmelzung den Kapitalkonten der Gesellschafter gutgeschrieben werden. Dies gilt, da eine Entnahme von Gewinnen bei Personengesellschaften regelmäßig zu keiner Besteuerung führt.[343]

7.2.1.2 Ertragsteuerliche Auswirkungen auf der Ebene der übernehmenden Personengesellschaft bzw. deren Gesellschafter

Handelsrechtliche Auswirkungen

Handelsrechtlich hat die übernehmende Personengesellschaft nach § 24 UmwG das Wahlrecht, das übernommene Vermögen entweder mit den Buchwerten aus der Schlussbilanz der übertragenden Kapitalgesellschaft oder mit den Anschaffungskosten für den Erwerb der Anteile an der Kapitalgesellschaft anzusetzen. Die Anschaffungskosten entsprechen dem Zeitwert des übernommenen Vermögens.[344] Erfolgt die Verschmelzung zur Aufnahme, hat die übernehmende Personengesellschaft keine gesonderte Übernahmebilanz aufzustellen. Die Verschmelzung ist als laufender Geschäftsvorfall zu behandeln. Erstellt die übernehmende Personengesellschaft dennoch eine Übernahmebilanz, so dient diese ausschließlich betriebsinternen Dokumentationszwecken. Handels- und steuerrechtlich ist sie ohne Bedeutung.[345]

Ansatz des übernommenen Vermögens in der Steuerbilanz

Steuerlich hat die Personengesellschaft die übernommenen Wirtschaftsgüter nach § 4 Abs. 1 Satz 1 UmwStG mit den Werten anzusetzen, welche die übertragende Kapitalgesellschaft in der steuerlichen Schlussbilanz angesetzt hat. Sofern in der Schlussbilanz kein Ansatz der gemeinen Werte erfolgt ist, ist durch die Wertverknüpfung eine spätere Besteuerung der stillen Reserven sichergestellt. Die Werte müssen nicht zwingend in die Gesamthandsbilanz der Personengesellschaft übernommen werden, es reicht aus, wenn sie sich in der Summe aus Gesamthandsbilanz und Ergänzungsbilanzen ergeben.[346]

---

340 Vgl. § 3 Nr. 40 Buchst. d EStG.

341 Vgl. § 32d Abs. 1 EStG.

342 Vgl. § 8b Abs. 1 i.V. m. Abs. 5 KStG. Vgl. zu der seit dem 1. 3. 2013 geltenden Vorschrift für die Besteuerung von Dividendenerträgen innerhalb des körperschaftsteuerlichen Sektors auch die Ausführungen in Kapitel 3.1.1.

343 Vgl. zu dieser Problematik und zu möglichen Alternativen zur Vollausschüttungsfiktion ausführlich Brähler (2013), S. 61 ff.

344 Vgl. Krause in Klingebiel et al. (2012), S. 101 f.

345 Vgl. Krause in Klingebiel et al. (2012), S. 82.

346 Vgl. zu den Möglichkeiten der Bilanzierung bei der übernehmenden Personengesellschaft Junge (2012), Tz. 266 ff.

Übernahmeergebnis

War die Personengesellschaft bereits vor der Verschmelzung an der Kapitalgesellschaft beteiligt, kann ein so genannter Übernahmegewinn bzw. -verlust entstehen. Die Personengesellschaft bucht im Rahmen der Verschmelzung die untergehende Beteiligung an der Kapitalgesellschaft aus und stattdessen das übernommene Vermögen ein. Der Buchwert der Beteiligung am Übertragungsstichtag ist nach § 4 Abs. 1 Satz 2 UmwStG um in den Vorjahren steuerwirksam vorgenommene Abschreibungen und Abzüge nach § 6b EStG zu erhöhen. Der sich aus dieser Wertaufholung ergebende Gewinn (Beteiligungskorrekturgewinn) ist als laufender Gewinn zu versteuern.[347] Da § 6 Abs. 1 Nr. 1 Satz 4 und Nr. 2 Satz 3 EStG ohnehin ein generelles Wertaufholungsgebot für Anteile an Kapitalgesellschaften vorsehen, ist die Vorschrift des § 4 Abs. 1 Satz 2 UmwStG in erster Linie für Rücklagen nach § 6b EStG von Bedeutung.[348]

Sofern bei der übernehmenden Personengesellschaft im Zusammenhang mit der Verschmelzung Kosten entstehen, sind diese nicht als laufende Betriebsausgaben abziehbar, sondern sie mindern gemäß § 4 Abs. 4 Satz 1 UmwStG das Übernahmeergebnis. Vom Übernahmeergebnis abzuziehen sind nach § 4 Abs. 5 Satz 2 UmwStG auch die offenen Gewinnrücklagen, die nach § 7 UmwStG separat als fiktive Ausschüttung zu behandeln sind. Der Abzug vom Übernahmeergebnis muss erfolgen, um eine Doppelbesteuerung dieser Gewinne zu vermeiden.[349] Durch die Versteuerung der offenen Rücklagen als fingierter Kapitalertrag und den Abzug dieses Betrags bei der Ermittlung des Übernahmeergebnisses wird letztlich erreicht, dass das Übernahmeergebnis als solches aufgeteilt wird in einen Dividendenteil (Besteuerung offener Rücklagen gemäß § 7 UmwStG) und in einen Veräußerungsteil (Übernahmeergebnis gemäß § 4 Abs. 4 und 5 UmwStG).[350]

Damit ermittelt sich das Übernahmeergebnis, welches gesellschafterbezogen zu berechnen ist, folgendermaßen:[351]

	Wert, mit dem die Wirtschaftsgüter nach § 4 Abs. 1 Satz 1 UmwStG zu übernehmen sind
-	Kosten der Verschmelzung
-	Buchwert der Anteile an der übertragenden Kapitalgesellschaft
+	Wertaufholung nach § 4 Abs. 1 Satz 2 UmwStG
=	Übernahmegewinn/-verlust (1. Stufe)
-	fiktive Ausschüttung der offenen Rücklagen nach § 7 UmwStG
+	Sperrbetrag nach § 50c EStG a. F.
=	Übernahmegewinn/-verlust (2. Stufe)

Das Übernahmeergebnis der 1. Stufe wird innerhalb der Bilanz erfasst. Die Korrekturen zur Ermittlung des Übernahmeergebnisses der 2. Stufe werden außerbilanziell vorgenommen.[352]

347 Vgl. § 4 Abs. 1 Satz 3 UmwStG.

348 Vgl. Benecke in PricewaterhouseCoopers AG (2008), Tz. 1105; Brähler (2013), S. 120 f.

349 Vgl. Hagemann et al. (2007), S. 16; Krause in Klingebiel et al. (2012), S. 108 f.

350 Vgl. Möhlenbrock in Dötsch et al. (2012), vor §§ 3-10 UmwStG, Tz. 5; Krohn/Greulich (2008), S. 648.

351 Die Sperrbetragsregelung nach § 50c EStG a. F. soll die Einmalbesteuerung von Beteiligungserträgen sicherstellen. Die Regelung wurde bereits durch das StSenkG aufgehoben. Da die letzte Sperrfrist 2012 ausläuft, wird der Sperrbetrag nur der Vollständigkeit halber aufgeführt. Vgl. Krause in Klingebiel et al. (2012), S. 120 ff; Brähler (2013), S. 125.

352 Vgl. Brähler (2013), S. 162 ff.

Die Abbildung 62 verdeutlicht das Entstehen eines Übernahmegewinns in vereinfachter Weise.[353]

ABB. 62: Bilanzielle Darstellung des Übernahmegewinns

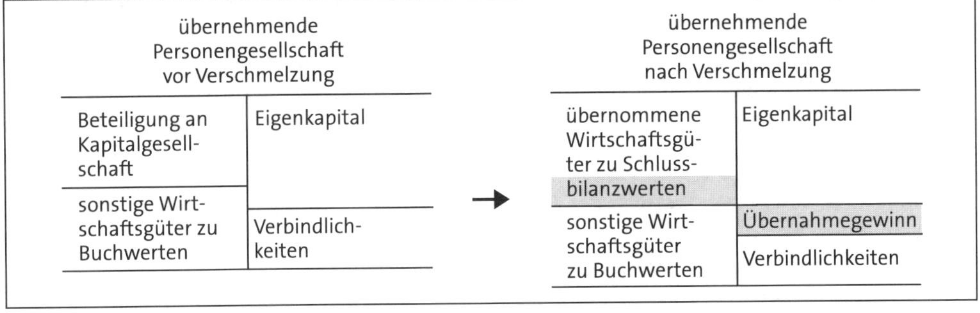

Ein Übernahmegewinn unterliegt der Einkommen- bzw. Körperschaftsteuer. Soweit er auf eine Kapitalgesellschaft als Mitunternehmerin der Personengesellschaft entfällt, ist § 8b KStG anzuwenden, so dass der Übernahmegewinn zu 95 % steuerfrei ist. Handelt es sich beim Mitunternehmer um eine natürliche Person, so ist insoweit das Teileinkünfteverfahren anzuwenden (§ 4 Abs. 7 UmwStG). Der Übernahmegewinn wird somit genauso besteuert wie ein Gewinn aus der Veräußerung der Beteiligung an der Kapitalgesellschaft.[354]

Ergibt sich ein Übernahmeverlust, so bleibt dieser nach § 4 Abs. 6 UmwStG außer Ansatz, soweit er auf eine Kapitalgesellschaft als Mitunternehmerin der Personengesellschaft entfällt. Für den Fall, dass der Verlust auf eine natürliche Person entfällt, ist er bis zu 60 % der fiktiven Ausschüttungen nach § 7 UmwStG zu berücksichtigen. Ein darüber hinaus gehender Verlust bleibt außer Ansatz. Diese Behandlung ist systematisch korrekt, da die Besteuerung des Übernahmeergebnisses lediglich eine Sonderform der Veräußerungsgewinnbesteuerung darstellt. Ein Veräußerungsverlust kann bei Kapitalgesellschaften nicht und bei natürlichen Personen nur zu 60 % abgezogen werden.[355]

Gemäß § 18 Abs. 2 UmwStG sind gewerbesteuerlich weder ein Übernahmegewinn noch ein Übernahmeverlust zu erfassen. Wird allerdings innerhalb einer Sperrfrist von fünf Jahren nach der Verschmelzung der Betrieb der Personengesellschaft veräußert oder aufgegeben, so unterliegt der daraus resultierende Gewinn nach § 18 Abs. 3 UmwStG in voller Höhe der Gewerbesteuer.[356]

Um zu untersuchen, unter welchen Voraussetzungen sich ein Übernahmegewinn bzw. -verlust einstellt, wird an dieser Stelle angenommen, dass weder Verschmelzungskosten vorliegen noch eine Wertaufholung vorgenommen werden muss oder ein Sperrbetrag dem Übernahmeergebnis hinzuzurechnen ist. Sofern die Kapitalgesellschaft in der Schlussbilanz die Buchwerte ansetzt und die Personengesellschaft diese fortführen muss, hängt das Übernahmeergebnis vom

353 Vgl. Strauch (2008), S. 9.

354 Vgl. Hagemann et al. (2007), S. 17.

355 Vgl. Brähler (2013), S. 149 f. Bei Anteilen im Privatvermögen ist die Missbrauchsvermeidungsvorschrift des § 4 Abs. 6 Satz 6 UmwStG zu beachten. Vgl. hierzu mit Beispielen Junge (2012), Tz. 225 ff.

356 Vgl. hierzu ausführlich Neu/Hamacher (2012).

Buchwert der Anteile an der Kapitalgesellschaft bei der Personengesellschaft sowie von der Höhe der offenen Rücklagen in der Kapitalgesellschaft ab.[357]

1. Ist die Personengesellschaft eine Gründungsgesellschafterin der Kapitalgesellschaft, so entsprechen die Anschaffungskosten der Beteiligung dem gezeichneten Kapital. Stille Reserven sind in den Anschaffungskosten nicht vorhanden. Der Buchwert der Anteile darf die Anschaffungskosten nicht überschreiten. Die Buchwerte der übernommenen Wirtschaftsgüter sind gerade um die Gewinnrücklagen höher als die Anschaffungskosten. Es ergibt sich ein Übernahmeergebnis von Null.
2. Handelt es sich bei der Personengesellschaft nicht um eine Gründungsgesellschafterin, so sind in den Anschaffungskosten der Beteiligung auch stille Reserven enthalten. Die Beteiligung wurde zu einem Wert erworben, der über dem Nennwert des gezeichneten Kapitals liegt. In diesen Fällen stellt sich ein Übernahmeverlust ein.
3. Ein Übernahmegewinn kann entstehen, wenn die Personengesellschaft die Beteiligung an der Kapitalgesellschaft zu einem Wert unter dem Nennwert des gezeichneten Kapitals erworben hat. Da dies in der Praxis nur selten vorkommt, ist die Entstehung eines Übernahmegewinns lediglich ein Ausnahmefall.

Sofern die Kapitalgesellschaft nicht die Buchwerte fortführt, sondern einen höheren Wert ansetzt, erhöht sich isoliert betrachtet auch das Übernahmeergebnis, weil der Wert der übernommenen Wirtschaftsgüter gemäß § 4 Abs. 1 Satz 1 UmwStG steigt. Allerdings steigen auch die nach § 7 UmwStG zu versteuernden offenen Rücklagen, weil ein höherer Wertansatz in der Kapitalgesellschaft zu einem Übertragungsgewinn führt. Da die Rücklagen bei der Berechnung des Übernahmeergebnisses abgezogen werden, ergibt sich insgesamt keine Auswirkung auf dessen Höhe. Somit ist das Übernahmeergebnis letztlich unabhängig vom Ansatz der Wirtschaftsgüter in der Schlussbilanz der übertragenden Kapitalgesellschaft.[358]

In Abhängigkeit von der Art der Beteiligung an der Kapitalgesellschaft sind bei der Ermittlung des Übernahmeergebnisses die folgenden steuerlichen Spezifika zu beachten:[359]

1. Anschaffung der Anteile nach dem steuerlichen Übertragungsstichtag

Schafft die Personengesellschaft Anteile an der Kapitalgesellschaft nach dem steuerlichen Übertragungsstichtag an oder findet sie einen ausscheidenden Anteilseigner ab, so wird gemäß § 5 Abs. 1 UmwStG bei der Ermittlung des Übernahmegewinns davon ausgegangen, dass diese Anteile am steuerlichen Übertragungsstichtag angeschafft wurden.

2. Beteiligung im Privatvermögen i. S. d. § 17 EStG

Wird eine Beteiligung an der Kapitalgesellschaft i. S. d. § 17 EStG (im Folgenden als Mindestbeteiligung bezeichnet) von einem Gesellschafter im Privatvermögen gehalten, gilt diese gemäß § 5 Abs. 2 UmwStG als mit den historischen Anschaffungskosten in das Betriebsvermögen der Personengesellschaft eingelegt.

357 Vgl. zu den verschiedenen Fällen Brähler (2013), S. 129 ff.
358 Vgl. Brähler (2013), S. 159.
359 Vgl. zu den folgenden Ausführungen ausführlich Förster/Felchner (2008); Pung in Dötsch et al. (2012), § 5 UmwStG.

3. Anteile im Betriebsvermögen eines Gesellschafters

Sofern am steuerlichen Übertragungsstichtag Anteile an der Kapitalgesellschaft zu einem anderen Betriebsvermögen als dem der Personengesellschaft gehören, so gelten diese nach § 5 Abs. 3 Satz 1 UmwStG als am Übertragungsstichtag in das Betriebsvermögen der Personengesellschaft eingelegt. Die Anteile werden mit dem Buchwert, erhöht um steuerwirksam vorgenommene Abschreibungen und Abzüge nach § 6b EStG, höchstens jedoch mit dem gemeinen Wert, bewertet.

4. Beteiligung im Privatvermögen, die keine Mindestbeteiligung darstellt

Für Anteile im Privatvermögen, die nicht unter § 17 EStG fallen, gibt es keine Einlagefiktion. Diese Anteile haben damit keinen Einfluss auf die Höhe des Übernahmeergebnisses.

5. Alteinbringungsgeborene Anteile

Einbringungsgeborene Anteile entstanden vor der Einführung des SEStEG nach § 21 UmwStG a. F. Hierbei handelt es sich um Anteile, die durch eine Sacheinlage in die Kapitalgesellschaft unter dem Teilwert erworben wurden. Gemäß § 5 Abs. 4 UmwStG a. F. galten diese Anteile als zu historischen Anschaffungskosten in das Betriebsvermögen der Personengesellschaft eingelegt. In diesem Fall galten auch Anteile von Gesellschaftern, die nicht unter § 17 EStG fielen, ausnahmsweise zum Übertragungsstichtag als eingelegt. Durch die Einführung des SEStEG ist diese Regelung entfallen. Sie gilt aber nach § 27 Abs. 3 Nr. 1 UmwStG nach wie vor für alle einbringungsgeborenen Anteile, die vor der Einführung des SEStEG entstanden sind.[360]

Die Grundidee der Einlagefiktion besteht darin, dass alle Anteile, die bereits vor der Verschmelzung steuerverstrickt waren und die damit im Falle einer Veräußerung der Besteuerung unterliegen würden, als in die übernehmende Personengesellschaft eingelegt gelten sollen. Gewinne aus der Veräußerung von Anteilen im Privatvermögen, die nach dem 31. 12. 2008 erworben wurden, unterliegen unabhängig von einer Mindestbeteiligungsquote und unabhängig von einer Haltefrist stets der Besteuerung.[361] Eine Einlagefiktion für diese Anteile wäre daher systemgerecht, existiert aber bislang nicht.

Übernahmefolgegewinn

Durch die Vereinigung von wechselseitigen Forderungen und Verbindlichkeiten der an der Umwandlung beteiligten Rechtsträger in unterschiedlicher Höhe oder durch die Auflösung von Rückstellungen, die eine Gesellschaft wegen einer ungewissen Verpflichtung gegenüber der anderen Gesellschaft gebildet hat und der keine entsprechende Forderung gegenübersteht, kann bei der übernehmenden Personengesellschaft ein Übernahmefolgegewinn entstehen. Dieser hat keinen Einfluss auf das Übernahmeergebnis, sondern erhöht den laufenden Gewinn der Personengesellschaft und unterliegt daher der Einkommen- bzw. Körperschaftsteuer sowie der Gewerbesteuer.[362]

360 Vgl. Roser (2012), S. 246 f; Brähler (2013), S. 137.
361 Vgl. § 20 Abs. 2 Satz 1 Nr. 1 EStG i. V. m. § 52a Abs. 10 Satz 1 EStG.
362 Vgl. Krause in Klingebiel et al. (2012), S. 184.

Allerdings hat die übernehmende Personengesellschaft nach § 6 Abs. 1 UmwStG die Möglichkeit, eine den steuerlichen Gewinn mindernde Rücklage zu bilden, die in den folgenden drei Jahren zu jeweils einem Drittel gewinnerhöhend aufzulösen ist.[363]

Eintritt in die Rechtsposition der übertragenden Kapitalgesellschaft

Die Personengesellschaft tritt nach § 4 Abs. 2 Satz 1 UmwStG entsprechend dem Grundsatz der Gesamtrechtsnachfolge in die steuerliche Rechtsstellung der übertragenden Kapitalgesellschaft ein (so genannte „Fußstapfentheorie"). Hierbei sind einige Ausnahmen und Besonderheiten zu beachten:

1. Abschreibungen

Die übergegangenen Wirtschaftsgüter gelten für die Personengesellschaft steuerrechtlich, im Gegensatz zum Handelsrecht, nicht als angeschafft. Bei einer Verschmelzung zu Buchwerten erfolgen die Abschreibungen in der Personengesellschaft in gleicher Höhe wie zuvor bei der Kapitalgesellschaft. Bei einem höheren Ansatz infolge der Auflösung stiller Reserven in der Kapitalgesellschaft gelten die folgenden Regeln:[364]

- Bei beweglichen, abnutzbaren Wirtschaftsgütern gilt als Bemessungsgrundlage der Wertansatz in der Schlussbilanz der Kapitalgesellschaft, also der bisherige Buchwert zuzüglich aufgedeckter stiller Reserven. Für die Berechnung des jährlichen Abschreibungsbetrags wird die Restnutzungsdauer der Wirtschaftsgüter zugrunde gelegt. Diese ist nach den Verhältnissen am steuerlichen Übertragungsstichtag neu zu schätzen. Die aufgedeckten stillen Reserven haben damit auf die AfA die gleichen Auswirkungen wie nachträgliche Anschaffungskosten.[365]
- Bei Gebäuden, die in der Kapitalgesellschaft linear nach § 7 Abs. 4 EStG oder degressiv nach § 7 Abs. 5 EStG abgeschrieben wurden, ist die jeweilige Vorschrift in der Personengesellschaft weiterhin anzuwenden. Die Bemessungsgrundlage setzt sich zusammen aus den Anschaffungs- oder Herstellungskosten vermehrt um aufgedeckte stille Reserven. Der bisherige AfA-Satz wird beibehalten, wodurch sich der Abschreibungszeitraum verlängert. Wird die volle Absetzung innerhalb der tatsächlichen Nutzungsdauer nicht erreicht, kann die Abschreibung bei der linearen Methode nach § 7 Abs. 4 Satz 1 EStG auch nach der Restnutzungsdauer der Gebäude bemessen werden.[366]

Das Charakteristikum der Gesamtrechtsnachfolge erlangt außerdem etwa im Zusammenhang mit Investitionszulagen, Rücklagen nach § 6b EStG und Sonderabschreibungen Bedeutung, wenn es um die Ermittlung von Besitzzeiten geht. Die übernehmende Personengesellschaft führt hierbei nach § 4 Abs. 2 Satz 3 UmwStG die Besitzzeiten der Kapitalgesellschaft fort.[367]

---

363 Zu beachten ist, dass die Möglichkeit zur Rücklagenbildung rückwirkend entfällt, wenn die Personengesellschaft den übergegangenen Betrieb innerhalb von fünf Jahren in eine Kapitalgesellschaft einbringt oder ihn ohne triftigen Grund veräußert oder aufgibt. Vgl. § 6 Abs. 3 Satz 1 UmwStG; Tz. 06.09 ff. UmwStE.

364 Vgl. Widmann in Widmann/Mayer (2012), § 4 UmwStG, Rz. 860 ff.; Pung in Dötsch et al. (2012), § 4 UmwStG, Tz. 33 ff.

365 Vgl. Tz. 04.10 UmwStE. Zu nachträglichen Anschaffungskosten vgl. Scheffler (2012), S. 211 f.; R 7.4 Abs. 9 EStR.

366 Vgl. Tz. 04.10 UmwStE; R 7.4 EStR.

367 Vgl. Krause in Klingebiel et al. (2012), S. 104.

2. Pensionsrückstellungen

In der Kapitalgesellschaft gebildete Pensionsrückstellungen sind von der Personengesellschaft zu übernehmen. Hierbei sind, wie bereits erwähnt, sowohl in der Schlussbilanz der Kapitalgesellschaft als auch bei der Personengesellschaft, die Werte nach § 6a EStG anzusetzen, stille Reserven dürfen nicht aufgedeckt werden.[368] Die Rückstellungen sind in der Gesamthandsbilanz der Personengesellschaft weiterzuführen und aufzustocken. Gleichzeitig ist in der Sonderbilanz des begünstigten Gesellschafters eine Forderung zu aktivieren (korrespondierende Bilanzierung), so dass die Bildung der Rückstellungen insgesamt den Gewinn der Personengesellschaft nicht mindert.[369] Die Zuführung zur Rückstellung stellt beim Gesellschafter eine Sondervergütung dar, die er nach § 15 Abs. 1 Satz 1 Nr. 2 EStG als Einkünfte aus Gewerbebetrieb zu versteuern hat.

3. Steuerlicher Verlust- und Zinsvortrag in der übertragenden Kapitalgesellschaft

Ein der übertragenden Kapitalgesellschaft zustehender steuerlicher Verlustvortrag (z. B. §§ 10d, 2a, 15 Abs. 4 EStG sowie § 10a GewStG), verrechenbarer Verlust (§ 15a Abs. 4 EStG), Zinsvortrag (§ 4h Abs. 1 Satz 2 EStG) oder EBITDA-Vortrag (§ 4h Abs. 1 Satz 3 EStG) geht gemäß § 4 Abs. 2 Satz 2 und § 18 Abs. 1 Satz 2 UmwStG nicht auf die Personengesellschaft über.

Er kann jedoch unter Umständen mit aufgedeckten stillen Reserven in entsprechender Höhe in der Schlussbilanz der Kapitalgesellschaft verrechnet werden.[370] Die Verlustverrechnung darf allerdings nur in den Grenzen der Mindestbesteuerung des § 10d Abs. 2 EStG bzw. § 10a GewStG erfolgen. Des Weiteren ist zu beachten, dass bei der übertragenden Kapitalgesellschaft i. d. R. der gewerbesteuerliche Verlustvortrag vom körperschaftsteuerlichen abweicht, so dass bei einem erhöhten Wertansatz, der gerade den körperschaftsteuerlichen Verlust ausgleicht, auf Ebene der Gewerbesteuer ein Differenzbetrag entsteht, der sich steuerlich nachteilig auswirken kann und unter Umständen die augenscheinliche Vorteilhaftigkeit des Ansatzes des gemeinen Werts oder eines Zwischenwerts in Frage stellt. Zudem erhöhen sich bei Aufdeckung stiller Reserven bei der Kapitalgesellschaft auch deren offene Rücklagen. Dies führt bei den Anteilseignern nach § 7 UmwStG zu Dividendeneinkünften.[371]

Da die Personengesellschaft den Wertansatz der Kapitalgesellschaft übernehmen muss, wird durch den höheren Wertansatz zusätzliches AfA-Potenzial geschaffen, welches sich ggf. in den Folgejahren gewinnmindernd auswirkt.[372]

7.2.1.3 Ertragsteuerliche Vorteilhaftigkeits- und Gestaltungsüberlegungen bei der Verschmelzung einer Kapitalgesellschaft auf eine Personengesellschaft

Bei einer grundsätzlichen Entscheidung hinsichtlich der Vorteilhaftigkeit einer Umwandlung oder hinsichtlich des Wertansatzes der zu übertragenden Wirtschaftsgüter am Umwandlungsstichtag ist der Barwert der resultierenden Steuerwirkung zu untersuchen. Hierbei darf nicht nur der Umwandlungszeitpunkt selbst, sondern es muss ein längerer Zeithorizont betrachtet

368 Vgl. §§ 3 Abs. 1 Satz 2 und 4 Abs. 1 Satz 1 UmwStG.
369 Vgl. BMF-Schreiben vom 29. 1. 2008, Tz. 3 und 5, BStBl. I 2008, S. 317.
370 Vgl. Felchner/Wendland (2007), S. 166.
371 Vgl. Hagemann et al. (2007), S. 15.
372 Vgl. Ott (2007b), S. 164.

werden, um auch etwaige steuerliche Folgewirkungen erfassen zu können. Das Bewertungswahlrecht ermöglicht es, stille Reserven im Umwandlungszeitpunkt ganz oder teilweise aufzulösen und auf diese Weise ein zukünftiges Aufwandspotenzial durch höhere Abschreibungen zu schaffen oder aber die Besteuerung der stillen Reserven durch die Fortführung der Buchwerte aufzuschieben.[373] Die Entscheidung über den Bewertungsansatz erfolgt mit dem Ziel, den Barwert der durch die Umwandlung oder Einbringung sowie in den Folgeperioden ausgelösten Steuerzahlungen zu minimieren. Eine derartige Steuerminimierung lässt sich jedoch auf diese Weise nur dann durchführen, wenn alle nichtsteuerlichen Ein- und Auszahlungen bekannt und sicher sind.[374] Da dies in der Realität meistens nicht der Fall ist, kommt es durch die unsichere Entwicklung der zukünftigen Zahlungsströme zu Ungenauigkeiten, welche die Aussagekraft eines Vorteilhaftigkeitsvergleichs reduzieren oder zumindest relativieren.[375] Bei Entscheidungen über die Vorteilhaftigkeit von Umwandlungen müssen auch die nichtsteuerlichen Zahlungswirkungen berücksichtigt werden, sofern solche bestehen.

Die Beurteilung der Vorteilhaftigkeit bestimmter steuerlicher Gestaltungsmaßnahmen entspricht dem Problem der Beurteilung von Investitionsalternativen, das mit Hilfe des Kapitalwertkriteriums unter bestimmten Annahmen gelöst werden kann. Als Alternativen gilt es, die sofortige Auflösung der stillen Reserven gegenüber der Verlagerung der Besteuerung in die Zukunft mit allen steuerlichen Folgewirkungen gegeneinander abzuwägen.[376] Dabei werden die durch die betreffende Gestaltungsmaßnahme ausgelösten Steuermehr- und Minderzahlungen in den Kalkül einbezogen.

Erfolgt eine Konzentration auf die steuerlichen Aspekte der Umwandlung, so muss bei der Betrachtung des Barwerts der hervorgerufenen Steuerzahlungen zusätzlich die Interessenidentität der Steuerpflichtigen unterstellt werden. Auf diese Weise wird die Verteilung der Steuerzahlungen auf die einzelnen Steuerpflichtigen aus der Analyse ausgeblendet und so von den individuellen Präferenzen abstrahiert. Auf die Problematik der Anwendung eines geeigneten Kalkulationszinsfußes und damit zusammenhängend des richtigen Grenzsteuersatzes wurde bereits in Kapitel 3 hingewiesen. Hierfür kann es nur individuelle Lösungen geben. Insbesondere dann, wenn davon ausgegangen wird, dass Gewinne ausgeschüttet werden, kann sich die Vorteilhaftigkeitsanalyse nur noch auf die Gesamtsteuerbelastung konzentrieren. Es müsste hierzu geklärt werden, aus wessen Sicht der Barwert der Steuerzahlungen minimiert werden soll, was ohne Berücksichtigung der Entscheidungsstrukturen und Mehrheitsverhältnisse i. d. R. nicht möglich ist.

Für die Berechnungen ist es erforderlich, einen Planungshorizont ex ante festzulegen. Dadurch werden jedoch die steuerlichen Auswirkungen nach dem zeitlichen Planungshorizont aus der Betrachtung ausgeklammert. Diese Vereinfachung relativiert die Aussagekraft etwaiger Handlungsempfehlungen.

Die folgenden Faktoren können einen Einfluss auf die Umwandlungsentscheidung bzw. Entscheidung über den Wertansatz und damit über die ertragsteuerliche Bemessungsgrundlage haben:

---

373 Vgl. Schaum (1994), S. 2; Riepolt (2010), S. 1 ff.

374 Vgl. Wagner/Dirrigl (1980), S. 19 f.

375 Zu den verschiedenen Vorteilhaftigkeitskriterien bei Rechtsform- bzw. Bewertungsentscheidungen vgl. z. B. Schneeloch (2009), S. 67 ff., insbesondere das Schaubild auf S. 75.

376 Vgl. Schaum (1994), S. 122 ff., insbesondere S. 122 f.

- die individuelle Einkommensteuerprogression, die durch subjektive Tatbestände, wie Gewinnentwicklung oder Einkünfte aus anderen Quellen, hervorgerufen wird;
- die zukünftige Gewinnentwicklung;
- das Ausschüttungsverhalten während des Planungshorizonts;
- die Möglichkeit eines Verlustabzugs;
- die zukünftige Entwicklung von Zinsen, Steuersätzen und -tarifen;
- die Struktur des Vermögens.

Um einen Eindruck über mögliche ertragsteuerliche Gestaltungen und die resultierenden Auswirkungen zu liefern, werden hier und in den folgenden Kapiteln exemplarisch einige Szenarien aufgezeigt, bei denen das Umwandlungssteuerrecht eine Senkung der Ertragsteuerbelastung durch Gestaltungsmaßnahmen gestattet.

Wird eine Kapitalgesellschaft auf eine Personengesellschaft verschmolzen, besteht für die Kapitalgesellschaft gemäß § 3 UmwStG unter bestimmten Voraussetzungen das Wahlrecht, die übergehenden Wirtschaftsgüter mit dem Buchwert, Zwischenwert oder gemeinen Wert anzusetzen und so gegebenenfalls stille Reserven in ihrem Betriebsvermögen aufzulösen. Eine Aufstockung der Wirtschaftsgüter in der Kapitalgesellschaft erhöht den Übertragungsgewinn bzw. mindert den Übertragungsverlust. Gleichzeitig erhöhen sich die offenen Rücklagen, welche den Gesellschaftern als fiktive Gewinnausschüttungen zugerechnet werden. Der Übernahmegewinn bzw. -verlust bei der Personengesellschaft bleibt unverändert, weil die aufgedeckten stillen Reserven zwar isoliert betrachtet den Übernahmegewinn erhöhen, gleichzeitig aber im Rahmen der fiktiven Gewinnausschüttung wieder abgezogen werden.

Bezüglich der Vorteilhaftigkeit des Ansatzes des Buchwerts bzw. des gemeinen Werts lässt sich keine grundsätzliche Aussage treffen. Durch den Buchwertansatz entsteht im Verschmelzungszeitpunkt kein Übertragungsgewinn, ein eventueller Übernahmegewinn unterliegt bei natürlichen Personen dem Teileinkünfteverfahren und ist bei Kapitalgesellschaften zu 95 % steuerfrei. Im Falle eines höheren Ansatzes entsteht ein Übertragungsgewinn, der mit einem definitiven Körperschaftsteuersatz von 15 % zu versteuern ist und der Gewerbesteuer unterliegt. Gleichzeitig kommt es unabhängig vom Wertansatz bei der Kapitalgesellschaft zu einer fingierten Gewinnausschüttung der offenen Rücklagen. Bei Ansatz eines höheren Werts als des Buchwerts fallen die fingierten Gewinnausschüttungen um den Wert der aufgedeckten stillen Reserven höher aus.

Der Steuerbelastung bei Ansatz des gemeinen Werts im Umwandlungszeitpunkt steht eine Steuerentlastung durch erhöhtes Abschreibungsvolumen in den folgenden Veranlagungszeiträumen gegenüber. Die Höhe der abschreibungsbedingten Steuerersparnisse und damit die Vorteilhaftigkeit eines bestimmten Wertansatzes hängen folglich neben dem persönlichen Einkommensteuersatz auch von der Struktur des übernommenen Betriebsvermögens ab. Die Aufteilung der aufgelösten stillen Reserven auf abnutzbare und nicht abnutzbare Wirtschaftsgüter ist hier entscheidend.

Die Gewerbesteuerersparnis im Zusammenhang mit dem erhöhten Abschreibungspotenzial ist ebenfalls zu berücksichtigen. Sie spielt jedoch nur eine untergeordnete Rolle, wenn an der übernehmenden Personengesellschaft ausschließlich natürliche Personen als Mitunternehmer beteiligt sind. In diesem Fall kommt es durch die pauschalierte Anrechnung der Gewerbesteuer gemäß § 35 EStG, wenn überhaupt, nur noch zu einer geringen Belastung mit Gewerbesteuer.[377]

Das folgende Beispiel soll den Gang der Entscheidungsfindung im Umwandlungszeitpunkt verdeutlichen:[378]

BEISPIEL: ► **Verschmelzung einer Kapitalgesellschaft auf eine Personengesellschaft**

Annahmen:

- die Personengesellschaft ist zu 100 % an der Kapitalgesellschaft beteiligt;
- der Buchwert der Beteiligung bei der Personengesellschaft entspricht dem gezeichneten Kapital der Kapitalgesellschaft und dem Buchwert des übernommenen Vermögens;
- bei der Kapitalgesellschaft sind vor der Aufdeckung stiller Reserven keine offenen Rücklagen vorhanden;
- alle Wirtschaftsgüter der übertragenden Kapitalgesellschaft sind abnutzbar mit einer Restnutzungsdauer von 2 Jahren im Umwandlungszeitpunkt t_u und werden bei der Personengesellschaft linear abgeschrieben;
- in den Wirtschaftsgütern ruhen stille Reserven in Höhe von R;
- die Gesellschafter der Personengesellschaft sind entweder natürliche Personen mit einem persönlichen Grenzsteuersatz von 45 % oder Kapitalgesellschaften, die an der Personengesellschaft zu mehr als 10 % beteiligt sind;
- von gewerbesteuerlichen Belastungen wird zur Vereinfachung abstrahiert;
- ebenfalls unberücksichtigt bleibt aus Vereinfachungsgründen der Solidaritätszuschlag;
- der Kalkulationszinsfuß vor Steuern beträgt $i = 0{,}08$;
- der Kalkulationszinsfuß nach Steuern beträgt $i_s = (1 - s) \cdot i$, bei einem Grenzsteuersatz $s = 0{,}45$ folgt somit $i_s = 0{,}044$, bei einem Steuersatz $s = 0{,}15$ folgt entsprechend $i_s = 0{,}068$;
- die übergegangenen Wirtschaftsgüter werden am Ende der Nutzungsdauer zum Buchwert verschrottet.

1. Fall: Mitunternehmer der übernehmenden Personengesellschaft sind natürliche Personen

Die steuerliche Belastung bei Ansatz des gemeinen Werts setzt sich aus drei Komponenten zusammen: aus der Körperschaftsteuer auf den Übertragungsgewinn, der Einkommensteuer auf 60 % der fiktiven Gewinnausschüttung (Teileinkünfteverfahren) in Höhe der stillen Reserven sowie der einkommensteuerlichen Entlastung durch die auf eine Restnutzungsdauer von 2 Jahren aufgeteilten Abschreibungen für die aufgedeckten stillen Reserven. Ein Übernahmegewinn ergibt sich nicht, weil der Wert, mit dem die Personengesellschaft die übernommenen Wirtschaftsgüter ansetzt, gerade der Summe aus dem Buchwert der Beteiligung an der Kapitalgesellschaft und der fiktiven Gewinnausschüttung entspricht.

Beispielhaft wird die folgende Übertragungsbilanz angenommen:

A	Übertragungsbilanz der Kapitalgesellschaft		P
Anlagevermögen	$200 + R$	Eigenkapital	100
		Übertragungsgewinn	$0{,}85 \cdot R$
		Verbindlichkeiten	$100 + 0{,}15 \cdot R$
	$200 + R$		$200 + R$

377 Zur Wirkungsweise der pauschalierten Gewerbesteueranrechnung vgl. Kapitel 3.1.3, sowie etwa Meinhövel (2000), S. 299 f.; König/Sureth (2001), S. 117 ff.

378 Beispiel in Anlehnung an König/Sureth/Magerkurth (2001), S. 787 ff. Vgl. hierzu auch die Analyse von Sureth/Nordhoff (2004) sowie Riepolt (2010).

In Höhe der aufgedeckten stillen Reserven entsteht ein Übertragungsgewinn, welcher der Körperschaftsteuer unterliegt. Es wird unterstellt, dass die Körperschaftsteuerzahllast durch die Aufnahme von Fremdkapital beglichen wird. Fiktiv ausgeschüttet werden kann nur der Gewinn nach Abzug der Körperschaftsteuer, d. h. $0{,}85 \cdot R$.

Für die übernehmende Personengesellschaft gilt:

A	Bilanz der Personengesellschaft vor der Verschmelzung		P
Beteiligung	100	Eigenkapital	50
		Verbindlichkeiten	50
	100		100

Da sich das Abschreibungspotenzial durch die Aufdeckung der stillen Reserven im Vergleich zum Buchwertansatz um R erhöht, ist in den folgenden 2 Jahren jeweils die Hälfte von R als Abschreibung steuerlich anzusetzen.

A	Übernahmebilanz der Personengesellschaft		P
Anlagevermögen	$200 + R$	Eigenkapital	50
		Dividendenertrag	$0{,}85 \cdot R$
		Verbindlichkeiten	$150 + 0{,}15 \cdot R$
	$200 + R$		$200 + R$

Während beim Buchwertansatz keine stillen Reserven aufgelöst werden und somit im dargestellten Fall weder Steuermehr- noch -minderbelastungen ausgelöst werden, kommt es bei Ansatz des gemeinen Werts zu einer abgezinsten Steuerbelastung in Höhe des Steuerbarwerts *SBW*:

$$SBW = \underbrace{0{,}15 \cdot R}_{ÜTG} + \underbrace{0{,}45 \cdot 0{,}6 \cdot 0{,}85 \cdot R}_{DIV} - \underbrace{\left(\frac{0{,}45 \cdot \frac{R}{2}}{1{,}044} + \frac{0{,}45 \cdot \frac{R}{2}}{1{,}044^2} \right)}_{AfA}$$

$$= \underbrace{0{,}3795 \cdot R}_{ÜTG + DIV} - \underbrace{0{,}421951 \cdot R}_{AfA}$$

mit *ÜTG:* steuerliche Wirkung des Übertragungsgewinns,

DIV : steuerliche Wirkung des fingierten Dividendenertrags,

AfA: Barwert der Steuerersparnisse durch höhere Abschreibungen infolge der Aufdeckung stiller Reserven in t_{u+1} und t_{u+2} bei der übernehmenden Personengesellschaft.

Da die folgende Beziehung gilt

$ÜTG + DIV < AfA$

und somit die Steuerbelastung in t_u geringer ist als der Barwert der steuerlichen Entlastung durch die erhöhten Abschreibungen, kommt es insgesamt zu einer Steuerersparnis. Der Ansatz des gemeinen Werts ist bei dieser Datenkonstellation hinsichtlich des Steuerbarwerts günstiger als der Buchwertansatz.

Unterstellt man abweichend vom Ausgangsfall, dass in der Kapitalgesellschaft offene Rücklagen vorhanden sind, so haben die Mitunternehmer der Personengesellschaft diese unabhängig davon als fingierte Gewinnausschüttung zu versteuern, ob die Kapitalgesellschaft die Buchwerte oder die gemeinen Werte ansetzt. Das Vorhandensein offener Rücklagen ist damit für die Vorteilhaftigkeit des Ansatzes von Buchwert oder gemeinem Wert ohne Bedeutung.

Beträgt der Buchwert der Beteiligung bei der Personengesellschaft beispielsweise 150 und liegt er damit über dem gezeichneten Kapital der Kapitalgesellschaft (Nicht-Gründer-Fall), so hat die Personengesellschaft beim Erwerb der Beteiligung bereits stille Reserven von 50 erworben. Damit ergibt sich bei der Kapitalgesellschaft im Zeitpunkt der Verschmelzung immer noch ein Übertragungsgewinn vor Steuern von *R*, bei der Personengesellschaft fällt zusätzlich zu der fingierten Gewinnausschüttung ein Übernahmeverlust von 50 an, welcher in die Steuerbarwertberechnung einbezogen werden muss. Die Steuerwirkung von Übertragungsgewinn *ÜTG*, fingierter Gewinnausschüttung *DIV* und Übernahmeverlust *ÜNV* sinkt im Vergleich zum Ausgangsfall, während der Barwert der Steuerersparnisse durch die höheren Abschreibungen *AfA* unverändert bleibt. Damit gilt in jedem Fall $ÜTG + DIV - ÜNV < AfA$, so dass der Ansatz des gemeinen Werts vorteilhaft bleibt.

Die Vorteilhaftigkeit des Ansatzes des gemeinen Werts ist abhängig von der Höhe des Einkommensteuersatzes sowie vom relevanten Kalkulationszinsfuß vor Steuern. Bei einem Zinssatz i von 8 %, wie hier angenommen, ergibt sich als kritischer Einkommensteuersatz $s^*_e = 0{,}3588$. Ist der Grenzsteuersatz der Mitunternehmer größer oder gleich diesem „kritischen" Steuersatz, ist der Ansatz des gemeinen Werts steuerlich günstiger als der Buchwertansatz. Für geringere Steuersätze ist der Buchwertansatz vorteilhafter. Betrachtet man andere Zinssätze, beispielsweise $i = 0{,}1$, so folgt $s^*_e = 0{,}3721$. Allgemein gilt: je höher der Kalkulationszinsfuß vor Steuern, desto höhere Steuersätze sind erforderlich, um eine relative Vorteilhaftigkeit des Ansatzes des gemeinen Werts hervorzurufen.

Fällt Gewerbesteuer auf den Übertragungsgewinn an, ist zu beachten, dass in Folge von § 35 EStG dieser Belastung quasi keine gewerbesteuerliche Entlastung durch erhöhte Abschreibungen entgegensteht. Stimmen körperschaftsteuerlicher und gewerbesteuerlicher Gewinn in t_u überein und unterstellt man vereinfachend, dass die gewerbesteuerlichen Wirkungen in t_{u+1} und t_{u+2} durch die pauschalierte Gewerbesteueranrechnung bei der Einkommensteuer in diesen Veranlagungszeiträumen vollkommen ausgeglichen werden, so sind ceteris paribus für eine Vorteilhaftigkeit des Ansatzes des gemeinen Werts Steuersätze erforderlich, die oberhalb des einkommensteuerlichen Höchstsatzes liegen.[379]

Zu einer Vorteilhaftigkeit des Ansatzes des gemeinen Werts unter Berücksichtigung der Gewerbesteuer kann es immer dann kommen, wenn sowohl der Kalkulationszinsfuß vor Steuern als auch der gewerbesteuerliche Hebesatz relativ niedrig sind. Dies gilt z. B. bei sehr niedrigem Hebesatz und gleichzeitiger maximaler kombinierter Einkommensteuer-, Solidaritätszuschlags- und Kirchensteuerbelastung.

379 Dies gilt in diesem Fall auch dann, wenn man Kirchensteuer und Solidaritätszuschlag mit einbezieht.

2. Fall: Mitunternehmer der übernehmenden Personengesellschaft sind Kapitalgesellschaften, die ihre Gewinne thesaurieren

Hier ergibt sich der Steuerbarwert *SBW* mit:

$$SBW = \underbrace{0{,}15 \cdot R}_{ÜTG} + \underbrace{0{,}15 \cdot 0{,}05 \cdot 0{,}85 \cdot R}_{DIV} - \underbrace{\left(\frac{0{,}15 \cdot \frac{R}{2}}{1{,}068} + \frac{0{,}15 \cdot \frac{R}{2}}{1{,}068^2} \right)}_{AfA}$$

$$= \underbrace{0{,}156375 \cdot R}_{ÜTG + DIV} - \underbrace{0{,}135978 \cdot R}_{AfA}$$

Im Gegensatz zum 1. Fall unterliegt die fingierte Gewinnausschüttung hier nicht in Höhe von 60 %, sondern nur zu 5 % der Besteuerung. Zudem ist sowohl für die Besteuerung der fingierten Gewinnausschüttung als auch für die steuerliche Wirkung der Abschreibungen anstelle des Einkommensteuersatzes der Mitunternehmer der Körperschaftsteuersatz in Höhe von 15 % zu berücksichtigen. Es gilt stets *ÜTG + DIV > AfA*. Damit ist der Ansatz des gemeinen Werts aus steuerlicher Sicht unabhängig vom Zinssatz stets ungünstiger als der Buchwertansatz.

Zu beachten ist allerdings, dass im Rahmen dieses Beispiels die Gewerbesteuer nicht berücksichtigt wurde. Die Gewerbesteuerersparnis auf die Abschreibungen kann unter Umständen das Ergebnis zu Gunsten des gemeinen Werts beeinflussen.

Verbleibender Verlustabzug i. S. d. § 10d EStG bei der Kapitalgesellschaft

Ein interessanter Fall ergibt sich, wenn in der Kapitalgesellschaft ein Verlustabzug i. S. d. § 10d EStG verbleibt. Da dieser nicht von der Personengesellschaft übernommen werden kann, gilt es abzuwägen, ob eine Aufstockung der Buchwerte bei der Kapitalgesellschaft vorteilhaft ist.[380] Der dadurch entstehende Übertragungsgewinn kann mit dem Verlustabzug verrechnet werden und diesen so entweder vollkommen kompensieren oder zumindest reduzieren.

Bei der Personengesellschaft führt dieses Vorgehen zu einer höheren fingierten Gewinnausschüttung, sofern die Höhe der aufgedeckten stillen Reserven den steuerlichen Verlustvortrag übersteigt. Gleichzeitig kommt es dann allerdings auch zu höheren Abschreibungen in den Folgeperioden. Damit ist im Umwandlungszeitpunkt eine größere Steuerlast zu tragen, der Steuerentlastungen in den Folgeperioden gegenüberstehen.[381] Die Höhe der abschreibungsbedingten Steuerersparnisse hängt, wie bereits erwähnt, neben dem Steuersatz auch von der Struktur des übernommenen Betriebsvermögens ab. Der Barwert dieser beiden steuerlichen Effekte gibt Auskunft über die tatsächlichen steuerlichen Folgen der Wertaufstockung. I. d. R. wird die Steuerbelastung der aufgedeckten stillen Reserven im Rahmen der fingierten Gewinnausschüttung den Barwert der Steuerersparnisse beim laufenden Gewinn der folgenden Perioden nicht übersteigen. Die steuerliche Entlastung, die sich aus der Summe der Einkommen- und Gewerbesteuer ergibt, ist wesentlich höher als die Einkommensteuer, die aus der Besteuerung der im Rahmen des Teileinkünfteverfahrens nur zu 60 % steuerpflichtigen fingierten Gewinnausschüttung resul-

380 Vgl. Knopf/Söffing (1995), S. 3411 ff. Riepolt (2010), S. 249. Weitere interessante Gestaltungsmöglichkeiten beschreiben etwa Förster/Lishaut (2000), S. 1193 ff.; Haun/Winkler (2001), S. 1389 ff.; Jorde/Götz (2001), S. 1659 f.; Maiterth/Müller (2002), S. 598 ff.

381 Vgl. Knopf/Söffing (1995), S. 3411 f.; Oppen/Polatzky (2012), S. 265 f.

tiert. Daher führt die Aufstockung der stillen Reserven bei der Kapitalgesellschaft zur Verrechnung des Verlustabzugs zu steuerlichen Vorteilen.

Bezieht man Zinseffekte mit in die Betrachtung ein, was angesichts der voneinander abweichenden Zeitpunkte der Besteuerung der aufgedeckten stillen Reserven bei der Buchwertfortführung einerseits und bei der Buchwertaufstockung andererseits erforderlich ist, so kommt es zu gegenläufigen Effekten. Dem Zinsvorteil der späteren Besteuerung beim Buchwertansatz steht der oben beschriebene steuerliche Nachteil gegenüber.

Bei extremen Konstellationen der Einflussfaktoren ist es möglich, dass die Vorteilhaftigkeit des erhöhten Wertansatzes nicht mehr gegeben ist. Demnach lässt sich eine Aussage über den optimalen Wertansatz für den Einzelfall ohne Kenntnis der Zeitpunkte der Auflösung der stillen Reserven, ohne Angaben zum relevanten Kalkulationszinsfuß und Einkommensteuersatz sowie zu der Struktur des Betriebsvermögens nicht treffen.

Auch unter Berücksichtigung von Zinseffekten ist jedoch im Normalfall eine Kompensation des untergehenden verbleibenden Verlustabzugs bei der Kapitalgesellschaft durch Wertaufstockung vorteilhaft.

Zu beachten ist in diesem Zusammenhang allerdings, dass im Zuge der Verrechnung des Verlustvortrags durch eine Aufstockung der stillen Reserven bei der übertragenden Kapitalgesellschaft die Mindestbesteuerung des § 10d Abs. 2 EStG anzuwenden ist. Danach ist der Verlustvortrag nicht im vollem Umfang, sondern nur in Höhe von 1.000.000 € zzgl. 60% der diesen Betrag übersteigenden positiven Einkünfte verrechenbar. Diese Mindestbesteuerung kann dazu führen, dass eine vollständige Nutzung des bestehenden Verlustvortrags nicht mehr vorteilhaft ist.[382]

Im Zusammenhang mit der fehlenden Übertragbarkeit eines Verlustabzugs auf die übernehmende Personengesellschaft stellt sich jedoch die Frage, ob eine Übertragung nicht bereits mittelbar erfolgt ist. Der Verlust hat sich bereits bei seiner Entstehung in der Kapitalgesellschaft mindernd auf das Vermögen ausgewirkt. Dieses reduzierte Vermögen geht durch die Umwandlung auf die Personengesellschaft über und führt somit bereits zu einem niedrigeren Übernahmegewinn.[383] Auf diese Weise wirkt sich der Verlustabzug der Kapitalgesellschaft mittelbar auch ohne gestalterische Maßnahmen auf den Übernahmegewinn bzw. -verlust der Personengesellschaft aus.

Darüber hinaus kann es alternativ zu einer Verschmelzung zu Buchwerten bzw. gemeinen Werten unter bestimmten Voraussetzungen auch vorteilhaft sein, Vermögen auf eine vollkommen andere Weise von einer Kapital- auf eine Personengesellschaft zu übertragen.[384]

Eine Alternative ist z. B. ein Verkauf einzelner oder aller Wirtschaftsgüter durch eine Kapitalgesellschaft im Rahmen eines Asset-Deals zu Verkehrswerten auf eine Personengesellschaft. Die Kapitalgesellschaft erzielt aufgrund des Verkaufs der Wirtschaftsgüter einen Veräußerungsgewinn. Diesen kann sie unter Berücksichtigung der Vorschrift zur Mindestbesteuerung des § 10d EStG mit ggf. bestehenden Verlustvorträgen verrechnen. Die Personengesellschaft gene-

382 Vgl. Oppen/Polatzky (2012), S. 265 f.

383 Vgl. Pung in Dötsch et al. (2012), § 4 UmwStG, Tz. 27.

384 Vgl. zu den verschiedenen Alternativen zur Verschmelzung auch Müller/Langkau/Schmidt (2011).

riert durch den Kaufpreis zusätzliches Abschreibungspotenzial. Werden alle Wirtschaftsgüter verkauft, kann die Kapitalgesellschaft im Anschluss als leere Hülle liquidiert werden.

Soll die Umwandlung einer Kapital- in eine Personengesellschaft vorgenommen werden, da letztere als Rechtsform für den konkreten Fall hinsichtlich der laufenden Ertragsteuerbelastung vorteilhaft ist, so kann dieses Ziel auch durch die Bildung einer Organschaft zwischen beiden Gesellschaften erreicht werden, wobei die Personengesellschaft den Organträger bildet.

7.2.2 Die Verschmelzung zweier oder mehrerer Kapitalgesellschaften

Wie im zuvor beschriebenen Fall geht auch bei der Verschmelzung zweier Kapitalgesellschaften das Vermögen einer übertragenden Kapitalgesellschaft im Wege der Gesamtrechtsnachfolge auf eine bereits bestehende oder neu gegründete Kapitalgesellschaft über.[385] Die übertragende Kapitalgesellschaft wird ohne Abwicklung aufgelöst. Die Anteilsinhaber erhalten eine Beteiligung an der übernehmenden Gesellschaft.[386] Die Anteile an der übertragenden Kapitalgesellschaft gehen unter.

Handelsrechtlich gibt es nur geringe Unterschiede zu der oben dargestellten Verschmelzung einer Kapitalgesellschaft auf eine Personengesellschaft.[387] Die steuerrechtlichen Grundlagen der Verschmelzung von Kapitalgesellschaften regeln die §§ 11-13 und § 19 UmwStG. Von dieser Art der Verschmelzung zu unterscheiden ist die Beteiligung einer Kapitalgesellschaft an einer anderen Kapitalgesellschaft durch Einbringung eines Betriebs, Teilbetriebs oder Mitunternehmeranteils. Dieser Fall wird steuerrechtlich durch die §§ 20-23 UmwStG erfasst.[388]

7.2.2.1 Ertragsteuerliche Auswirkungen auf der Ebene der übertragenden Kapitalgesellschaft

Wie bei der Verschmelzung einer Kapitalgesellschaft auf eine Personengesellschaft dürfen die Beteiligten den handelsrechtlichen Verschmelzungsstichtag bestimmen. Die handelsrechtliche Schlussbilanz ist auf den Tag zu erstellen, der dem handelsrechtlichen Verschmelzungsstichtag vorangeht. Der Stichtag der Schlussbilanz darf höchstens acht Monate vor der Anmeldung zum Handelsregister liegen. In der Schlussbilanz sind die bisherigen Buchwerte fortzuführen.[389]

Die steuerliche Rückwirkung des § 2 Abs. 1 UmwStG gilt auch für die Verschmelzung von Kapitalgesellschaften. Damit ist auch hier der steuerliche Übertragungsstichtag identisch mit dem Tag, auf den die übertragende Kapitalgesellschaft ihre handelsrechtliche Schlussbilanz erstellt. Steuerlich sind die übergehenden Wirtschaftsgüter in der Schlussbilanz grds. mit den gemeinen Werten zu bewerten (§ 11 Abs. 1 Satz 1 UmwStG). Auf Antrag[390] können gemäß § 11 Abs. 2

385 Grds. können auch mehr als zwei Kapitalgesellschaften miteinander verschmolzen werden. Aus Vereinfachungsgründen werden hier nur zwei Kapitalgesellschaften betrachtet.

386 Vgl. Mayer in Widmann/Mayer (2012), vor §§ 46-59 UmwG, Rz. 11-14.

387 Vgl. Brähler (2013), S. 198.

388 Vgl. Kapitel 7.3.1.

389 Vgl. § 17 UmwG sowie Kapitel 7.2.1.1.

390 Bis zu welchem Zeitpunkt und in welcher Form ein Antrag zu stellen ist, erläutert Heinemann (2012), S. 134.

Satz 1 UmwStG auch die Buchwerte fortgeführt oder Zwischenwerte, höchstens jedoch die gemeinen Werte, angesetzt werden, soweit

1. sichergestellt ist, dass die Wirtschaftsgüter später bei der übernehmenden Kapitalgesellschaft der Besteuerung mit Körperschaftsteuer unterliegen[391] und
2. das Besteuerungsrecht der Bundesrepublik Deutschland hinsichtlich des Gewinns aus der Veräußerung der Wirtschaftsgüter bei der übernehmenden Kapitalgesellschaft nicht ausgeschlossen oder beschränkt wird und
3. keine Gegenleistung gewährt wird oder diese in Gesellschaftsrechten besteht.

Die ersten beiden Voraussetzungen sind im reinen Inlandsfall bei der Verschmelzung auf eine unbeschränkt steuerpflichtige Kapitalgesellschaft in aller Regel erfüllt. Soweit eine oder beide Voraussetzungen für einzelne Wirtschaftsgüter nicht erfüllt sind, ist nur für diese der gemeine Wert anzusetzen. Für Wirtschaftsgüter, bei denen alle Voraussetzungen erfüllt sind, bleibt das Wahlrecht erhalten. Es ist für alle Wirtschaftsgüter einheitlich auszuüben.[392]

Die dritte Voraussetzung verlangt, dass die Anteilseigner der übertragenden Kapitalgesellschaft entweder keine Gegenleistung erhalten oder aber diese in Form von Gesellschaftsrechten an der übernehmenden Gesellschaft gewährt wird. Grds. sind im Hinblick auf die Gegenleistung die folgenden Fälle denkbar:

1. Es wird keine Gegenleistung gewährt.
2. Die Gegenleistung besteht aus Gesellschaftsrechten.
3. Die Gegenleistung besteht nicht aus Gesellschaftsrechten.
4. Die Gegenleistung besteht sowohl aus Gesellschaftsrechten als auch aus weiteren Leistungen.

In den ersten beiden Fällen bleibt das Wahlrecht bezüglich des Ansatzes des Buchwerts, gemeinen Werts oder Zwischenwerts bestehen. Ein Vermögensübergang ohne Gewährung einer Gegenleistung liegt beispielsweise vor, wenn die übernehmende Kapitalgesellschaft bereits vor der Verschmelzung zu 100 % an der übertragenden Gesellschaft beteiligt war.[393]

Der dritte Fall umfasst z. B. Umstrukturierungen, in denen Barleistungen erbracht werden oder in denen widersprechende Gesellschafter eine Barabfindung erhalten. Hierbei hat die übertragende Kapitalgesellschaft in ihrer Schlussbilanz insoweit zwingend die gemeinen Werte anzusetzen.[394]

Im Zusammenhang mit dem vierten Fall, dem Mischfall, sind insbesondere die folgenden Varianten von Bedeutung:

---

391 Bei einer Verschmelzung auf eine Organgesellschaft soll nach Ansicht der Finanzverwaltung eine Besteuerung mit Körperschaftsteuer nur sichergestellt sein, soweit die Wirtschaftsgüter beim Organträger der Besteuerung mit Körperschaftsteuer unterliegen. Erfolgt beim Organträger eine Besteuerung mit Einkommensteuer, so soll eine Buchwertfortführung nur im Billigkeitswege möglich sein. Vgl. hierzu Tz. 11.08 UmwStE sowie kritisch Heinemann (2012), S. 134 f.; Schafitzl/Götz (2012), S. 28.

392 Vgl. Felchner/Wendland (2007), S. 168; Winkeljohann/Fuhrmann (2007), S. 779 f.

393 Vgl. Bärwaldt in Haritz/Menner (2009), § 11, Anm. 52. Gemäß § 54 Abs. 1 S. 2 Nr. 2 UmwG ist in solchen Fällen eine Kapitalerhöhung und damit eine Gewährung von Gesellschaftsanteilen durch die übernehmende Gesellschaft nicht notwendig.

394 Vgl. Brähler (2013), S. 240.

1. Die übernehmende Gesellschaft ist teilweise an der übertragenden Gesellschaft beteiligt. Insoweit wird keine Gegenleistung gewährt.

2. Die Anteilseigner der Überträgerin werden zum einen mit Anteilen der Übernehmerin abgefunden, das heißt, die Gegenleistung besteht in Gesellschaftsrechten. Zum anderen erhalten sie darüber hinaus z. B. eine Barzahlung als „Spitzenausgleich", die Gegenleistung besteht damit insoweit nicht in Gesellschaftsrechten.[395]

Als Rechtsfolge sind im Mischfall die in den übertragenen Wirtschaftsgütern ruhenden stillen Reserven insoweit aufzulösen, als die für die Vermögensübertragung gewährte Gegenleistung nicht in Gesellschaftsrechten besteht. Zur Berechnung des Werts der einzelnen Wirtschaftsgüter sind zum Buchwert die anteiligen durch die Gegenleistung aufgelösten stillen Reserven zu addieren. Diese ergeben sich aus dem Verhältnis der nicht in Gesellschaftsrechten bestehenden Gegenleistung zur Gesamtgegenleistung multipliziert mit den in dem betrachteten Wirtschaftsgut ruhenden stillen Reserven:[396]

$$
\begin{array}{ll}
 & \text{Buchwert des Wirtschaftsguts} \\
+ & \dfrac{\text{nicht in Gesellschaftsrechten bestehende Gegenleistung}}{\text{Gesamtgegenleistung}} \\
\cdot & \text{(gemeiner Wert des Wirtschaftsguts - Buchwert des Wirtschaftsguts)} \\
\hline
= & \text{Wertansatz des Wirtschaftsguts}
\end{array}
$$

Zu beachten ist, dass die Aufdeckung von stillen Reserven bei allen Wirtschaftsgütern einheitlich zu erfolgen hat.[397] In der Schlussbilanz der übertragenden Gesellschaft sind nach § 11 Abs. 1 Satz 1 UmwStG alle übergehenden Wirtschaftsgüter zu erfassen, auch die nicht entgeltlich erworbenen oder selbst erstellten immateriellen Wirtschaftsgüter. Hinsichtlich der Bewertung der Wirtschaftsgüter sieht § 11 Abs. 1 Satz 2 UmwStG eine Ausnahme für Pensionsrückstellungen vor. Diese sind wie bei der Verschmelzung einer Kapitalgesellschaft auf eine Personengesellschaft stets mit dem Teilwert nach § 6a EStG zu bewerten. War die übertragende Kapitalgesellschaft bereits vor der Verschmelzung an der übernehmenden Gesellschaft beteiligt, so sind diese Anteile gemäß § 11 Abs. 2 Satz 2 UmwStG in der Schlussbilanz mindestens mit dem Buchwert, erhöht um Abschreibungen sowie um Abzüge nach § 6b EStG, anzusetzen. Die Höchstgrenze stellt hierbei der gemeine Wert dar. Der sich aus der Aufstockung ergebene Gewinn (Beteiligungskorrekturgewinn) unterliegt in voller Höhe der Besteuerung.[398]

Sind die genannten Voraussetzungen des § 11 Abs. 1 Satz 1 Nr. 1 und 2 UmwStG erfüllt, kann durch den Buchwertansatz ein Übertragungsgewinn vermieden werden. Sind die Voraussetzungen für die Fortführung der Buchwerte nicht erfüllt oder stellt die Kapitalgesellschaft keinen Antrag auf deren Fortführung, so entsteht durch die Auflösung der stillen Reserven ein Übertra-

395 Vgl. hierzu auch Junge (2012), Tz. 395 ff.

396 Vgl. Bärwaldt in Haritz/Menner (2009), § 11, Anm. 61; Schwedhelm (2012), Tz. 1122; Dötsch in Dötsch et al. (2012), § 11 UmwStG, Tz. 78.

397 Vgl. Winkeljohann/Fuhrmann (2007), S. 779 f.

398 Vgl. § 11 Abs. 2 Satz 3 UmwStG.

gungsgewinn, welcher als laufender Gewinn in voller Höhe der Körperschaftsteuer und der Gewerbesteuer unterliegt.[399] Das Maßgeblichkeitsprinzip findet hinsichtlich des Wertansatzes auch für Zwecke der Verschmelzung zweier Kapitalgesellschaften keine Anwendung.[400]

7.2.2.2 Ertragsteuerliche Auswirkungen auf der Ebene der übernehmenden Kapitalgesellschaft

Wie im Fall der Verschmelzung einer Kapitalgesellschaft auf eine Personengesellschaft hat die übernehmende Gesellschaft handelsrechtlich nach § 24 UmwG das Wahlrecht, das übernommene Vermögen mit den bisherigen Buchwerten oder mit den Anschaffungskosten anzusetzen.

Steuerlich besteht nach § 12 Abs. 1 Satz 1 UmwStG wiederum die Verpflichtung, die Wertansätze aus der Schlussbilanz der übertragenden Kapitalgesellschaft zu übernehmen. Sofern die Verschmelzung zur Aufnahme erfolgt, ist weder handels- noch steuerrechtlich eine Übernahmebilanz aufzustellen. Die Verschmelzung ist als laufender Geschäftsvorfall bei der übernehmenden Kapitalgesellschaft zu erfassen.[401] Ein wesentlicher Unterschied im Vergleich zur Verschmelzung einer Kapital- auf eine Personengesellschaft besteht darin, dass keine Ausschüttungsfiktion für die offenen Rücklagen der übertragenden Kapitalgesellschaft existiert. Die Fiktion einer Vollausschüttung der offenen Rücklagen ist bei der Verschmelzung von zwei Kapitalgesellschaften nicht erforderlich, da mit § 13 UmwStG eine Vorschrift existiert, die unabhängig von den Rechtsfolgen auf der Ebene der übertragenden und der übernehmenden Kapitalgesellschaft die Auswirkungen bei den Anteilseignern der übertragenden Kapitalgesellschaft beschreibt.

Übernahmeergebnis

Des Weiteren kann bei der übernehmenden Kapitalgesellschaft ein Übernahmegewinn bzw. -verlust entstehen. Im Zuge der Verschmelzung werden die im Vermögen der übernehmenden Kapitalgesellschaft vorhandenen Anteile an der übertragenden Gesellschaft ausgebucht. An ihre Stelle tritt das übergegangene Vermögen. Die Anteile sind zum steuerlichen Übertragungsstichtag mit dem Buchwert, erhöht um steuerwirksam vorgenommene Abschreibungen und Abzüge nach § 6b EStG, höchstens jedoch mit dem gemeinen Wert, anzusetzen.[402] Der Gewinn aus der Wertaufholung unterliegt als laufender Gewinn in voller Höhe der Besteuerung.[403] Die Kosten für den Übergang des Vermögens mindern den Übernahmegewinn bzw. erhöhen den Übernahmeverlust.

Nach § 12 Abs. 2 Satz 1 UmwStG bleibt ein Übernahmegewinn bzw. -verlust im Rahmen der Körperschaftsteuer der übernehmenden Kapitalgesellschaft grds. außer Ansatz. Eine Ausnahme ergibt sich allerdings, wenn der übernehmende Rechtsträger bereits vor der Verschmelzung an der übertragenden Kapitalgesellschaft beteiligt war. In diesem Fall unterliegt der Übernahmegewinn in Höhe der Beteiligungsquote der Körperschaftsteuer. Hierbei ist allerdings die Regelung des § 8b KStG anzuwenden, so dass der Übernahmegewinn nur zu 5 % der Körperschaft-

399 Vgl. Brähler (2013), S. 243.
400 Vgl. auch Winkeljohann/Fuhrmann (2007), S. 777.
401 Vgl. Klein/Müller/Lieber (2012), Tz. 1205.
402 Vgl. § 12 Abs. 1 Satz 2 i. V. m. § 4 Abs. 1 Satz 2 UmwStG.
403 Vgl. Brähler (2013), S. 263.

steuer unterworfen wird.[404] Der Grund für diese Regelung liegt darin, dass der Gesetzgeber verhindern will, dass im Rahmen der Verschmelzung Gewinnrücklagen steuerfrei auf die übernehmende Gesellschaft übergehen. Ist die übernehmende Gesellschaft nicht an der übertragenden beteiligt, so ist nach Auffassung der Finanzverwaltung und des Bundesfinanzhofes dennoch ein Übernahmegewinn zu ermitteln, wobei der Buchwert der Anteile an der übertragenden Gesellschaft mit 0 € anzusetzen ist. Der Gewinn ist in diesem Fall aber nicht zu besteuern, da die Beteiligungsquote der übernehmenden an der übertragenden Kapitalgesellschaft 0 % beträgt.[405] Damit berechnet sich das steuerpflichtige Übernahmeergebnis entsprechend § 12 Abs. 2 UmwStG folgendermaßen:

	Wert, mit dem die Wirtschaftsgüter nach § 12 Abs. 1 Satz 1 UmwStG zu übernehmen sind
-	Kosten der Verschmelzung
-	Buchwert der Anteile an der übertragenden Kapitalgesellschaft
+	Wertaufholung nach § 12 Abs. 1 Satz 2 i. V. m. § 4 Abs. 1 Satz 2 UmwStG
=	Übernahmegewinn/-verlust
·	Beteiligungsquote der übernehmenden an der übertragenden Kapitalgesellschaft
·	5 % (§ 8b Abs. 2 und 3 KStG)
=	steuerpflichtiger Übernahmegewinn/-verlust

Für die Gewerbesteuer gelten die gleichen Vorschriften wie für die Körperschaftsteuer. Demnach unterliegt der Übernahmegewinn auch gewerbesteuerlich in Höhe von 5 % des anteilig in Höhe der Beteiligungsquote auf die übernehmende Kapitalgesellschaft entfallenden Gewinns der Besteuerung.[406]

Übernahmefolgegewinn

Wie bei der Verschmelzung einer Kapitalgesellschaft auf eine Personengesellschaft kann es durch die Vereinigung von Forderungen und Verbindlichkeiten zu einem Übernahmefolgegewinn kommen. Dieser gehört zum laufenden Gewinn der übernehmenden Gesellschaft. Für den Gewinn kann eine ergebnismindernde Rücklage gebildet werden, die in den folgenden drei Wirtschaftsjahren zu je mindestens einem Drittel aufzulösen ist. Die Rücklage kann allerdings nur anteilig in Höhe der Beteiligungsquote der übernehmenden an der übertragenden Gesellschaft gebildet werden.[407]

Eintritt in die Rechtsposition der übertragenden Kapitalgesellschaft

Die übernehmende Kapitalgesellschaft tritt gemäß § 12 Abs. 3 UmwStG in die Rechtsstellung der übertragenden Kapitalgesellschaft ein.

404 Vgl. § 12 Abs. 2 Satz 2 i. V. m. § 8b Abs. 2 und 3 KStG.

405 Vgl. Tz. 12.05 UmwStE; BFH, 9. 1. 2013, I R 24/12, DB 2013, S. 615 ff. So auch Brähler (2013), S. 262. Die überwiegende Literatur lehnt bereits die Ermittlung eines Übernahmeergebnisses in Fällen, in denen die übernehmende Kapitalgesellschaft vor der Verschmelzung nicht an der übertragenden Kapitalgesellschaft beteiligt war, vor dem Hintergrund des Gesetzeswortlauts ab. Vgl. z. B. Schmitt in Schmitt/Hörtnagl/Stratz (2009), § 12 UmwStG, Rn. 44; Schafitzl/Götz (2012), S. 30 f. Die Vorgehensweise der Finanzverwaltung und des Bundesfinanzhofes führt, anders als die Sichtweise der Literatur dazu, dass Kosten der Verschmelzung steuerlich nicht abzugsfähig sind.

406 Vgl. § 19 Abs. 1 i. V. m. § 12 Abs. 2 UmwStG.

407 Vgl. § 12 Abs. 4 i. V. m. § 6 Abs. 1 UmwStG; Dötsch in Dötsch et al. (2012), § 12 UmwStG, Tz. 67; Brähler (2013), S. 28 f.

► **Abschreibungen**

Bei Übernahme der Buchwerte aus der Schlussbilanz der übertragenden Gesellschaft führt die übernehmende Kapitalgesellschaft deren Abschreibungen fort. Für den Fall, dass bei der übertragenden Gesellschaft stille Reserven aufgelöst werden und die übernehmende Gesellschaft die daraus resultierenden höheren Wertansätze zu übernehmen hat, ergeben sich die gleichen Rechtsfolgen wie im Fall der Verschmelzung einer Kapitalgesellschaft auf eine Personengesellschaft. Insofern kann auf die Ausführungen in Kapitel 7.2.1.2 verwiesen werden.

► **Steuerlicher Verlust- und Zinsvortrag**

Verlust,- Zins- und EBITDA-Vorträge der übertragenden Kapitalgesellschaft gemäß § 10d bzw. § 4h Abs. 1 Satz 2 und 3 EStG können gemäß § 12 Abs. 3 i. V. m. § 4 Abs. 2 Satz 2 UmwStG nicht auf die übernehmende Gesellschaft übertragen werden. Wie im Fall der Verschmelzung einer Kapital- auf eine Personengesellschaft kann es vorteilhaft sein, in der Schlussbilanz der übertragenden Gesellschaft die gemeinen Werte oder Zwischenwerte anzusetzen, um auf diese Weise Verlustvorträge zu realisieren.[408]

Zu beachten ist außerdem, dass die Verschmelzung dazu führen kann, dass die übernehmende Kapitalgesellschaft ihren eigenen Verlustvortrag nicht mehr nutzen kann, da bei einer Verschmelzung unter Umständen ein schädlicher Beteiligungserwerb i. S. d. § 8c KStG vorliegt. Konkret geht der Verlustabzug quotal unter, wenn die Gesellschafter der übertragenden Kapitalgesellschaft zu mehr als 25 % an der übernehmenden Gesellschaft beteiligt werden. Bei einer Beteiligung von mehr als 50 % geht der Verlustabzug in voller Höhe unter.[409] In diesem Zusammenhang ist allerdings zu beachten, dass der Anwendungsbereich des § 8c KStG durch die im Rahmen des Wachstumsbeschleunigungsgesetzes eingeführte Konzernklausel (§ 8c Abs. 1 Satz 5 KStG) und die Stille-Reserven-Klausel (§ 8c Abs. 1 Satz 6 bis 8 KStG) eingeschränkt wurde.[410]

7.2.2.3 Ertragsteuerliche Auswirkungen bei den Anteilseignern der übertragenden Kapitalgesellschaft

Hinsichtlich der Rechtsfolgen auf der Ebene der Anteilseigner der übertragenden Kapitalgesellschaft ist dahingehend zu unterscheiden, um welche Art von Anteilen es sich handelt:

Im Rahmen der Verschmelzung erhalten die Anteilseigner der übertragenden Kapitalgesellschaft i. d. R. Anteile an der übernehmenden Gesellschaft. Die Anteile an der übertragenden Gesellschaft gehen unter.

Bei Anteilen, die in einem Betriebsvermögen gehalten werden, bei Beteiligungen von mindestens 1 % im Privatvermögen (Anteile i. S. d. § 17 EStG) und bei alteinbringungsgeborenen Antei-

408 Vgl. Madl (2008), S. 85.

409 Vgl. § 8c Satz 1 und 2 KStG. Vgl. auch die Ausführungen von Brähler (2013), S. 266 ff.

410 Vgl. BGBl. 2009 I, S. 3952. Vgl. hierzu auch ausführlich Sistermann/Brinkmann (2009). Eine Sanierungsklausel wurde im Rahmen des Bürgerentlastungsgesetzes in § 8c Abs. 1a KStG eingeführt. Die EU-Kommission hat die Sanierungsklausel jedoch als unzulässige Beihilfe und damit als nicht vereinbar mit dem EU-Recht angesehen. Vgl. Beschluss der Kommission vom 26. 1. 2011, ABl. 2011, L 235/26. Die Regelung war bereits aufgrund der Einleitung des förmlichen Prüfverfahrens nach Art. 108 Abs. 2 AEUV gemäß BMF-Schreiben vom 30. 4. 2010, BStBl. 2010 I, S. 488, nicht mehr anzuwenden.

len i. S. d. § 21 UmwStG a. F. bestimmen sich die Rechtsfolgen nach § 13 UmwStG, in allen anderen Fällen sind die Vorschriften des § 20 Abs. 4a Satz 1 und 2 EStG anzuwenden.[411]

Auch wenn es sich um Anteile der oben genannten Art handelt, auf die § 13 UmwStG grds. anwendbar wäre, so ist dies dennoch insoweit nicht der Fall, als die übernehmende Gesellschaft bereits vor der Verschmelzung an der übertragenden Gesellschaft beteiligt war.[412]

Die Regelung des § 13 UmwStG ist ebenfalls nur insoweit anzuwenden, als dem Anteilseigner der übertragenden Kapitalgesellschaft keine Gegenleistung oder eine in Gesellschaftsrechten bestehende Gegenleistung gewährt wird.[413] Wird beispielsweise ein ausscheidender Gesellschafter in bar abgefunden, so liegt ein Veräußerungsvorgang vor, der nach den allgemeinen Vorschriften des EStG zu beurteilen ist. Die Barabfindung stellt hierbei den Veräußerungspreis dar.[414]

Werden als Abfindung neben den Anteilen an der übernehmenden Gesellschaft zusätzlich Barzuzahlungen gewährt, so ist § 13 UmwStG lediglich insoweit nicht anwendbar. Die Barzuzahlungen stellen in diesem Fall einen Veräußerungserlös für die Teilaufgabe der Beteiligung dar. Veräußerungsgewinn ist der Betrag, um den die Zuzahlung den anteiligen Buchwert der untergehenden Anteile des Gesellschafters übersteigt. Die Steuerpflicht des Veräußerungsgewinns richtet sich nach den allgemeinen Vorschriften.[415]

Liegen Anteile vor, auf die die Vorschrift des § 13 UmwStG nach den oben genannten Grundsätzen Anwendung findet, so ergeben sich die folgenden steuerlichen Konsequenzen:

Nach § 13 Abs. 1 UmwStG gelten die Anteile an der übertragenden Kapitalgesellschaft als zum gemeinen Wert veräußert und die Anteile an der übernehmenden Kapitalgesellschaft als zum gemeinen Wert der untergegangenen Anteile angeschafft. Auf Antrag können gemäß § 13 Abs. 2 UmwStG auch die Buchwerte angesetzt werden, wenn

1. das Besteuerungsrecht der Bundesrepublik Deutschland hinsichtlich des Gewinns aus der Veräußerung der Anteile an der übernehmenden Kapitalgesellschaft nicht ausgeschlossen oder beschränkt wird oder
2. die an der Verschmelzung beteiligten Mitgliedstaaten der Europäischen Union die Fusionsrichtlinie anzuwenden haben. Diese verbietet Deutschland unter bestimmten Voraussetzungen die zwangsweise Aufdeckung der stillen Reserven, und zwar auch dann, wenn das deutsche Besteuerungsrecht ausgeschlossen oder beschränkt wird.[416]

Handelt es sich bei den Anteilen an der übertragenden Gesellschaft um Anteile i. S. d. § 17 EStG, so treten an die Stelle des Buchwerts die Anschaffungskosten. Der Ansatz eines Zwischenwerts ist in keinem Fall möglich.[417]

In Abhängigkeit davon, ob ein Ansatz der Buchwerte oder der gemeinen Werte erfolgt, ergeben sich unterschiedliche steuerliche Konsequenzen:

411 Vgl. Tz. 13.01 UmwStE; Schafitzl/Götz (2012), S. 31.
412 Vgl. Tz. 13.01 UmwStE.
413 Vgl. Tz. 13.02 UmwStE.
414 Vgl. Brähler (2013), S. 325 f.
415 Vgl. Tz. 13.02 UmwStE; Dötsch in Dötsch et al. (2012), § 13 UmwStG, Tz. 18.
416 Vgl. Schmitt/Schlossmacher (2009); Junge (2012), Tz. 515.
417 Vgl. Krohn/Greulich (2008), S. 653.

1. Steuerliche Konsequenzen bei Buchwertfortführung

Sind die Voraussetzungen für die Buchwertfortführung erfüllt und wird ein Antrag gestellt, so gelten die Anteile an der übertragenden Kapitalgesellschaft als zum Buchwert veräußert und die Anteile an der übernehmenden Kapitalgesellschaft als zum Buchwert der untergegangenen Anteile angeschafft. Die neuen Anteile treten nach § 13 Abs. 2 Satz 2 UmwStG steuerlich an die Stelle der Anteile an der übertragenden Gesellschaft.

Eine Besonderheit stellen die so genannten verschmelzungsgeborenen Anteile dar. Hält ein Gesellschafter eine Beteiligung i. S. d. § 17 EStG, so sind die Anteile, die der Gesellschafter an der übernehmenden Kapitalgesellschaft erhält, ebenfalls Anteile i. S. d. § 17 EStG. Dies gilt durch die fingierte Rechtsnachfolge des § 13 Abs. 2 Satz 2 UmwStG auch dann, wenn der Gesellschafter an der übernehmenden Kapitalgesellschaft zu weniger als 1 % beteiligt ist.[418]

Das Wahlrecht auf Fortführung der Buchwerte bezüglich der Anteile an der übertragenden Gesellschaft ist unabhängig davon, ob das übertragene Vermögen mit den Buchwerten, Zwischenwerten oder gemeinen Werten angesetzt wird. Dies bedeutet, dass ein Antrag auf Buchwertfortführung bei Erfüllung der genannten Voraussetzungen auch dann möglich ist, wenn das übertragene Vermögen in der Schlussbilanz der übertragenden Kapitalgesellschaft mit den gemeinen Werten angesetzt wird.[419]

2. Steuerliche Konsequenzen bei Ansatz der gemeinen Werte

Bei Ansatz der gemeinen Werte gelten die Anteile an der übertragenden Gesellschaft als zum gemeinen Wert veräußert und die Anteile an der übernehmenden Gesellschaft als zum gemeinen Wert der untergehenden Anteile angeschafft.

Ein Veräußerungsgewinn entsteht in dem Zeitpunkt der zivilrechtlichen Wirksamkeit der Umwandlung, das heißt im Zeitpunkt der Eintragung der Verschmelzung ins Handelsregister. Für die Anteilseigner der übertragenden Kapitalgesellschaft existiert keine Rückwirkungsfiktion.[420]

Soweit auf die Anteile an der übertragenden Kapitalgesellschaft die Vorschrift des § 20 Abs. 4a EStG anzuwenden ist (dies ist insbesondere bei Anteilen von weniger als 1 % im Privatvermögen der Fall), so ist unter bestimmten Voraussetzungen ebenfalls ein steuerneutraler Tausch der Anteile möglich.

7.2.2.4 Ertragsteuerliche Vorteilhaftigkeits- und Gestaltungsüberlegungen bei der Verschmelzung von zwei Kapitalgesellschaften

Das Umwandlungssteuergesetz ermöglicht einen erfolgsneutralen Vermögensübergang von einer Kapitalgesellschaft auf eine andere Kapitalgesellschaft, soweit für die Vermögensübertragung keine oder nur eine in Gesellschaftsrechten bestehende Gegenleistung gewährt wird und eine spätere Besteuerung der stillen Reserven in Deutschland sichergestellt ist. Alternativ können im Umwandlungszeitpunkt die vorhandenen stillen Reserven vollständig oder teilweise durch Ansatz des Betriebsvermögens mit Werten über dem Buchwert aufgelöst werden. Sind die Voraussetzungen für den Ansatz der Buchwerte nicht erfüllt, ist das Vermögen mit den ge-

418 Vgl. Madl (2008), S. 95; Dötsch in Dötsch et al. (2012), § 13 UmwStG, Tz. 56.
419 Vgl. Tz. 13.05 UmwStE.
420 Vgl. Tz. 13.06 UmwStE; Schafitzl/Götz (2012), S. 32.

meinen Werten anzusetzen. Die übernehmende Gesellschaft tritt hinsichtlich der Abschreibungen in die Rechtsstellung der übertragenden Gesellschaft ein. Dies gilt allerdings nicht für einen steuerlichen Verlust-, Zins- oder EBITDA-Vortrag.

Das folgende Beispiel soll, ähnlich wie in Kapitel 7.2.1.3, den Gang der Entscheidungsfindung im Umwandlungszeitpunkt verdeutlichen:

BEISPIEL: **Verschmelzung einer Kapitalgesellschaft auf eine andere Kapitalgesellschaft**

Annahmen:

- die Voraussetzungen für einen erfolgsneutralen Vermögensübergang gemäß § 11 Abs. 2 UmwStG liegen vor;
- die übernehmende Kapitalgesellschaft ist an der übertragenden Kapitalgesellschaft zu 100 % beteiligt, eine Gegenleistung wird daher nicht gewährt;
- der Buchwert der Beteiligung an der übertragenden Gesellschaft entspricht dem Buchwert des übernommenen Vermögens;
- die Gesellschafter der übernehmenden Kapitalgesellschaft sind ausschließlich natürliche Personen, die ihre Beteiligung im Privatvermögen halten;
- alle Wirtschaftsgüter der übertragenden Gesellschaft sind abnutzbar mit einer Restnutzungsdauer von 2 Jahren im Umwandlungszeitpunkt t_u;
- der nachsteuerliche Kalkulationszins beträgt $i_s = 0{,}0385$;
- Thesaurierung aller Gewinne in $t > t_u$;
- Verschrottung der übergegangenen Wirtschaftsgüter am Ende der Nutzungsdauer zum Buchwert;
- von gewerbesteuerlichen Belastungen wird zur Vereinfachung abstrahiert;
- alle Angaben erfolgen in T€ (Tausend Euro).

Es gilt außerdem:

	Wertansatz in t_u	lineare AfA in t_{u+1}	lineare AfA in t_{u+2}
Buchwertansatz	1.000	500	500
Ansatz des gemeinen Werts	1.200	600	600

Ermittlung der Steuerbarwertdifferenz zwischen Buchwertansatz und Ansatz der gemeinen Werte:

	Steuern beim Buchwertansatz	Steuern beim Ansatz des gemeinen Werts	Differenz
t_u		$0{,}15 \cdot 200$	
	0	$+0{,}15 \cdot 0{,}05 \cdot 200 = 31{,}5$	-31,5
t_{u+1}	$0{,}15 \cdot (-500) = -75$	$0{,}15 \cdot (-600) = -90$	15
t_{u+2}	$0{,}15 \cdot (-500) = -75$	$0{,}15 \cdot (-600) = -90$	15

Daraus ergibt sich der Barwert der einzelnen Steuerzahlungen:

beim Buchwertansatz	beim Ansatz des gemeinen Werts	Differenz
-141,76	-138,61	-3,15

Der Buchwertansatz ist im gewählten Fall steuerlich günstiger als der Ansatz des gemeinen Werts. Die Ursache hierfür ist, dass die bei Ansatz des gemeinen Werts im Vergleich zum Buchwertansatz höheren diskontierten abschreibungsbedingten Steuerersparnisse die positive Steuerzahlung in t_u nicht kompensieren können.

Wird zusätzlich zur Körperschaftsteuer die Gewerbesteuer in die Betrachtung einbezogen, ändert sich das Ergebnis. In diesem Fall führt der Ansatz des gemeinen Werts zu einem Steuerbarwert von -267,99, während beim Buchwertansatz lediglich ein Steuerbarwert von -141,76 erzielt werden kann. Die Gewerbesteuer wird zusätzlich auf den Übertragungs- und den Übernahmegewinn erhoben und führt daher isoliert betrachtet zu einer zusätzlichen Steuerlast bei Ansatz des gemeinen Werts. Gleichzeitig können allerdings die zusätzlichen Abschreibungen bei der übernehmenden Kapitalgesellschaft auch im Rahmen der Gewerbesteuer in Abzug gebracht werden. Da die Abschreibungen bei Ansatz des gemeinen Werts höher sind, ist die Steuerentlastung in diesem Fall ebenfalls höher. Der Abschreibungseffekt ist im vorliegenden Fall größer als der Effekt aufgrund der höheren Belastung von Übertragungs- und Übernahmegewinn, so dass insgesamt der Ansatz des gemeinen Werts vorteilhaft ist.

Eine Vorteilhaftigkeit des gemeinen Werts ist auch dann gegeben, wenn die Gewinne der übernehmenden Gesellschaft ausgeschüttet werden und damit beim Anteilseigner zu Einkünften aus Kapitalvermögen führen. Die Kapitalerträge unterliegen dem Abgeltungssteuersatz von 25 %. Aufgrund der höheren Abschreibung bei Ansatz der gemeinen Werte ist der Betrag, der ausgeschüttet werden kann, geringer. Dies führt zu einer geringeren Steuerbelastung auf der Ebene der Anteilseigner. Unter Annahme der Vollausschüttung ergeben sich bei Ansatz der Buchwerte bzw. der gemeinen Werte die folgenden Steuerbelastungen:

	Steuern beim Buchwertansatz	Steuern beim Ansatz des gemeinen Werts	Differenz
t_u		$0{,}15 \cdot 200$	
	0	$+0{,}15 \cdot 0{,}05 \cdot 200 = 31{,}5$	-31,5
t_{u+1}	$0{,}15 \cdot (-500)$	$0{,}15 \cdot (-600)$	
	$+0{,}25 \cdot (-500) = -200$	$+0{,}25 \cdot (-600) = -240$	40
t_{u+2}	$0{,}15 \cdot (-500)$	$0{,}15 \cdot (-600)$	
	$+0{,}25 \cdot (-500) = -200$	$+0{,}25 \cdot (-600) = -240$	40

Daraus ergibt sich der Barwert der einzelnen Steuerzahlungen:

beim Buchwertansatz	beim Ansatz des gemeinen Werts	Differenz
-378,03	-422,14	44,11

Wird zusätzlich zur Körperschaftsteuer die Gewerbesteuer in die Betrachtung einbezogen, so verstärkt sich die Vorteilhaftigkeit des Ansatzes des gemeinen Werts noch. In diesem Fall kann ein Steuerbarwert von -551,51 erzielt werden, während der Steuerbarwert beim Buchwertansatz nur -378,03 beträgt.

Hinsichtlich der Abschreibungen ist allerdings zusätzlich zu bedenken, dass die Auflösung der stillen Reserven auch zur Wertaufstockung nicht abnutzbarer Wirtschaftsgüter führt, für die zukünftig keine Abschreibungsvorteile erzielt werden können. Der höhere Wertansatz beim gemeinen Wert wirkt sich in diesem Fall erst bei einer Veräußerung des Vermögens durch einen niedrigeren Veräußerungsgewinn im Vergleich zum Buchwertansatz steuerlich zu Gunsten des gemeinen Werts aus. Damit ist die Frage, ob aus steuerlichen Gründen der gemeine Wert oder der Buchwert gewählt werden sollte, in erster Linie danach zu beurteilen, wie lange das Vermögen im Betriebsvermögen der übernehmenden Kapitalgesellschaft verbleibt.

7.3 Die Einbringung von Unternehmensteilen in eine Kapitalgesellschaft und Anteilstausch

Der Begriff der Einbringung wird im Umwandlungsgesetz nicht verwendet, es handelt sich um einen rein steuerlichen Begriff. Das Umwandlungssteuergesetz unterscheidet zwischen der Einbringung von Unternehmensteilen in eine Kapitalgesellschaft und Anteilstausch (§§ 20-23

UmwStG), welche in diesem Kapitel vorgestellt werden, und der Einbringung eines Betriebs, Teilbetriebs oder Mitunternehmeranteils in eine Personengesellschaft (§ 24 UmwStG), welche in Kapitel 7.4 behandelt wird.[421]

Anders als bei den beiden dargestellten Fällen der Verschmelzung ist für die Einbringungsfälle keine Umwandlung i. S. d. Umwandlungsgesetzes und damit keine Gesamtrechtsnachfolge erforderlich.[422] Allen Einbringungsfällen gemein ist, dass, sofern bestimmte Voraussetzungen erfüllt sind, eine erfolgsneutrale Umstrukturierung ohne Aufdeckung der stillen Reserven möglich ist.

Gegenstand einer Einbringung i. S. d. §§ 20-23 UmwStG können keine Einzelwirtschaftsgüter, sondern nur Sachgesamtheiten sein.[423] Konkret können Betriebe, Teilbetriebe, Mitunternehmeranteile (Sacheinlage) oder Anteile an Kapitalgesellschaften (Anteilstausch) in eine Kapitalgesellschaft eingebracht werden. Als Gegenleistung für die eingebrachten Wirtschaftsgüter dürfen sowohl im Fall der Sacheinlage als auch des Anteilstauschs nur neue Anteile an der übernehmenden Kapitalgesellschaft gewährt werden.[424] Neu sind die Anteile nur dann, wenn sie im Rahmen einer Sachgründung oder Sachkapitalerhöhung entstehen.[425] Besteht die Gegenleistung in Geld oder anderen Wirtschaftsgütern, so liegt ein Veräußerungs- bzw. Tauschvorgang vor, bei dem zwingend die stillen Reserven aufzulösen sind.[426]

Abzugrenzen ist die Einbringung nach den §§ 20-23 UmwStG von der Realteilung nach § 16 Abs. 3 EStG. Bei der Realteilung wird das Vermögen einer Personengesellschaft auf die Mitunternehmer aufgeteilt. Grds. ist es im Rahmen einer Realteilung möglich, Teilbetriebe, Mitunternehmeranteile oder einzelne Wirtschaftsgüter zum Buchwert und damit steuerneutral auf die Betriebsvermögen der Mitunternehmer aufzuteilen. Hierbei ist jedoch zu beachten, dass bei einer Realteilung mit einzelnen Wirtschaftsgütern die gemeinen Werte anzusetzen sind, soweit es sich bei den Mitunternehmern um Kapitalgesellschaften handelt.[427]

Umsatzsteuerlich gelten für die Einbringung eines Betriebs oder Teilbetriebs die Ausführungen zur Verschmelzung entsprechend. Nach § 1 Abs. 1a UStG liegt i. d. R. eine nicht steuerbare Geschäftsveräußerung im Ganzen vor.[428] Bei der Einbringung eines Mitunternehmeranteils oder einer Beteiligung an einer Kapitalgesellschaft handelt es sich um umsatzsteuerbare Umsätze, die jedoch nach § 4 Nr. 8 Buchst. f UStG steuerbefreit sind.[429] Folglich führen Einbringungsvorgänge grds. nicht zu Belastungen mit Umsatzsteuer, es sei denn, bei den beiden zuletzt genannten Fällen wird gemäß § 9 UStG auf die Steuerfreiheit verzichtet. Dies kann vorteilhaft sein, um die Vorsteuer aus den im Zusammenhang mit der Einbringung stehenden Eingangsleistungen geltend machen zu können.

---

421 Einen Überblick über Zweifelsfragen bei der Einbringung von Unternehmensteilen in eine Kapitalgesellschaft und Anteilstausch vor dem Hintergrund des neuen Umwandlungssteuererlasses geben Benz/Rosenberg (2012); Rasche (2012).

422 Vgl. Brähler (2013), S. 439.

423 Vgl. Patt in Dötsch et al. (2012), §§ 20-23 UmwStG, Tz. 20 ff.

424 Vgl. §§ 20 Abs. 1 Satz 1 und 21 Abs. 1 Satz 1 UmwStG.

425 Vgl. Ott (2012), S. 132; Patt in Dötsch et al. (2012), § 20 UmwStG, Tz. 170.

426 Vgl. Brähler (2013), S. 443 f.

427 Vgl. § 16 Abs. 3 Satz 4 EStG.

428 Vgl. Schlosser-Zeuner in Buntjes/Geist (2009), § 1 UStG, Rn. 101.

429 Vgl. Schlosser-Zeuner in Buntjes/Geist (2009), § 1 UStG, Rn. 48.

Wie bei den Verschmelzungen ist auch bei Einbringungen in eine Kapitalgesellschaft die Überführung von Grundstücken grunderwerbsteuerbar.[430]

Im Weiteren werden zunächst die steuerlichen Folgen einer Sacheinlage dargestellt. Auf die Besonderheiten des Anteilstauschs wird im Abschnitt 7.3.2 eingegangen.

7.3.1 Die Einbringung von Unternehmensteilen in eine Kapitalgesellschaft

7.3.1.1 Ertragsteuerliche Auswirkungen bei der übernehmenden Kapitalgesellschaft

Die Anwendungsfälle des § 20 UmwStG werden abschließend in § 1 Abs. 3 UmwStG aufgeführt. Unter diese Vorschrift fallen die folgenden Umstrukturierungen im Wege der Gesamtrechts- bzw. Sonderrechtsnachfolge sowie vergleichbare ausländische Vorgänge:

- Verschmelzung einer Personengesellschaft auf eine Kapitalgesellschaft;
- Aufspaltung, Abspaltung oder Ausgliederung einer Personengesellschaft auf eine Kapitalgesellschaft;[431]
- Ausgliederung einer Kapitalgesellschaft auf eine andere Kapitalgesellschaft;[432]
- Formwechsel einer Personengesellschaft in eine Kapitalgesellschaft.[433]

Des Weiteren sind unter diese Vorschrift vor allem die folgenden Fälle der Einzelrechtsnachfolge zu subsumieren:

- Sachgründung einer Kapitalgesellschaft gemäß § 5 Abs. 4 GmbHG bzw. § 27 AktG;
- Kapitalerhöhung bei einer bestehenden Kapitalgesellschaft durch Sacheinlagen gemäß § 56 GmbHG bzw. §§ 183, 194, 205 AktG.[434]

Gegenstand der Sacheinlage

Gegenstand der Sacheinlage kann nur ein Betrieb, Teilbetrieb oder Mitunternehmeranteil sein. Diese Begriffe sind im Umwandlungssteuergesetz nicht definiert. Im Wesentlichen sind aber die allgemeinen Vorschriften des Einkommensteuerrechts anwendbar.[435]

Bei einem Betrieb handelt es sich um einen selbständigen Organismus des Wirtschaftslebens.[436] Ein Teilbetrieb ist ein organisch geschlossener Teil eines Gesamtbetriebs, der mit einer gewissen Selbständigkeit ausgestattet ist, alle Merkmale eines Betriebs aufweist und für sich lebensfähig ist.[437]

---

430 Vgl. Fischer in Borrutau (2011), § 1 GrEStG, Rn. 376. Erfolgt die Einbringung im Wege der Gesamtrechtsnachfolge, so ergibt sich die Grunderwerbsteuerbarkeit aufgrund von § 1 Abs. 1 Nr. 3 GrEStG, bei einer Einzelrechtsnachfolge aufgrund von § 1 Abs. 1 Nr. 1 GrEStG.

431 Vgl. Kapitel 7.5.2.

432 Vgl. Kapitel 7.5.1.3. Die Auf- und Abspaltung einer Kapitalgesellschaft auf eine andere Kapitalgesellschaft fällt unter die §§ 11-13 UmwStG; vgl. Kapitel 7.2.2.

433 Vgl. Kapitel 7.6.2.

434 Vgl. Patt in Dötsch et al. (2012), § 20 UmwStG, Tz. 159.

435 Vgl. Heß/Schnitger in PricewaterhouseCoopers AG (2008), Tz. 1527. Vgl. bzgl. einer Definition der einzelnen Begriffe ausführlich Junge (2012), Tz. 604 ff.

436 Vgl. BFH, 11. 3. 1982, IV R 25/79, BStBl. 1982 II, S. 707.

437 Vgl. R 16 Abs. 3 Satz 1 EStR.

Die Anwendung des § 20 UmwStG erfordert, dass ein Betrieb bzw. Teilbetrieb mit allen wesentlichen Betriebsgrundlagen eingebracht wird.[438] Wesentliche Betriebsgrundlagen im Rahmen des § 20 UmwStG sind alle Wirtschaftsgüter, die zur Erreichung des Betriebszwecks erforderlich sind (funktionale Betrachtungsweise).[439] Darauf, dass in den betreffenden Wirtschaftsgütern erhebliche stille Reserven vorhanden sind (quantitative Betrachtungsweise), kommt es, anders als im Einkommensteuerrecht, nicht an.[440] Bei der Einbringung eines Teilbetriebs ist nach Ansicht der Finanzverwaltung erforderlich, dass neben den funktional wesentlichen Wirtschaftsgütern auch alle Wirtschaftsgüter eingebracht werden, die dem Teilbetrieb nach wirtschaftlichen Zusammenhängen zuordenbar sind. Nicht erforderlich ist, dass beim Einbringenden auch ein Teilbetrieb zurückbleibt.[441] Im Gegensatz zum Einkommensteuerrecht stellt eine 100 %-ige Beteiligung an einer Kapitalgesellschaft keinen Teilbetrieb i. S. d. § 20 UmwStG dar.[442] Für die Einbringung von Anteilen an Kapitalgesellschaften sind ausschließlich die Vorschriften über den Anteilstausch des § 21 UmwStG anwendbar, es sei denn, dass die Anteile im Rahmen eines Betriebs, Teilbetriebs oder Mitunternehmeranteils eingebracht werden.

Werden bei der Einbringung wesentliche Betriebsgrundlagen zurückbehalten, so ist die Vorschrift des § 20 UmwStG nicht anwendbar. Die in den eingebrachten Wirtschaftsgütern enthaltenen stillen Reserven sind in voller Höhe aufzudecken, da die Einbringung als Tausch gegen die Gewährung von Gesellschaftsrechten gewertet wird.[443] Werden nicht wesentliche Betriebsgrundlagen zurückbehalten, so steht dies einer Anwendung des § 20 UmwStG nicht entgegen.[444]

Die Definition des Mitunternehmeranteils ist identisch mit der Definition im Einkommensteuerrecht. Mitunternehmer ist danach der Gesellschafter einer Personengesellschaft, sofern er Mitunternehmerrisiko trägt und Mitunternehmerinitiative entfaltet.[445] Neben dem Anteil am Gesamthandsvermögen gehört zum Mitunternehmeranteil auch das Sonderbetriebsvermögen, so dass auch die wesentlichen Betriebsgrundlagen des Sonderbetriebsvermögens eingebracht werden müssen.[446] Die Einbringung des Teils eines Mitunternehmeranteils erfüllt ebenfalls die Voraussetzungen einer Sacheinlage. In diesem Zusammenhang ist auch das anteilige Sonderbetriebsvermögen einzubringen.[447]

Einbringender

Einbringender ist derjenige, der die Gegenleistung im Rahmen der Einbringung erhält, das heißt derjenige, der neue Anteile an der übernehmenden Kapitalgesellschaft erhält.[448] Grds. kann Einbringender eine natürliche Person, Kapitalgesellschaft oder Personengesellschaft sein. Handelt es sich um eine natürliche Person, so muss diese einen Wohnsitz oder ihren gewöhnlichen Auf-

438 Vgl. Tz. 20.06 UmwStE.
439 Vgl. BT-Drucks. 16/2710 vom 25. 9. 2006, S. 42.
440 Vgl. Rasche (2012), S. 151 f.; Patt in Dötsch et al. (2012), § 20 UmwStG, Tz. 42 f.; Brähler (2013), S. 465.
441 Vgl. Tz. 20.06 i. V. m. 15.02 UmwStE. Vgl. hierzu auch Benz/Rosenberg (2012), S. 39 f.
442 Vgl. § 16 Abs. 1 Satz 1 Nr. 1 EStG; BT-Drucks. 16/2710 vom 25. 9. 2006, S. 42.
443 Vgl. § 6 Abs. 6 Satz 1 EStG.
444 Vgl. Brähler (2013), S. 470.
445 Vgl. Patt in Dötsch et al. (2012), § 20 UmwStG, Tz. 119. Zu den Begriffen Mitunternehmerrisiko und Mitunternehmerinitiative vgl. auch H 15.8 (1) EStH.
446 Vgl. Patt in Dötsch et al. (2012), § 20 UmwStG, Tz. 124.
447 Vgl. BT-Drucks. 16/2710 vom 25. 9. 2006, S. 42; Winkeljohann/Fuhrmann (2007), S. 842.
448 Vgl. Tz. 22.02 UmwStE sowie erläuternd Benz/Rosenberg (2012), S. 39.

enthalt in einem EU- oder EWR-Staat haben.[449] Bei Kapital- und Personengesellschaften müssen sich sowohl der Sitz als auch der Ort der Geschäftsleitung innerhalb des EU-/EWR-Bereichs befinden (doppelte Ansässigkeit).[450] Wird das Vermögen einer Personengesellschaft eingebracht, so ist hinsichtlich der Person des Einbringenden danach zu unterscheiden, ob die Personengesellschaft nach der Einbringung fortbesteht oder nicht. Bei Fortbestehen der Personengesellschaft ist die Personengesellschaft selbst der Einbringende, andernfalls deren Mitunternehmer.[451] Die Mitunternehmer müssen daher zusätzlich zu den Anforderungen, die an die Personengesellschaft gestellt werden, in Abhängigkeit davon, ob es sich um natürliche Personen oder Kapitalgesellschaften handelt, die jeweiligen persönlichen Voraussetzungen erfüllen.[452]

Erfüllt der Einbringende die genannten Voraussetzungen nicht, ist die Regelung des § 20 UmwStG dennoch anwendbar, wenn das Besteuerungsrecht der Bundesrepublik Deutschland hinsichtlich des Gewinns aus der Veräußerung der erhaltenen Anteile nicht ausgeschlossen oder nicht beschränkt ist.[453]

Übernehmende Kapitalgesellschaft

Bei der übernehmenden Kapitalgesellschaft kann es sich sowohl um eine inländische als auch eine ausländische Kapitalgesellschaft handeln. Voraussetzung ist, dass die Kapitalgesellschaft nach den Rechtsvorschriften eines EU- oder EWR-Staates gegründet wurde und sich sowohl der Sitz als auch der Ort der Geschäftsleitung in einem dieser Staaten befindet. Zudem darf die Gesellschaft nicht aufgrund eines DBA mit einem Drittstaat als außerhalb des EU-/EWR-Bereichs ansässig gelten.[454] Irrelevant ist, ob die Kapitalgesellschaft in Deutschland unbeschränkt oder beschränkt körperschaftsteuerpflichtig ist. Dies hat, wie noch gezeigt wird, nur Auswirkungen auf die Bewertung des eingebrachten Vermögens.[455]

Einbringungszeitpunkt

Der steuerliche Übertragungsstichtag (Einbringungszeitpunkt) ist grds. der Zeitpunkt der Übertragung des wirtschaftlichen Eigentums des eingebrachten Vermögens, also der Zeitpunkt des Übergangs von Nutzen und Lasten. Dieser wird durch die beteiligten Personen im Einbringungsvertrag festgelegt. Im Fall einer Einbringung durch Gesamtrechtsnachfolge bzw. Sonderrechtsnachfolge (Verschmelzung oder Spaltung) erfolgt der Übergang des wirtschaftlichen Eigentums jedoch spätestens mit der Eintragung der Verschmelzung bzw. Spaltung ins Handelsregister.[456]

Auf Antrag dürfen nach § 20 Abs. 5 Satz 1 UmwStG das Einkommen und das Vermögen des Einbringenden und der übernehmenden Kapitalgesellschaft auch so ermittelt werden, als ob das eingebrachte Vermögen mit Ablauf eines abweichenden, zeitlich vor dem Übergang des wirtschaftlichen Eigentums liegenden Stichtags, auf die Kapitalgesellschaft übergegangen wäre.

449 Vgl. § 1 Abs. 4 Satz 1 Nr. 2 Buchst. a Doppelbuchst. bb i. V. m. Abs. 2 Satz 1 Nr. 2 UmwStG.
450 Vgl. § 1 Abs. 4 Satz 1 Nr. 2 Buchst. a Doppelbuchst. aa i. V. m. Abs. 2 Satz 1 Nr. 1 UmwStG.
451 Vgl. Tz. 22.03 UmwStE; Stangl (2012), S. 253 f.
452 Vgl. Hagemann et al. (2007), S. 34.
453 Vgl. § 1 Abs. 4 Satz 1 Nr. 2 Buchst. b UmwStG.
454 Vgl. § 1 Abs. 4 Satz 1 Nr. 1 i. V. m. Abs. 2 Satz 1 Nr. 1 UmwStG.
455 Vgl. Patt in Dötsch et al. (2012), § 20 UmwStG, Tz. 10.
456 Vgl. Tz. 20.13 UmwStE; Patt in Dötsch et al. (2012), § 20 UmwStG, Tz. 301. Sofern im Folgenden von Fällen der Gesamtrechtsnachfolge die Rede ist, ist immer auch der Fall der partiellen Gesamtrechtsnachfolge bzw. Sonderrechtsnachfolge gemeint.

Bei einer Gesamtrechtsnachfolge darf als abweichender steuerlicher Übertragungsstichtag nur der Tag gewählt werden, auf den die übertragende Unternehmung ihre handelsrechtliche Schlussbilanz aufstellt. Dieser Stichtag darf höchstens acht Monate vor der Anmeldung der Umwandlung zum Handelsregister liegen.[457] Bei einer Einzelrechtsnachfolge darf die Einbringung auf einen beliebigen Tag zurück bezogen werden, der allerdings höchstens acht Monate vor dem Tag des Abschlusses des Einbringungsvertrages liegt und höchstens acht Monate vor dem Zeitpunkt, an dem das eingebrachte Vermögen auf die übernehmende Kapitalgesellschaft übergeht.[458]

Zu beachten ist, dass die steuerliche Rückwirkung nach § 20 Abs. 5 Satz 2 UmwStG nicht für Einlagen und Entnahmen gilt, die zwischen dem steuerlichen Übertragungsstichtag und dem tatsächlichen Übergang der Nutzen und Lasten erfolgen. Wird im Rückwirkungszeitraum eine Einlage in den einzubringenden Betrieb vorgenommen, so handelt es sich nicht um eine Einlage in die Kapitalgesellschaft, sondern noch in den eingebrachten Betrieb. Die Kapitalgesellschaft hat in Höhe der Einlage bei der Übernahme des Vermögens einen aktiven Korrekturposten zu bilden, der mit der späteren Einlage erfolgsneutral zu verrechnen ist.[459] Auch Entnahmen im steuerlichen Rückwirkungszeitraum sind noch dem einbringenden Betrieb zuzurechnen und gelten daher nicht als Entnahmen aus der Kapitalgesellschaft. Die Kapitalgesellschaft hat analog zur Einlage einen passiven Korrekturposten zu bilden. Der Entnahmegewinn wird bereits im Zeitpunkt der Einbringung durch den Einbringenden versteuert.[460]

Ansatz des übernommenen Vermögens

Handelsrechtlich hängt der Ansatz des übernommenen Vermögens davon ab, ob die Einbringung im Rahmen der Einzel- oder Gesamtrechtsnachfolge erfolgt. Bei einer Übertragung durch Gesamtrechtsnachfolge besteht wie in den beiden zuvor betrachteten Verschmelzungsfällen nach § 24 UmwG ein Wahlrecht, die Buchwerte weiterzuführen oder das Vermögen mit den Anschaffungskosten anzusetzen. Die Einbringung durch Einzelrechtsnachfolge stellt ein Tauschgeschäft dar. Es besteht handelsrechtlich ein Wahlrecht, die Buchwerte erfolgsneutral fortzuführen oder die Gewinne zu realisieren.[461]

Unter bestimmten Voraussetzungen sind handelsrechtlich jedoch zwingend stille Reserven aufzudecken. Dies ist insbesondere dann der Fall, wenn in eine neu gegründete Kapitalgesellschaft Betriebsvermögen eingebracht wird, dessen Buchwert niedriger ist als der gesetzlich vorgeschriebene Mindestwert des gezeichneten Kapitals.[462] In diesen Fällen ist das eingebrachte Vermögen mindestens mit dem gesetzlichen Mindestwert anzusetzen. In Höhe der Differenz zwischen diesem Mindestwert und dem Buchwert des eingebrachten Vermögens sind erfolgswirksam stille Reserven aufzudecken.[463]

457 Vgl. § 20 Abs. 6 Satz 1 UmwStG.

458 Vgl. § 20 Abs. 6 Satz 3 UmwStG. Vgl. auch Kapitel 7.2.1.1.

459 Vgl. Patt in Dötsch et al. (2012), § 20 UmwStG, Tz. 319.

460 Vgl. Patt in Dötsch et al. (2012), § 20 UmwStG, Tz. 324.

461 Vgl. Madl (2008), S. 125.

462 Der Mindestwert des gezeichneten Kapitals beträgt bei einer GmbH grds. 25.000 € und bei einer AG 50.000 €. Vgl. § 5 Abs. 1 GmbHG bzw. § 7 AktG. Seit der Einführung des MoMiG ist es möglich, eine GmbH als so genannte „Unternehmergesellschaft" zu gründen, bei der das gezeichnete Kapital den Betrag von 25.000 € unterschreiten darf. Vgl. § 5a GmbHG. Vgl. hierzu auch Kapitel 2.5.3.1.

463 Vgl. Brähler (2013), S. 478 f.

Steuerlich hat die übernehmende Kapitalgesellschaft das eingebrachte Vermögen nach § 20 Abs. 2 Satz 1 UmwStG grds. mit dem gemeinen Wert anzusetzen. In diesem Zusammenhang sind auch selbst erstellte immaterielle Wirtschaftsgüter anzusetzen. Pensionsrückstellungen sind abweichend davon stets mit dem Teilwert nach § 6a EStG zu bewerten. Auf Antrag der übernehmenden Kapitalgesellschaft kann das Vermögen unter bestimmten Voraussetzungen abweichend vom gemeinen Wert auch mit dem Buchwert oder einem höheren Wert (Zwischenwert), höchstens jedoch mit dem gemeinen Wert, angesetzt werden. Das Wahlrecht ist auf alle eingebrachten Wirtschaftsgüter einheitlich auszuüben, eine selektive Aufstockung einzelner Bilanzposten ist nicht möglich.[464]

Das Maßgeblichkeitsprinzip findet im Rahmen der Einbringung von Vermögen in eine Kapitalgesellschaft keine Anwendung. Das steuerliche Wahlrecht kann damit in jedem Fall unabhängig vom Wertansatz in der Handelsbilanz in Anspruch genommen werden.[465] Auch die oben genannte handelsrechtliche Zwangsaufstockung muss steuerrechtlich nicht vorgenommen werden.[466] Werden in der Handelsbilanz stille Reserven aufgedeckt, während dies in der Steuerbilanz nicht erfolgt, ist in Höhe des Differenzbetrags in der Steuerbilanz ein steuerneutraler Ausgleichsposten zu bilden. Hierbei handelt es sich um einen Luftposten, der erfolgsneutral aufgelöst wird, wenn die Differenz zwischen Handels- und Steuerbilanz wegfällt.[467]

Der Ansatz der Buchwerte oder höherer Werte, höchstens der gemeinen Werte (Zwischenwertansatz), ist steuerlich nach § 20 Abs. 2 Satz 2 UmwStG auf Antrag möglich, soweit die folgenden Voraussetzungen erfüllt sind:[468]

1. Es ist sichergestellt, dass das eingebrachte Betriebsvermögen später bei der übernehmenden Kapitalgesellschaft der Besteuerung mit Körperschaftsteuer unterliegt. Diese Bedingung ist insbesondere bei der Einbringung in steuerfreie Gesellschaften nicht erfüllt.[469]
2. Die Passivposten des eingebrachten Betriebsvermögens übersteigen die Aktivposten nicht. Das Eigenkapital ist dabei nicht zu berücksichtigen.

   Soweit die Passivposten die Aktivposten übersteigen, ergibt sich ein negatives Eigenkapital. In diesem Fall ist das Vermögen mindestens so anzusetzen, dass sich Aktiv- und Passivposten gerade ausgleichen, das Eigenkapital also gerade Null beträgt. Es kommt in diesen Fällen folglich zwingend zu einem Ansatz von Zwischenwerten.[470]
3. Das Besteuerungsrecht der Bundesrepublik Deutschland hinsichtlich des Gewinns aus der späteren Veräußerung des eingebrachten Betriebsvermögens bei der übernehmenden Kapitalgesellschaft wird nicht ausgeschlossen oder beschränkt. Auf eine Steuerverhaftung der als Gegenleistung gewährten Anteile an der übernehmenden Gesellschaft kommt es nicht an.[471]

---

464 Vgl. Förster/Wendland (2007), S. 633.

465 Vgl. BT-Drucks. 16/2710 vom 25. 9. 2006, S. 43.

466 Vgl. Patt in Dötsch et al. (2012), § 20 UmwStG, Tz. 210.

467 Vgl. Brähler (2013), S. 481 ff.

468 Vgl. hierzu auch ausführlich Junge (2012), Tz. 699 ff. Zur Form und zum Inhalt des zu stellenden Antrags vgl. Schmitt/Schlossmacher (2010).

469 Vgl. Förster/Wendland (2007), S. 633. Bei der Einbringung von Vermögen in eine Organgesellschaft wird darauf abgestellt, ob eine Besteuerung mit Körperschaftsteuer beim Organträger erfolgt. Vgl. hierzu Tz. 20.19 UmwStE sowie Benz/Rosenberg (2012), S. 42.

470 Vgl. Brähler (2013), S. 485.

471 Vgl. Rödder/Schumacher (2007), S. 370.

Diese Bedingung ist bei einer Einbringung in eine ausländische Kapitalgesellschaft nicht erfüllt.[472]

4. Die Gegenleistung für die eingebrachten Wirtschaftsgüter besteht in neuen Anteilen an der übernehmenden Kapitalgesellschaft.

   Neben diesen Anteilen kann der Einbringende auch andere Wirtschaftsgüter als Gegenleistung erhalten. Hierzu zählen insbesondere Barzahlungen oder die Einräumung einer Darlehensforderung. Sofern der gemeine Wert der anderen Wirtschaftsgüter nicht den Buchwert des eingebrachten Betriebsvermögens übersteigt, sind, soweit die anderen Voraussetzungen erfüllt sind, keine stillen Reserven aufzudecken. Ist jedoch der gemeine Wert der anderen Wirtschaftsgüter höher als der Buchwert des eingebrachten Vermögens, so hat die übernehmende Kapitalgesellschaft nach § 20 Abs. 2 Satz 4 UmwStG das eingebrachte Betriebsvermögen mindestens mit dem gemeinen Wert der anderen Wirtschaftsgüter anzusetzen. Es kommt damit auch in diesem Fall zwingend zu einem Zwischenwertansatz. Stille Reserven sind erfolgswirksam aufzudecken.[473]

In Abbildung 63 werden die Fälle, in denen steuerlich das Wahlrecht, die Buchwerte anzusetzen, nicht in Anspruch genommen werden darf, noch einmal zusammengestellt. In diesen Fällen sind alternativ zwingend die gemeinen Werte oder Zwischenwerte anzusetzen.

Der Antrag auf Ansatz eines Werts unter dem gemeinen Wert kann, im Gegensatz zu den betrachteten Verschmelzungsfällen, nur von der übernehmenden Gesellschaft gestellt werden.[474]

ABB. 63: Ausnahmen von der Möglichkeit des Buchwertansatzes

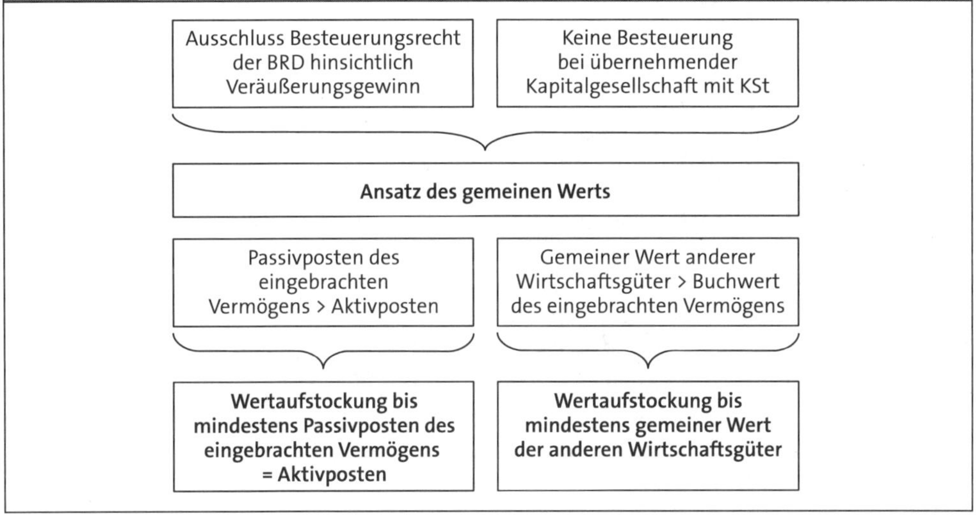

Soweit zwischen dem Einbringenden und der übernehmenden Kapitalgesellschaft vor der Einbringung Forderungen und Verbindlichkeiten bestanden haben, die unterschiedlich bewertet wurden, kommt es zu einem Einbringungsfolgegewinn. Dieser kann in eine den Gewinn min-

472 Vgl. Förster/Wendland (2007), S. 633 f.

473 Vgl. Brähler (2013), S. 494 f.

474 Vgl. Patt in Dötsch et al. (2012), § 20 UmwStG, Tz. 209.

dernde Rücklage eingestellt werden, die in den folgenden drei Wirtschaftsjahren zu jeweils einem Drittel gewinnerhöhend aufzulösen ist.[475] Einbringungskosten, die von der übernehmenden Kapitalgesellschaft getragen werden, können von dieser sofort als Betriebsausgabe abgezogen werden.[476] Sie kann allerdings weder einen Verlustvortrag nach § 10d EStG noch einen Zins- oder EBITDA-Vortrag nach § 4h Abs. 1 Satz 2 und 3 EStG des Einbringenden übernehmen. Zudem ist zu beachten, dass im Rahmen einer Einbringung unter Umständen auch der eigene Verlustvortrag der übernehmenden Kapitalgesellschaft i. S. d. § 10d EStG verloren gehen kann, weil eine Einbringung ein vergleichbarer Sachverhalt i. S. d. § 8c KStG ist.[477]

Steuerliche Behandlung des übernommenen Vermögens in den Folgeperioden

Der Wertansatz bei der übernehmenden Kapitalgesellschaft ist ausschlaggebend für die weitere steuerliche Behandlung des eingebrachten Vermögens und die Abschreibungen in den Folgeperioden.

1. Buchwertansatz

Die Kapitalgesellschaft tritt gemäß § 23 Abs. 1 i. V. m. § 12 Abs. 3 UmwStG in die Rechtsstellung des Einbringenden ein. Sie führt damit dessen Abschreibungen fort. Die vom Einbringenden selbst erstellten immateriellen Wirtschaftsgüter dürfen bei der Kapitalgesellschaft nicht angesetzt werden. Ist für die Besteuerung die Dauer der Zugehörigkeit eines Wirtschaftsguts zum Betriebsvermögen bedeutsam, wie z. B. bei der Bildung einer Rücklage nach § 6b EStG, so ist der übernehmenden Kapitalgesellschaft der Zeitraum der Zugehörigkeit zum Betriebsvermögen des Einbringenden anzurechen (Besitzzeitanrechnung).[478]

2. Ansatz von Zwischenwerten

Beim Ansatz von Zwischenwerten sind die in den Wirtschaftsgütern enthaltenen stillen Reserven mit einem einheitlichen Prozentsatz aufzulösen. Dies gilt auch für die selbst erstellten immateriellen Wirtschaftsgüter und auch für einen originären Firmenwert.[479]

Die bisherige Bemessungsgrundlage für die Abschreibungen darf nicht beibehalten werden. Stattdessen sind bei der linearen AfA nach § 7 Abs. 1 EStG sowie bei der Gebäude-AfA nach § 7 Abs. 4 und 5 EStG die Abschreibungen vom Zeitpunkt der Einbringung an von den Anschaffungs- oder Herstellungskosten des Einbringenden, vermehrt um den Unterschiedsbetrag zwischen dem Buchwert im Zeitpunkt der Einbringung und dem Wert, mit dem die übernehmende Kapitalgesellschaft das Vermögen ansetzt, zu bemessen.[480] Eine Besitzzeitanrechnung ist im Gegensatz zum Buchwertansatz nicht möglich.[481]

475 Vgl. § 23 Abs. 6 i. V. m. § 6 Abs. 1 UmwStG.

476 Vgl. Patt in Dötsch et al. (2012), § 20 UmwStG, Tz. 234.

477 Vgl. § 20 Abs. 9 UmwStG; Brähler (2013), S. 572. Vgl. auch Kapitel 7.2.2.2.

478 Vgl. § 23 Abs. 1 Satz 1 i. V. m. § 4 Abs. 2 Satz 3 UmwStG; Patt in Dötsch et al. (2012), § 23 UmwStG, Tz. 3 f.

479 Vgl. Tz. 23.14 i V. m. Tz. 03.26. i. V. m. Tz. 03.23 UmwStE. Vgl. hierzu auch Patt in Dötsch et al. (2012), § 20 UmwStG, Tz. 206 f.; Brähler (2013), S. 501.

480 Vgl. § 23 Abs. 3 Satz 1 Nr. 1 UmwStG. Vgl. zur Berechnung der AfA auch Tz. 23.15 UmwStE.

481 In § 23 Abs. 3 UmwStG fehlt der Verweis auf § 4 Abs. 2 Satz 3 UmwStG. Vgl. hierzu Brähler (2013), S. 568 f. Anderer Ansicht ist z. B. Patt in Dötsch et al. (2012), § 23 UmwStG, Tz. 65, der eine Besitzzeitanrechnung bejaht.

3. Ansatz der gemeinen Werte

Wird das eingebrachte Betriebsvermögen mit dem gemeinen Wert angesetzt, so sind auch alle selbst erstellten immateriellen Wirtschaftsgüter einschließlich des originären Firmenwerts mit ihrem gemeinen Wert zu aktivieren.[482] Hinsichtlich der Abschreibungen ist danach zu unterscheiden, ob die Einbringung des Vermögens im Rahmen der Einzel- oder Gesamtrechtsnachfolge erfolgt. Bei der Einzelrechtsnachfolge kann die Kapitalgesellschaft die Abschreibung im Rahmen des § 7 EStG frei wählen, da die Wirtschaftsgüter als angeschafft gelten. Erfolgt die Einbringung des Betriebsvermögens im Wege der Gesamtrechtsnachfolge, sind die Abschreibungsbeträge wie bei einem Zwischenwertansatz zu ermitteln.[483] Eine Besitzzeitanrechnung ist auch bei Ansatz der gemeinen Werte nicht möglich.[484]

Hinsichtlich der Berechnung der Abschreibungen in den Folgeperioden unterscheiden sich Einbringungs- und Verschmelzungsvorgänge. Diese Unterschiede verdeutlicht das folgende Beispiel:

BEISPIEL: Abschreibungen bei Einbringungs- und Verschmelzungsvorgängen

Das Betriebsvermögen eines umzuwandelnden Betriebs besteht ausschließlich aus abnutzbaren Wirtschaftsgütern. Die Umwandlung soll am Anfang des Jahres 03 unter Ansatz der gemeinen Werte erfolgen, wobei Gesamtrechtsnachfolge angenommen wird.

Betriebsvermögen:

Anfang Jahr 01:	100.000 €	(Anschaffungskosten)
Anfang Jahr 03:	200.000 €	(gemeiner Wert)
davon:	140.000 €	(stille Reserven)

Das Betriebsvermögen wurde vor der Umwandlung linear abgeschrieben bei einer steuerlichen Nutzungsdauer von 5 Jahren.

jährliche AfA vor Umwandlung:	20.000 €
Restbuchwert nach 2 Jahren = Anfang 03:	60.000 €

Variante I: Einbringung i. S. d. § 20 UmwStG

Bei der Berechnung der AfA ist zunächst von den ursprünglichen Anschaffungskosten des umzuwandelnden Betriebes auszugehen, also 100.000 €. Zu addieren ist die Differenz zwischen dem Buchwert im Zeitpunkt der Einbringung, 60.000 €, und dem Wert, mit dem die übernehmende Gesellschaft das Vermögen ansetzt, 200.000 €. Die jährliche AfA berechnet sich unter Berücksichtigung der Nutzungsdauer von 5 Jahren.

Ursprüngliche fiktive Anschaffungskosten:	100.000 € + 140.000 € = 240.000 €
neue AfA:	240.000 € : 5 = 48.000 € p. a.
Restnutzungsdauer:	3 Jahre

Der Wertansatz in Höhe von 200.000 € (gemeiner Wert) wird in den der Umwandlung folgenden Jahren um die AfA in Höhe von 48.000 € p. a. reduziert:

		200.000 €
	- 3 · 48.000 € =	144.000 €
Restbuchwert Ende 05		56.000 €
zusätzliche AfA in Höhe von		56.000 € am Ende von Jahr 05.

482 Vgl. Brähler (2013), S. 571.
483 Vgl. § 23 Abs. 4 UmwStG; Madl (2008), S. 126.
484 Vgl. Patt in Dötsch et al. (2012), § 23 UmwStG, Tz. 65.

Variante II: Verschmelzung

Der Wertansatz im Umwandlungszeitpunkt (200.000 €) wird auf die Restnutzungsdauer verteilt:[485]

neue AfA:	200.000 € : 3 = 66.667 € p. a.
Restnutzungsdauer:	3 Jahre

Der Wertansatz in Höhe von 200.000 € (gemeiner Wert) wird in den der Umwandlung folgenden Jahren um die AfA reduziert:

		200.000 €
	- 3 · 66.667 € =	200.000 €
Restbuchwert Ende 05		0 €

Die Abschreibungsvorschrift für die Verschmelzungsvariante bietet gegenüber der Einbringung einen Zinsvorteil, da zu einem früheren Zeitpunkt bereits höhere Abschreibungsbeträge steuerlich berücksichtigt werden.

7.3.1.2 Ertragsteuerliche Auswirkungen beim Einbringenden

Nach § 20 Abs. 3 Satz 1 UmwStG gilt der Wert, mit dem die übernehmende Gesellschaft das eingebrachte Vermögen ansetzt, für den Einbringenden als Veräußerungspreis für das eingebrachte Vermögen und als Anschaffungskosten der Gesellschaftsanteile (steuerliche Wertverknüpfung). Durch die Wertverknüpfung wird sichergestellt, dass die bei einer Einbringung unter dem gemeinen Wert auf die Kapitalgesellschaft übertragenen stillen Reserven auf die gewährten Anteile übergehen. Damit bleiben die stillen Reserven auch nach der Einbringung beim Einbringenden steuerverstrickt.[486]

(Originärer) Einbringungsgewinn

Beim Einbringenden ergibt sich ein Einbringungsgewinn in folgender Höhe:

	Veräußerungspreis des eingebrachten Betriebsvermögens (= Wert, mit dem die übernehmende Kapitalgesellschaft das Vermögen ansetzt)
-	Buchwert des eingebrachten Betriebsvermögens
-	Einbringungskosten
=	Einbringungsgewinn

Da der Veräußerungspreis des eingebrachten Vermögens identisch mit dem Wert ist, mit dem die übernehmende Kapitalgesellschaft das Vermögen ansetzt, ergibt sich bei Ansatz des Buchwerts durch die übernehmende Gesellschaft kein Einbringungsgewinn. Dieser entsteht nur dann, wenn die übernehmende Gesellschaft freiwillig oder zwangsweise die gemeinen Werte oder Zwischenwerte ansetzt. Die Entscheidung, ob der Einbringende einen Einbringungsgewinn zu versteuern hat, liegt damit bei der übernehmenden Gesellschaft. Kosten für den Vermögensübergang (Einbringungskosten) mindern, soweit sie vom Einbringenden geleistet werden, den Einbringungsgewinn.[487]

485 Vgl. auch Kapitel 7.2.1.2.

486 Vgl. ausführlich Patt in Dötsch et al. (2012), vor §§ 20-23 UmwStG, Tz. 19 ff. Vgl auch Felchner/Wendland (2007), S. 170; Brähler (2013), S. 502.

487 Vgl. Patt in Dötsch et al. (2012), § 20 UmwStG, Tz. 249 und 252 f.

Der Einbringungsgewinn ist der Einkunftsart zuzurechnen, zu der auch die Einkünfte aus der Sacheinlage gehören.[488] Sofern sich in dem eingebrachten Betriebsvermögen Anteile an Kapitalgesellschaften befinden, unterliegt der darauf entfallende Teil des Einbringungsgewinns der 95 %-igen Steuerbefreiung des § 8b Abs. 2 und 3 KStG bzw. dem Teileinkünfteverfahren des § 3 Nr. 40 EStG.

Setzt die übernehmende Kapitalgesellschaft das Vermögen mit dem gemeinen Wert an, ergeben sich für den Fall, dass der Einbringende eine natürliche Person ist, die gleichen steuerlichen Konsequenzen wie im Fall einer Betriebsveräußerung. Damit werden der Freibetrag des § 16 Abs. 4 EStG, die Fünftelungsregelung des § 34 Abs. 1 EStG sowie der ermäßigte Steuersatz des § 34 Abs. 3 EStG gewährt. Dies gilt nach § 20 Abs. 4 Satz 1 UmwStG allerdings nicht, wenn lediglich der Teil eines Mitunternehmeranteils eingebracht wird. Die Fünftelungsregelung und der ermäßigte Steuersatz werden gemäß § 20 Abs. 4 Satz 2 UmwStG zudem nicht für den Teil des Einbringungsgewinns gewährt, der auf einen Anteil an einer Kapitalgesellschaft entfällt und aufgrund des Teileinkünfteverfahrens teilweise steuerbefreit ist. Handelt es sich beim Einbringenden um eine Kapitalgesellschaft, so gehört der Einbringungsgewinn zum laufenden Gewinn.[489]

Sofern die übernehmende Kapitalgesellschaft einen Zwischenwert ansetzt, stellt der sich ergebende Einbringungsgewinn sowohl bei der Einbringung durch eine natürliche Person als auch durch eine Kapitalgesellschaft laufenden Gewinn dar.[490]

Der Gewerbesteuer kann der Einbringungsgewinn grds. nur dann unterliegen, wenn es sich bei dem eingebrachten Vermögen um einen Gewerbebetrieb i. S. d. § 2 Abs. 1 GewStG handelt. Ist der Einbringende eine natürliche Person, so unterliegt der Einbringungsgewinn nicht der Gewerbesteuer, weil es sich gewerbesteuerlich gesehen um eine Betriebsveräußerung handelt, der Gewerbesteuer bei natürlichen Personen aber grds. nur laufende Gewinne unterliegen. Eine Ausnahme ergibt sich lediglich für den Fall, dass der Teil eines Mitunternehmeranteils eingebracht wird.[491] Erfolgt die Einbringung durch eine Kapitalgesellschaft, so unterliegt der Einbringungsgewinn stets der Gewerbesteuer.[492] Bringt eine Personengesellschaft ihren Betrieb oder einen Teilbetrieb ein, so unterliegt der Einbringungsgewinn gemäß § 7 Satz 2 GewStG nur insoweit nicht der Gewerbesteuer, als er auf eine natürliche Person als unmittelbar beteiligter Mitunternehmer entfällt.

Anschaffungskosten der Gesellschaftsanteile

Grds. entspricht der Wert, mit dem die übernehmende Kapitalgesellschaft das Vermögen ansetzt, nach § 20 Abs. 3 Satz 1 UmwStG auch den Anschaffungskosten der Anteile an dieser Gesellschaft, die der Einbringende erhält. Sofern der Einbringende auch andere Wirtschaftsgüter erhält, ist deren gemeiner Wert bei der Ermittlung der Anschaffungskosten abzuziehen, und zwar unabhängig davon, ob für diese anderen Wirtschaftsgüter stille Reserven aufgedeckt worden sind (§ 20 Abs. 3 Satz 3 UmwStG). Dies führt dazu, dass der Gewinn bei einer späteren Veräußerung der Anteile entsprechend höher ist. Bei Entnahmen und Einlagen im Rückwirkungs-

488 Vgl. Patt in Dötsch et al. (2012), § 20 UmwStG, Tz. 258.
489 Vgl. Brähler (2013), S. 515.
490 Vgl. Brähler (2013), S. 515.
491 Vgl. Patt in Dötsch et al. (2012), § 20 UmwStG, Tz. 284 f.
492 Vgl. Patt in Dötsch et al. (2012), § 20 UmwStG, Tz. 286.

zeitraum sind die Anschaffungskosten um den Buchwert der Entnahmen zu mindern und um die sich gemäß § 6 Abs. 1 Nr. 5 EStG ergebenen Werte der Einlagen zu erhöhen (§ 20 Abs. 5 Satz 3 UmwStG). Dieses Vorgehen ist erforderlich, um zu verhindern, dass sich die Einlagen und Entnahmen bei einer späteren Veräußerung der Anteile erfolgswirksam auswirken.[493] Zusammenfassend ergeben sich die Anschaffungskosten der erhaltenen Anteile an der übernehmenden Kapitalgesellschaft folgendermaßen:

	Wert, mit dem die übernehmende Kapitalgesellschaft das Vermögen ansetzt
-	Gemeiner Wert der gewährten anderen Wirtschaftsgüter
-	Buchwert der Entnahmen im Rückwirkungszeitraum
+	Wert nach § 6 Abs. 1 Nr. 5 EStG der Einlagen im Rückwirkungszeitraum
=	Anschaffungskosten der Anteile an der übernehmenden Kapitalgesellschaft

Einbringungsgewinn I

Sofern im Rahmen der Einbringung die Wirtschaftsgüter bei der übernehmenden Kapitalgesellschaft mit einem Wert unter dem gemeinen Wert angesetzt werden, ist die Missbrauchsvermeidungsvorschrift des § 22 UmwStG zu beachten.[494] Durch den Ansatz eines niedrigeren als des gemeinen Werts wird eine völlige Aufdeckung und damit Besteuerung der stillen Reserven im Zeitpunkt der Einbringung verhindert. Die stillen Reserven bleiben aber in den gewährten Anteilen an der übernehmenden Gesellschaft verhaftet. Ohne die Regelung des § 22 UmwStG könnte die endgültige Besteuerung der stillen Reserven ganz oder teilweise vermieden werden, weil Gewinne aus der Veräußerung von Anteilen an Kapitalgesellschaften aufgrund des Teileinkünfteverfahrens des § 3 Nr. 40 EStG bzw. der 95 %-igen Steuerbefreiung des § 8b KStG i. d. R. niedriger besteuert werden als Gewinne aus der Veräußerung von Betriebsvermögen. Setzt die übernehmende Kapitalgesellschaft bei der Einbringung die Wirtschaftsgüter mit den gemeinen Werten an, werden im Zeitpunkt der Einbringung alle stillen Reserven versteuert. Einer Missbrauchsvermeidungsvorschrift bedarf es in diesen Fällen nicht.[495]

Soweit der Einbringende die erhaltenen Anteile an der übernehmenden Kapitalgesellschaft innerhalb eines Zeitraums von sieben Jahren nach der Einbringung veräußert, wird für ihn nach § 22 Abs. 1 Satz 1 UmwStG rückwirkend auf den Zeitpunkt der Einbringung ein Gewinn i. S. d. § 16 EStG (Einbringungsgewinn I) ermittelt. Die Einbringung gilt rückwirkend als zum gemeinen Wert vorgenommen und wird auch dementsprechend besteuert.[496] Der zu versteuernde Gewinn ist allerdings nicht nach den §§ 16 Abs. 4 und 34 EStG begünstigt.[497] Für jedes Jahr, das seit der Einbringung vergangen ist, verringert sich der zu versteuernde Einbringungsgewinn I um 1/7 (§ 22 Abs. 1 Satz 3 UmwStG).[498] Erfolgt die Veräußerung später als sieben Jahre nach der Einbringung, ergeben sich keine steuerlichen Konsequenzen aufgrund des Umwandlungssteuergeset-

493 Vgl. Brähler (2013), S. 521.

494 Ein sehr anschaulicher Überblick über die Konzeption der Missbrauchsvermeidungsvorschrift des § 22 UmwStG findet sich bei Möhlenbrock (2010).

495 Vgl. Felchner/Wendland (2007), S. 171; Müller/Wiese (2010), S. 668; Junge (2012), Tz. 855 ff.

496 Vgl. Patt in Dötsch et al. (2012), § 22 UmwStG, Tz. 55; Brähler (2013), S. 521 ff.

497 Vgl. § 22 Abs. 1 Satz 1 UmwStG.

498 Der Gedanke des Gesetzgebers ist, dass die Wahrscheinlichkeit, dass eine Einbringung nur vorgenommen wurde, um stille Reserven steuerbegünstigt zu realisieren, mit zunehmendem zeitlichem Abstand vom Einbringungszeitpunkt abnimmt. Vgl. Felchner/Wendland (2007), S. 171.

zes. Die Veräußerung richtet sich ausschließlich nach den allgemeinen Vorschriften des Einkommen- und Körperschaftsteuergesetzes.[499] Veräußert der Einbringende nicht alle Anteile an der übernehmenden Gesellschaft, wird nur anteilig eine rückwirkende Besteuerung vorgenommen.

Der Einbringungsgewinn I ermittelt sich gemäß § 22 Abs. 1 Satz 3 UmwStG folgendermaßen:

	Gemeiner Wert des eingebrachten Betriebsvermögens im Zeitpunkt der Einbringung
-	Wert, mit dem die übernehmende Kapitalgesellschaft das Betriebsvermögen angesetzt hat
-	Kosten für den Vermögensübergang
=	Zwischensumme
-	Zwischensumme · 1/7 · Anzahl abgelaufener Zeitjahre seit Einbringung
=	Einbringungsgewinn I

Neben dem Einbringungsgewinn I ist im Zeitpunkt der Veräußerung der Anteile beim Einbringenden auch der Veräußerungsgewinn zu versteuern. Hinsichtlich dieses Gewinns sind keine Besonderheiten zu beachten. Er unterliegt beim Einbringenden entweder dem Teileinkünfteverfahren des § 3 Nr. 40 EStG oder der 95 %-igen Steuerbefreiung des § 8b Abs. 2 und 3 KStG.[500]

Um eine Doppelbesteuerung der in den Anteilen ruhenden stillen Reserven zu vermeiden, gilt der Einbringungsgewinn I gleichzeitig als nachträgliche Anschaffungskosten der erhaltenen Anteile (§ 22 Abs. 1 Satz 4 UmwStG). Damit verringert sich der Veräußerungsgewinn entsprechend.

Des Weiteren darf die übernehmende Kapitalgesellschaft das eingebrachte Betriebsvermögen erfolgsneutral um den Einbringungsgewinn I erhöhen. Dies gilt allerdings nur, wenn der Einbringende die Steuer tatsächlich entrichtet hat und soweit das eingebrachte Betriebsvermögen noch zum Betriebsvermögen der übernehmenden Kapitalgesellschaft gehört.[501] Die Buchwertaufstockung erfolgt wirtschaftsgutbezogen.[502] Durch die Aufstockung wird das Abschreibungspotenzial für die Folgejahre erhöht und mindert damit den Gewinn der Kapitalgesellschaft.[503] Die Aufstockung darf allerdings nicht rückwirkend erfolgen, eine nachträgliche Anpassung der Abschreibungen scheidet damit aus. Ist das eingebrachte Vermögen nicht mehr vorhanden, ist danach zu unterscheiden, ob es zum gemeinen Wert (z. B. durch eine Veräußerung) oder zu einem Wert unter dem gemeinen Wert (z. B. durch Einbringung in eine andere Unternehmung zum Buchwert) weiter übertragen wurde. Bei einer Übertragung zum gemeinen Wert stellt der Einbringungsgewinn I sofort abziehbaren Aufwand dar, ansonsten ist weder eine Buchwertaufstockung noch ein Abzug als Betriebsausgabe möglich.[504]

Zusammenfassend ergeben sich bei einer Veräußerung der erhaltenen Anteile durch den Einbringenden innerhalb von sieben Jahren nach der Einbringung die folgenden Rechtsfolgen:

499 Vgl. Patt in Dötsch et al. (2012), § 22 UmwStG, Tz. 1.
500 Vgl. Brähler (2013), S. 539.
501 Vgl. § 23 Abs. 2 UmwStG.
502 Vgl. Rödder/Schumacher (2007), S. 374.
503 Vgl. Brähler (2013), S. 543 f.
504 Vgl. Ott (2007a), S. 14.

1. Ermittlung eines Einbringungsgewinns I beim Einbringenden im Zeitpunkt der Einbringung;
2. Erhöhung der Anschaffungskosten der erhaltenen Anteile beim Einbringenden um den Einbringungsgewinn I;
3. Erhöhung des übernommenen Betriebsvermögens bei der Kapitalgesellschaft um den Einbringungsgewinn I, soweit das eingebrachte Vermögen noch zu deren Betriebsvermögen gehört;
4. Ermittlung des Gewinns aus der Veräußerung der erhaltenen Anteile beim Einbringenden.

7.3.1.3 Ertragsteuerliche Vorteilhaftigkeits- und Gestaltungsüberlegungen bei der Sacheinlage in eine Kapitalgesellschaft

Sind die entsprechenden Voraussetzungen erfüllt, hat die übernehmende Kapitalgesellschaft das Wahlrecht, das eingebrachte Betriebsvermögen zum Buch-, Zwischen- oder gemeinen Wert anzusetzen. In Abhängigkeit davon, ob der Vermögensübergang durch Gesamtrechts- oder Einzelrechtsnachfolge erfolgt, sind die Abschreibungen für die übergegangenen abnutzbaren Wirtschaftsgüter ggf. anzupassen bzw. neu festzusetzen. Um zu ermitteln, welcher Wertansatz ertragsteuerlich günstiger ist, bietet es sich wiederum an, den Barwert der durch den Einbringungsvorgang ausgelösten Steuerdifferenzen zwischen Buchwertansatz und einem höheren Wertansatz unter Berücksichtigung der Wirkungen von Abschreibungen und Vergünstigungen zu bestimmen.[505]

BEISPIEL: **Einbringung von Betriebsvermögen in eine Kapitalgesellschaft**

Annahmen:

- Ein Einzelunternehmer bringt Ende des Jahres 00 einen Teilbetrieb, in dem sich keine Anteile an anderen Kapitalgesellschaften befinden, in eine Kapitalgesellschaft ein und erhält dafür Anteile an der übernehmenden Gesellschaft.
- Die Übertragung erfolgt im Wege der Gesamtrechtsnachfolge.
- Der Teilbetrieb hat einen Buchwert von 100.000 €, der gemeine Wert beträgt 200.000 €.
- Die Einbringung wird alternativ zum Buchwert oder zum gemeinen Wert vorgenommen.
- Der Einzelunternehmer veräußert die Anteile an der Kapitalgesellschaft alternativ Ende des Jahres 03 oder Ende des Jahres 08 für jeweils 500.000 €.
- Das eingebrachte Betriebsvermögen hat eine Nutzungsdauer von 5 Jahren.
- Der Grenz-Einkommensteuersatz des Einzelunternehmers beträgt $s = 0{,}45$, der Körperschaftsteuersatz der übernehmenden Kapitalgesellschaft beträgt $s = 0{,}15$.
- Der Kalkulationszinsfuß nach Steuern beträgt $i_s = 0{,}0385$.[506]

Alternative I: Einbringung zum Buchwert

1) Steuerliche Behandlung bei Einbringung im Jahr 00

- Es ergeben sich keine steuerlichen Konsequenzen.
- Anschaffungskosten der Anteile an der Kapitalgesellschaft = Wert, mit dem die Kapitalgesellschaft das Vermögen ansetzt = 100.000 €.

---

505 Bzgl. einer ökonomischen Analyse der Sacheinlage in eine Kapitalgesellschaft vgl. auch Müller/Wiese (2010); ausführlich Sureth/Maßbaum (2011).

506 Vgl. zur grundsätzlichen Ermittlung des Kalkulationszinsfußes nach Steuern Kapitel 7.2.1.3.

2a) Steuerliche Behandlung bei Veräußerung im Jahr 03

- Es ergibt sich rückwirkend für das Jahr 00 ein Einbringungsgewinn I, der nicht nach den §§ 16 Abs. 4 und 34 EStG begünstigt ist:

	gemeiner Wert des eingebrachten Betriebsvermögens	200.000 €
-	Wertansatz bei der Kapitalgesellschaft	100.000 €
=	Zwischensumme	100.000 €
-	100.000 € - 100.000 € x 1/7 x 3 Jahre	42.857 €
=	Einbringungsgewinn I	57.143 €

- Die Anschaffungskosten der erhaltenen Anteile erhöhen sich um den Einbringungsgewinn I von 100.000 € um 57.143 € auf 157.143 €; es ergibt sich der folgende Veräußerungsgewinn, welcher dem Teileinkünfteverfahren und damit nur zu 60 % der Einkommensteuer unterliegt:

	Veräußerungspreis	500.000 €
-	Anschaffungskosten	157.143 €
=	Veräußerungsgewinn	342.857 €

- Bei der Kapitalgesellschaft erhöht der Einbringungsgewinn I erfolgsneutral das eingebrachte Betriebsvermögen. Der Erhöhungsbetrag ist über die Restnutzungsdauer von 2 Jahren linear abzuschreiben. Die Gewinnminderung in den Jahren 04 und 05 beträgt jeweils 57.143 € : 2 = 28.571,50 €.
- Der Steuerbarwert SBW auf den Einbringungszeitpunkt Ende des Jahres 00 beträgt:

$$SBW = \frac{57.143\,€ \cdot 0{,}45}{1{,}0385^3} + \frac{342.857\,€ \cdot 0{,}6 \cdot 0{,}45}{1{,}0385^3} - \frac{28.571{,}50\,€ \cdot 0{,}15}{1{,}0385^4}$$

$$- \frac{28.571{,}50\,€ \cdot 0{,}15}{1{,}0385^5} = 98.379\,€$$

2b) Steuerliche Behandlung bei Veräußerung im Jahr 08

- Da die Veräußerung mehr als sieben Jahre nach der Einbringung erfolgt, ist kein Einbringungsgewinn I zu ermitteln und zu versteuern.
- Es ergibt sich ein Veräußerungsgewinn von 500.000 € - 100.000 € = 400.000 €, welcher dem Teileinkünfteverfahren unterliegt.
- Der Steuerbarwert SBW beträgt:

$$SBW = \frac{400.000\,€ \cdot 0{,}6 \cdot 0{,}45}{1{,}0385^8} = 79.831\,€$$

Wird die Einbringung zum Buchwert vorgenommen, so ergibt sich ein niedrigerer Steuerbarwert, wenn die Beteiligung erst im Jahr 08 veräußert wird. Ursächlich dafür sind zwei Effekte:

Zum einen erfolgt die Steuerzahlung bei einer Veräußerung im Jahr 08 später, so dass der Einzelunternehmer einen Zinsvorteil erzielen kann. Zum anderen ist aber auch die nominale Steuerbelastung geringer, weil bei einer Veräußerung im Jahr 03 ein Einbringungsgewinn I entsteht, welcher in voller Höhe zu besteuern ist, während bei einer Veräußerung im Jahr 08 der gesamte Veräußerungsgewinn dem Teileinkünfteverfahren unterliegt. Diese Effekte werden durch den Erhöhungsbetrag und die damit verbundenen höheren Abschreibungen bei der Kapitalgesellschaft zwar abgemildert, können aber i. d. R. nicht kompensiert werden. Dies liegt einerseits daran, dass die Abschreibungen nur über die Restnutzungsdauer der Wirtschaftsgüter verteilt geltend gemacht werden können, während der Einbringungsgewinn sofort in voller Höhe zu versteuern ist und andererseits daran, dass der Körperschaftsteuersatz und damit die steuerliche Entlastung bei der Kapitalgesellschaft niedriger ist als der Einkommensteuersatz und damit die steuerliche Belastung beim Einbringenden.

Alternative II: Einbringung zum gemeinen Wert

1) Steuerliche Behandlung bei Einbringung im Jahr 00

- Es ergibt sich ein Einbringungsgewinn von 200.000 € - 100.000 € = 100.000 €, der in voller Höhe der Besteuerung unterliegt, allerdings nach den §§ 16 Abs. 4 und 34 EStG begünstigt ist.
- Anschaffungskosten der Anteile an der Kapitalgesellschaft = 200.000 €.
- In den Jahren 01-05 sind die aufgedeckten stillen Reserven bei der Kapitalgesellschaft mit jährlich 1/5 abzuschreiben. Dies führt in jedem Jahr zu einer Gewinnminderung von 20.000 €.

2a) Steuerliche Behandlung bei Veräußerung im Jahr 03

- Es ergibt sich ein Veräußerungsgewinn von 500.000 € - 200.000 € = 300.000 €, welcher dem Teileinkünfteverfahren unterliegt.
- Der Steuerbarwert beträgt:

$$SBW = 100.000\,€ \cdot 0{,}45 - \sum_{n=1}^{5} \frac{20.000\,€ \cdot 0{,}15}{1{,}0385^n} + \frac{300.000\,€ \cdot 0{,}6 \cdot 0{,}45}{1{,}0385^3} = 103.909\,€$$

2b) Steuerliche Behandlung bei Veräußerung im Jahr 08

- Es ergeben sich die gleichen steuerlichen Konsequenzen wie im Fall der Veräußerung im Jahr 03. Der einzige Unterschied besteht darin, dass der Veräußerungsgewinn erst im Jahr 08 anfällt.
- Dies führt zu folgendem Steuerbarwert:

$$SBW = 100.000\,€ \cdot 0{,}45 - \sum_{n=1}^{5} \frac{20.000\,€ \cdot 0{,}15}{1{,}0385^n} + \frac{300.000\,€ \cdot 0{,}6 \cdot 0{,}45}{1{,}0385^8} = 91.461\,€$$

Bei Ansatz des gemeinen Werts ergeben sich unabhängig davon, wann die Veräußerung der Anteile erfolgt, nominal immer die gleichen Steuerbelastungen. Durch eine spätere Veräußerung kann der Steuerpflichtige jedoch Zinsvorteile erzielen.

Vergleicht man die Ergebnisse bei Ansatz des Buchwerts und des gemeinen Werts, so führt der Ansatz des gemeinen Werts sowohl bei einer Veräußerung im Jahr 03 als auch im Jahr 08 zu einem höheren Steuerbarwert als der Buchwertansatz.[507] Zu beachten ist jedoch, dass in diesem Fall anders als beim Buchwertansatz für den Einbringungsgewinn die Vergünstigungen der §§ 16 Abs. 4 und 34 EStG in Anspruch genommen werden können. Darüber hinaus beeinflussen auch die zukünftige Gewinnentwicklung in der Kapitalgesellschaft, die Nutzungsdauer der übernommenen Wirtschaftsgüter und viele andere Faktoren den Barwert und damit die Entscheidung über die Höhe des Wertansatzes. Auch die Gewerbesteuer, die im obigen Beispiel aus Vereinfachungsgründen nicht betrachtet wurde, hat einen Einfluss auf die Entscheidung, da die zukünftigen Abschreibungen auch die Gewerbesteuer mindern.

Des Weiteren kann der Ansatz des gemeinen Werts oder eines Zwischenwerts auch vorteilhaft sein, um beim Einbringenden einen verbleibenden Verlustabzug nach § 10d EStG zu realisieren.[508] Zu beachten ist, dass in diesem Fall der erhöhte Wertansatz in der aufnehmenden Kapitalgesellschaft für alle Anteilseigner wirkt. Diese kommen über ihre Beteiligung zwar indirekt einerseits in den Genuss erhöhter zukünftiger Abschreibungen, müssen aber andererseits, falls

507 Sureth/Maßbaum (2011) analysieren, bei welchen Rahmenbedingungen ein Ansatz gemeiner Werte bzw. ein Ansatz von Buchwerten aus steuerlicher Sicht vorteilhaft ist.

508 Vgl. Riepolt (2010), S. 249.

auch sie Einbringende sind, im Umwandlungszeitpunkt unter Umständen einen Einbringungsgewinn versteuern. Hieraus können Interessenkonflikte zwischen Einbringenden, die einen Verlustabzug geltend machen können, und Einbringenden, bei denen eine positive Steuerbelastung durch die Umwandlung hervorgerufen wird, erwachsen.

Kann jedoch bei allen Einbringenden ein vergleichbarer Verlustabzug geltend gemacht werden oder gibt es nur einen Einbringenden, bei dem dies möglich ist, so stellt sich außerdem die Frage, ob eine Verrechnung des Verlustabzugs mit einem durch Aufstockung entstandenen Einbringungsgewinn überhaupt empfehlenswert ist. Obwohl der Verlustabzug nicht auf die aufnehmende Kapitalgesellschaft übertragen werden kann, geht er dennoch nicht verloren. Er bleibt dem Einbringenden erhalten, da dieser auch nach der Umwandlung weiterhin Steuersubjekt ist. Da der Verlustabzug bei Wertaufstockung mit einem eigentlich ermäßigt besteuerten Gewinn verrechnet wird, geht der Vorteil der tariflichen Begünstigung des Ansatzes des gemeinen Werts als Folge der Verlustkompensation verloren. Bei Buchwertansatz könnte der Verlust hingegen unter Umständen in Folgeperioden zum Ausgleich ungemildert zu versteuernder Gewinne genutzt werden. Die relative Vorteilhaftigkeit des Ansatzes des gemeinen Werts im Vergleich zum Buchwertansatz sinkt somit, wenn die Wertaufstockung als Verrechnungspotenzial für einen Verlustabzug eingesetzt wird.

Für die Vorteilhaftigkeit der Bewertungsalternativen im Zusammenhang mit einem verbleibenden Verlust sind außerdem die Struktur der stillen Reserven und die Höhe des Verlusts im Verhältnis zu den stillen Reserven ausschlaggebend. Ein relativ niedriger verbleibender Verlust im Vergleich zu hohen stillen Reserven erhöht die Vorteilhaftigkeit des Ansatzes des gemeinen Werts. In diesem Fall geht nur ein relativ geringer Teil der steuerlichen Vergünstigungen beim Ansatz des gemeinen Werts durch die Verlustverrechnung verloren. Da allgemeingültige Empfehlungen nicht möglich sind, ist eine Einzelfallbetrachtung erforderlich.

Ein erhöhtes Konfliktpotenzial besteht außerdem, wenn die aufnehmende Kapitalgesellschaft bereits vor dem Einbringungsvorgang bestanden hat. Die Interessen der Alt- und Neugesellschafter können voneinander abweichen. Da beispielsweise bei der Einbringung eines Betriebs in eine Kapitalgesellschaft im Falle der Buchwertfortführung beim Einbringenden keine Ertragsteuern anfallen, haben die Kapitalgesellschaft und damit letztendlich auch deren Altgesellschafter die ertragsteuerlichen Folgen einer späteren Auflösung der auf den eingebrachten Wirtschaftsgütern ruhenden stillen Reserven in der Unternehmung zu tragen. Bei Kapitalgesellschaften besteht gerade nicht die Möglichkeit, die stillen Reserven dem Einbringenden mittels einer Ergänzungsbilanz zuzuordnen.[509] Folglich sind alle, auch die Altgesellschafter, von den steuerlichen Folgewirkungen betroffen.

7.3.2 Anteilstausch

Gegenstand der Einbringung in eine Kapitalgesellschaft kann gemäß § 21 Abs. 1 Satz 1 UmwStG auch eine Beteiligung an einer anderen Kapitalgesellschaft sein, für die der Einbringende im Gegenzug neue Anteile an der übernehmenden Gesellschaft erhält (Anteilstausch). Neben neuen Anteilen können grds. auch andere Wirtschaftsgüter als Gegenleistung gewährt werden. Eine

509 Vgl. Groh (1996), S. 144.

Begrenzung der Höhe dieser zusätzlichen Leistungen gibt es nicht. Auch eine im Privatvermögen gehaltene Beteiligung i. S. d. § 17 EStG kann Gegenstand des Anteilstauschs sein. Von der Regelung des § 21 UmwStG wird nur die isolierte Einbringung von Anteilen an Kapitalgesellschaften erfasst. Wird eine Sachgesamtheit eingebracht, zu der auch Anteile an einer Kapitalgesellschaft gehören, so fällt dies unter die Vorschriften für die Sacheinlage des § 20 UmwStG.[510]

Da § 1 UmwStG hinsichtlich der Person des Einbringenden keine Einschränkungen nennt, kann Einbringender jede natürliche Person, Personengesellschaft oder Kapitalgesellschaft sein. Wohnsitz, gewöhnlicher Aufenthalt, Sitz und Ort der Geschäftsleitung sind ohne Bedeutung.[511] Die übernehmende Kapitalgesellschaft muss die gleichen Voraussetzungen erfüllen wie bei einer Sacheinlage.[512]

Hinsichtlich des Einbringungszeitpunkts gibt es beim Anteilstausch keine Möglichkeit der Rückwirkung. Steuerlicher Übertragungsstichtag ist damit stets der Tag, an dem die Übertragung der Anteile rechtlich wirksam wird.[513]

7.3.2.1 Ertragsteuerliche Auswirkungen bei der übernehmenden Kapitalgesellschaft

Die übernehmende Kapitalgesellschaft hat die eingebrachten Anteile nach § 21 Abs. 1 Satz 1 UmwStG grds. mit dem gemeinen Wert anzusetzen. Auf Antrag kann beim so genannten **qualifizierten Anteilstausch** auch der Buchwert oder ein höherer Wert, höchstens jedoch der gemeine Wert angesetzt werden. Ein qualifizierter Anteilstausch ist dann gegeben, wenn eine mehrheitsvermittelnde Beteiligung eingebracht wird. Diese liegt nach § 21 Abs. 1 Satz 2 UmwStG vor, wenn die übernehmende Kapitalgesellschaft nach der Einbringung die Mehrheit der Anteile an der Kapitalgesellschaft, deren Anteile eingebracht werden, hat. Besitzt sie bereits vor der Einbringung die Mehrheit der Stimmrechte, so genügt eine beliebige Aufstockung der Beteiligung für die Anwendung des § 21 UmwStG.[514] Für den Fall, dass die eingebrachten Anteile nicht zu einem Betriebsvermögen gehört haben, treten an die Stelle des Buchwerts die Anschaffungskosten (§ 21 Abs. 2 Satz 5 UmwStG).

Sofern der Einbringende neben den Anteilen an der übernehmenden Kapitalgesellschaft auch andere Wirtschaftsgüter erhält und deren gemeiner Wert den Buchwert der eingebrachten Anteile übersteigt, hat die übernehmende Kapitalgesellschaft die eingebrachten Anteile mindestens mit dem gemeinen Wert der anderen Wirtschaftsgüter anzusetzen (§ 21 Abs. 1 Satz 3 UmwStG).

510 Vgl. Patt in Dötsch et al. (2012), § 21 UmwStG, Tz. 16; Tz. 21.01 UmwStE.
511 Vgl. Patt in Klingebiel et al. (2012), S. 417 f.
512 Vgl. Brähler (2013), S. 586. Vgl. auch Kapitel 7.3.1.1.
513 Vgl. Hagemann et al. (2007), S. 41; Rödder/Schumacher (2007), S. 375.
514 Vgl. Junge (2012), Tz. 983; Patt in Dötsch et al. (2012), § 21 UmwStG, Tz. 32.

7.3.2.2 Ertragsteuerliche Auswirkungen beim Einbringenden

Die Ermittlung der Anschaffungskosten für die erhaltenen Anteile sowie des Veräußerungspreises für die eingebrachten Anteile erfolgt beim Einbringenden mittels eines Grundsatz-Ausnahme-Rückausnahme-Systems.[515]

Grundsatz

Grds. gilt nach § 21 Abs. 2 Satz 1 UmwStG für den Einbringenden der Wert, mit dem die Kapitalgesellschaft die übernommenen Anteile ansetzt, als Veräußerungspreis der eingebrachten Anteile und als Anschaffungskosten der erhaltenen Anteile (steuerliche Wertverknüpfung). Durch die Wertverknüpfung gehen die in den eingebrachten Anteilen ruhenden stillen Reserven auf die gewährten Anteile über. Damit ist auch nach der Einbringung eine Besteuerung der stillen Reserven sichergestellt.[516] Setzt die Kapitalgesellschaft die Anteile mit einem über dem Buchwert liegenden Wert an, führt dies beim Einbringenden zu einem Veräußerungsgewinn. Soweit im Rahmen der Einbringung neben den Anteilen an der übernehmenden Kapitalgesellschaft auch andere Wirtschaftsgüter als Gegenleistung gewährt werden, ist deren gemeiner Wert bei der Ermittlung der Anschaffungskosten abzuziehen.[517]

Ausnahme

Ist nach der Einbringung das Besteuerungsrecht der Bundesrepublik Deutschland hinsichtlich des Gewinns aus der Veräußerung der erhaltenen oder veräußerten Anteile ausgeschlossen, ist abweichend von diesem Grundsatz der gemeine Wert der eingebrachten Anteile als Veräußerungspreis der eingebrachten Anteile und als Anschaffungskosten der erhaltenen Anteile anzusetzen (§ 21 Abs. 2 Satz 2 UmwStG). In diesem Fall kommt es zu einer Durchbrechung der Wertverknüpfung zwischen übernehmender Kapitalgesellschaft und Einbringendem.

Rückausnahme

Auf Antrag erlaubt jedoch § 21 Abs. 2 Satz 3 UmwStG als Rückausnahme den Ansatz des Buchwerts oder eines höheren Werts, höchstens des gemeinen Werts, als Veräußerungspreis und Anschaffungskosten, wenn

1. zwar das Besteuerungsrecht der Bundesrepublik Deutschland aus der Veräußerung der eingebrachten Anteile ausgeschlossen oder beschränkt ist, nicht aber das Besteuerungsrecht hinsichtlich des Gewinns aus der Veräußerung der erhaltenen Anteile oder
2. der Gewinn aus dem Anteilstausch gemäß Art. 8 der Fusionsrichtlinie nicht besteuert werden darf. In diesem Fall unterliegt der Gewinn aus einer späteren Veräußerung der erhaltenen Anteile stets der Besteuerung in Deutschland.[518]

Die Abbildung 64 fasst die Grundsätze bei der Ermittlung des Veräußerungspreises der eingebrachten und der Anschaffungskosten der erhaltenen Anteile noch einmal zusammen:

---

515 Vgl. Patt in Dötsch et al. (2012), § 21 UmwStG, Tz. 54.
516 Vgl. Brähler (2013), S. 591 f.
517 Vgl. § 21 Abs. 2 Satz 1 i. V. m. § 20 Abs. 3 Satz 3 UmwStG.
518 Vgl. Mitsch (2007), S. 228.

ABB. 64: Veräußerungspreis der eingebrachten und Anschaffungskosten der erhaltenen Anteile beim Anteilstausch

	Veräußerungspreis/ Anschaffungskosten	**Voraussetzung**
Grundsatz	Wertansatz der übernommenen Anteile bei Kapitalgesellschaft	
Ausnahme	Gemeiner Wert der eingebrachten Anteile	Ausschluss/Beschränkung des deutschen Besteuerungsrechts an eingebrachten und/oder erhaltenen Anteilen
Rückausnahme	Buch- oder Zwischenwert	Besteuerungsrecht erhaltener Anteile nicht ausgeschlossen oder Art. 8 Fusionsrichtlinie findet Anwendung

(Originärer) Einbringungsgewinn

Soweit der fiktive Veräußerungspreis der eingebrachten Anteile deren Buchwert bzw. Anschaffungskosten und etwaige Einbringungskosten[519] übersteigt, ergibt sich ein steuerpflichtiger Einbringungsgewinn. Dieser unterliegt bei natürlichen Personen dem Teileinkünfteverfahren und ist bei Kapitalgesellschaften zu 95 % von der Körperschaftsteuer befreit.[520] Der Freibetrag des § 17 Abs. 3 EStG für Beteiligungen von mindestens 1 %, die im Privatvermögen gehalten werden, ist nur anzuwenden, wenn die übernehmende Kapitalgesellschaft die Anteile mit dem gemeinen Wert ansetzt. Gleiches gilt bei Beteiligungen im Betriebsvermögen auch für den Freibetrag des § 16 Abs. 4 EStG, wenn eine 100 %-Beteiligung an einer Kapitalgesellschaft eingebracht wird. Die Fünftelungsregelung des § 34 Abs. 1 EStG findet grds. keine Anwendung (§ 21 Abs. 3 UmwStG).

Die Vorschriften bezüglich des Einbringungsgewinns I sind auf den Anteilstausch nicht anwendbar. Beim Anteilstausch werden Anteile in eine Kapitalgesellschaft eingebracht, wofür der Einbringende im Gegenzug Anteile an der übernehmenden Kapitalgesellschaft erhält. Damit kann sich dieser durch eine Veräußerung der erhaltenen anstelle der eingebrachten Anteile steuerlich nicht besser stellen. Einer Missbrauchsvermeidungsvorschrift bedarf es insoweit nicht.[521]

Steuerliche Vorteile kann lediglich die übernehmende Kapitalgesellschaft erzielen. Erfolgt die Einbringung der Anteile durch eine natürliche Person zu einem Wert unter dem gemeinen Wert, so würde eine Veräußerung dieser Anteile bei ihr dem Teileinkünfteverfahren unterliegen. Werden die eingebrachten Anteile später allerdings durch die übernehmende Kapitalgesellschaft

519 Vgl. Patt in Dötsch et al. (2012), § 21 UmwStG, Tz. 77.

520 Vgl. § 3 Nr. 40 Buchst. a-c EStG und § 8b Abs. 2 i. V. m. Abs. 3 KStG.

521 Vgl. Brähler (2013), S. 580.

veräußert, so ist der Gewinn zu 95 % steuerfrei. Die Missbrauchsvermeidungsvorschriften des § 22 Abs. 2 UmwStG setzen daher nicht auf der Ebene des Einbringenden, sondern der übernehmenden Kapitalgesellschaft an.[522]

Einbringungsgewinn II

Die Regelung des § 22 Abs. 2 UmwStG sieht eine rückwirkende Besteuerung der Einbringung vor, wenn die Kapitalgesellschaft die erhaltenen Anteile innerhalb einer Sperrfrist von sieben Jahren veräußert. In diesem Fall ist rückwirkend auf den Zeitpunkt der Einbringung vom Einbringenden ein Einbringungsgewinn II zu versteuern. Diese rückwirkende Besteuerung wird allerdings nur dann vorgenommen, wenn die Einbringung durch eine Person erfolgt, die nicht durch § 8b Abs. 2 KStG begünstigt ist und wenn die übernehmende Kapitalgesellschaft im Rahmen der Einbringung einen Wert für die Anteile angesetzt hat, der unter dem gemeinen Wert liegt (§ 22 Abs. 2 Satz 1 UmwStG). Ist die Einbringung der Anteile durch eine Person erfolgt, die durch § 8b Abs. 2 KStG begünstigt ist, so lassen sich durch die Einbringung und anschließende Veräußerung der Anteile durch die übernehmende Gesellschaft keine steuerlichen Vorteile erzielen. Einer Missbrauchsvermeidungsvorschrift bedarf es in diesen Fällen nicht.[523]

Ziel der Missbrauchsvermeidungsvorschrift des § 22 Abs. 2 UmwStG ist es, den gleichen Zustand herzustellen, der sich ergeben hätte, wenn der Anteilstausch von Anfang an zum gemeinen Wert erfolgt wäre.[524] Der Einbringungsgewinn II ist wie ein Gewinn aus der Veräußerung eines Anteils an einer Kapitalgesellschaft zu besteuern. Er ist jedoch im Fall der Einbringung einer 100 %-igen Beteiligung an einer Kapitalgesellschaft nicht durch den Freibetrag des § 16 Abs. 4 EStG begünstigt. Wäre die Einbringung jedoch von Anfang an zum gemeinen Wert vorgenommen worden, wäre für den originären Einbringungsgewinn der Freibetrag gewährt worden (§ 21 Abs. 3 Satz 1 UmwStG). Wie der Einbringungsgewinn I mindert sich auch der Einbringungsgewinn II für jedes Jahr, das seit der Einbringung vergangen ist, um 1/7.

Der Einbringungsgewinn II ermittelt sich entsprechend § 22 Abs. 2 Satz 3 UmwStG folgendermaßen:

	Gemeiner Wert der eingebrachten Anteile im Zeitpunkt der Einbringung
-	Wert, mit dem der Einbringende die erhaltenen Anteile angesetzt hat
-	Kosten für den Vermögensübergang
=	Zwischensumme
-	Zwischensumme · 1/7 · Anzahl abgelaufener Zeitjahre seit Einbringung
=	Einbringungsgewinn II

Der Einbringungsgewinn II gilt beim Einbringenden als nachträgliche Anschaffungskosten der erhaltenen Anteile (§ 22 Abs. 2 Satz 4 UmwStG). Dadurch mindert sich der Gewinn aus einer späteren Veräußerung der im Rahmen der Einbringung erhaltenen Anteile an der übernehmenden Kapitalgesellschaft.

522 Vgl. Mitsch (2007), S. 228.

523 Vgl. Patt in Dötsch et al. (2012), § 22 UmwStG, Tz. 69.

524 Vgl. Brähler (2013), S. 604.

Die Regelungen zum Einbringungsgewinn II sind gemäß § 22 Abs. 2 Satz 5 UmwStG nicht anzuwenden, soweit der Einbringende die Anteile an der übernehmenden Kapitalgesellschaft im Zeitpunkt der Veräußerung der eingebrachten Anteile durch die Kapitalgesellschaft bereits veräußert hat. In diesem Fall wurden die stillen Reserven bereits im Wege einer durch das Teileinkünfteverfahren begünstigten Besteuerung erfasst, so dass eine Missbrauchsvermeidungsregelung nicht notwendig ist.[525]

Bei der Kapitalgesellschaft erhöht der versteuerte Einbringungsgewinn II die Anschaffungskosten der eingebrachten Anteile. Dadurch verringert sich der Gewinn aus der Veräußerung dieser Anteile (§ 23 Abs. 2 Satz 3 UmwStG).

Zusammenfassend ergeben sich somit bei einer Veräußerung der eingebrachten Anteile innerhalb von sieben Jahren nach Einbringung durch die übernehmende Kapitalgesellschaft die folgenden Rechtsfolgen:

1. Ermittlung eines Einbringungsgewinns II beim Einbringenden im Zeitpunkt der Einbringung;
2. Erhöhung der Anschaffungskosten der erhaltenen Anteile beim Einbringenden um den Einbringungsgewinn II;
3. Erhöhung der Anschaffungskosten der eingebrachten Anteile bei der Kapitalgesellschaft um den Einbringungsgewinn II;
4. Ermittlung des Gewinns aus der Veräußerung der eingebrachten Anteile bei der Kapitalgesellschaft.

7.3.2.3 Ertragsteuerliche Vorteilhaftigkeits- und Gestaltungsüberlegungen beim Anteilstausch

Wie im Fall der Sacheinlage hat die übernehmende Kapitalgesellschaft auch beim Anteilstausch bei Erfüllung der entsprechenden Voraussetzungen das Wahlrecht, die eingebrachten Anteile mit dem Buchwert-, Zwischenwert oder dem gemeinen Wert anzusetzen. Die steuerliche Vorteilhaftigkeit hängt wie auch bei der Sacheinlage von vielen Faktoren ab und kann nur im jeweiligen Einzelfall durch einen Vergleich der Steuerbarwerte ermittelt werden. Im Wesentlichen kann hier auf die Ausführungen in Kapitel 7.3.1.3 verwiesen werden.

7.4 Die Einbringung eines Betriebs, Teilbetriebs, Mitunternehmeranteils oder einer 100 %-igen Beteiligung an einer Kapitalgesellschaft in eine Personengesellschaft

Gegenstand der Einbringung

Die Einbringung eines Betriebs, Teilbetriebs oder Mitunternehmeranteils[526] in eine Personengesellschaft wird durch § 24 UmwStG geregelt. Eine dem Anteilstausch des § 21 UmwStG vergleichbare Regelung für die Einbringung von Anteilen an Kapitalgesellschaften existiert nicht.

525 Vgl. Brähler (2013), S. 608.
526 Vgl. zu diesen Begriffen Junge (2012), Tz. 1055 ff.

Lediglich die Einbringung einer 100 %-igen Beteiligung an einer Kapitalgesellschaft und die Einbringung von Anteilen, die sich in einem Betrieb, Teilbetrieb oder Mitunternehmeranteil befinden, fallen unter die Vorschrift des § 24 UmwStG. In allen anderen Fällen sind die allgemeinen Vorschriften des Einkommensteuergesetzes anzuwenden.[527] Auch die Einbringung eines Bruchteils des Mitunternehmeranteils fällt unter die Vorschriften des § 24 UmwStG.[528]

Dem Einbringenden müssen als Gegenleistung für das eingebrachte Vermögen grds. Gesellschaftsrechte gewährt werden. Daneben ist jedoch auch die Gewährung anderer Wirtschaftsgüter möglich. Der Einbringende wird Mitunternehmer der übernehmenden Personengesellschaft (§ 24 Abs. 1 UmwStG).[529]

Der Vermögensübergang kann, wie auch bei der Einbringung in eine Kapitalgesellschaft, sowohl im Wege der Gesamtrechts- als auch Einzelrechtsnachfolge vorgenommen werden. Die Anwendungsfälle sind abschließend im § 1 Abs. 3 UmwStG aufgezählt. Folgende Fälle der Gesamtrechtsnachfolge werden durch § 24 UmwStG erfasst:[530]

- Verschmelzung zweier Personengesellschaften;
- Aufspaltung, Abspaltung oder Ausgliederung einer Personengesellschaft auf eine andere Personengesellschaft;
- Ausgliederung einer Einzelunternehmung auf eine Personengesellschaft;
- Ausgliederung einer Kapitalgesellschaft auf eine Personengesellschaft.

Darüber hinaus gelten die Vorschriften des § 24 UmwStG für die folgenden Fälle der Einzelrechtsnachfolge:[531]

- Aufnahme eines Gesellschafters in eine bestehende Einzelunternehmung gegen Geld- oder Sacheinlage; dabei bringt der Einzelunternehmer seinen Betrieb in die durch die Aufnahme neu gegründete Personengesellschaft ein;[532]
- Aufnahme eines Gesellschafters in eine bestehende Personengesellschaft gegen Geld- oder Sacheinlage; die Gesellschafter der bisherigen Personengesellschaft bringen ihre Mitunternehmeranteile in die durch die Einbringung neu gegründete Personengesellschaft ein;
- Aufnahme einer Einzelunternehmung in eine bestehende Personengesellschaft; der Einzelunternehmer bringt seinen Betrieb ein; die Altgesellschafter der Personengesellschaft bringen ihre Mitunternehmeranteile in die durch den Eintritt neu entstehende Personengesellschaft ein;
- Gründung einer Personengesellschaft durch Zusammenschluss mehrerer Einzelunternehmer;
- Einbringung einer 100 %-igen Beteiligung an einer Kapitalgesellschaft in eine Personengesellschaft.

527 Vgl. Brähler (2013), S. 617.

528 Vgl. Patt in Klingebiel et al. (2012), S. 558.

529 Vgl. zu der Frage, wann eine Gewährung von Gesellschaftsrechten vorliegt Kai (2012), S. 172 f.

530 Vgl. Tz. 24.01 i. V. m. 01.47 f. UmwStE.

531 Vgl. § 1 Abs. 3 Nr. 4 UmwStG; Tz. 24.01 i. V. m. 01.47 f. UmwStE. Für eine ausführliche Übersicht über die Anwendungsfälle vgl. Patt in Dötsch et al. (2012), § 24 UmwStG, Tz. 18 ff.

532 Für den Gesellschafter, der eine Geld- oder Sacheinlage erbringt, liegt keine Einbringung vor.

Nicht in den Anwendungsbereich des § 24 UmwStG, sondern unter die Vorschrift des § 6 Abs. 3 EStG, fällt die unentgeltliche Aufnahme einer natürlichen Person in eine bestehende Einzelunternehmung. Ebenfalls nicht erfasst wird der Austritt eines Gesellschafters aus einer Personengesellschaft sowie der Gesellschafterwechsel durch eine entgeltliche Veräußerung des Mitunternehmeranteils.[533] Hierbei handelt es sich um Veräußerungsvorgänge, die nach den allgemeinen Vorschriften des Einkommensteuerrechts zu beurteilen sind. Die Überführung einzelner Wirtschaftsgüter aus einem Betriebsvermögen in eine Personengesellschaft gegen Gewährung von Gesellschaftsrechten fällt in den Anwendungsbereich des § 6 Abs. 5 EStG.[534] Werden Wirtschaftsgüter des Privatvermögens in eine Personengesellschaft eingebracht, stellt dies stets ein Veräußerungsgeschäft dar. Die Steuerbarkeit des Veräußerungsgewinns auf der Ebene des Einbringenden richtet sich nach den §§ 17, 20 Abs. 2 und 23 EStG.[535]

Einbringender

Hinsichtlich der Person des Einbringenden gibt es in § 24 UmwStG keine besonderen Vorschriften. Einbringender kann jede natürliche Person, Kapitalgesellschaft oder Personengesellschaft sein. Wohnsitz, gewöhnlicher Aufenthalt, Sitz oder Ort der Geschäftsleitung sind ohne Bedeutung. Ist das Betriebsvermögen einer Personengesellschaft Gegenstand der Einbringung, so ist die Personengesellschaft selbst Einbringender, sofern diese nach der Einbringung fortbesteht. Wird die Personengesellschaft im Zuge der Einbringung aufgelöst, so sind die Einbringenden die einzelnen Mitunternehmer[536]

Übernehmende Personengesellschaft

Übernehmende Gesellschaft kann jede Personengesellschaft i. S. d. § 15 Abs. 1 Satz 1 Nr. 2 EStG sein, bei der die Gesellschafter als Mitunternehmer anzusehen sind.[537] Dies ist dann der Fall, wenn sie Mitunternehmerrisiko tragen und Mitunternehmerinitiative entfalten.[538] Auch eine Einbringung in eine ausländische Personengesellschaft ist möglich, wenn sie über eine inländische Betriebsstätte verfügt oder eine solche durch die Einbringung begründet wird.[539]

Einbringungszeitpunkt

Hinsichtlich des Einbringungszeitpunkts ist danach zu unterscheiden, ob die Einbringung durch Gesamtrechts- oder Einzelrechtsnachfolge erfolgt. Bei einer Gesamtrechtsnachfolge verweist § 24 Abs. 4 UmwStG auf die Vorschriften für die Einbringung in eine Kapitalgesellschaft in § 20 Abs. 5 und 6 UmwStG. In diesen Fällen ist eine Rückbeziehung des steuerlichen Übertragungsstichtags auf den Tag der handelsrechtlichen Schlussbilanz möglich, welcher höchstens acht Monate vor der Anmeldung der Umwandlung zum Handelsregister liegen darf.[540] Für die Einzelrechtsnachfolge fehlt der Verweis auf die Vorschriften für die Einbringung in eine Kapitalgesell-

533 Vgl. Patt in Dötsch et al. (2012), § 24 UmwStG, Tz. 71; Brähler (2013), S. 621.
534 Vgl. ausführlich Patt in Dötsch et al. (2012), § 24 UmwStG, Tz. 45 ff.
535 Vgl. Patt in Dötsch et al. (2012), § 24 UmwStG, Tz. 56.
536 Vgl. Tz. 24.03 i.V. m. Tz. 20.03 UmwStE sowie erläuternd Kai (2012), S. 167 f.
537 Vgl. Patt in Dötsch et al. (2012), § 24 UmwStG, Tz. 99.
538 Vgl. H 18.8 Abs. 1 EStH.
539 Vgl. Patt in Dötsch et al. (2012), § 24 UmwStG, Tz. 99.
540 Vgl. auch Kapitel 7.3.1.1.

schaft. In diesen Fällen ist keine Rückbeziehung möglich. Der steuerliche Einbringungszeitpunkt ist stets der im Einbringungsvertrag festgelegte Zeitpunkt des Übergangs von Nutzen und Lasten.[541]

Umsatzsteuer und Grunderwerbsteuer

Hinsichtlich der Umsatz- und Grunderwerbsteuer gelten dieselben Vorschriften wie bei der Einbringung in eine Kapitalgesellschaft. Insofern kann auf die Ausführungen in Kapitel 7.3.1 verwiesen werden. Im Rahmen der Grunderwerbsteuer sind in den Fällen, in denen am übertragenden und übernehmenden Rechtsträger dieselben Gesellschafter beteiligt sind, die Vorschriften der §§ 5 Abs. 2 und 6 Abs. 3 GrEStG zu beachten. Danach wird die Grunderwerbsteuer nicht erhoben, soweit der Einbringende an der übernehmenden Personengesellschaft beteiligt ist. Dies gilt allerdings nur insoweit, als sich der Anteil des Einbringenden an der übernehmenden Gesellschaft innerhalb von fünf Jahren nach der Einbringung nicht vermindert.[542]

7.4.1 Ertragsteuerliche Auswirkungen bei der übernehmenden Personengesellschaft

Nach § 24 Abs. 2 Satz 1 UmwStG hat die Personengesellschaft das eingebrachte Betriebsvermögen in ihrer Bilanz einschließlich der Ergänzungsbilanzen für die Gesellschafter grds. mit dem gemeinen Wert anzusetzen. Abweichend davon kann auf Antrag auch der Buchwert oder ein höherer Wert (Zwischenwert), höchstens der gemeine Wert, angesetzt werden, soweit das Besteuerungsrecht der Bundesrepublik Deutschland aus der Veräußerung des eingebrachten Betriebsvermögens nicht ausgeschlossen oder nicht beschränkt wird (§ 24 Abs. 2 Satz 2 UmwStG). Pensionsrückstellungen sind abweichend davon stets mit dem Teilwert nach § 6a EStG anzusetzen. Das Wahlrecht ist für alle Wirtschaftsgüter einheitlich auszuüben. Wie bei einer Einbringung nach den §§ 20-23 UmwStG steht das Wahlrecht hinsichtlich des Wertansatzes der übernehmenden Gesellschaft und nicht dem Einbringenden zu. Eine Maßgeblichkeit zwischen Handels- und Steuerbilanz besteht nicht.[543]

Hinsichtlich der weiteren Rechtsfolgen stimmen die Vorschriften in weiten Teilen mit den Regelungen der §§ 20-23 UmwStG überein.[544] Wichtige Unterschiede gegenüber den Vorschriften zur Einbringung in eine Kapitalgesellschaft sind die folgenden:

- Der Wertansatz bei der übernehmenden Personengesellschaft ergibt sich in der Summe aus Gesamthandsbilanz und Ergänzungsbilanzen. Häufig werden in der Praxis in der Gesamthandsbilanz die gemeinen Werte der Wirtschaftsgüter angesetzt, die in den Ergänzungsbilanzen bis zum Buchwert herabgestockt werden. Die Ergänzungsbilanzen dienen dazu, die

541 Vgl. Brähler (2013), S. 632 f.
542 Vgl. Rasche in Rödder/Herlinghaus/van Lishaut (2007), Anhang 8, Tz. 23 ff.
543 Vgl. Patt in Dötsch et al. (2012), § 24 UmwStG, Tz. 116 ff. Zur Form und Frist der Antragstellung vgl. Kai (2012), S. 171 f.
544 Vgl. vor allem § 24 Abs. 4 UmwStG.

in den Wirtschaftsgütern enthaltenen stillen Reserven den Mitunternehmern zuzuordnen, denen sie auch bereits vor der Einbringung zugeordnet waren und bei denen sie auch im Fall einer Aufdeckung besteuert werden müssen.[545]

- Werden im Rahmen der Einbringung neben Gesellschaftsrechten auch andere Wirtschaftsgüter gewährt, deren gemeiner Wert den Buchwert des eingebrachten Betriebsvermögens übersteigt, so ist bei der Einbringung in eine Kapitalgesellschaft das eingebrachte Betriebsvermögen mindestens mit dem gemeinen Wert der anderen Wirtschaftsgüter anzusetzen (§ 20 Abs. 2 Satz 4 UmwStG). Bei der Einbringung in eine Personengesellschaft gibt es eine vergleichbare Vorschrift nicht, das heißt auch bei der Gewährung anderer Wirtschaftsgüter ist stets eine Einbringung zu Buchwerten möglich.[546]

  Lediglich in dem Fall, dass der Einbringende neben den Gesellschaftsrechten eine Zuzahlung von Geld ins Privatvermögen erhält, kommt es zwangsweise zu einer Aufdeckung von stillen Reserven. Es wird unterstellt, dass der Einbringende vor der Einbringung Eigentumsanteile an den Wirtschaftsgütern seines Betriebs an den zuzahlenden Gesellschafter veräußert. Die verbliebenen Eigentumsrechte bringt er für eigene Rechnung, die veräußerten für Rechnung des zuzahlenden Gesellschafters in die Personengesellschaft ein. Durch die Veräußerung der Eigentumsanteile ergibt sich beim Einbringenden ein Veräußerungsgewinn, welcher einen laufenden Gewinn darstellt.[547]

- Bei einer Einbringung in eine Kapitalgesellschaft ist das Betriebsvermögen mindestens so anzusetzen, dass sich Aktiva und Passiva ohne Berücksichtigung des Eigenkapitals ausgleichen (§ 20 Abs. 2 Satz 2 Nr. 2 UmwStG). Dies ist bei der Einbringung in eine Personengesellschaft nicht der Fall. Ein vorhandenes negatives Kapitalkonto führt nicht zu einer Zwangswertaufstockung und damit nicht zu einer Aufdeckung stiller Reserven.[548]

7.4.2 Ertragsteuerliche Auswirkungen beim Einbringenden

Gemäß § 24 Abs. 3 Satz 1 UmwStG gilt der Wert, mit dem das eingebrachte Betriebsvermögen in der Bilanz der übernehmenden Personengesellschaft einschließlich der Ergänzungsbilanzen angesetzt wird, für den Einbringenden als Veräußerungspreis. Es ergibt sich der folgende Einbringungsgewinn:

	Veräußerungspreis des eingebrachten Betriebsvermögens (= Wertansatz in Gesamthandsbilanz der Personengesellschaft und Ergänzungsbilanzen der Gesellschafter)
-	Buchwert des eingebrachten Betriebsvermögens
-	Einbringungskosten
=	Einbringungsgewinn

545 Vgl. Strauch (2008), S. 12 und 18; Patt in Dötsch et al. (2012), § 24 UmwStG, Tz. 125 f. Eine Darstellung der verschiedenen Bilanzierungsmöglichkeiten in Gesamthandsbilanz und Ergänzungsbilanzen findet sich bei Junge (2012), Tz. 1050 ff.

546 Vgl. Brähler (2013), S. 623 f.

547 Vgl. Tz. 24.08 ff. UmwStE.

548 Vgl. Brähler (2013), S. 623.

Handelt es sich beim Einbringenden um eine natürliche Person, ist der Einbringungsgewinn einkommensteuerlich der Einkunftsart zuzurechnen, der auch das eingebrachte Vermögen zuzurechnen war.[549] Der Freibetrag des § 16 Abs. 4 EStG wird nur gewährt, wenn die Personengesellschaft das eingebrachte Vermögen mit dem gemeinen Wert ansetzt und nicht Teile eines Mitunternehmeranteils eingebracht werden (§ 24 Abs. 3 Satz 2 UmwStG). In den gleichen Fällen wird auch die Fünftelungsregelung des § 34 Abs. 1 EStG und der ermäßigte Steuersatz des § 34 Abs. 3 EStG gewährt, allerdings nur, soweit der Gewinn nicht bereits aufgrund des Teileinkünfteverfahrens teilweise steuerbefreit ist. Zu beachten ist, dass in den Fällen, in denen auf der Seite des Einbringenden und der übernehmenden Personengesellschaft dieselben Personen stehen, der Einbringende also wirtschaftlich gesehen „an sich selbst" veräußert, der Einbringungsgewinn insoweit in jedem Fall als laufender Gewinn gilt und nicht nach den §§ 16 und 34 EStG begünstigt ist.[550] Ist der Einbringende eine Kapitalgesellschaft, unterliegt der Einbringungsgewinn ohne Gewährung von Begünstigungen der Körperschaftsteuer.[551]

Hinsichtlich der Gewerbesteuerpflicht des Einbringungsgewinns ist dahingehend zu unterscheiden, ob es sich beim Einbringenden um eine natürliche Person, eine Kapitalgesellschaft oder eine Personengesellschaft handelt. Bei einer natürlichen Person ist ein Einbringungsgewinn grds. nicht gewerbesteuerpflichtig, weil der Gewerbesteuer nur der laufende Gewinn unterliegen soll. Dies gilt allerdings nicht für den Teil des Einbringungsgewinns, der aufgrund einer Veräußerung „an sich selbst" als laufender Gewinn gilt.[552] Ist eine 100 %-ige Beteiligung an einer Kapitalgesellschaft oder der Bruchteil eines Mitunternehmeranteils Gegenstand der Einbringung, so unterliegt der Einbringungsgewinn in jedem Fall der Gewerbesteuer.[553] Bei Kapitalgesellschaften gehört der Einbringungsgewinn stets zum Gewerbeertrag. Erfolgt die Einbringung durch eine Personengesellschaft, so unterliegt der Einbringungsgewinn insoweit nicht der Gewerbesteuer, als er auf eine natürliche Person als unmittelbar beteiligter Mitunternehmer entfällt. Dies gilt allerdings nicht für den Teil des Einbringungsgewinns, der als laufender Gewinn gilt.[554]

Nachträgliche Besteuerung bei Einbringung von Anteilen an Kapitalgesellschaften

In den Fällen, in denen der Einbringende Anteile an Kapitalgesellschaften in die Personengesellschaft einbringt, sieht § 24 Abs. 5 UmwStG analog zu den Vorschriften zum Einbringungsgewinn II bei der Einbringung in eine Kapitalgesellschaft eine Missbrauchsvermeidungsvorschrift vor.

Ist der Einbringende eine natürliche Person und hätte er die eingebrachten Anteile veräußert, so hätte dieser Gewinn bei ihm dem Teileinkünfteverfahren unterlegen. Erfolgt die Veräußerung nach der Einbringung durch die übernehmende Personengesellschaft, so unterliegt der Gewinn in Abhängigkeit davon, ob es sich bei den Mitunternehmern um natürliche Personen oder um Kapitalgesellschaften handelt, entweder dem Teileinkünfteverfahren oder der 5 %-igen Besteue-

549 Vgl. Patt in Dötsch et al. (2012), § 24 UmwStG, Tz. 141.

550 Vgl. § 24 Abs. 3 Satz 3 UmwStG; § 16 Abs. 2 Satz 3 EStG.

551 Vgl. Patt in Dötsch et al. (2012), § 24 UmwStG, Tz. 151.

552 Die Gewerbesteuerpflicht ergibt sich nach Ansicht von BFH und Finanzverwaltung. Vgl. BFH, 15. 6. 2004, VIII R 7/01, BStBl. 2004 II, S. 754; Tz. 24.17 UmwStE. Diese Ansicht ist in der Literatur allerdings nicht unumstritten. Vgl. Patt in Dötsch et al. (2012), § 24 UmwStG, Tz. 153.

553 Vgl. Patt in Dötsch et al. (2012), § 24 UmwStG, Tz. 154 f.

554 Vgl. Patt in Dötsch et al. (2012), § 24 UmwStG, Tz. 157.

rung des § 8b KStG. Damit lassen sich in den Fällen, in denen an der Personengesellschaft Kapitalgesellschaften beteiligt sind, durch eine Einbringung und spätere Veräußerung der Anteile steuerliche Vorteile erzielen.[555]

Nach § 24 Abs. 5 UmwStG sind in den Fällen, in denen eine Veräußerung eingebrachter Anteile an Kapitalgesellschaften durch die übernehmende Personengesellschaft innerhalb eines Zeitraums von sieben Jahren nach dem Einbringungszeitpunkt erfolgt, die Vorschriften über den Einbringungsgewinn II entsprechend anzuwenden.[556] Dies gilt jedoch nur insoweit, als der Einbringende keine nach § 8b KStG begünstigte Kapitalgesellschaft ist und der Veräußerungsgewinn nicht auf eine nach § 8b KStG begünstigte Kapitalgesellschaft als Mitunternehmerin der Personengesellschaft entfällt. Außerdem ist die Regelung nur anzuwenden, wenn die Personengesellschaft die Anteile bei der Einbringung mit einem Wert unter dem gemeinen Wert angesetzt hat. Wird der gemeine Wert angesetzt, werden im Rahmen der Einbringung die stillen Reserven im Rahmen des Teileinkünfteverfahrens versteuert. Einer Missbrauchsvermeidungsvorschrift bedarf es in diesen Fällen nicht.

7.4.3 Ertragsteuerliche Vorteilhaftigkeits- und Gestaltungsüberlegungen bei der Einbringung in eine Personengesellschaft

Da die Besteuerung der Einbringung in eine Personengesellschaft weitgehend den Vorschriften zur Einbringung in eine Kapitalgesellschaft entspricht, kann auf die Vorteilhaftigkeitsüberlegungen in Kapitel 7.3.1.3 verwiesen werden.

Aufgrund der Tatsache, dass der aufnehmende Rechtsträger bei einer Einbringung nach § 24 UmwStG eine Personengesellschaft ist, deren Gewinnermittlung bei der Beteiligung von natürlichen Personen nach den Regeln des Einkommensteuergesetzes erfolgt, können Progressionseffekte die Vorteilhaftigkeit des Ansatzes des gemeinen Werts im Zusammenhang mit der zeitlichen Struktur der Auflösung der stillen Reserven in den auf den Einbringungszeitpunkt folgenden Perioden zusätzlich beeinflussen. So genannte „Verkäufe an sich selbst" sind im Gegensatz zu vergleichbaren Einbringungen in eine Kapitalgesellschaft nicht steuerlich begünstigt. Mit steigendem Anteil des Einbringenden an der aufnehmenden Personengesellschaft verliert somit der Ansatz des gemeinen Werts an relativer Vorteilhaftigkeit.

Insgesamt lassen sich keine allgemeingültigen Aussagen über die Vorteilhaftigkeit der Bewertungsalternativen treffen, da zu viele vom Einzelfall abhängige Tatbestände die relevanten Zahlungsströme beeinflussen. Als Entscheidungskriterium für die Beurteilung der Vorteilhaftigkeit eines Bewertungsansatzes ist abermals der Barwert der Ertragsteuerzahlungsdifferenzen zwischen den Alternativen heranzuziehen.

Der Ansatz des gemeinen Werts ist häufig dann vorteilhafter als der Buchwertansatz, wenn der Einbringende eine natürliche Person ist und zugleich die stillen Reserven überwiegend in abnutzbaren Wirtschaftsgütern ruhen. In diesem Fall treffen die einkommensteuerlichen Vergünstigungen der §§ 16 Abs. 4 und 34 EStG und abschreibungsbedingte Steuerersparnisse durch erhöhte Wertansätze zusammen.

555 Vgl. Brähler (2013), S. 631 f.
556 Vgl. Kapitel 7.3.2.2.

Im Vergleich zur Einbringung in eine Kapitalgesellschaft bietet eine Einbringung nach § 24 UmwStG mehr Gestaltungsmöglichkeiten, da hier beispielsweise der Buchwertansatz auch dann zulässig ist, wenn der Saldo aus Aktiva und Passiva des eingebrachten Betriebsvermögens negativ ist.

7.5 Die Spaltung

Wie bereits in Kapitel 7.1.2.2 dargestellt, handelt es sich bei einer Spaltung um einen Dekonzentrationsvorgang und damit um das Gegenstück der Verschmelzung. Zu unterscheiden sind drei verschiedene Formen der Spaltung: die Aufspaltung, die Abspaltung sowie die Ausgliederung. Darüber hinaus ist dahingehend zu unterscheiden, ob eine Kapitalgesellschaft oder eine Personengesellschaft Gegenstand der Spaltung ist und ob es sich beim übernehmenden Rechtsträger um eine Kapitalgesellschaft oder eine Personengesellschaft handelt. Die steuerlichen Regelungen zur Spaltung verweisen in weiten Teilen auf die Vorschriften zur Verschmelzung oder zu den Einbringungsvorgängen.

Wie Verschmelzungen und Einbringungen gelten auch Spaltungsvorgänge, bei denen ein Betrieb oder Teilbetrieb übertragen wird, umsatzsteuerlich als Geschäftsveräußerungen im Ganzen gemäß § 1 Abs. 1a UStG und sind daher nicht umsatzsteuerbar, wenn der übernehmende Rechtsträger ein Unternehmer i. S. d. UStG ist. Das Recht zum Vorsteuerabzug für im Zusammenhang mit der Spaltung anfallende Aufwendungen ist beim übernehmenden Rechtsträger gegeben, wenn dieser im Rahmen des erworbenen Geschäfts steuerbare und steuerpflichtige Umsätze ausübt. Wird ein Mitunternehmeranteil oder eine 100 %-ige Beteiligung an einer Kapitalgesellschaft übertragen, handelt es sich um steuerbare Umsätze, die aber nach § 4 Nr. 8 Buchst. f UStG umsatzsteuerbefreit sind.[557]

Werden im Rahmen einer Spaltung Grundstücke übertragen, so ist dieser Vorgang wie auch bei Verschmelzungen gemäß § 1 Abs. 1 Nr. 3 GrEStG grunderwerbsteuerbar. Bei einer Aufspaltung gilt dies für sämtliche Grundstücke im Vermögen der übertragenden Gesellschaft. Als Bemessungsgrundlage ist der Wert anzusetzen, der sich nach § 138 Abs. 2-4 BewG ergibt (§ 8 Abs. 2 Satz 1 Nr. 2 GrEStG). Bei der Spaltung unter Beteiligung von Personengesellschaften ist zu beachten, dass Grunderwerbsteuer nach § 6 Abs. 3 Satz 1 GrEStG insoweit nicht erhoben wird, als die Gesellschafter der übertragenden Personengesellschaft auch an der übernehmenden Personengesellschaft beteiligt sind. Dies gilt aber nur insoweit, als sich der Anteil eines Gesellschafters an dem Vermögen der übernehmenden Personengesellschaft innerhalb von fünf Jahren nach der Spaltung nicht verändert (§ 6 Abs. 3 Satz 2 GrEStG). Die Vorschriften zur Grunderwerbsteuerpflicht gelten auch für die Übertragung einer 100 %-igen Beteiligung an einer Kapitalgesellschaft, falls sich im Vermögen dieser Gesellschaft Grundbesitz befindet.[558]

557 Vgl. Tz. 1.5 und 4.8.10 UStAE sowie die Kapitel 7.2 und 7.3. Vgl. zur Umsatzsteuerbarkeit von Spaltungen auch Rasche in Rödder/Herlinghaus/van Lishaut (2007), Anhang 9, Tz. 20 ff.

558 Vgl. Rasche in Rödder/Herlinghaus/van Lishaut (2007), Anhang 8, Tz. 11 ff.

7.5.1 Die Spaltung einer Kapitalgesellschaft

Bei der Spaltung einer Kapitalgesellschaft ist zum einen danach zu differenzieren, ob eine Aufspaltung, Abspaltung oder Ausgliederung vorliegt und zum anderen danach, ob der übernehmende Rechtsträger eine Personen- oder Kapitalgesellschaft ist. Die Abbildung 65 gibt einen Überblick über die verschiedenen Fälle und deren steuerliche Konsequenzen.

ABB. 65: Möglichkeiten der Spaltung einer Kapitalgesellschaft

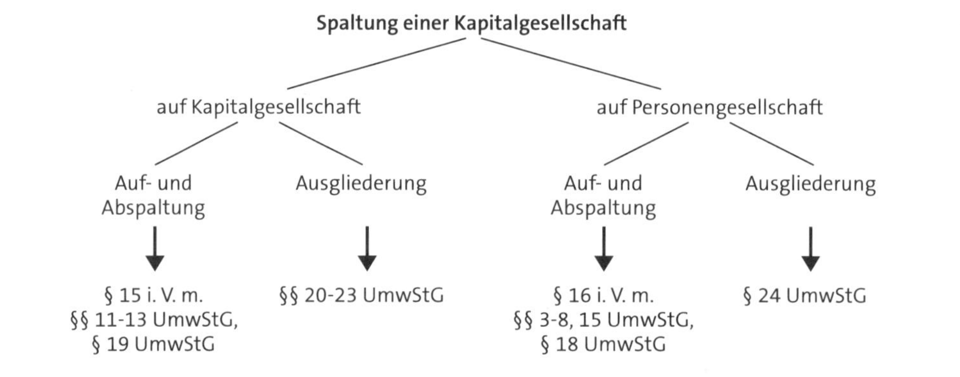

7.5.1.1 Ertragsteuerliche Auswirkungen der Auf- und Abspaltung auf eine andere Kapitalgesellschaft

Wird eine Kapitalgesellschaft auf eine andere Kapitalgesellschaft auf- oder abgespalten, so verweist § 15 Abs. 1 UmwStG auf die entsprechende Anwendung der §§ 11-13 UmwStG und damit auf die Vorschriften für die Verschmelzung zweier oder mehrerer Kapitalgesellschaften.[559]

Hinsichtlich des Wahlrechts, die Spaltung zu Buchwerten und damit erfolgsneutral durchführen zu können, sind jedoch einige Besonderheiten zu beachten. Hintergrund der im Folgenden dargestellten Vorschriften des § 15 Abs. 1 und 2 UmwStG ist, dass eine Nichtaufdeckung der stillen Reserven im Rahmen der Spaltung nur dann erfolgen darf, wenn das unternehmerische Engagement fortgesetzt wird und eine spätere Besteuerung der stillen Reserven sichergestellt ist.[560]

- Bei einer Abspaltung muss auf die übernehmende Kapitalgesellschaft gemäß § 15 Abs. 1 Satz 2 UmwStG ein Teilbetrieb übertragen werden und bei der übertragenden Gesellschaft muss ein Teilbetrieb verbleiben (so genanntes doppeltes Teilbetriebserfordernis).[561] Erfolgt die Spaltung durch eine Aufspaltung, muss jede aufnehmende Gesellschaft einen eigenen Teilbetrieb erhalten. Als Teilbetrieb gelten nach § 15 Abs. 1 Satz 3 UmwStG auch ein Mit-

559 Vgl. Kapitel 7.2.2. Ein Überblick über die steuerliche Behandlung der Auf- und Abspaltung einer Kapitalgesellschaft auf eine andere Kapitalgesellschaft nach der Neufassung des UmwStE findet sich z. B. bei Neumann (2012).

560 Vgl. Moszka in Semler/Stengel (2012), Anhang UmwStG, Rn. 409-424.

561 Vgl. bzgl. des Teilbetriebsbegriffs Kapitel 7.3.1.1.

unternehmeranteil und eine 100 %-ige Beteiligung an einer Kapitalgesellschaft (fiktive Teilbetriebe).[562] Die Voraussetzungen für das Vorliegen eines Teilbetriebs müssen bereits am steuerlichen Übertragungsstichtag vorliegen.[563]

Sind die genannten Voraussetzungen nicht erfüllt, hat die übertragende Kapitalgesellschaft in ihrer steuerlichen Schlussbilanz die gemeinen Werte anzusetzen und damit alle stillen Reserven aufzudecken (§ 15 Abs. 1 i.V. m. § 11 Abs. 1 UmwStG). Die Anteile der Gesellschafter an der übertragenden Kapitalgesellschaft gelten als zum gemeinen Wert veräußert und die Anteile an der übernehmenden Kapitalgesellschaft als zum gemeinen Wert angeschafft (§ 15 Abs. 1 i.V. m. § 13 Abs. 1 UmwStG).

Sinn dieser einschränkenden Vorschriften für die Spaltung unter Ansatz des Buchwerts ist es, zu vermeiden, dass die beteiligten Unternehmungen die Einzelveräußerung von Wirtschaftsgütern aus einem Betriebsvermögen als Abspaltung deklarieren können, um so eine Besteuerung der stillen Reserven zu umgehen.[564]

► Sofern eine der nachfolgenden Voraussetzungen nicht erfüllt ist, hat die übertragende Kapitalgesellschaft in ihrer steuerlichen Schlussbilanz ebenfalls die gemeinen Werte anzusetzen und damit alle stillen Reserven aufzudecken. Ein Verstoß gegen diese Voraussetzungen hat aber gemäß § 15 Abs. 2 i.V. m. § 11 Abs. 1 UmwStG keinen Einfluss auf die Möglichkeit der Anteilseigner der übertragenden Gesellschaft, ihre Anteile steuerneutral in Anteile an der übernehmenden Gesellschaft umtauschen zu können.

1. Es werden Mitunternehmeranteile und 100 %-ige Beteiligungen an Kapitalgesellschaften (fiktive Teilbetriebe) übertragen, die in den letzten drei Jahren vor der Spaltung durch die Übertragung von Wirtschaftsgütern, die keinen Teilbetrieb darstellen, erworben oder aufgestockt worden sind (§ 15 Abs. 2 Satz 1 UmwStG).

   Durch diese Vorschrift soll eine Umgehung der Teilbetriebsvoraussetzung und damit eine steuerneutrale Übertragung von Einzelwirtschaftsgütern verhindert werden.[565]

2. Durch die Spaltung wird eine Veräußerung an außenstehende Personen vollzogen oder es werden die Voraussetzungen für eine Veräußerung an außenstehende Personen geschaffen. Davon ist nach § 15 Abs. 2 Satz 2 und 3 UmwStG auszugehen, wenn innerhalb von fünf Jahren nach dem steuerlichen Übertragungsstichtag Anteile an einer an der Spaltung beteiligten Kapitalgesellschaft, die mehr als 20 % der vor der Spaltung an der Gesellschaft bestehenden Anteile ausmachen, veräußert werden.

   Durch diese Regelung soll sichergestellt werden, dass die Besteuerung der stillen Reserven nicht durch eine zeitnahe Anteilsveräußerung an außenstehende, entweder steuerbefreite oder nicht steuerpflichtige Personen umgangen werden kann. Die Möglichkeit, bis zu 20 % der Anteile ohne steuerliche Konsequenzen veräußern zu können, soll verhindern, dass bei der Spaltung von Publikumsgesellschaften die Veräußerung eines einzigen Anteils innerhalb von fünf Jahren nach der Spaltung zum Verlust der Erfolgsneutralität

562 Vgl. Heurung/Engel/Schröder (2012), S. 273 ff.; Klingberg in Blümich (2012), § 15 UmwStG 2006, Rz. 44-69; Moszka in Semler/Stengel (2012), Anhang UmwStG, Rn. 450-477.

563 Vgl. Tz. 15.03 UmwStE; Schafitzl/Götz (2012), S. 32 f.

564 Vgl. Felchner/Wendland (2007), S. 170.

565 Vgl. BT-Drucks. 12/6885 vom 24. 2. 1994, S. 22; Klingberg in Blümich (2012), § 15 UmwStG 2006, Rz. 74-77; Moszka in Semler/Stengel (2012), Anhang UmwStG, Rn. 481-486.

der Spaltung führt.[566] Faktisch verhindert die Begrenzung auf 20 % der Anteile die Spaltung von börsennotierten Publikumsgesellschaften, da nicht sichergestellt werden kann, dass über einen Zeitraum von fünf Jahren nur Anteile, die 20 % oder weniger des Werts der gespaltenen Gesellschaft ausmachen, an einer Börse gehandelt werden.[567]

3. Bei der Trennung von Gesellschafterstämmen haben die Beteiligungen an der übertragenden Kapitalgesellschaft nicht mindestens fünf Jahre vor dem steuerlichen Übertragungsstichtag bestanden (§ 15 Abs. 2 Satz 5 UmwStG).

   In diesem Zusammenhang ist ein Gesellschafterstamm als eine Gruppe von Gesellschaftern zu verstehen, die sich entweder selbst als einander zugehörig begreifen oder von anderen als einander zugehörig angesehen werden.[568]

   Eine Trennung von Gesellschafterstämmen liegt dann vor, wenn bei einer Aufspaltung an den übernehmenden Kapitalgesellschaften bzw. bei der Abspaltung an der übernehmenden und an der übertragenden Kapitalgesellschaft nicht mehr alle Gesellschafter der übertragenden Gesellschaft beteiligt sind.

   Diese Vorschrift soll verhindern, dass die zuvor genannten Bedingungen durch eine entsprechende Anteilsveräußerung vor der Spaltung umgangen werden können.[569]

Wie bei einer Verschmelzung können auch bei einer Spaltung der Verlustvortrag nach § 10d EStG sowie die Zins- und EBITDA-Vorträge nach § 4h Abs. 1 Satz 2 und 3 EStG nicht auf die übernehmende Gesellschaft übertragen werden.[570] Bei einer Aufspaltung gehen Verlust-, Zins- und EBITDA-Vortrag in voller Höhe unter. Demgegenüber bleiben bei einer Abspaltung gemäß § 15 Abs. 3 UmwStG die anteilig auf das verbleibende Vermögen entfallenden Vorträge erhalten.[571]

7.5.1.2 Ertragsteuerliche Auswirkungen der Auf- und Abspaltung auf eine Personengesellschaft

Die steuerliche Behandlung der Auf- und Abspaltung einer Kapitalgesellschaft auf eine Personengesellschaft ist in § 16 UmwStG geregelt, welcher wiederum auf die Vorschriften zur Verschmelzung in den §§ 3-8 UmwStG und auf die Vorschriften zur Auf- und Abspaltung einer Kapitalgesellschaft auf eine andere Kapitalgesellschaft in § 15 UmwStG verweist.[572] Sind neben den Voraussetzungen der §§ 3-8 UmwStG die zusätzlichen Voraussetzungen des § 15 UmwStG erfüllt, ist eine erfolgsneutrale Vermögensübertragung möglich.

Das Wahlrecht hinsichtlich des Wertansatzes steht wie bei einer Verschmelzung der übertragenden Kapitalgesellschaft zu. Die Personengesellschaft hat die von der Kapitalgesellschaft angesetzten Werte zu übernehmen. Ein etwaiger Übernahmegewinn wird wie bei einer Ver-

566 Vgl. BT-Drucks. 12/6885 vom 24. 2. 1994, S. 23; Felchner/Wendland (2007), S. 170.
567 Vgl. Asmus in Haritz/Menner (2009), § 15, Anm. 170.
568 Vgl. Asmus in Haritz/Menner (2009), § 15, Anm. 178.
569 Vgl. Heurung/Engel/Schröder (2012), S. 277 f.; Klingberg in Blümich (2012), § 15 UmwStG 2006, Rz. 97-103.
570 Vgl. Kapitel 7.2.2.2.
571 Vgl. Felchner/Wendland (2007), S. 170; Brähler (2013), S. 395 f.
572 Vgl. im Einzelnen die Kapitel 7.2.1 und 7.5.1.1. Vgl. auch Heurung/Engel/Schröder (2012), S. 278 ff.; Klingberg in Blümich (2012), § 16 UmwStG 2006, Rz. 1-30; Moszka in Semler/Stengel (2012), Anhang UmwStG, Rn. 546-567.

schmelzung besteuert. Auch für die Anteilseigner der übertragenden Kapitalgesellschaft ergeben sich dieselben steuerlichen Folgen wie bei der Verschmelzung.

Die Übernahme eines Verlustabzugs i. S. d. § 10d EStG, eines Zins- und eines EBITDA-Vortrags i. S. d. § 4h Abs. 1 Satz 2 und 3 EStG durch die übernehmende Personengesellschaft ist nicht möglich. Lediglich im Fall der Abspaltung bleiben die anteilig auf die übertragende Gesellschaft entfallenden Vorträge erhalten.[573]

7.5.1.3 Ertragsteuerliche Auswirkungen der Ausgliederung

Eine Ausgliederung wird steuerlich als Sacheinlage in Form eines Teilbetriebs, Mitunternehmeranteils oder einer 100 %-igen Beteiligung an einer Kapitalgesellschaft behandelt. Falls der übernehmende Rechtsträger eine Kapitalgesellschaft ist, erfolgt die Besteuerung nach den §§ 20-23 UmwStG. Hat der übernehmende Rechtsträger die Rechtsform einer Personengesellschaft, regelt § 24 UmwStG die steuerlichen Folgen der Ausgliederung.[574]

7.5.2 Die Spaltung einer Personengesellschaft

Die Spaltung von Personengesellschaften ist nicht explizit im Umwandlungssteuergesetz geregelt. Die steuerlichen Auswirkungen ergeben sich aus den Ausführungen über die Einbringung in den §§ 20-24 UmwStG.[575] Hier werden jeweils nicht nur die Auf- und Abspaltung, sondern auch die Ausgliederung aus einer Personengesellschaft geregelt.[576] Die Spaltung einer Personengesellschaft auf eine andere Personengesellschaft regelt § 24 UmwStG, während die Spaltung einer Personengesellschaft auf eine Kapitalgesellschaft durch die §§ 20-23 UmwStG erfasst wird. Die Abbildung 66 verdeutlicht die verschiedenen Anwendungsfälle grafisch.

ABB. 66: Möglichkeiten der Spaltung einer Personengesellschaft

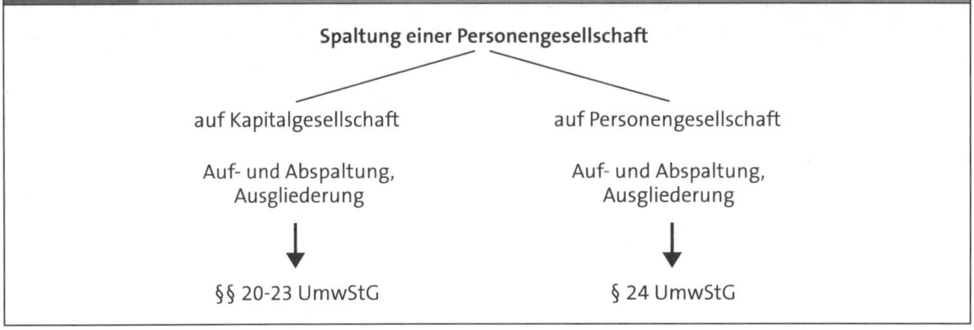

Die Erfolgsneutralität der Spaltung von Personengesellschaften ist an weniger strenge Voraussetzungen gebunden als die Spaltung von Kapitalgesellschaften.

573 Vgl. § 16 i. V. m. § 4 Abs. 2 Satz 2 und § 15 Abs. 3 UmwStG.
574 Vgl. im Einzelnen die Kapitel 7.3 und 7.4.
575 Vgl. Kapitel 7.3 und 7.4.
576 Vgl. Schaumburg/Schumacher in Lutter/Winter (2009), Einleitung II Umwandlungssteuerrecht, Rz. 18 f.

Einschränkende Vorschriften wie im § 15 UmwStG gibt es für die Spaltung von Personengesellschaften nicht. So ist z. B. eine Mindesthaltedauer bei fiktiven Teilbetrieben i. S. d. § 15 UmwStG nicht erforderlich, um das Bewertungswahlrecht ohne schädliche Folgen in der Zukunft in Anspruch nehmen zu können.[577]

Bei Ausgliederungen zur Aufnahme durch eine Kapitalgesellschaft ist zu beachten, dass, wenn die bisherigen Gesellschafter einer Personengesellschaft an der aufnehmenden Kapitalgesellschaft nicht mehr beteiligt sind, die stillen Reserven aufzulösen sind. Hierbei handelt es sich um eine gewöhnliche Veräußerung. Der resultierende Gewinn wird nach den §§ 16 Abs. 4 und 34 EStG begünstigt besteuert, sofern das ausgegliederte Vermögen einen Betrieb oder Teilbetrieb darstellt.

Sind die bisherigen Gesellschafter auch an der übernehmenden Gesellschaft beteiligt, so hängen die steuerlichen Folgen von der Wahl des Wertansatzes i. S. d. § 20 UmwStG ab. Im Gegensatz zur Spaltung einer Kapitalgesellschaft ist es bei der Spaltung einer Personengesellschaft aufgrund der sich ausschließlich auf das übergehende Betriebsvermögen konzentrierenden Vorschriften des § 20 UmwStG nicht erforderlich, dass der abgebenden Unternehmung ein Teilbetrieb verbleibt. Bei dem durch die Spaltung übertragenen Vermögen muss es sich, ebenfalls abweichend von der Spaltung einer Kapitalgesellschaft, nicht um eine 100 %-ige Beteiligung an einer Kapitalgesellschaft handeln. Vielmehr genügt es, wenn es sich um eine mehrheitsvermittelnde Beteiligung handelt und im Gegenzug mindestens ein neuer Anteil gewährt wird.[578]

Häufig wird unter den Oberbegriff Spaltung auch die so genannte Anwachsung gefasst. Hierbei handelt es sich allerdings nicht um eine Umwandlung i. S. d. Umwandlungsgesetzes. Stattdessen wird durch Ausnutzen gesellschaftsrechtlicher Vorschriften des BGB und HGB ein Vermögensübergang erreicht. Häufig werden die Grundsätze der Anwachsung verwendet, um eine GmbH & Co. KG in eine GmbH „umzuwandeln". Zu unterscheiden ist hierbei zwischen der „einfachen Anwachsung" und der "erweiterten Anwachsung".

Bei der "einfachen Anwachsung" treten alle Gesellschafter bis auf einen aus der GmbH & Co. KG aus. Der Anteil der austretenden Gesellschafter am Gesellschaftsvermögen wächst den verbleibenden Gesellschaftern nach § 105 Abs. 3 HGB i.V. m. § 738 BGB an. Wenn der vorletzte Gesellschafter ausgetreten ist, ändert sich die Rechtsform der GmbH & Co. KG. Handelt es sich beim verbleibenden Gesellschafter um eine Kapitalgesellschaft, wird die GmbH & Co. KG in eine Kapitalgesellschaft „umgewandelt". Hinsichtlich der steuerlichen Folgen ist danach zu unterscheiden, ob der einzelne austretende Gesellschafter kapitalmäßig an der Personengesellschaft beteiligt war. Sofern dies nicht der Fall war, liegt kein Übertragungsvorgang vor und es ergeben sich keine steuerlichen Konsequenzen. War der austretende Gesellschafter kapitalmäßig an der Personengesellschaft beteiligt, so liegt eine Vermögensübertragung vor, die zwingend zu Buchwerten nach § 6 Abs. 3 EStG zu erfolgen hat.[579]

Bei der „erweiterten Anwachsung" treten die Gesellschafter nicht aus, sondern sie bringen ihre Mitunternehmeranteile an der GmbH & Co. KG in die Kapitalgesellschaft, die als letzter Gesellschafter verbleiben soll, ein. Als Folge wächst die GmbH & Co. KG auf die als Gesellschafter ver-

577 Vgl. Moszka in Semler/Stengel (2012), Anhang UmwStG, Rn. 595-623.

578 Vgl. § 21 Abs. 1 UmwStG.

579 Vgl. OFD Berlin, 19. 7. 2002, St 122-S 2241 – 2/02, DStR 2002, S. 1811. Zu Problemen im Zusammenhang mit der steuerlichen Behandlung der Anwachsung vgl. Emmrich/Kloster (2005); Ettinger/Schmitz (2008).

bleibende Kapitalgesellschaft an. Für steuerliche Zwecke verwirklichen die einzelnen Gesellschafter mit der Einbringung ihrer Mitunternehmeranteile Tatbestände des § 20 UmwStG.[580]

Werden im Zusammenhang mit dem Ausscheiden eines Gesellschafters aus einer Personengesellschaft keine neuen Gesellschaftsanteile gewährt, handelt es sich nicht um einen Fall des Umwandlungssteuergesetzes. Zahlen die verbleibenden Gesellschafter dem Ausscheidenden eine Abfindung, so erzielt dieser einen Veräußerungsgewinn, der nach den §§ 16 Abs. 4 und 34 EStG begünstigt ist. Bei den verbleibenden Gesellschaftern liegen in Höhe der gezahlten Abfindung Anschaffungskosten vor.

7.6 Der Formwechsel

Von den bisher beschriebenen Umwandlungsarten zu unterscheiden ist der Formwechsel, von dem nur ein einziger Rechtsträger betroffen ist. Hierbei ändert sich lediglich das Rechtskleid des Rechtsträgers, eine Vermögensübertragung findet nicht statt. Der Rechtsträger bewahrt einerseits seine wirtschaftliche Identität, andererseits bleiben der Vermögensbestand und i. d. R. auch die Anteilseigner sowie deren Anteilsverhältnisse identisch.[581]

Hinsichtlich der steuerlichen Folgen ist danach zu unterscheiden, ob es sich beim formwechselnden Rechtsträger um eine Kapital- oder eine Personengesellschaft handelt und ob ein Formwechsel in eine Kapital- oder Personengesellschaft erfolgt. Die Abbildung 67 stellt die verschiedenen Möglichkeiten des Formwechsels grafisch dar.

ABB. 67: Möglichkeiten des Formwechsels

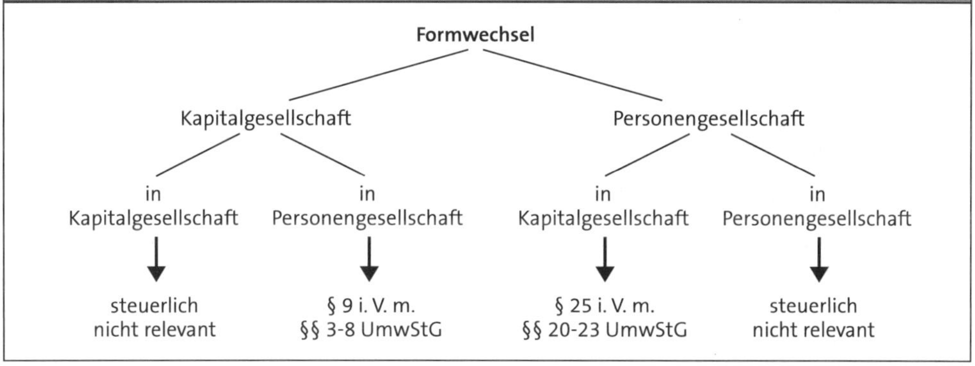

Der Formwechsel einer Kapitalgesellschaft in eine Personengesellschaft ist nach § 9 i.V.m. §§ 3-8 UmwStG wie die Verschmelzung einer Kapitalgesellschaft auf eine Personengesellschaft zu behandeln. Wird eine Kapitalgesellschaft in eine andere Kapitalgesellschaft umgewandelt, bedarf es keiner steuerrechtlichen Regelung. Da nach dem Formwechsel dieselben steuerlichen Vorschriften anzuwenden sind wie vorher, besteht nicht die Gefahr, dass stille Reserven der Besteuerung entzogen werden.[582]

580 Vgl. Schmitt in Schmitt/Hörtnagl/Stratz (2009), § 20 UmwStG, Rn. 195.

581 Vgl. Vossius in Widmann/Mayer (2012), § 190 UmwG, Rz. 23; Brähler (2013), S. 179.

582 Vgl. Moszka in Semler/Stengel (2012), Anhang UmwStG, Rn. 639.

Der Formwechsel einer Personengesellschaft in eine andere Personengesellschaft ist im Umwandlungsgesetz nicht vorgesehen (§ 214 UmwG).[583] Steuerlich erfordert dieser Vorgang, da der Bereich des Einkommensteuergesetzes nicht verlassen wird, keine über die allgemeinen Besteuerungsregeln hinausgehenden Vorschriften. Der Formwechsel einer Personengesellschaft in eine Kapitalgesellschaft ist möglich und wird durch § 25 UmwStG geregelt, welcher auf die Vorschriften der §§ 20-23 UmwStG betreffend die Einbringung in eine Kapitalgesellschaft verweist.

Umsatzsteuerlich ist ein Formwechsel nicht steuerbar. Es kommt weder zu einer entgeltlichen noch zu einer unentgeltlichen Übereignung. Ein Leistungsaustausch findet nicht statt. Insofern sind keine Tatbestandsmerkmale eines umsatzsteuerlichen Vorgangs vorhanden.[584]

Befindet sich im Betriebsvermögen des formwechselnden Rechtsträgers Grundvermögen, so besteht keine Grunderwerbsteuerpflicht, da kein Vermögensübergang auf einen anderen Rechtsträger stattfindet.[585]

7.6.1 Ertragsteuerliche Auswirkungen des Formwechsels einer Kapitalgesellschaft in eine Personengesellschaft

Handelsrechtlich handelt es sich bei einem Formwechsel lediglich um die Änderung des Rechtskleids einer Unternehmung. Aus diesem Grund muss die formwechselnde Kapitalgesellschaft keine Übertragungsbilanz aufstellen. Der erste Jahresabschluss nach Eintragung des Formwechsels ins Handelsregister ist unter Berücksichtigung der Rechtsform einer Personengesellschaft aufzustellen. Daher kommt es automatisch immer zu einer Fortführung der Buchwerte.[586]

Da durch den Formwechsel von einer Kapital- in eine Personengesellschaft ein Wechsel von der intransparenten zur transparenten Besteuerungsform erfolgt, ist eine eigenständige steuerliche Regelung des Formwechsels zwischen diesen Rechtsformen notwendig.[587] Das Umwandlungssteuergesetz verweist in § 9 UmwStG auf die Vorschriften zur Verschmelzung einer Kapitalgesellschaft auf eine Personengesellschaft in den §§ 3-8 UmwStG. Obwohl zivilrechtlich kein Vermögensübergang stattfindet, wird durch den Verweis auf die Vorschriften zur Verschmelzung steuerlich der Formwechsel so behandelt, als würde das Vermögen von der Kapital- auf die Personengesellschaft übergehen.[588] Das Wahlrecht zwischen dem Ansatz des gemeinen Werts, Buchwerts oder eines Zwischenwerts kann mit den bereits ausgeführten steuerlichen Konsequenzen ausgeübt werden.[589]

583 Vgl. Vossius in Widmann/Mayer (2012), § 214 UmwG, Rz. 1 ff.

584 Vgl. Rasche in Rödder/Herlinghaus/van Lishaut (2007), Anhang 9, Tz. 46 f; Klingberg in Blümich (2012), § 9 UmwStG 2006, Rz. 13.

585 BFH, 4. 12. 1996, II B 116/96, BStBl. 1997 II, S. 661; FG Münster, 23. 7. 1997, 8 K 3583/96 GrE, BB 1997, S. 2150; FinMin. Baden-Württemberg, 18. 9. 1997, S 4520/2, BB 1997, S. 2152; vgl. auch Patt in Dötsch et al. (2012), vor §§ 20-23 UmwStG, Tz. 51.

586 Vgl. Klingberg in Blümich (2012), § 9 UmwStG 2006, Rz. 18.

587 Vgl. Brähler (2013), S. 180 f.

588 Vgl. Rauenbusch (2008), S. 661; Moszka in Semler/Stengel (2012), Anhang UmwStG, Rn. 657-704.

589 Vgl. für eine Betrachtung der steuerlichen Vorteilhaftigkeit des Formwechsels einer Kapital- in eine Personengesellschaft Rauenbusch (2008).

7.6.2 Ertragsteuerliche Auswirkungen des Formwechsels einer Personengesellschaft in eine Kapitalgesellschaft

Hinsichtlich des Formwechsels einer Personengesellschaft in eine Kapitalgesellschaft verweist § 25 UmwStG auf die Regelungen zur Einbringung in eine Kapitalgesellschaft in den §§ 20-23 UmwStG. Die steuerlichen Folgen sind damit mit denen einer Sacheinlage i. S. d. § 20 Abs. 1 UmwStG identisch.[590]

Der Formwechsel einer Personen- in eine Kapitalgesellschaft verursacht, ähnlich wie der Formwechsel einer Kapital- in eine Personengesellschaft, gegebenenfalls steuerliche Belastungen. Ob und in welcher Höhe es zu steuerlichen Lasten kommt, hängt wiederum von der Bewertung des Betriebsvermögens im Umwandlungszeitpunkt ab.[591]

AUFGABEN

1. Nennen Sie das Ziel des Umwandlungssteuergesetzes! (Lösungshinweise s. S. 170 f.)
2. Welche zivilrechtlichen Formen der Umwandlung gibt es? (Lösungshinweise s. S. 172 f.)
3. Definieren Sie den Begriff „Verschmelzung“! Welche verschiedenen Formen einer Verschmelzung können Sie unterscheiden? (Lösungshinweise s. S. 173)
4. Erklären Sie den Unterschied zwischen einer Aufspaltung, einer Abspaltung und einer Ausgliederung! (Lösungshinweise s. S. 174 f.)
5. Findet beim Formwechsel eine Vermögensübertragung statt? (Lösungshinweise s. S. 175 f.)
6. Welche verkehrssteuerlichen Folgen können bei der Verschmelzung einer Kapitalgesellschaft auf eine Personengesellschaft auftreten? (Lösungshinweise s. S. 178 f.)
7. Skizzieren Sie die ertragsteuerlichen Auswirkungen einer Verschmelzung, die auf der Ebene der übertragenden Kapitalgesellschaft entstehen! Beachten Sie dabei folgende Fragen: Welche Wertansätze sind in der steuerlichen Schlussbilanz möglich? Wann kommt es zu einer erfolgsneutralen Verschmelzung? (Lösungshinweise s. S. 179-183)
8. In welchen Fällen entsteht ein Übernahmegewinn/-verlust? Wie ist ein solcher steuerlich zu erfassen? (Lösungshinweise s. S. 184-187)
9. Wie entsteht ein Übernahmefolgegewinn? (Lösungshinweise s. S. 187)
10. Was versteht man unter der „Ausschüttungsfiktion“? (Lösungshinweise s. S. 182 f.)
11. Was versteht man unter der „Einlagefiktion“? (Lösungshinweise s. S. 186 f.)
12. Welche steuerlichen Besonderheiten sind bei der Verschmelzung einer Kapitalgesellschaft auf eine Personengesellschaft bezüglich der Fortführung von Abschreibungen, Pensionsrückstellungen und Verlust-/Zins-/EBITDA-Vorträgen bei der übernehmenden Personengesellschaft zu beachten? (Lösungshinweise s. S. 188 f.)

590 Vgl. Moszka in Semler/Stengel (2012), Anhang UmwStG, Rn. 705-729; Brähler (2013), S. 462.

591 Eine weiterführende Fallstudie zum Formwechsel liefern Schröder/Pickhardt-Poremba (2007).

13. Beispiel: Verschmelzung einer Kapitalgesellschaft auf eine Personengesellschaft

    Die X-GmbH soll auf die Y-OHG verschmolzen werden. 99,5 % der Anteile an der Kapitalgesellschaft befinden sich im Betriebsvermögen der OHG, die restlichen 0,5 % hält A in seinem Privatvermögen. Der Buchwert der Anteile im Betriebsvermögen der OHG beträgt 99.500 €. A bezahlte für seine Anteile 500 €. Der Buchwert des zu übertragenden Betriebsvermögens beläuft sich auf 100.000 €, der gemeine Wert beträgt 300.000 €. Zur Vereinfachung wird angenommen, dass die offenen Rücklagen i. S. d. § 7 UmwStG der X-GmbH vor der Umwandlung genau 0 € betragen. Von gewerbesteuerlichen Aspekten wird abstrahiert. Welche ertragsteuerlichen Konsequenzen ergeben sich durch die Umwandlung? Gehen Sie alternativ davon aus, dass die X-GmbH in ihrer Schlussbilanz die Buchwerte oder die gemeinen Werte ansetzt. (Lösungshinweise s. S. 183-188)

14. Welche Faktoren müssen bei der Entscheidung für eine Umwandlung beachtet werden? (Lösungshinweise s. S. 189-192)

15. In welchen Fällen ist es Ihrer Meinung nach sinnvoll, die stillen Reserven sofort aufzudecken? (Lösungshinweise s. S. 192-197)

16. Erläutern Sie die ertragsteuerlichen Auswirkungen bei der Verschmelzung zweier oder mehrerer Kapitalgesellschaften, die auf der Ebene der übertragenden Kapitalgesellschaft auftreten! Wovon ist der Wertansatz abhängig? (Lösungshinweise s. S. 197-200)

17. Was wird unter dem „Mischfall bei der Verschmelzung zweier Kapitalgesellschaften" verstanden? Wie berechnet sich in diesem Fall der Wertansatz eines Wirtschaftsguts? (Lösungshinweise s. S. 198 f.)

18. Beispiel: Mischfall bei der Verschmelzung zweier Kapitalgesellschaften

    Bei einer Verschmelzung durch Aufnahme ist die übernehmende X-GmbH an der übertragenden Y-GmbH zu 50 % beteiligt. Um die Gesellschafter der Y-GmbH abzufinden, erhöht sie ihr Kapital um 50.000 € (Nennwert) und zahlt einen Spitzenausgleich in bar in Höhe von 5.000 €. Der Gesamtwert des übergegangenen Vermögens, auf der Grundlage der Werte, wie sie der Berechnung der Gegenleistung zugrunde lagen, beträgt 500.000 €. Der Buchwert des übergegangenen Vermögens beträgt 300.000 €. In welcher Höhe gehen die Werte in die Schlussbilanz ein? (Lösungshinweise s. S. 198 f.)

19. Der bei der Verschmelzung zweier Kapitalgesellschaften entstehende Übernahmegewinn bleibt auf der Ebene der übernehmenden Kapitalgesellschaft nach § 12 Abs. 2 UmwStG grds. außer Ansatz. Wann kommt es zu einer Durchbrechung dieses Grundsatzes? (Lösungshinweise s. S. 200 f.)

20. Wovon hängen die ertragsteuerlichen Auswirkungen bei den Anteilseignern der übertragenden Kapitalgesellschaft ab und welche Fälle können hierbei unterschieden werden? (Lösungshinweise s. S. 202-204)

21. Ist die Aussage „Bei Thesaurierung ist die Ertragsteuerbelastung am geringsten!" richtig? Begründen Sie Ihre Meinung! (Lösungshinweise s. S. 206)

22. Welche Voraussetzungen müssen bei der Einbringung eines Betriebs, Teilbetriebs oder Mitunternehmeranteils in eine Kapitalgesellschaft erfüllt sein, um das Bewertungswahlrecht ausüben zu können? (Lösungshinweise s. S. 208-214)

23. Welche Unterschiede hinsichtlich der Abschreibungen in den Folgeperioden bestehen zwischen der Verschmelzung einer Personengesellschaft auf eine Kapitalgesellschaft und der Einbringung eines Betriebs, Teilbetriebs oder Mitunternehmeranteils in eine Kapitalgesellschaft? (Lösungshinweise s. S. 215 f.)

24. Wie entsteht ein Einbringungsgewinn? In welcher Höhe ist dieser beim Einbringenden zu versteuern? (Lösungshinweise s. S. 216 f.)

25. Wann kommt es zu einem Einbringungsgewinn I? Welche weiteren Rechtsfolgen zieht ein Einbringungsgewinn I nach sich? (Lösungshinweise s. S. 218 f.)

26. Was wird unter einem Anteilstausch verstanden? Welche Wertansätze sind beim Anteilstausch unter welchen Voraussetzungen möglich? (Lösungshinweise s. S. 223-226)

27. Wann entsteht ein Einbringungsgewinn II und welche weiteren steuerlichen Konsequenzen zieht dieser nach sich? (Lösungshinweise s. S. 227 f.)

28. Für welche Vorgänge ist die Regelung des § 24 UmwStG anzuwenden? (Lösungshinweise s. S. 228-230)

29. Welche steuerlichen Unterschiede bestehen zwischen der Einbringung eines Betriebs, Teilbetriebs oder Mitunternehmeranteils in eine Personengesellschaft und der Einbringung in eine Kapitalgesellschaft? (Lösungshinweise s. S. 231 f.)

30. Nehmen Sie kritisch zu der Aussage Stellung: „Es ist unerheblich, ob ein Betrieb, Teilbetrieb oder Mitunternehmeranteil in eine Personengesellschaft oder in eine Kapitalgesellschaft eingebracht wird! Die Vorteile sind dieselben.“ (Lösungshinweise s. S. 234 f.)

31. Unter welchen Voraussetzungen kann eine Kapitalgesellschaft, die auf eine andere Kapitalgesellschaft auf- oder abgespalten wird, auf die Vorschriften zur Verschmelzung zurückgreifen? Welche Vorschriften sind anzuwenden, wenn diese Voraussetzungen nicht erfüllt sind? (Lösungshinweise s. S. 236-238)

32. Welche ertragsteuerlichen Auswirkungen hat die Auf- und Abspaltung einer Kapitalgesellschaft auf eine Personengesellschaft? (Lösungshinweise s. S. 238 f.)

33. Welche Besonderheiten sind beim Formwechsel zu beachten? (Lösungshinweise s. S. 241-243)

LITERATURHINWEISE

Blümich, Walter: EStG – KStG – GewStG, München, Stand: August 2012 (2012).

Borrutau, Ernst Paul: Grunderwerbsteuergesetz, 17. Auflage, München (2011).

Brähler, Gernot: Umwandlungssteuerrecht, 7. Auflage, Wiesbaden (2013).

Buntjes, Johann/Geist, Reinhold: Umsatzsteuergesetz, 9. Auflage, München (2009).

Dötsch, Ewald et al.: Umwandlungssteuerrecht, 7. Auflage, Stuttgart (2012).

Hagemann, Jens et al.: SEStEG – Das neue Konzept der Verstrickung und Entstrickung sowie die Neufassung des Umwandlungssteuerrechts, in: Neue Wirtschafts-Briefe, o. Jg., S. 1-44, (2007).

Haritz, Detlef/Menner, Stefan: Umwandlungssteuergesetz, Kommentar, 3. Auflage, München (2009).

Junge, Bernd: Lehrbuch Umwandlungssteuerrecht, 2. Auflage, Herne (2012).

Klingebiel, Jörg et al.: Umwandlungssteuerrecht, 3. Auflage, Stuttgart (2012).

König, Rolf/Sureth, Caren/Magerkurth, Tanja: Ertragsteuerliche Vorteilhaftigkeitsüberlegungen bei der Verschmelzung einer Kapitalgesellschaft auf eine Personengesellschaft, in: Steuern und Bilanzen, 3. Jg., S. 785-791, (2001).

Madl, Roland: Umwandlungssteuerrecht, 4. Auflage, Stuttgart (2008).

Ott, Hans: Der neue Umwandlungssteuer-Erlass vom 11. 11. 2011, in: Steuern und Bilanzen, 14. Jg., S. 131-138, (2012).

PricewaterhouseCoopers AG: Reform des Umwandlungssteuerrechts – Auswirkungen des SEStEG auf Reorganisationen und internationale Entstrickungen, Stuttgart (2008).

Rauenbusch, Bruno: Unternehmensteuerreform 2008: Steuerliche Vorteilhaftigkeit des Formwechsels einer Kapital- in eine Personengesellschaft?, in: Der Betrieb, 61. Jg., S. 656-664, (2008).

Schmitt, Joachim/Hörtnagl, Robert/Stratz, Rolf-Christian: Umwandlungsgesetz – Umwandlungssteuergesetz, 5. Auflage, München (2009).

Schwedhelm, Rolf: Die Unternehmensumwandlung, 7. Auflage, Köln (2012).

Semler, Johannes/Stengel, Arndt: Umwandlungsgesetz, 3. Auflage, München (2012).

Strauch, Robert: Umwandlungssteuerrecht, 2. Auflage, Heidelberg (2012).

Sureth, Caren/Maßbaum, Alexandra: §§ 20 bis 23 UmwStG – Die Einbringung von Unternehmensteilen in eine Kapitalgesellschaft, in: Steuer und Studium, 32. Jg., S. 321-330, (2011).

Sureth, Caren/Nordhoff, Daniel: Verschmelzung einer Kapitalgesellschaft auf eine Personengesellschaft – Sind Bilanzierungswahlrechte gemäß § 3 UmwStG notwendig?, in: Zeitschrift für Steuern und Recht, 1. Jg., S. 326-334, (2004).

Widmann, Siegfried/Mayer, Dieter: Umwandlungsrecht, Bonn, Berlin, Stand: November 2012.

Winkeljohann, Norbert/Fuhrmann, Sven: Handbuch Umwandlungssteuerrecht, Düsseldorf (2007).

LITERATURVERZEICHNIS

A

Althoff, Frank/Taron, Andreas: Die Umsetzung der Zinsschranke nach § 4h EStG, in: Steuern und Bilanzen, 14. Jg., S. 99-104, (2012).

Ashauer-Moll, Ellen/Rösch, Sonja: Abgeltungsteuer Kapital schützen – Steuern optimieren, 1. Auflage, Wiesbaden (2008).

Asmus, Thomas, in: Haritz, Detlef/Menner, Stefan: Umwandlungssteuergesetz, Kommentar, 3. Auflage, München (2009).

B

Bach, Stefan/Broeckelschen,Wiebke/Maiterth, Ralf: Gleichmäßige erbschaftsteuerliche Behandlung von Grund- und Betriebsvermögen – das anstehende BVerfG-Urteil, in: Deutsches Steuerrecht, 44. Jg., S. 1961-1968, (2006).

Bärwaldt, Roman, in: Haritz, Detlef/Menner, Stefan: Umwandlungssteuergesetz, Kommentar, 3. Auflage, München (2009).

Ballwieser, Wolfgang: Erbschaftsteuer und Unternehmensbewertung, in: Rautenberg, Hans Günter (Hrsg.), Unternehmen zwischen Investitionsförderung und neuen steuerlichen Belastungen, Stuttgart et al., S. 155-165, (2010).

Balmes, Frank, in: Herrmann, Carl/Heuer, Gerhard/Raupach, Arndt: Einkommensteuer- und Körperschaftsteuergesetz, Kommentar, Loseblatt-Ausgabe, Köln, Stand: September 2012.

Bareis, Peter: Ist die Mindestbesteuerung verfassungsgemäß?, in: Der Betrieb, 65. Jg., S. 144-148, (2013).

Bea, Franz Xaver/Dichtl, Erwin/Schweitzer, Marcell: Allgemeine Betriebswirtschaftslehre, 10. Auflage, Band 1, Stuttgart (2009).

Beckmann, Ute/Schanz, Sebastian: Investitions- und Finanzierungsentscheidungen in Personenunternehmen nach der Unternehmensteuerreform 2008, in: Finanz-Betrieb, 11. Jg., S. 162-169, (2009).

Beckmann, Ute/Schanz, Sebastian: Gewerbesteuerliche Hinzurechnungen und Kürzungen im Zusammenhang mit Beteiligungserträgen, in: Der Betrieb, 64. Jg., S. 954-958, (2011).

Beck'sches Steuer- und Bilanzrechtslexikon, Abgeltungsteuer, Edition 1/13, München (2013).

Behrens, Stefan: Beginn der sachlichen Gewerbesteuerpflicht bei Mitunternehmerschaft – BFH Urteil vom 30. 8. 2012, IV R 54/10, BB2012, in: Betriebs-Berater, 67. Jg., S. 2929-2932, (2012).

Behrendt, Lars/Scheewe, Stefan/Lache, Sebastian: Keine Nutzung gewerbesteuerlicher Anlaufverluste von Personengesellschaften, in: Der Betrieb, 66. Jg., S. 249-255, (2013).

Benecke, Andreas, in: PricewaterhouseCoopers AG: Reform des Umwandlungssteuerrechts – Auswirkungen des SEStEG auf Reorganisationen und internationale Entstrickungen, Stuttgart (2008).

Benz, Sebastian/Rosenberg, Oliver: Einbringungen von Unternehmensteilen in eine Kapitalgesellschaft und Anteilstausch (§§ 20-23 UmwStG), in: Der Betrieb, 65. Jg., Beilage 1, S. 38-55, (2012).

Biergans, Enno: Einkommensteuer, Systematische Darstellung und Kommentar, 6., völlig überarbeitete Auflage, München, Wien (1992).

Binz, Mark/Sorg, Martin: Hat die GmbH & Co. KG bei den Familienunternehmen immer noch die Nase vorn?, in: GmbH-Rundschau, 102. Jg., S. 281-283, (2011).

Bitz, Horst: Aktuelle Entwicklungen bei der GmbH & Still, in: GmbH-Rundschau, 88. Jg., S. 769-772, (1997).

Bitz, Horst, in: Littmann, Eberhard/Bitz, Horst/Pust, Hartmut: Das Einkommensteuerrecht, Kommentar zum Einkommensteuerrecht, Loseblatt-Ausgabe, Stuttgart, Stand: November 2012.

Blaufus, Kay/Hechtner, Frank/Hundsdoerfer, Jochen: Die Gewerbesteuerkompensation nach § 35 EStG im Jahressteuergesetz 2008, in: Betriebs-Berater, 63. Jg., S. 80-88, (2008).

Blaufus, Kay/Lorenz, Daniela: Wem droht die Zinsschranke? Eine empirische Untersuchung zur Identifikation der Einflussfaktoren, in: Zeitschrift für Betriebswirtschaft, 79. Jg., S. 503-526, (2009).

Blaurock, Uwe: Die GmbH & Still im Steuerrecht, in: Betriebs-Berater, 47. Jg., S. 1969-1977, (1992).

Blümich, Walter: EStG – KStG – GewStG, 116. Auflage, München, Stand: August 2012.

Bode, Walter: Betriebsaufspaltung zwischen Mehrheitsaktionären, BFH-Urteil vom 23. 3. 2011, X R 45-09, in: Finanz-Rundschau, 93. Jg, S. 996-1002, (2011).

Bogenschütz, Eugen: Umwandlung von Kapital- in Personengesellschaften, in: Die Unternehmensbesteuerung, 4. Jg., S. 393-408, (2011).

Böhmer, Julian: Das Trennungsprinzip im Körperschaftsteuerrecht – Grundsatz ohne Zukunft?, in: Steuer und Wirtschaft, 89. Jg., S. 33-42, (2012).

Borrutau, Ernst Paul: Grunderwerbsteuergesetz, 17. Auflage, München (2011).

Brähler, Gernot: Umwandlungssteuerrecht, 7. Auflage, Wiesbaden (2013).

Brähler, Gernot/Göttsche, Max/Rauch, Bernhard: Verlustnutzung von Kapitalgesellschaften – Eine ökonomische Vorteilhaftigkeitsanalyse, in: Zeitschrift für Betriebswirtschaft, 79. Jg., S. 1175-1191, (2009).

Brähler, Gernot/Guttzeit, Mandy/Scholz, Christoph: Gelungene Reform oder überflüssige Norm? Eine quantitative Studie zu § 34a EStG, in: Steuer und Wirtschaft, 89. Jg., S. 119-130, (2012).

Brähler, Gernot/Kühner, Philipp: Die Wirkung der Zinsschranke unter Unsicherheit – Eine Analyse auf Basis der Brownschen Bewegung, in: Betriebliche Forschung und Praxis, 64. Jg, S. 306-323, (2012).

Brakalova, Maria/Barth, Daniel: Nationale Beschränkungen des Wegzugs von Gesellschaften innerhalb der EU bleiben zulässig, in: Der Betrieb, 62. Jg., S. 213-217, (2009).

Brandmüller, Gerhard: Die Betriebsaufspaltung nach Handels- und Steuerrecht, 7., neubearbeitete Auflage, Heidelberg (1997).

Brandt, Sebastian/Webel, Karsten: Die Unternehmergesellschaft (haftungsbeschränkt), in: Steuer und Studium, 31. Jg., S. 251-258, (2011).

Broekelschen, Wiebke/Maiterth, Ralf: Gleichmäßige Bewertung von Mietwohngrundstücken durch das neue steuerliche Ertragswertverfahren – Eine empirische Analyse, in: Zeitschrift für Betriebswirtschaft, 80. Jg., S. 203-225, (2010a).

Broekelschen, Wiebke/Maiterth, Ralf: Verfassungskonforme Bewertung von Ein- und Zweifamilienhäusern nach der Erbschaftsteuerreform 2009? – Eine empirische Analyse, in: Steuer und Wirtschaft, 87. Jg., S. 33-43, (2010b).

Broer, Michael/Dwenger, Nadja: Die kurzfristigen Steuereffekte der „Thesaurierungsbegünstigung“ – eine mikrofundierte Analyse, in: Betriebswirtschaftliche Forschung und Praxis, 61. Jg., S. 422-437, (2009).

Brönner, Herbert/Bareis, Peter/Poll, Jens: Die Besteuerung der Gesellschaften, 18., erweiterte und völlig neu bearbeitete Auflage, Stuttgart (2007).

Buntjes, Johann/Geist, Reinhold: Umsatzsteuergesetz, 9. Auflage, München (2009).

Butter-Berking, Evelyn/Kloth, Hans-J.: Die Partnerschaftsgesellschaft, Rechtsform für Freiberufler, 2. Auflage, Hamburg (2004).

Büttner, Thiess/Oversch, Michael/Schreiber, Ulrich/Wamser, Georg: The Impact of Thin-Capitalization Rules on the Capital Structure of Multinational Firm, in: Journal of Public Economics, 96. Jg., S. 930-938, (2012).

C

Cordes, Martin: Thesaurierungsbegünstigung nach § 34a EStG n. F. bei Personenunternehmen, in: Die Wirtschaftsprüfung, 60. Jg., S. 526-530, (2007).

Cortez, Benjamin/Brucker, Benjamin: Änderungen der Verlustabzugsbeschränkungsregelung des § 8c KStG durch das Wachstumsbeschleunigungsgesetz vom 22. 12. 2009, in: Betriebs-Berater, 65. Jg., S. 734-740, (2010).

D

Derlien, Ulrich/Wittkowski, Ansas: Neuerungen bei der Gewerbesteuer – Auswirkungen in der Praxis, in: Der Betrieb, 61. Jg., S. 835-844, (2008).

Diller, Markus: Zusammentreffen von außerordentlichen Einkünften und steuerfreien Progressionsvorbehaltseinkünften – Gesetzesinterpretation und Belastungsanalyse, in: Zeitschrift für Betriebswirtschaft, 76. Jg, S. 1139-1162, (2006).

Diller, Markus/Wimmer, Kilian: Unternehmensteuerreform 2008: Steuerwirkungsanalyse und Rechtsformwahl, in: Finanz-Betrieb, 9. Jg., S. 573-579, (2007).

Dirrigl, Hans: Unternehmensbewertung für Zwecke der Steuerbemessung im Spannungsfeld von Individualisierung und Kapitalmarkttheorie: ein aktuelles Problem vor dem Hintergrund der Erbschaftsteuerreform, arqus, Arbeitskreis Quantitative Steuerlehre, Diskussionsbeitrag Nr. 68, www.arqus.info, (2009).

Dorfleitner, Gregor/Ilmberger, Franziska/Meyer-Scharenberg, Carmen: Die Bewertung von Unternehmen nach dem Erbschaftsteuerreformgesetz, in: Die Betriebswirtschaft, 70. Jg., S. 7-25, (2010).

Dötsch, Ewald, in: Dötsch, Ewald et al.: Umwandlungssteuerrecht, 7. Auflage, Stuttgart (2012).

Dötsch, Ewald et al.: Die Körperschaftsteuer, Kommentar zum Körperschaftsteuergesetz, Umwandlungssteuergesetz und zu den einkommensteuerrechtlichen Vorschriften der Anteilseignerbesteuerung, Stuttgart, Stand: September 2012.

Dötsch, Ewald et al.: Umwandlungssteuerrecht, 7. Auflage, Stuttgart (2012).

Dötsch, Ewald/Pinkos, Erich: Körperschaftsteuerrichtlinien 2004/Körperschaftsteuer-Handbuch 2004, in: Der Betrieb, 58. Jg., S. 125-132, (2005).

Dreyer, Thomas, in: Littmann, Eberhard/Bitz, Horst/Pust, Hartmut: Das Einkommensteuerrecht, Kommentar zum Einkommensteuerrecht, Loseblatt-Ausgabe, Stuttgart, Stand: November 2012.

Driesch, Katrin, in: Lange, Joachim: Personengesellschaften im Steuerrecht, 8., völlig überarbeitete und aktualisierte Auflage, Herne (2012).

E

Eckstein, Hans-Martin, in: Herrmann, Carl/Heuer, Gerhard/Raupach, Arndt (2012): Einkommensteuer- und Körperschaftsteuergesetz, Kommentar, Loseblatt-Ausgabe, Köln, Stand: September 2012.

Ehret, Michael/Lausterer, Martin: Einleitende Erläuterungen des Umwandlungssteuererlasses und Anwendungsbereich, in: Der Betrieb, 65, Jg., Beilage 1, S. 5-12, (2012).

Elser, Thomas: Warum die GmbH nur selten als Spardose taugt, in: Betriebs-Berater, 56. Jg., S. 805-810, (2001).

Emmrich, Markus/Kloster, Anja Elisabeth: Unentgeltliche Übertragung von Mitunternehmeranteilen mit Sonderbetriebsvermögen – Erste Anmerkungen zum BMF-Schreiben vom 3. 3. 2005 betreffend Zweifelsfragen zu § 6 Abs. 3 EStG, in: GmbH-Rundschau, 96. Jg., S. 448-456, (2005).

Erle, Bernd/Sauter, Thomas (Hrsg.): Reform der Unternehmensbesteuerung, Kommentar zum Steuersenkungsgesetz mit Checklisten und Materialien, Köln (2000).

Ettinger, Jochen/Schmitz, Markus: Die erweiterte Anwachsung: Änderungen nach dem SEStEG?, in: GmbH-Rundschau, 99. Jg., S. 1089-1092, (2008).

F

Fehr, Hans/Wiegard, Wolfgang: Abgeltungssteuer, duale ESt und zinsbereinigte ESt: Steuerreform aus einem Guss, in: Dirrigl, Hans/Wellisch, Dietmar/Wenger, Ekkehard (Hrsg.), Steuern, Rechnungslegung und Kapitalmarkt: Festschrift für Franz W. Wagner zum 60. Geburtstag, Wiesbaden, S. 27-43, (2004).

Felchner, Jan/Wendland, Jan: Grundlagen der steuerlichen Behandlung von Umwandlungen nach dem UmwStG i. d. F. des SEStEG, in: Steuer und Studium, 28. Jg., S. 164-172, (2007).

Fichtelmann, Helmar: Betriebsaufspaltung im Steuerrecht, 10., neubearbeitete Auflage, Heidelberg (1999a).

Fichtelmann, Helmar: Die GmbH und Co. KG im Steuerrecht, 8., neubearbeitete und erweiterte Auflage, Köln (1999b).

Fichtelmann, Helmar: GmbH & Still im Steuerrecht, 5., neubearbeitete Auflage, Heidelberg (2000).

Fischer, Peter, in: Borrutau, Ernst Paul: Grunderwerbsteuergesetz, 17. Auflage, München (2011).

Fleischer, Erich/Thierfeld, Rainer: Stille Gesellschaft im Steuerrecht, 8. Auflage, Achim (2008).

Förster, Guido: Rechtsformwahl und Rechtsformoptimierung nach der Unternehmenssteuerreform, in: Die Unternehmensbesteuerung, 1. Jg., S. 185-196, (2008).

Förster, Guido/Felchner, Jan: Weite vs. enge Einlagefiktion bei der Umwandlung von Kapitalgesellschaften in Personenunternehmen, in: Der Betrieb, 61. Jg., S. 2445-2451, (2008).

Förster, Guido/Lishaut, Ingo van: Steuerliche Folgen der Umwandlung einer Kapitalgesellschaft in ein Personenunternehmen nach neuem Umwandlungssteuerrecht, in: Finanz-Rundschau, 82. Jg., S. 1189-1199, (2000).

Förster, Guido/Wendland, Jan: Einbringung von Unternehmensteilen in Kapitalgesellschaften – Auswirkungen des SEStEG auf Umwandlungsvorgänge, in: Betriebs-Berater, 62. Jg., S. 631-639, (2007).

Frye, Bernd: Unternehmenssteuerreform 2008: Steuerliche Auswirkungen der Rechtsformwahl, in: Bilanzbuchhalter und Controller, 32. Jg., S. 93-98, (2008).

Freyer, Thomas/Schult, Eberhard: Unternehmensteuerreform 2001: Die Besteuerung von Unternehmensveräußerungsgewinnen nach Wiedereinführung des halben durchschnittlichen Steuersatzes, in: Deutsches Steuerrecht, 39. Jg., S. 455-460, (2001).

G

Gebhardt, Thomas: Mitunternehmerische Betriebsaufspaltung, in: Neue Wirtschafts-Briefe, o. Jg., S. 1717-1720, (1997).

Geißler, Markus: Aktuelle und fortdauernde Rechtsprobleme bei der GmbH & Still, in: GmbH-Rundschau, 99. Jg., S. 515-521, (2008).

Gratz, Kurt: Optimierung des Zusammenspiels von privater und betrieblicher Kapitalanlage nach Einführung der Abgeltungssteuer, in: Betriebs-Berater, 63. Jg., S. 1105-1110, (2008).

Grobshäuser, Uwe/Maier, Walter/Kies, Dieter: Besteuerung der Gesellschaften, 3. Auflage, Band 7, Stuttgart (2011).

Groh, Manfred: Probleme der negativen Ergänzungsbilanzen, in: Crezelius, Georg et al. (Hrsg.), Steuerrecht und Gesellschaftsrecht als Gestaltungsaufgabe: Freundesgabe für Franz Josef Haas zur Vollendung des 70. Lebensjahres, Herne, Berlin, S. 139-148, (1996).

Grützner, Dieter, in: Lange, Joachim: Personengesellschaften im Steuerrecht, 8., völlig überarbeitete und aktualisierte Auflage, Herne (2012).

Grune, Jörg: Im Brennpunkt: Gemischte Tätigkeiten bei Einzelunternehmen und Personengesellschaften, in: Betriebs-Berater, 53. Jg., S. 1081-1084, (1998).

H

Hagemann, Jens et al.: SEStEG - Das neue Konzept der Verstrickung und Entstrickung sowie die Neufassung des Umwandlungssteuerrechts, in: Neue Wirtschafts-Briefe, o. Jg., S. 1-44, (2007).

Halberstadt, Alexander/Sureth, Caren/Voß, Armin: Der Einfluss der Abgeltungssteuer auf die Vorteilhaftigkeit von Anlagen in Genussscheine und Aktien, in: Die Wirtschaftsprüfung, 62. Jg., S. 373-381, (2009).

Harenberg, Friedrich/Zöller, Stefan: Abgeltungsteuer 2011, Herne (2011).

Haritz, Detlef/Menner, Stefan: Umwandlungssteuergesetz, Kommentar, 3. Auflage, München (2009).

Haun, Jürgen/Winkler, Hartmut: Unternehmenskaufmodelle zur Erzielung eines Step up in 2001 – Kombinations- und Mitunternehmermodell in 2001 noch möglich!, in: Der Betrieb, 54. Jg., S. 1389-1391, (2001).

Hechtner, Frank: Die Bedeutung der Günstigerprüfung im Rahmen der Einkommensteuerveranlagung, in: Neue Wirtschaftsbriefe, o. Jg., S. 1769-1771, (2011).

Hechtner, Frank/Hundsdoerfer, Jochen: Schedulenbesteuerung von Kapitaleinkünften mit der Abgeltungssteuer: Belastungswirkungen und neue Problemfelder, in: Steuer und Wirtschaft, 86. Jg., S. 23-41, (2009).

Hechtner, Frank/Hunddoerfer, Jochen/Sielaff, Christian: Progressionseffekte und Varianten zur optimalen Steuerplanung bei der Thesaurierungsbegünstigung – Eine Abweichungsanalyse, in: Zeitschrift für betriebswirtschaftliche Forschung, 63. Jg., S. 214-239, (2011).

Hechtner, Frank/Siegel, Theodor: Grenzsteuersätze im Tarifgeflecht der §§ 32a, 32b und 34 Abs. 1 EStG – Sinkende Einkommensteuer bei steigendem Einkommen möglich, in: Deutsches Steuerrecht, 48. Jg., S. 1593-1599, (2010).

Hegemann, Annika: Besteuerung von Beteiligungsinvestitionen und Risikoempfindlichkeit – Wie wirkt die Abgeltungssteuer?, arqus, Arbeitskreis Quantitative Steuerlehre, Diskussionsbeitrag Nr. 140, www.arqus.info, (2012).

Heinemann, Peter: Verschmelzung von Kapitalgesellschaften nach dem UmwSt-Erlass 2011, in: GmbH-Rundschau, 103. Jg., S. 133-140, (2012).

Heinhold, Michael: Unternehmensbesteuerung, Band 1, Stuttgart (1996).

Heinhold, Michael/Hüsing, Silke/Kühnel, Mirko/Streif, Dominik: Lehrbuch Besteuerung der Gesellschaften, Rechtsformen und ihre steuerliche Behandlung, 2. Auflage, Herne (2010).

Henning, Michael/Hundsdoerfer, Jochen/Schult, Eberhard: Die Progressionsglättung für außerordentliche Einkünfte nach § 34 Abs. 1 EStG-Entwurf: Steuersätze bis zu 265 %, in: Deutsches Steuerrecht, 37. Jg., S. 131-136, (1999).

Hennrichs, Joachim: Besteuerung von Personengesellschaften – Transparenz- oder Trennungsprinzip?, in: Finanz-Rundschau, 92. Jg., S. 721-731, (2010).

Herrmann, Carl/Heuer, Gerhard/Raupach, Arndt: Einkommensteuer- und Körperschaftsteuergesetz, Kommentar, Loseblatt-Ausgabe, Köln, Stand: September 2012.

Herzig, Norbert: Die Gewerbesteuer als dominierende Unternehmensteuer, in: Der Betrieb, 60. Jg., S. 1541-1543, (2007).

Herzig, Norbert: Rechtsformneutralität, Rechtsformwahl und Rechtsformoptimierung nach der Unternehmensteuerrefom 2008, in: Wachter, Thomas (Hrsg.), Vertragsgestaltung im Zivil- und Steuerrecht, Festschrift für Sebastian Spiegelberger zum 70. Geburtstag, Bonn, S. 210-224, (2009).

Herzig, Norbert/Lochmann, Uwe/ Liekenbrock, Bernhard: Die Zinsschranke im Lichte einer Unternehmensbefragung – Einfluss auf Steuerplanung, Steuergestaltung und Steuerbelastung, in: Der Betrieb, 61. Jg., S. 593-602, (2008a).

Herzig, Norbert/Lochmann, Uwe/ Liekenbrock, Bernhard: Impact study of the new german interest capping rule, in: Intertax, 36. Jg., S. 577-584, (2008b).

Heß, Ines, in: Beck'sches Steuer- und Bilanzrechtslexikon, Abgeltungssteuer, Edition 1/13, München, (2013).

Heß, Ines/Schnitger, Arne, in: PricewaterhouseCoopers AG: Reform des Umwandlungssteuerrechts – Auswirkungen des SEStEG auf Reorganisationen und internationale Entstrickungen, Stuttgart (2008).

Heurung, Rainer/Engel, Benjamin/Schröder, Sebastian: Ausgewählte Zweifels- und Praxisfragen zur Spaltung nach dem UmwSt-Erlass 2011, in: GmbH-Rundschau, 103. Jg., S. 273-280, (2012).

Hey, Johanna, in: Tipke, Klaus/Lang, Joachim: Steuerrecht, 21., völlig überarbeitete Auflage, Köln (2012).

Hinz, Michael: Grundlagen der Unternehmensbesteuerung, 2., grundlegend überarbeitete und erweiterte Auflage, Berlin (1995).

Hoffmann, Wolf-Dieter, in: Littmann, Eberhard/Bitz, Horst/Pust, Hartmut: Das Einkommensteuerrecht, Kommentar zum Einkommensteuerrecht, Loseblatt-Ausgabe, Stuttgart, Stand: November 2012.

Hofmann, Gerda: Grunderwerbsteuervergünstigungen bei Übergang eines Grundstücks von Gesamthänder auf Gesamthand, in: Betriebs-Berater, 55. Jg., S. 2605-2609, (2000).

Homburg, Stefan: Die Abgeltungssteuer als Instrument der Unternehmensfinanzierung, in: Deutsches Steuerrecht, 45. Jg., S. 686-690, (2007).

Homburg, Stefan: Allgemeine Steuerlehre, 6., stark überarbeitete Auflage, München (2010).

Homburg, Stefan/Houben, Henriette/Maiterth, Ralf: Rechtsform und Finanzierung nach der Unternehmenssteuerreform 2008, in: Die Wirtschaftsprüfung, 60. Jg., S. 376-381, (2007).

Homburg, Stefan/Houben, Henriette/Maiterth, Ralf: Optimale Eigenfinanzierung der Personenunternehmen nach der Unternehmensteuerreform 2008/2009, in: Zeitschrift für betriebswirtschaftliche Forschung, 60. Jg., S. 29-47, (2008).

Hottmann, Jürgen, in: Zimmermann, Reimar et al.: Die Personengesellschaft im Steuerrecht, 11. Auflage, Achim (2013).

Houben, Henriette: Das Zusammenwirken von Fünftelregelung nach § 34 Abs. 1 und ermäßigtem Steuersatz nach Abs. 3 EStG bei außerordentlichen Einfünften – Beratungsbedarf bei Grenzsteuersätzen zwischen -23 und +322 Prozent, in: Deutsches Steuerrecht, 44. Jg., S. 200-206, (2006).

Houben, Henriette/Maiterth, Ralf: Optimale Nutzung und Wirkungen von § 34a EStG, in: Steuer und Wirtschaft, 85. Jg., S. 228-237, (2008).

Houben, Henriette/Maiterth, Ralf: Endangering of Business by the German Inheritance Tax? – An Empirical Analysis, Business Research, 4. Jg., S. 32-46, (2011).

Hundsdoerfer, Jochen/Hechtner, Frank: Gemeinsame Wirkungen von steuerlicher Gewinnermittlung und Verlustverrechnung – ein Simulationsmodell, in: Baumhoff, Hubertus/Dücker, Reinhard/Köhler, Stefan (Hrsg.), Besteuerung, Rechnungslegung und Prüfung der Unternehmen – Festschrift für Professor Dr. Norbert Krawitz, Wiesbaden, S. 189-210, (2010).

Hundsdoerfer, Jochen/Lorenz, Daniela/Sielfaff, Christian: Hemmt die Zinsschranke Investitionen? – Ein weiteres Zinsschranken-Paradoxon, in: Zeitschrift für betriebswirtschaftliche Forschung, 64. Jg., S. 366-391, (2012).

J

Jacob, Martin: Welche privaten Veräußerungsgewinne sollen versteuert werden?, in: Zeitschrift für Betriebswirtschaft, 79. Jg., S. 579-607, (2009).

Jacob, Martin/Pasedag, Andreas: Verlustübertragung beim Anteilshandel – Gestaltung durch Bilanzpolitik und Verkaufszeitpunkt, in: Finanz-Betrieb, 11. Jg., S. 464-471, (2009).

Jacobs, Otto H./Scheffler, Wolfram: Steueroptimale Rechtsform, 2. Auflage, München (1996).

Jacobs, Otto H. (Hrsg.): Unternehmensbesteuerung und Rechtsform: Handbuch zur Besteuerung deutscher Unternehmen, 4., neubearbeitete Auflage, München (2009).

Jorde, Thomas/Götz, Hellmut: Finanzierung, Kauf und Umwandlung von Unternehmen im Lichte des Steuersenkungsgesetzes, in: Betriebs-Berater, 56. Jg., S. 1655-1660, (2001).

Jorde, Thomas/Götz, Hellmut: Kapital- oder Personengesellschaft? Steuerliche Gesichtspunkte der Rechtsformwahl – national und international, in: Betriebs-Berater, 63. Jg., S. 1032-1038, (2008).

Junge, Bernd: Lehrbuch Umwandlungssteuerrecht, 2. Auflage, Herne (2012).

K

Kahle, Holger: Die Sonderbilanz bei der Personengesellschaft, in: Finanz-Rundschau, 94. Jg., S. 109-117, (2012).

Kai, Oliver: Einbringung von Betriebsvermögen in Personengesellschaften nach dem UmwSt-Erlass 2011, in: GmbH-Rundschau, 103. Jg., S. 165-175, (2012).

Kaligin, Thomas: Die Betriebsaufspaltung. Ein Leitfaden für die Rechts-, Steuer- und Wirtschaftspraxis, 7., neu bearbeitete und erweiterte Auflage, Bielefeld (2011).

Karrenbrock, Holger/Fehr, Sebastian: Personen- oder Kapitalgesellschaft? – Ein steuerlicher Vorteilhaftigkeitsvergleich auf der Grundlage des Unternehmensteuerreformgesetzes 2008, in: Steuer und Studium, 29. Jg., S. 91-96, (2008).

Kessler, Wolfgang/Förster, Guido/Watrin, Christoph (Hrsg.): Unternehmensbesteuerung, Festschrift für Norbert Herzig zum 65. Geburtstag, München (2010).

Kessler, Wolfgang/Pfuhl, Andreas/Grether, Bianca: Die Thesaurierungsbegünstigung nach § 34a EStG in der steuerlichen (Betratungs-)Praxis, in: Der Betrieb, 64. Jg., S. 185-188, (2011).

Kessler, Wolfgang/Kröner, Michael/Köhler, Stefan (Hrsg.): Konzernsteuerrecht. National – International, 2. Auflage, München (2008).

Kessler, Wolfgang/Teufel, Tobias: Die klassische Betriebsaufspaltung nach der Unternehmenssteuerreform, in: Betriebs-Berater, 56. Jg., S. 17-26, (2001).

Kiesewetter, Dirk/Lachmund, Andreas: Wirkungen einer Abgeltungssteuer auf Investitionsentscheidungen und Kapitalstruktur von Unternehmen, in: Die Betriebswirtschaft, 64. Jg., S. 395-411, (2004).

Kistner, Klaus-Peter/Steven, Marion: Betriebswirtschaftslehre im Grundstudium, Band 1, 4., aktualisierte Auflage, Heidelberg (2002).

Klein, Hartmut/Müller, Thomas/Lieber, Bettina: Änderung der Unternehmensform: Handbuch zum Umwandlungs- und Umwandlungssteuerrecht, 9. Auflage, Herne (2012).

Klingberg, Dietgard, in: Blümich, Walter: EStG – KStG – GewStG, München, Stand: August 2012.

Klingebiel, Jörg, in: Dötsch, Ewald et al. Die Körperschaftsteuer, Kommentar zum Körperschaftsteuergesetz, Umwandlungssteuergesetz und zu den einkommensteuerrechtlichen Vorschriften der Anteilseignerbesteuerung, Anhang zu § 8 Abs. 3 KStG, Stuttgart, Stand: September 2012.

Klingebiel, Jörg et al.: Umwandlungssteuerrecht, 3. Auflage, Stuttgart (2012).

Klingebiel, Jörg, in: Klingebiel, Jörg et al.: Umwandlungssteuerrecht, 3. Auflage, Stuttgart (2012).

Klumpp, Peter, in: Lange, Joachim: Personengesellschaften im Steuerrecht, 8., völlig überarbeitete und aktualisierte Auflage, Herne (2012).

Knief, Joachim/Nienaber, Mark: Gewinnthesaurierung bei Personengesellschaften im Rahmen der Unternehmensteuerreform 2008 – ein Belastungsvergleich mit Fokus auf dem Mittelstand, in: Betriebs-Berater, 62. Jg., S. 1309-1316, (2007).

Knirsch, Deborah/Maiterth, Ralf/Hundsdoerfer, Jochen: Aufruf zur Abschaffung der misslungenen Thesaurierungsbegünstigung!, in: Der Betrieb, 61. Jg., S. 1405-1407, (2008).

Knirsch, Deborah/Schanz, Sebastian: Steuerreformen durch Tarif- oder Zeiteffekte?: Eine Analyse am Beispiel der Thesaurierungsbegünstigung für Personenunternehmen, in: Zeitschrift für Betriebswirtschaft, 78. Jg., S. 1231-1250, (2008).

Knopf, Rüdiger/Söffing, Andreas: Umwandlung einer Kapitalgesellschaft in eine Personengesellschaft nach neuem Umwandlungssteuergesetz, in: Neue Wirtschafts-Briefe, o. Jg., S. 3407-3416, (1995).

Kolbe, Stefan: Veräußerungsverlust nach § 17 EStG und Teilabzugsverbot des § 3c Abs. 2 Satz 1 und 2 EStG, in: Steuern und Bilanzen, 13. Jg., S. 911-914, (2011).

König, Rolf/Sureth, Caren/Magerkurth, Tanja: Ertragsteuerliche Vorteilhaftigkeitsüberlegungen bei der Verschmelzung einer Kapitalgesellschaft auf eine Personengesellschaft, in: Steuern und Bilanzen, 3. Jg., S. 785-791, (2001).

König, Rolf/Sureth, Caren: Der Einfluss der Unternehmenssteuerreform auf die rechtsformspezifische Steuerbelastung, in: Steuern und Bilanzen, 3. Jg., S. 117-121, (2001).

Kopplin, Anja/Maßbaum, Alexandra/Sureth, Caren: Handels- und steuerrechtliche Kapitalkontenfortschreibung und deren Einfluss auf die Verlustnutzung bei Personengesellschaften, in: Die Wirtschaftsprüfung, 63. Jg., S. 1203-1211, (2010).

Korezkij, Leonid: Anrechnung der Gewerbesteuer nach § 35 EStG, in: Betriebs-Berater, 56. Jg., S. 333-344, (2001).

Korn, Christian: Ausgaben und Verluste bei Anteilen an Kapitalgesellschaften in Teileinkünfteverfahren und Abgeltungsteuer, in: Deutsches Steuerrecht, 47. Jg., S. 2509-2513, (2009).

Korn, Christian: Verlust der Steuerermäßigung nach § 34 EStG bei mehrstöckigen Personengesellschaften, in: Deutsches Steuerrecht, 49. Jg., S. 903-904, (2011).

Kossow, Bernd: Unterschiede gewerbesteuerlicher Hinzurechnungen bei Personenunternehmung und Kapitalgesellschaft, in: Der Betrieb, 61. Jg., S. 1227-1229, (2008).

Kraft, Cornelia/Kraft, Gerhard: Grundlagen der Unternehmensbesteuerung, 3. überarb. Auflage, Wiesbaden (2009).

Krause, Torsten, in: Klingebiel, Jörg et al.: Umwandlungssteuerrecht, 3. Auflage, Stuttgart (2012).

Kratzsch, Alexander/Wedking, Dagmar: Betriebsaufspaltung – Personelle Verpflechtung, in: Steuer und Studium, 31. Jg., S. 17-24, (2011).

Krohn, Dirk/Greulich, Matthias: Ausgewählte Einzelprobleme des neuen Umwandlungssteuerrechts aus der Praxis, in: Deutsches Steuerrecht, 46. Jg., S. 646-656, (2008).

Kroschel, Jörg/Wellisch, Dietmar: Besteuerung außerordentlicher Einkünfte nach dem Steuerentlastungsgesetz 1999/2000/2002, in: Betriebs-Berater, 53. Jg., S. 2550-2553, (1998).

Kübler, Friedrich/Assmann, Heinz-Dieter: Gesellschaftsrecht: Die privatrechtlichen Ordnungsstrukturen und Regelungsprobleme von Verbänden und Unternehmen, 6., neubearbeitete und erweiterte Auflage, Heidelberg (2006).

Kußmaul, Heinz/Schwarz, Christian: Besteuerungsfolgen im Rahmen der echten Betriebsaufspaltung zwischen Besitzpersonen- und Betriebskapitalgesellschaft, in: GmbH-Rundschau, 103. Jg., S. 1055-1062, (2012).

Kutt, Florian/Möllmann, Peter: Gewerbesteuerliche Auswirkungen des Verkaufs von Mitunternehmeranteilen durch Kapital- oder Personengesellschaften, in: Der Betrieb, 63. Jg., S. 1662-1669, (2010).

L

Lange, Joachim: Personengesellschaften im Steuerrecht, 8., völlig überarbeitete und aktualisierte Auflage, Herne (2012).

Lang, Joachim, in: Tipke, Klaus/Lang, Joachim: Steuerrecht, 21., völlig überarbeitete Auflage, Köln (2012).

Lehmann, Matthias/Marx, Franz Jürgen: Das sanfte Ende der Betriebsaufspaltung, in: Finanz-Rundschau, 71. Jg., S. 506-518, (1989).

Ley, Ursula: Steuerliche Transparenz von Personengesellschaften, in: Die Unternehmensbesteuerung, 4. Jg., S. 274-281, (2011).

Liefke, Johannes: Gestaltungsvarianten bei der Betriebsaufspaltung, in: Steuer und Studium, 32. Jg., S. 86-93, (2012)

Liekenbrock, Bernhard: Management und Bilanzierung von Zinsschrankenrisiken. Qualitative Rechts- und quantitative Steuerwirkungsanalyse, Wiesbaden (2011).

Lindberg, Klaus, in: Blümlich, EStG – KStG – GewStG, 116. Auflage, München, Stand: August 2012.

Littmann, Eberhard/Bitz, Horst/Pust, Hartmut: Das Einkommensteuerrecht, Kommentar zum Einkommensteuerrecht, Loseblatt-Ausgabe, Stuttgart, Stand: November 2012.

Lüdicke, Jochen/Sistermann, Christian: Unternehmensteuerrecht, München (2008).

Lüking, Niels/Schanz, Sebastian/Knirsch, Deborah: Die Abgeltungssteuer 2009, in: Finanz-Betrieb, 10. Jg., S. 448-451, (2008).

Lutter, Marcus/Drygala, Tim, in: Lutter, Marcus/Winter, Martin: Umwandlungsgesetz, 4. Auflage, Köln (2009).

Lutter, Marcus/Winter, Martin: Umwandlungsgesetz, 4. Auflage, Köln (2009).

M

Madl, Roland: Umwandlungssteuerrecht, . Auflage, Stuttgart (2008).

Maiterth, Ralf/Houben, Henriette/Broekelschen, Wiebke/Sureth, Caren: Mikroanalytische Begleitung der Steuerpolitik am Beispiel der Erbschaftsteuerreform, in: Habla, Heike/Houben, Henriette (Hrsg.), Forschung mit Daten der amtlichen Statistik in Niedersachsen (FoDaSt), Statistik und Wissenschaft, Band 12, Wiesbaden, S. 163-183, (2009).

Maiterth, Ralf/Müller, Heiko: Gründung, Umwandlung und Liquidation von Unternehmen im Steuerrecht, München (2001).

Maiterth, Ralf/Müller, Heiko: Anmerkungen zu den Auswirkungen des neuen Steuerrechts auf Unternehmenskaufmodelle aus steuersystematischer Sicht, in: Betriebs-Berater, 57. Jg., S. 598-603, (2002).

Maiterth, Ralf/Sureth, Caren: Unternehmensfinanzierung, Unternehmensrechtsform und Besteuerung, in: Betriebswirtschaftliche Forschung und Praxis, 58. Jg., S. 225-245, (2006).

Martin, Suse, in: Sölch, Otto/Ringleb, Karl: Umsatzsteuergesetz, Kommentar, Loseblatt-Ausgabe, München, Stand: September 2009.

Marx, Franz Jürgen: Steuerwirkungen bei der Aufdeckung verdeckter Gewinnausschüttungen, in: Der Betrieb, 56. Jg., S. 673-679, (2003).

Marx, Jürgen/Kläne, Sebastian/Korff, Matthias/Schlarmann, Bernd: Unternehmensbesteuerung, Herne (2008).

Maßbaum, Alexandra/ Klotzkowski, Tasja/ Sureth, Caren: Der Einfluss der Zinsschranke auf unternehmerische Kapitalstrukturentscheidungen, in: Zeitschrift für Betriebswirtschaft, 82. Jg., S. 1389-1425, (2012).

Mayer, Dieter, in: Widmann, Siegfried/Mayer, Dieter: Umwandlungsrecht, Bonn, Berlin, Stand: November 2012.

Mayer, Stefan: Überblick über die Rechtsprechung zur vGA im Zeitraum 2008/2009 unter Einbeziehung wichtiger Entscheidungen der FG im Berichtszeitraum, in: Der Betrieb, 62. Jg., S. 1487-1495, (2009).

Meinhövel, Harald: Die pauschalierte Gewerbesteueranrechnung ab 2001: Neutralität erreicht?, in: Steuern und Bilanzen, 2. Jg., S. 298-302, (2000).

Middendorf, Oliver/Engel, Dietmar: GmbH & typisch Still als steuerliches Gestaltungsinstrument unter der Abgeltungsteuer?, in: Steuern und Bilanzen, 13. Jg., S. 738-742, (2010).

Miessel, Gerold/Wengert, Georg: Die Betriebsaufspaltung aus dem Blickwinkel der Steuergerechtigkeit, in: Der Betrieb, 48. Jg., S. 111-115, (1995).

Mitsch, Bernd: Einbringungen in Kapitalgesellschaften nach dem SEStEG, in: Die Information über Steuer und Wirtschaft, 61. Jg., S. 225-231, (2007).

Möhlenbrock, Rolf: Das Sanktionssystem für Umwandlungen nach dem 6. bis 8. Teil des UmwStG – aktuelle Rechtsfragen aus dem Bereich des § 22 UmwStG, in: Kessler, Wolfgang/Förster, Guido/Watrin, Christoph (Hrsg.): Unternehmensbesteuerung, Festschrift für Norbert Herzig zum 65. Geburtstag, München (2010).

Möhlenbrock, Rolf, in: Dötsch, Ewald et al.: Umwandlungssteuerrecht, 7. Auflage, Stuttgart (2012).

Möhlenbrock, Rolf/Pung, Alexandra, in: Dötsch, Ewald et al.: Umwandlungssteuerrecht, 7. Auflage, Stuttgart (2012).

Montag, Heinrich, in: Tipke, Klaus/Lang, Joachim: Steuerrecht, 21., völlig überarbeitete Auflage, Köln (2012).

Moszka, Frank, in: Semler, Johannes/Stengel, Arndt: Umwandlungsgesetz, 3. Auflage, München (2011).

Müller, Heiko/Langkau, Dirk/Schmidt, Thomas-Patrick: Ertragsteueroptimale Alternativen zur Umwandlung einer Kapitalgesellschaft in ein Personenunternehmen, in: Zeitschrift für betriebswirtschaftliche Forschung, 63. Jg., S. 90-117, (2011).

Müller, Heiko/Schmidt, Thomas-Patrick/Langkau, Dirk: Steuerlicher Rechtsformvergleich in einem dynamischen Modell, in: Steuer und Wirtschaft, 87. Jg., S. 81-93, (2010).

Müller, Heiko/Wiese, Sebastian: Belastungs- und Preiswirkungen der Missbrauchsbesteuerung bei Anteilsveräußerung nach Sacheinlage in eine Kapitalgesellschaft, in: Zeitschrift für Betriebswirtschaft, 80. Jg., S. 667-684, (2010).

Müller, Jens: Unternehmensbewertung für substanzsteuerliche Zwecke, Wiesbaden (2008).

Müller, Jens: The Challenge of Assessing the Market Value of Private Companies Using a Standardised Combination Method for Tax Purposes – Lessons to be Learnt from Past Experience, in: European Accounting Review, 22. Jg., (2013).

Müller, Jens/Sureth, Caren: Marktnahe Bewertung von Unternehmen nach der Erbschaftsteuerreform?, in: Zeitschrift für betriebswirtschaftliche Forschung, Sonderheft 63/11, S. 45-83, (2011).

N

Neitz, Claudia/Lange, Carsten: Grunderwerbsteuer bei Umwandlungen – Neue Impulse durch das Wachstumsbeschleunigungsgesetz –, in: Die Unternehmensbesteuerung, 3. Jg., S. 17-29, (2010).

Neu, Norbert/Hamacher, Stefan: Die Gewerbesteuerfalle des § 18 Abs. 3 UmwStG nach dem UmwSt-Erlass 2011, in: GmbH-Rundschau, 103. Jg., S. 280-290, (2012).

Neufang, Bernd/Otto, Jens-Thomas: BB-Rechtsprechungsreport Betriebsaufspaltung 2010/2011, in: Betriebs-Berater, 66. Jg., S. 2967-2971, (2011).

Neumann, Ralf: Spaltung von Kapitalgesellschaften nach dem UmwSt-Erlass 2011, in: GmbH-Rundschau, 103. Jg., S. 141-149, (2012).

Neyer, Wolfgang: Gewerbesteuer bei Teilveräußerung eines Mitunternehmeranteils, in: Betriebs-Berater, 60. Jg., S. 577-581, (2005).

Neyer, Wolfgang: Der Mantelkauf, Herne (2008).

Niehus, Ulrich/Wilke, Helmuth: Die Besteuerung der Kapitalgesellschaften, 2., neu bearbeitete Auflage, Stuttgart (2009).

Niehus, Ulrich/Wilke, Helmuth: Die Besteuerung der Personengesellschaften, 5., aktualisierte Auflage, Stuttgart (2010).

Niemann, Rainer/Sureth, Caren: The Impact of Differential Capital Income Taxation on the Value of Risky Projects, in: Economics Bulletin, 31. Jg., S. 1047-1054, (2011).

O

Oepen, Wolfgang, in: Lüdicke/Sistermann, Unternehmensteuerrecht, München (2008).

Oppen, Jens/Polatzky, Robert: Ausgewählte Zweifels- und Praxisfragen zur Verschmelzung nach dem UmwSt-Erlass 2011, in: GmbH-Rundschau, 103. Jg., S. 263-272, (2012).

Ortmann-Babel, Martina/Zipfel, Lars: Unternehmensteuerreform 2008 Teil II: Besteuerung von Personengesellschaften, insbesondere nach der Einführung der Thesaurierungsbegünstigung, in: Betriebs-Berater, 62. Jg., S. 2205-2217, (2007).

Ott, Hans: Einbringung in eine Kapitalgesellschaft nach den §§ 20-23 UmwStG i. d. F. des SEStEG, in: Steuern und Bilanzen, 9. Jg., S. 10-17, (2007a).

Ott, Hans: Umwandlung einer Kapitalgesellschaft in eine Personengesellschaft nach den Änderungen durch das SEStEG, in: Steuern und Bilanzen, 9. Jg., S. 163-170, (2007b).

Ott, Hans: Der neue Umwandlungssteuer-Erlass vom 11. 11. 2011, in: Steuern und Bilanzen, 14. Jg., S. 131-138, (2012).

Otte, Sabine/Rietschel, Knut: Freifahrschein für den grenzüberschreitenden Rechtsformwechsel nach „Cartesio"?, in: GmbH-Rundschau, 100. Jg., S. 983-988, (2009).

P

Patt, Joachim, in: Dötsch, Ewald et al.: Umwandlungssteuerrecht, 7. Auflage, Stuttgart (2012).

Patt, Joachim, in: Klingebiel, Jörg et al.: Umwandlungssteuerrecht, 3. Auflage, Stuttgart (2012).

Pung, Alexandra, in: Dötsch, Ewald et al.: Umwandlungssteuerrecht, 7. Auflage, Stuttgart (2007).

Preißer, Michael/von Rönn, Matthias: Die KG und die GmbH & Co KG. Recht, Besteuerung und Gestaltungspraxis. 2. Auflage, Stuttgart (2010).

PricewaterhouseCoopers AG: Reform des Umwandlungssteuerrechts – Auswirkungen des SEStEG auf Reorganisationen und internationale Entstrickungen, Stuttgart (2008).

Prinz, Ulrich (Hrsg.): Umwandlungen im Internationalen Steuerrecht, Köln (2012).

R

Rasche, Ralf, in: Rödder, Thomas/Herlinghaus, Andreas/van Lishaut, Ingo: Umwandlungssteuergesetz, Kommentar, Köln (2012).

Rasche, Ralf: Einbringung von Unternehmensteilen in Kapitalgesellschaften oder Genossenschaften nach dem UmwSt-Erlass 2011, in: GmbH-Rundschau, 103. Jg., S. 149-157, (2012).

Rauenbusch, Bruno: Unternehmensteuerreform 2008: Steuerliche Vorteilhaftigkeit des Formwechsels einer Kapital- in eine Personengesellschaft?, in: Der Betrieb, 61. Jg., S. 656-664, (2008).

Renz, Anette: Die Besteuerung der GmbH & Co. KGaA und ihre Eignung als Rechtsform für kleine und mittelständische Unternehmen, Frankfurt a. M. (2006).

Rhodius, Oliver/Lofing, Johannes: Kapitalertragsteuer und Abgeltungsteuer verstehen – Besteuerung von Kapitalerträgen im Privatvermögen, Wiesbaden (2012).

Riepolt, Johannes: Ermittlung des steuerlich optimalen Wertansatzes bei Umwandlung einer Kapitalgesellschaft, Hamburg (2010).

Rockhoff, André/Weber, Guido: Verluste aus typisch stiller Gesellschaft unter der Abgeltungsteuer, in: Deutsches Steuerrecht, 48. Jg., S. 363-368, (2010).

Rödder, Thomas: Pauschalierte Gewerbesteueranrechnung – eine komprimierte Bestandsaufnahme, in: Deutsches Steuerrecht, 40. Jg., S. 939-943, (2002).

Rödder, Thomas, in: Schaumburg, Harald/Rödder, Thomas (Hrsg.): Unternehmensteuerreform 2008 – Gesetze, Materialien, Erläuterungen, München (2007).

Rödder, Thomas/Herlinghaus, Andreas/van Lishaut, Ingo: Umwandlungssteuergesetz, Kommentar, Köln (2007).

Rödder, Thomas/Schumacher, Andreas: Unternehmenssteuerreform 2001: Wesentliche Änderungen des Steuersenkungsgesetzes gegenüber dem Regierungsentwurf und Regeln zu seiner erstmaligen Anwendung, in: Deutsches Steuerrecht, 38. Jg., S. 1453-1461, (2000).

Rödder, Thomas/Schumacher, Andreas: Das SEStEG – Überblick über die endgültige Fassung und die Änderungen gegenüber dem Regierungsentwurf, in: Deutsches Steuerrecht, 45. Jg., S. 369-377, (2007).

Rödding, Adalbert/Dann, Holger: Partiarische Darlehen – Neuorientierung der Finanzierungspraxis nach BFH-Urteil zur Kapitalertragsteuer nötig?, in: Deutsches Steuerrecht, 49. Jg., S. 342-345, (2011).

Rose, Gerd: Die Vorteilsgeneigtheit als unerlässliche Voraussetzung für die Annahme verdeckter Gewinnausschüttungen, in: Der Betrieb, 58. Jg., S. 2596-2598, (2005).

Roser, Frank: Der zeitliche Anwendungsbereich des UmwStG – die Übergangsregelungen im UmwSt-Erlass 2011, in: GmbH-Rundschau, 103. Jg., S. 245-253, (2012).

Rupp, Dominik: Die klassische Betriebsaufspaltung zwischen wirtschaftlicher Einheit und rechtlicher Selbstständigkeit, Wiesbaden (2013).

S

Schaeberle, Jürgen, in: Zimmermann, Reimar et al.: Die Personengesellschaft im Steuerrecht, 11. Auflage, Achim (2013).

Schafitzl, Andreas/Götz, Christoph: Verschmelzungen zwischen Kapitalgesellschaften, Spaltungen von Kapitalgesellschaften und damit verbundene gewerbesteuerliche Regelungen, in: Der Betrieb, 65. Jg., Beilage 1, S. 25-37, (2012).

Schaflitzl, Andreas/Stadler, Rainer: Die grunderwerbsteuerliche Konzernklausel des § 6a GrEStG, in: Der Betrieb, 63. Jg., S. 185-189, (2010).

Schaum, Wolfgang: Steuerpolitik durch Aufdeckung stiller Reserven: betriebswirtschaftliche Vorteilhaftigkeitsanalyse steuerlich orientierter Gestaltungsmaßnahmen, Düsseldorf (1994).

Schaumburg, Harald/Rödder, Thomas (Hrsg.): Unternehmensteuerreform 2008 – Gesetze, Materialien, Erläuterungen, München (2007).

Schaumburg, Harald/Schumacher, Andreas, in: Lutter, Marcus/Winter, Martin: Umwandlungsgesetz, 4. Auflage, Köln (2009).

Scheffler, Wolfram: Besteuerung von Unternehmen II, 7. Auflage, Heidelberg (2011).

Scheffler, Wolfram: Besteuerung von Unternehmen I, Ertrag-, Substanz- und Verkehrsteuern, 12., neu bearbeitete Auflage, Heidelberg (2012).

Schell, Matthias: Internationale Bezüge bei Verschmelzungen zwischen Körperschaften, in: Finanz-Rundschau, 94. Jg., S. 101-109, (2012).

Schlosser-Zeuner, Helga in: Buntjes, Johann/Geist,Reinhold: Umsatzsteuergesetz, 9. Auflage, München (2009).

Schmidt, Harry, in: Lutter, Marcus/Winter, Martin: Umwandlungsgesetz, 4. Auflage, Köln (2009).

Schmidt, Ludwig EStG. Einkommensteuergesetz Kommentar, 29. Auflage, München (2010).

Schmitt, Joachim/Hörtnagl, Robert/Stratz, Rolf-Christian: Umwandlungsgesetz – Umwandlungssteuergesetz, 5. Auflage, München (2009).

Schmitt, Joachim, in: Schmitt, Joachim/Hörtnagl, Robert/Stratz, Rolf-Christian: Umwandlungsgesetz – Umwandlungssteuergesetz, 5. Auflage, München (2009).

Schmitt, Joachim/Schlossmacher, Stefan: Antrag auf Buchwertansatz nach § 13 Abs. 2 UmwStG, in: Der Betrieb, 62. Jg., S. 1425-1430, (2009).

Schmitt, Joachim/Schlossmacher, Stefan: Das Antragswahlrecht im Umwandlungssteuergesetz, in: Der Betrieb, 63. Jg., S. 522-526, (2010).

Schneeloch, Dieter: Rechtsformwahl und Rechtsformwechsel mittelständischer Unternehmen, 2., völlig neubearbeitete Auflage, München (2006).

Schneeloch, Dieter: Betriebswirtschaftliche Steuerlehre, Band 2: Betriebliche Steuerpolitik, 3. Auflage, München (2009).

Schneeloch, Dieter: Betriebswirtschaftliche Steuerlehre, Band 1, 6. Auflage, München (2012).

Schneider, Dieter: Betriebswirtschaftslehre, Band 1, Grundlagen, 2., verbesserte und ergänzte Auflage, München (1995).

Schneider, Dieter: Betriebswirtschaftslehre, Band 3, Theorie der Unternehmung, München (1997).

Schneider, Dieter: Steuerlast und Steuerwirkung, München (2002).

Schneider, Kerstin/Wesselbaum-Neugebauer, Claudia: Innovation im Steuerrecht: Wie kann die Thesaurierungsbegünstigung eine annähernd belastungsneutrale Besteuerung von Personen- und Kapitalgesellschaften gewährleisten?, in: Baumann, Wolfgang/Braukmann, Ulrich/Matthes, Winfried (Hrsg.), Innovation und Internationalisierung, Festschrift für Norbert Koubek, Wiesbaden, S. 475-501, (2010).

Schneider, Kerstin/Wesselbaum-Neugebauer, Claudia: Von der Thesaurierungsbegünstigung zum virtuellen Trennungsprinzio, in: Finanz-Rundschau, 93. Jg., S. 166-173, (2011).

Schreiber, Ulrich: Rechtsformabhängige Unternehmensbesteuerung?, Köln (1987).

Schreiber, Ulrich: Besteuerung der Unternehmen, 3. Auflage, Berlin (2012).

Schröder, Karl-Wilhelm/Pickhardt-Poremba, Natalie: Einbringung von Betriebsvermögen in eine Kapitalgesellschaft durch natürliche Personen nach der Neufassung des Umwandlungssteuerrechts durch das SEStEG – Eine Fallstudie, in: Der Betrieb, 60. Jg., S. 2166-2173, (2007).

Schult, Eberhard/Henning, Michael: Verlängerte Maßgeblichkeit und einmalige Substanzbesteuerung: Der Einfluß der Erbschaftsteuer auf Steuerbilanzpolitik und vorteilhafte Einbringungsform, in: Deutsches Steuerrecht, 32. Jg., S. 405-409, (1994).

Schulze zur Wiesche, Dieter: Die mitunternehmerische Betriebsaufspaltung, in: Betriebs-Berater, 52. Jg., S. 1229-1238, (1997).

Schulze zur Wiesche, Dieter: GmbH & Still. Eine alternative Gesellschaftsform, 5. Auflage, Heidelberg (2009).

Schulze zur Wiesche, Dieter: GmbH & Co. KG, 3. Auflage, Wiesbaden (2005).

Schulze zur Wiesche, Dieter: Die GmbH & Still in der aktuellen Rechtsprechung, in: Der Betrieb, 63. Jg., S. 1477-1480, (2011).

Schwarz, Hans-Detlef, in: Widmann, Siegfried/Mayer, Dieter: Umwandlungsrecht, Bonn, Berlin, Stand: November 2012.

Schwedhelm, Rolf: Die Unternehmensumwandlung, 7. Auflage, Köln (2012).

Seibert, Ulrich: Die Partnerschaftsgesellschaft als neue Rechtsformalternative für Freie Berufe – Ein Überblick, in: Betriebswirtschaftliche Forschung und Praxis, 47. Jg., S. 473-480, (1995).

Semler, Johannes, in: Semler, Johannes/Stengel, Arndt: Umwandlungsgesetz, 3. Auflage, München (2012).

Semler, Johannes/Stengel, Arndt: Umwandlungsgesetz, 3. Auflage, München (2012).

Siegel, Theodor: Steuerwirkungen und Steuerpolitik in der Unternehmung, Würzburg, Wien (1982).

Siegel, Theodor: Rechtsformneutralität – ein klares und begründetes Ziel, in: Winkeljohann, Norbert/Bareis, Peter/Volk, Gerrit (Hrsg.), Rechnungslegung, Eigenkapital und Besteuerung – Entwicklungstendenzen, Festschrift für Dieter Schneeloch zum 65. Geburtstag, München (2007).

Sigloch, Jochen: Unternehmenssteuerreform 2001 – Darstellung und ökonomische Analyse, in: Steuer und Wirtschaft, 77. Jg., S. 160-176, (2000).

Sinn, Hans-Werner: Capital Income Taxation and Resource Allocation, Amsterdam et al. (1987).

Sistermann, Christian/Brinkmann, Jan: Wachstumsbeschleunigungsgesetz: Die Änderungen bei der Mantelkaufregelung – Entschärfung der Verlustabzugsbeschränkungen durch Konzernklausel und Verschonung in Höhe der stillen Reserven, in: Deutsches Steuerrecht, 47. Jg., S. 2633-2638, (2009).

Söffing, Günter: Besteuerung der Mitunternehmer, 4. Auflage, Herne, Berlin (1994).

Söffing, Günter: Mitunternehmerische Betriebsaufspaltung. Änderung der Rechtsprechung – BFH-Urteil vom 23. 4. 1996 – VIII R 13/95, BB 1996, 2074, in: Betriebs-Berater, 52. Jg., S. 337-340, (1997).

Söffing, Günter: Besteuerung der Mitunternehmer, 5. Auflage, Herne, Berlin (2005).

Sölch, Otto/Ringleb, Karl: Umsatzsteuergesetz, Kommentar, Loseblatt-Ausgabe, München, Stand: September 2009.

Spengel, Christoph/Ernst, Christof: Private Kapitalanlagen vor und nach der Einführung der Abgeltungsteuer – eine steuerplanerische Analyse, in: Deutsches Steuerrecht, 46. Jg., S. 835-841, (2008).

Spengel, Christoph/Zinn, Benedikt: Vermögensabgaben aus ökonomischer Sicht – Eine quantitative Analyse unter Berücksichtigung aktueller politischer Reformvorschläge, in: Steuer und Wirtschaft, 88. Jg., S. 173-188, (2011).

Spieker, Sascha: Aktualisiertes Anwendungsschreiben zur Abgeltungsteuer, in: Der Betrieb, 64. Jg., S. 2836-2841, (2012).

Stadler, Rainer/Elser, Thomas/Bindl, Elmar: Vermögensübergang bei Verschmelzungen auf eine Personengesellschaft oder auf eine natürliche Person und Formwechsel einer Kapitalgesellschaft in eine Personengesellschaft – Kritische Anmerkungen zum Umwandlungssteuererlass, in: Der Betrieb, 65. Jg., Beilage 1, S. 14-25, (2012).

Stangl, Ingo: Ausgewählte Zweifels- und Praxisfragen zur Einbringung nach dem UmwSt-Erlass 2011, in: GmbH-Rundschau, 103. Jg., S. 253-262, (2012).

Stengel, Arndt, in: Semler, Johannes/Stengel, Arndt: Umwandlungsgesetz, 3. Auflage, München (2012).

Stimpel, Thomas: Umwandlung von Kapital- in Personengesellschaften nach dem UmwSt-Erlass 2011, in: GmbH-Rundschau, 103. Jg., S. 123-132, (2012).

Stoschek, Uwe/ Sommerfeld, Dirk: Betriebsaufspaltung – Durchgriffsverbot (nur) auf der Seite des Besitzunternehmens? Anmerkung zum Urteil des BFH vom 8. 9. 2011, IV R 44/07, in: Deutsches Steuerrecht, 50. Jg., S. 215-218, (2012).

Stratz, Robert, in: Schmitt, Joachim/Hörtnagl, Robert/Stratz, Rolf-Christian: Umwandlungsgesetz – Umwandlungssteuergesetz, 5. Auflage, München (2009).

Strauch, Robert: Einführung in das Umwandlungs(steuer)recht, in: Steuer und Studium, 29. Jg., Beilage 1/2008 (2008).

Strauch, Robert: Umwandlungssteuerrecht, 2. Auflage, Heidelberg (2012).

Streck, Michael: Die Betriebsaufspaltung in der Betriebsprüfung, in: Finanz-Rundschau, 62. Jg., S. 83-92, (1980).

Sudhoff, Heinrich: GmbH & Co. KG, 6. Auflage, München (2005).

Sureth, Caren: Die Besteuerung von Beteiligungsveräußerungen und Rechtformneutralität, in: Zeitschrift für Betriebswirtschaft, 73. Jg., S. 793-824, (2003).

Sureth, Caren: Beteiligungsveräußerungen und Abgeltungssteuer, in: Baumhoff, Hubertus/Dücker, Reinhard/Köhler, Stefan (Hrsg.), Besteuerung, Rechnungslegung und Prüfung der Unternehmen – Festschrift für Professor Dr. Norbert Krawitz, Wiesbaden, S. 453-482, (2010).

Sureth, Caren/Kopplin, Anja: Wichtigste Einflussfaktoren auf die steuerliche Verlustnutzung bei Personengesellschaften, in: Steuer und Studium, 31. Jg., S. 497-502, (2010).

Sureth, Caren/Maßbaum, Alexandra: §§ 20 bis 23 UmwStG – Die Einbringung von Unternehmensteilen in eine Kapitalgesellschaft, in: Steuer und Studium, 32. Jg., S. 321-330, (2011).

Sureth, Caren/Müller, Jens/Houben, Henriette/Maiterth, Ralf: Auswirkungen einer Reform des Erbschaft- und Schenkungsteuergesetzes auf das Steueraufkommen unter besonderer Berücksichtigung einer verkehrswertorientierten Bewertung von Unternehmens- und Grundvermögen, in: Oestreicher, Andreas (Hrsg.): Unternehmensbesteuerung 2008: Neue Wege gehen, Herne, S. 183-208, (2008).

Sureth, Caren/Nordhoff, Daniel: Verschmelzung einer Kapitalgesellschaft auf eine Personengesellschaft – Sind Bilanzierungswahlrechte gemäß § 3 UmwStG notwendig?, in: Zeitschrift für Steuern und Recht, 1. Jg., S. 326-334, (2004).

Sureth, Caren/Vollert, Pia: Wie attraktiv sind Beteiligungsinvestitionen nach der Begrenzung der Verlustnutzung bei Anteilskäufen durch § 8c KStG?, in: Corporate Finance, 1. Jg., S. 20-28, (2010).

T

Teichmann, Arndt, in: Lutter, Marcus/Winter, Martin: Umwandlungsgesetz, 4. Auflage, Köln (2009).

Tillich, Peggy/Schaufenberg, Stefan: Berechnung des Solidaritätszuschlags bei Ausschüttungen aus Kapitalgesellschaften unter Beachtung des neuen Körperschaftsteuertarifs, in: Der Betrieb, 52. Jg., S. 1718-1719, (1999).

Tipke, Klaus/Lang, Joachim: Steuerrecht, 21., vollständig überarbeitete Auflage, Köln (2012).

V

Vossius, Oliver, in: Widmann, Siegfried/Mayer, Dieter: Umwandlungsrecht, Bonn, Berlin, Stand: November 2012.

Völkel, Dieter, in: Zimmermann, Reimar et al.: Die Personengesellschaft im Steuerrecht, 11. Auflage, Achim (2013).

W

Wachter, Thomas: Betriebsaufspaltung mit einer Aktiengesellschaft, in: Deutsches Steuerrecht, 49. Jg., S. 1599-1603, (2011).

Wacker, Roland: Zurückbehaltenes Sonderbetriebsvermögen und Einbringungen nach § 20 UmwStG, in: Neue Wirtschafts-Briefe, o. Jg., S. 105-110, (1997).

Wacker, Roland: Stille Beteiligung und Verlustverwertungsbeschränkung gem. § 15 Abs. 4 Sätze 6 ff. EStG – BFH-Urteil vom 27. 3. 2012 – I R 62/08, DB 2012, 1181, in: Der Betrieb, 63. Jg., S. 1403-1409, (2012).

Wacker, Roland, in: Schmidt, Ludwig: EStG. Einkommensteuergesetz Kommentar, 29. Auflage, München (2010).

Wagner, Franz W.: Neutralität und Gleichmäßigkeit als ökonomische und rechtliche Kriterien steuerlicher Normkritik, in: Steuer und Wirtschaft, 69. Jg., S. 2-13, (1992).

Wagner, Franz W.: Die Integration einer Abgeltungssteuer in das Steuersystem – Ökonomische Analyse der Kapitaleinkommensbesteuerung in Deutschland und der EU, in: Der Betrieb, 52. Jg., S. 1520-1528, (1999).

Wagner, Franz W.: Zinsbesteuerung in Form einer definitiven Abgeltungssteuer?, in: Mayer, Horst (Hrsg.), Unternehmensbesteuerung – Perspektiven der Besteuerung, Stuttgart, S. 81-96, (2000).

Wagner, Franz W.: Besteuerung, in: Bitz, M. et al. (Hrsg.), Vahlens Kompendium der Betriebswirtschaftslehre, Band 2, 5. Auflage, S. 407-477, (2005).

Wagner, Franz W.: Was bedeutet und wozu dient Rechtsformneutralität der Unternehmensbesteuerung?, in: Steuer und Wirtschaft, 83. Jg., S. 101-114, (2006).

Wagner, Franz W.: Rechtsformneutralität der Unternehmensbesteuerung: ein unklares und zweifelhaftes Ziel, in: Oestreicher, Andreas (Hrsg.), Reform der Unternehmensbesteuerung: Verschiedene Wege diskutieren, Herne, Berlin, S. 137-162, (2007).

Wagner, Franz W.: Unternehmensbewertung und Marktpreise – modelltheoretische und empirische Begründungen der gegenseitigen Maßstabsfunktion, in: Königsmaier, Heinz/Rabel, Klaus (Hrsg.), Unternehmensbewertung: theoretische Grundlagen – Praktische Anwendung, Festschrift für Gerwald Mandl zum 70. Geburtstag, Wien, S. 635-657, (2010).

Wagner, Franz W./Dirrigl, Hans: Die Steuerplanung der Unternehmung, Stuttgart (1980).

Watrin, Christoph/Benhof, Hanno: Besteuerung langfristiger privater Veräußerungsgewinne: Rechtliche Bedenken und Folgen für den Kapitalmarkt, in: Der Betrieb, 60. Jg., S. 233-237, (2007).

Weidmann, Matthias: Kriterien der Rechtsprechung für eine erfolgsabhängige Vergütung beim partiarischen Darlehen, in: Betriebs-Berater, 67. Jg., S. 1059-1069, (2012).

Wehrheim, Michael: Einkommensteuer und Steuerwirkungslehre, 3., vollständig überarbeitete Auflage, Wiesbaden (2009).

Wehrheim, Michael/Rupp, Dominik: Die Neuerungen bei der Gewerbesteuer im Zuge der Unternehmensteuerreform 2008 und deren Konsequenzen für die Betriebsaufspaltung, in: Betriebs Berater, 63. Jg., S. 920-928, (2008).

Welke, Gernot/Hucht, Anne: Die Ergänzungsbilanz als Mittel zur Zuordnung stiller Reserven – Überlegungen im Zusammenhang von § 6 Abs. 5 EStG i. d. F. des UntStFG, in: Steuern und Bilanzen, 4. Jg., S. 422-428, (2002).

Widmann, Siegfried, in: Widmann, Siegfried/Mayer, Dieter: Umwandlungsrecht, Bonn, Berlin, Stand: November 2012.

Widmann, Siegfried/Mayer, Dieter: Umwandlungsrecht, Bonn, Berlin, Stand: November 2012.

Wiegard, Wolfgang: Abgeltungssteuer: Achilles‘ Ferse der Unternehmensteuerreform, in: Finanz-Rundschau, 89. Jg., S. 1011-1014, (2007).

Winkeljohann, Norbert/Fuhrmann, Sven: Handbuch Umwandlungssteuerrecht, Düsseldorf (2007).

Wochinger, Peter, in: Dötsch, Ewald et al.: Die Körperschaftsteuer, Kommentar zum Körperschaftsteuergesetz, Umwandlungssteuergesetz und zu den einkommensteuerrechtlichen Vorschriften der Anteilseignerbesteuerung, Stuttgart, Stand: September 2012.

Wöhe, Günter: Betriebswirtschaftliche Steuerlehre, 5., neubearbeitete Auflage, Band 2, 1. Halbband, Berlin (1990).

Wöhe, Günter/Bieg, Hartmut: Grundzüge der betriebswirtschaftlichen Steuerlehre, 4., neubearbeitete Auflage, München (1995).

Z

Zimmermann, Reimar, in: Zimmermann, Reimar et al.: Die Personengesellschaft im Steuerrecht, 11. Auflage, Achim (2013).

Zimmermann, Reimar et al.: Die Personengesellschaft im Steuerrecht, 11. Auflage, Achim (2013).

RECHTSQUELLENVERZEICHNIS

Urteile, Beschlüsse und Entscheidungen:

	Aktenzeichen	Fundstelle
BFH, 3. 12. 1957	I 231/56 S	BStBl. 1958 III, S. 27
BFH, 3. 11. 1959	I 217/58 U	BStBl. 1960 III, S. 50
BFH, 16. 2. 1967	IV R 62/66	BStBl. 1967 III, S. 222
BFH, 8. 11. 1971	GrS 2/71	BStBl. 1972, S. 63
BFH, 22. 1. 1970	IV R 47/68	BStBl. 1970 II, S. 415
BFH, 4. 5. 1977	I R 236/74	BStBl. 1977 II, S. 771
BFH, 7. 3. 1978	VIII R 38/74	BStBl. 1978 II, S. 378
BFH, 5. 12. 1979	I R 184/76	BStBl. 1980 II, S. 119
BFH, 18. 7. 1979	I R 199/75	BStBl. 1979 II, S. 750
BFH, 24. 2. 1981	VIII R 159/78	BStBl. 1981 II, S. 379
BFH, 11. 3. 1982	IV R 25/79	BStBl. 1982 II, S. 707
BFH, 11. 11. 1982	IV R 117/80	BStBl. 1983 II, S. 299
BFH, 7. 12. 1984	III R 91/81	BStBl. 1985 II, S. 241
BFH, 12. 11. 1985	VIII R 240/81	BStBl. 1986 II, S. 296
BFH, 12. 11. 1985	VIII R 286/81	BStBl. 1986 II, S. 55
BFH, 17. 4. 1986	IV R 100/84	BStBl. 1986 II, S. 527
BFH, 12. 11. 1987	V B 52/86	BStBl. 1988 II, S. 156
BFH, 14. 4. 1988	IV R 271/84	BStBl. 1988 II, S. 667
BFH, 8. 3. 1989	X R 9/86	BStBl. 1989 II, S. 714
BFH, 13. 6. 1989	VIII R 47/85	BStBl. 1989 II, S. 720
BFH, 7. 8. 1990	VIII R 110/87	BFH/NV 1991, S. 93
BFH, 11. 12. 1990	VIII R 122/86	BStBl. 1991 II, S. 346
BFH, 24. 4. 1991	X R 84/88	BStBl. 1991 II, S. 713
BFH, 29. 10. 1991	VIII R 77/87	BStBl. 1992 II, S. 334
BFH, 26. 6. 1992	III R 91/88	BFH/NV 1993, S. 167
BFH, 18. 2. 1993	IV R 132/91	BFH/NV 1993, S. 647
BFH, 26. 5. 1993	X R 78/91	BStBl. 1993 II, S. 718
BFH, 27. 5. 1993	IV R 1/92	BStBl. 1994 II, S. 700
BFH, 3. 2. 1994	III R 23/89	BStBl. 1994 II, S. 709
BFH, 22. 11. 1994	VIII R 44/92	BStBl. 1995 II, S. 900
BFH, 16. 2. 1996	I R 183/94	BStBl. 1996 II, S. 342
BFH, 4. 12. 1996	II B 116/96	BStBl. 1997 II, S. 661
BFH, 29. 1. 1997	XI R 23/96	BStBl. 1997 II, S. 437
BFH, 11. 2. 1997	I R 42/96	BFH/NV 1997, S. 711
BFH, 2. 4. 1997	X R 21/93	BStBl. 1997 II, S. 565
BFH, 17. 6. 1997	IV B 83/96	BFH/NV 1997, S. 840

BFH, 27.8.1997	I R 76/96	BFH/NV 1998, S. 742
BFH, 15.10.1997	I R 42/97	BFH/NV 1997, S. 927
BFH, 29.10.1997	I R 24/97	BFH/NV 1997, S. 929
BFH, 13.11.1997	IV R 67/96	BStBl. 1998 II, S. 254
BFH, 11.12.1997	IV R 28/97	BFH/NV 1998, S. 836
BFH, 15.1.1998	IV R 8/97	BStBl. 1998 II, S. 478
BFH, 21.1.1998	I B 66/97	BFH/NV 1998, S. 883
BFH, 12.2.1998	VIII B 22/97	BFH/NV 1998, S. 852
BFH, 17.2.1998	VIII R 28/95	BStBl. 1998 II, S. 505
BFH, 3.3.1998	VIII R 66/96	BStBl. 1998 II, S. 383
BFH, 5.3.1998	IV R 23/97	BStBl. 1998 II, S. 745
BFH, 28.5.1998	IV R 31/97	BStBl. 2000 II, S. 286
BFH, 13.7.1998	X B 70/98	BFH/NV 1999, S. 39
BFH, 15.12.1998	VIII R 62/97	BFH/NV 1999, S. 773
BFH, 23.5.2000	VIII R 11/99	BStBl. 2000 II, S. 621
BFH, 19.10.2000	IV R 73/99	BStBl. 2001 II, S. 335
BFH, 27.3.2001	I R 27/99	BStBl. 2002 II, S. 111
BFH, 8.10.2001	VIII B 22/01	BFH/NV 2002, S. 333
BFH, 15.11.2001	VIII B 45/01	BFH/NV 2002, S. 345
BFH, 28.11.2001	X R 50/97	BStBl. 2002 II, S. 363
BFH, 30.8.2002	III B 44/01	BFH/NV 2002, S. 444
BFH, 15.6.2004	VIII R 7/01	BStBl. 2004 II, S. 754
BFH, 1.7.2004	V R 32/00	BStBl. 2004 II, S. 1022
BFH, 18.8.2005	V R 31/04	BStBl. 2007 II, S. 183
BFH, 19.10.2005	I R 38/04	BStBl. 2006 II, S. 568
BFH, 17.11.2005	III R 8/03	BStBl. 2006 II, S. 287
BFH, 30.11.2005	X R 56/04	BStBl. 2006 II, S. 415
BFH, 29.3.2006	X R 59/00	BStBl. 2006 II, S. 661
BFH, 24.8.2006	IX R 5204	BStBl. 2007 II, S. 165
BFH, 5.6.2007	I R 97/06	BStBl. 2008 II, S. 650
BFH, 3.4.2008	IV R 54/04	BStBl. 2008 II, S. 742
BFH, 8.4.2008	VIII R 3/05	BStBl. 2008 II, S. 852
BFH, 23.4.2008	X R 32/06	BStBl. 2009 II, S. 7
BFH, 23.9.2008	I R 62/07	BStBl. 2009 II, S. 666
BFH, 8.10.2008	I R 61/07	BStBl. 2011 II, S. 62
BFH, 16.10.2008	IV R 98/06	BStBl. 2009 II, S. 272
BFH, 28.10.2008	VIII R 73/06	BStBl. 2009 II, S. 647
BFH, 29.1.2009	VI R 44/08	BStBl. 2009 II, S. 411
BFH, 19.3.2009	IV R 78/06	BStBl. 2009 II, S. 803
BFH, 22.6.2010	I R 78/09	BFH/NV 2011, S. 12
BFH, 22.7.2010	IV R 29/07	BStBl. 2010 II, S. 333
BFH, 23.3.2011	X R 45/09	BStBl. 2011 II, S. 778

BFH, 6.4.2011	IX R 61/10	BStBl. 2012 II, S. 8
BFH, 6.4.2011	IX R 40/10	BStBl. 2011 II, S. 785
BFH, 8.9.2011	IV R 44/07	BStBl. 2012 II, S. 136
BFH, 27.3.2012	IR 62/08	BStBl. 2012 II, S. 745
BFH, 22.8.2012	I R 9/11	DStR 2012, S. 2435
BFH, 30.8.2012	IV R 54/10	BStBl. 2012 II, S. 927
BFH, 11.10.2012	IV R 3/09	DB 2013, S. 32
BFH, 9.1.2013	I R 24/12	DB 2012, S. 615
BT-Drucks.	12/6885 vom 24.2.1994	DB 2013, S. 32
BT-Drucks.	16/2710 vom 25.9.2006	
BT-Drucks.	16/4841 vom 27.3.2007	
BT-Drucks.	16/6981 vom 7.11.2007	
BVerfG, 14.1.1969	1 BvR 136/62	BStBl. 1969 II, S. 389
BVerfG, 22.6.1995	2 Bvl 37/91	BStBl. 1995 II, S. 655
BVerfG, 22.6.1995	2 BvR 552/91	BStBl. 1994 II, S. 671
FG Baden-Württemberg, 14.11.1996	6 K 7/94	NWB 1997, S. 159
FG Münster, 23.7.1997	8 K 3583/96 GrE	BB 1997, S. 2150
Niedersächsisches FG, 27.2.1996	I 90/91	NWB 1996, S. 2536
Niedersächsisches FG, 28.11.1996	XII 537/92	NWB 1997, S. 159
BGH, 29.1.2001	II ZR 331/00	NJW 2001, S. 1056
EuGH, 26.6.2003	Rs. C-442/01	Slg. 2003, I-6851
EuGH, 16.12.2008	Rs. C-210/06	Slg. 2008, I-9641
EuGH, 20.10.2011	Rs. C-284/09	

Verwaltungsanweisungen u.Ä.:

BMF-Schreiben vom 20.12.1977	BStBl. 1978 I, S. 8
BMF-Schreiben vom 25.6.1991	BStBl. 1991 I, S. 661
BMF-Schreiben vom 9.2.1998	BStBl. 1998 I, S. 163
BMF-Schreiben vom 29.3.2000	BStBl. 2000 I, S. 462
BMF-Schreiben vom 18.9.2001	BStBl. 2001 I, S. 634
BMF-Schreiben vom 1.2.2002	BStBl. 2002 I, S. 219
BMF-Schreiben vom 29.1.2008	BStBl. 2008 I, S. 317
BMF-Schreiben vom 4.7.2008	BStBl. 2008 I, S. 718
BMF-Schreiben vom 24.2.2009	BStBl. 2009 I, S. 440
BMF-Schreiben vom 20.5.2009	BStBl. 2009 I, S. 679
BMF-Schreiben vom 22.12.2009	BStBl. 2010 I, S. 94
BMF-Schreiben vom 30.4.2010	BStBl. 2010 I, S. 488
BMF-Schreiben vom 16.11.2010	BStBl. 2010 I, S. 1305
BMF-Schreiben vom 11.11.2011	BStBl. 2011 I, S. 1314

BMF-Schreiben vom 9. 10. 2012		BStBl. 2012 I, S. 953
BMF-Schreiben vom 20. 12. 2012		BStBl. 2013 I, S. 36

FinMin. Baden-Württemberg, Erlass vom 18. 9. 1997	S 4520/2	BB 1997, S. 2152
FinMin. Nordrhein-Westfalen, Erlass vom 28. 12. 1964	S 2151 - 10- VB 1	BStBl. 1965 II, S. 5
OFD Frankfurt am Main, Verfügung vom 26. 6. 1996	S 2241 A - 37 - St II 211	BB 1996, S. 1701
OFD Frankfurt am Main, Verfügung vom 17. 8. 1998	S 2134 A - 14 - St II 21	DStR 1998,S. 1793
OFD Frankfurt am Main, Verfügung vom 22. 11. 2000	S 2134 A - 14 - St II 21	StuB 2001, S. 137
OFD Berlin, Verfügung vom 19. 7. 2002	St 122-S 2241 - 2/02	DStR 2002, S. 1811
OFD Münster, Verfügung vom 7. 11. 2007	S 2408 a - 1 St 22 - 31	FR 2008, S. 47
OFD Rheinland, Verfügung vom 6. 11. 2008 (aktualisiert am 23. 3. 2011)	S 2242 - 25 - St 111	DB 2011, S. 1302
OFD Münster, Kurzinfo ESt vom 17. 11. 2008	034/2008	BeckVerw 150948 NRW, Anlage 3

Gesetze:

Körperschaftsteuerreformgesetz, 31. 8. 1976	BStBl. 1976 I, S. 445
Gesetz zur Fortsetzung der Unternehmenssteuerreform, 29. 10. 1997	BStBl. 1997 I, S. 928
Steuersenkungsgesetz, 23. 10. 2000	BGBl. 2000 I, S. 1433
Gesetz zur Fortentwicklung des Unternehmenssteuerrechts (Unternehmenssteuerfortentwicklungsgesetz – UntStFG), 20. 12. 2001	BStBl. 2002 I, S. 35
Gesetz über steuerliche Begleitmaßnahmen zur Einführung der Europäischen Gesellschaft und zur Änderung weiterer steuerlicher Vorschriften, 7. 12. 2006	BGBl. 2006 I, S. 2782
Zweites Gesetz zur Änderung des Umwandlungsgesetzes, 19. 4. 2007	BGBl. 2007 I, S. 542
Jahressteuergesetz 2008, 20. 12. 2007	BGBl. 2007 I, S. 3150
Unternehmensteuerreformgesetz 2008, 14. 8. 2007	BGBl. 2007 I, S. 1912
Gesetz zur Modernisierung des GmbH-Rechts und zur Bekämpfung von Missbräuchen, 23. 10. 2008	BGBl. 2008 I, S. 2026
Gesetz zur Reform des Erbschaftsteuer- und Bewertungsrechts (Erbschaftsteuerreformgesetz – ErbStRG), 24. 12. 2008	BGBl. 2008 I, S. 3018
Gesetz zur Sicherung von Beschäftigung und Stabilität in Deutschland, 2. 3. 2009	BGBl. 2009 I, S. 416
Gesetz zur verbesserten steuerlichen Berücksichtigung von Vorsorgeaufwendungen (Bürgerentlastungsgesetz Krankenversicherung – BürgEntlastG), 16. 7. 2009	BGBl. 2009 I, S. 1959
Gesetz zur Beschleunigung des Wirtschaftswachstums (Wachstumsbeschleunigungsgesetz), 22. 12. 2009	BGBl. 2009 I, S. 3950
Jahressteuergesetz 2010, 8. 12. 2010	BGBl. 2011 I, S. 1768

Gesetz zur Erleichterung für Kleinstkapitalgesellschaften bei der Rechnungslegung (Kleinstkapitalgesellschaften-Bilanzierungsänderungsgesetz, MicroBilG), 20. 12. 2012	BGBl. 2012 I, S. 2751
Gesetz zur Änderung und Vereinfachung der Unternehmensbesteuerung und des steuerlichen Reisekostenrechts, 20. 2. 2013	BGBl. 2013 I, S. 285
Gesetz zum Abbau der kalten Progression, 20. 2. 2013	BGBl. 2013 I, S. 283
Gesetz zur Umsetzung des EuGH-Urteils vom 20. Oktober 2011 in der Rechtssache C-284/09, 21. 3. 2013	BGBl. 2013 I, S. 561

STICHWORTVERZEICHNIS

S

T

U

V

W

Z